FOM-Edition
FOM Hochschule für Oekonomie & Management

Weitere Bände in dieser Reihe
http://www.springer.com/series/12753

Friederike Müller-Friemauth · Rainer Kühn

Ökonomische Zukunftsforschung

Grundlagen – Konzepte – Perspektiven

Friederike Müller-Friemauth
FOM Hochschule für Oekonomie &
Management
Köln, Deutschland

Rainer Kühn
kühn Denken auf Vorrat
Odenthal, Deutschland

Dieses Werk erscheint in der FOM-Edition, herausgegeben von der FOM Hochschule für
Oekonomie & Management.

FOM-Edition
ISBN 978-3-658-14390-9   ISBN 978-3-658-14391-6 (eBook)
DOI 10.1007/978-3-658-14391-6

Die Deutsche Nationalbibliothek verzeichnet diese Publikation in der Deutschen Nationalbibliografie; detaillierte bibliografische Daten sind im Internet über http://dnb.d-nb.de abrufbar.

Springer Gabler
© Springer Fachmedien Wiesbaden GmbH 2017

Lektorat: Angela Meffert

Gedruckt auf säurefreiem und chlorfrei gebleichtem Papier

Springer Gabler ist Teil von Springer Nature
Die eingetragene Gesellschaft ist Springer Fachmedien Wiesbaden GmbH
Die Anschrift der Gesellschaft ist: Abraham-Lincoln-Str. 46, 65189 Wiesbaden, Germany

Leave your stepping stones behind,
something calls for you.
Forget the dead you've left,
they will not follow you.
The vagabond who's rapping at your door
Is standing in the clothes that you once wore.
Strike another match, go start anew
And it's all over now, Baby Blue.

Bob Dylan

Vorwort

Seit Jahren streut sich die Zukunftsforschungsgemeinschaft Asche auf's Haupt: Es gäbe für das Morgen keine Grundlagen. Keinen fundierenden Entwurf, kein Theoriegerüst, von dem eine leitbildgebende, ambitionierte, aber auch etablierungsfähige Forschung ausgehen könne. Mit anderen Worten, es fehle an allem, was es rechtfertigen würde, diese Disziplin als eine Wissenschaft auszuweisen.

Was den meisten indes nicht klar sein dürfte, ist, worauf man sich einlässt, wenn man eine solche Grundlegung ausruft. Wer aber solche Grundlegung entwickeln wollte, wird schnell feststellen, worauf er sich dabei einlässt. Denn die Zukunftsforschung ist keine *Fach-*, sondern eine *Meta*-Disziplin. Sie bearbeitet keine Sachverhalte, sondern Zeitverhalte, und begründet vermittels einer vorbewussten, nichtsdestotrotz weltbildstiftenden fundamentalen Kategorie, nämlich Zeit, eine Wissenschaft.

Eine Ahnung von der Sprengkraft dieses feinen Unterschieds zwischen sachlogischer und zeitlogischer Perspektive bekommt, wer sich die methodologischen Überlegungen dazu ansieht. Das Meinungsspektrum reicht von „Zukunftsforschung kann niemals eine Wissenschaft sein" (vorauseilende Kapitulation) über informationstechnologisch hochgerüstete oder als besonders komplex angepriesene Prognostik (Anspruch!) bis hin zu himmelstürmenden Wunschbildern einer Welt von Übermorgen (Vision!). Zukunftsforschung ist wie die Pralinenschachtel von „Forrest Gump": Man weiß nie, was man bekommt. Unter Wissenschaftsakteuren ist sie unter anderem deswegen verrufen. Ihr Image schwankt zwischen einer nebulösen Krypto-Prognostik und Astrologie 2.0.

Wer also damit beginnt, unter zeitlicher Perspektive Wissenschaft zu betreiben, entfacht erneut und unvermeidbar den „Streit der Fakultäten": Denn die Legitimation von neuen Ideen und Erkenntnissen, samt ihrer Hintergründe, kann nun einmal nicht vor diesen Ideen und Erkenntnissen selbst erfolgen. Genau das wird jedoch (auch) von Zukunftsforschung gefordert: zuerst bitte Methodologie, Begründungskonzept und Grundlagentheorie, dann die Inhalte. Vor diesem altbekannten Credo der gestrengen Cherubinen wissenschaftlicher Elfenbeintürme klein beizugeben, würde bedeuten, das Weiterkommen im wissenschaftlichen Bereich glücklichen Zufällen zu überlassen – und das Beste zu hoffen. Auf seltene Augenblicke der Geschichte zu setzen, in denen sich ein Gedanke aufgrund einmaliger Konstellationen, trotz fehlender Grundlage, durchsetzen kann.

Nur: Nicht mehr allein per Zufall schlauer zu werden, war dereinst ein zentrales Motiv für die Entstehung von Wissenschaft überhaupt! Eine solche, die geistigen Möglichkeiten des Menschen verzwergende, regelrecht missachtende Situation galt es gerade zu beenden – und zwar nicht durch Begründungsmanöver, Wissenstradierung und Denkverbote, sondern durch eine bedachte, methodisch kontrollierte, stetige Erweiterung des geistigen Horizonts und damit des Kanons. Die Frühmodernen nannten das Programm einer solchen Verbindung von autonom gesteuerter Wissensvergrößerung und Fortschritt *Aufklärung*.

Die in diesem Buch eingeleitete Grundlegung von Zukunftsforschung als Wissenschaft streitet für diese Tradition und erneuert sie; allerdings auf anderem, erweiterndem, zeitlogischem Fundament. Wie im Eingangszitat annonciert: Sie will losgehen und etwas Neues beginnen. Sollen damit auch die etablierten Wissenswächter erreicht werden, sind jedoch einige gravierende konzeptionelle Probleme aus dem Weg zu räumen – zuvorderst logische. Denn wenn die Zukunft anders sein wird als die Gegenwart ist, muss man auch anders über sie denken und sprechen, als heute gedacht und gesprochen wird. Vor allem aber muss, wer diese unbekannte Landschaft einflussnehmend gestalten will, anders *handeln* als gewohnt und gerade üblich. Also erst das Undenkbare denken und dann das Unmögliche tun?

Genau das! Diesen Kampf gegen Windmühlen nehmen wir auf und konzeptualisieren einen Versuch, anders denken und handeln zu können als zu einer jeweiligen Zeit üblich. Beschreiben, wie man lernen kann, Dinge anders wahrzunehmen und zu bewerten, *obwohl* es Denkwerkzeuge für eine andere Sichtweise – wenn überhaupt – nur in Ansätzen gibt: Das ist Zukunftsforschung. Die Zeichen mehren sich (nicht nur auf ökologischem Gebiet), dass wir nicht umhin kommen, uns gerade damit zu beschäftigen. Internationale Politik und, hier im Fokus, die globale Wirtschaft sind weitere Treiber. All dies zusammen erfordert möglicherweise eine neue Form von Wissenschaft; das wird, wenn auch nur in ersten Schritten, zu zeigen sein.

Trotz Fundierungsabsicht und obwohl dieses Buch nicht in einer Reihe mit How-to-Veröffentlichungen steht, die einzelne Methoden und Ansätze vorstellen und eben diese umstandslos als Zukunftsforschung deklarieren, richtet es sich an Praktikerinnen und Praktiker aus zukunftsforscherischen Tätigkeitsfeldern, vornehmlich wirtschaftsorientierten. Was ist der wissenschaftstheoretische und unternehmerisch-konkrete, also konzeptionelle sowie gestaltungsorientierte Kern zukunftsforscherischen Denkens und Handelns? Wir argumentieren *grundlagentheoretisch um der Praxis willen*.

Das ist mitnichten paradox, weil diese offene Flanke unserer Disziplin auch Praxisakteuren nicht gleichgültig sein kann. Die Legitimationsbasis ihres zukunftsforscherischen Tuns steht und fällt mit dem Ausweis, dass ihre Methoden eben mehr und etwas anderes bedeuten als nur Erweiterungen klassischer betriebswirtschaftlicher Instrumente durch mehr Zukunftsemphase. Zukunftsforscherisch aufgestellte Abteilungen oder Planungsstäbe in Unternehmen haben nicht zuletzt deswegen so häufig Legitimationsprobleme, weil kaum Argumente zur Verfügung stehen, sie aufrechtzuerhalten, wenn und obwohl es Projekt-Misserfolge gibt. An der umgehenden Infragestellung ihrer Aktivitäten wird jedes Mal erneut offenkundig, auf welch dünnem Eis sich die unternehmerische, praktische

Zukunftsforschung bewegt. Wird die finanzielle Situation schwierig, sind Foresight-Bereiche mit die ersten, deren Nutzenargumentation erodiert. Aber ist prognostischer Erfolg die Antwort auf die zukunftsforscherische Frage? Was ist überhaupt die zukunftsforscherische Frage?

Hier geht es also ums Eingemachte; um die Legitimitätsbasis des zukunftsforscherischen Tuns insgesamt – sofern sich dahinter mehr verbirgt als eine bunte Sammlung innovationsorientierter Methoden. Allerdings ist das Grüppchen derer, die so denken, überschaubar; maßgeblich aus soziokulturellen Gründen. In Europa ist es die deutschfranzösische Achse, ansonsten nur die westamerikanische Ursprungsregion, wo in dieser Weise Zukunft gedacht und gemacht wird: antezipativ[1] statt prognostisch. Der kalifornische Entstehungskontext ist auch der Grund, warum wir uns häufig auf Firmenbeispiele aus dem Silicon Valley beziehen. Dieser Fokus ist keine Einseitigkeit oder Schrulle unsererseits, sondern bisher – leider – das einzige empirisch erforschbare Feld, das uns zur Verfügung steht. Nur dort wird Zukunftsforschung in voller Konsequenz unternehmerisch realisiert.

Unser Buch ist in sieben Kapitel gegliedert: Die Einleitung (1) konturiert das Fundament unseres grundlagentheoretischen Vorschlags. Danach wird der Entstehungskontext von Zukunftsforschung zurückverfolgt: konzeptionell, aber auch geografisch und soziokulturell (2). Die folgenden Kapitel begründen die theoretische Basis: zunächst die Ausgangsfragen, die um ein verändertes Verständnis von Komplexität und strategischem Handeln kreisen (3); das eigentliche Forschungsprogramm (4) samt Wissenschaftsverständnis (5); die beiden einschlägigen Paradigmen (6) sowie den Ökonomiebegriff der Zukunftsforschung (7).

Zukunftsforschung ist nicht nur die Wissenschaft *von* der Zukunft, sondern auch eine *der* Zukunft – ihr Durchbruch steht noch aus. Unsere Überzeugung ist allerdings: Es wird Zeit! Denn das heutige Denken ist nach wie vor gefangen in der Vorstellung, dass die Eule, das heilige Tier der antiken Weisheitsgöttin Minerva, ihren Flug erst bei einbrechender Dämmerung beginnt. Dass, in Hegels berühmten Worten, wissenschaftliche Erkenntnis ihr Grau in Grau erst dann malen könne, wenn eine „Gestalt des Lebens alt geworden" sei. Seit Hegels Zeiten ist allerdings Einiges passiert. Naturwissenschaften haben den Mikrokosmos und die Quantenwelt entdeckt, Geistes- und Sozialwissenschaftler die „Großen Erzählungen" verabschiedet. Sollte diese Art von Einschnitten keinerlei Einfluss darauf haben, was im frühen 21. Jahrhundert unter Wissenschaft zu verstehen ist?

Unwahrscheinlich. Die Schar derer, die „umgekehrt verfahren" und in einer Welt, in der Komplexität und Ungewissheit wachsen, der schmollenden „Eule Mut zusprechen, nicht länger im Winkel zu schluchzen", wächst jedenfalls. Der hier zitierte Niklas Luhmann ist einer unter vielen, welche der alten Pseudoweisheit „Hinterher ist man immer schlauer" kühn den Boden entziehen. Wir behaupten, man kann schon *vorher* schlauer sein!

---

[1] Von lat. antecapio, was gerade nicht *Entgegen*setzen meint (sprachlich jedoch falsch eingeschliffen wurde als *anti*-zipieren), sondern Vorausgreifen oder Vorwegnehmen.

Und mit Blick auf die sich abzeichnenden Problemlagen des 21. Jahrhunderts sollten wir das wohl auch. Unsere Gegenwart ist ein „rite de passage", eine Transitzone, deren Ziel ungewiss ist. Ob wir uns, eingeschüchtert von multiplen Disruptionen und in Teilen unkontrollierbar gewordenen Systemrisiken, mit technologisch maximierter Intelligenz bescheiden und weiterhin im hypermodernen Winkel „herumschluchzen" oder ob es uns gelingt, den Denkhorizont kontrolliert und absichtsvoll zu erweitern, ist (noch) nicht absehbar. Letzteres erscheint uns indes aller Mühe wert – daher hier ein ökonomisch gestimmter Versuch, unsere Denkverhältnisse wieder zum Fliegen zu bringen.

Wir danken der FOM Hochschule für Oekonomie & Management, insbesondere Herrn Professor Thomas Heupel und Herrn Dipl.-Jur. Kai Enno Stumpp, für die Aufnahme des Werkes in die FOM-Edition. Herrn Professor Thomas Abele sowie Angela Meffert von Springer Gabler sei gedankt für die inhaltliche wie formale Begleitung bei dessen Erstellung.

Odenthal, im Januar 2017

Inhaltsverzeichnis

Die Autoren

Dr. Friederike Müller-Friemauth ist promovierte Sozial-wissenschaftlerin. Sie arbeitete mehrere Jahre für die Zu-kunftsforschungsabteilung der damaligen DaimlerChrysler AG, Berlin, und leitete die Trendforschung bei SinusSocio-vision, Heidelberg. Heute ist sie Professorin für Allgemeine Betriebswirtschaftslehre, strategisches Marketing und Inno-vationsmanagement an der FOM Hochschule für Oekonomie & Management, Köln.
Sie ist Mitinhaberin von KÜHN DENKEN AUF VORRAT, Odenthal bei Köln.
www.denkenaufvorrat.de | www.preconomics.de

Dr. Rainer Kühn ist promovierter Sozialwissenschaftler. Er war über mehrere Jahre Dozent am politikwissenschaftli-chen Institut der FU Berlin, in der Erwachsenenbildung und als stellvertretender Geschäftsführer einer Mediendienstleis-tungsagentur tätig. Heute ist er freier Publizist.
Er ist Inhaber von KÜHN DENKEN AUF VORRAT, Oden-thal bei Köln.
www.denkenaufvorrat.de | www.preconomics.de

Einleitung

Was denkbar ist, ist auch möglich.
Ludwig Wittgenstein

Wie viel Ordnung und Struktur, Methode und Logik erträgt Kunst? Und wie viel Fantasie, Vision, subjektive Annahmen oder ungestützte Vermutungen hält Wissenschaft aus? Die meisten würden wohl auf beide Fragen antworten: „Eher wenig." Wissenschaft gilt der *Sache* nach als strukturiert, formalistisch, logisch und regelkonform. Sie sucht nach objektiver Erkenntnis. *Sozial* muss sie intersubjektiv nachvollziehbar sein sowie *zeitlich* immer und überall gleich gelten – womit sie subjektunabhängiges Wissen erzeugt, so die Maximen etwa von Popper (2002). Demgegenüber ist Kunst spontan und sprunghaft, fantasievoll und kreativ. Sie soll uneingeschränkt visionäre Gestalt annehmen (sachlich); bedingungslos individuellen Geistesblitzen entspringen (sozial); und ein exzeptionell-einzigartiges, unwiederholbares Ereignis darstellen (zeitlich). Zwecklos, ohne moralischen Anspruch, absolut frei – so das Programm etwa von Christo gemäß zahlreichen Interviews. Gibt es in dieser Differenz eine Verbindung?

Diese nur auf den ersten Blick irritierende Frage nimmt das allgemein präsentierte *Bild* von Wissenschaft und Kunst ins Visier: Das, was wir dafür halten. Und suggeriert die Möglichkeit, dass eine totale, exakte, trennscharfe Unterscheidung zwischen ernsthaftem wissenschaftlichem Diskurs und künstlerisch-experimentellem, subjektivem Spiel gar nicht getroffen werden kann. Die sinnanalytische und vor allem *zeit*logische Begründung dieser Position liefert Zukunftsforschung. Sie dekonstruiert dieses Dogma und stellt den wissenschaftlichen Ausweis ihres eigenen Tuns auf dieses Fundament.

Unsere gewohnte Unterstellung einer unüberbrückbaren Kluft zwischen Kunst und Wissenschaft ist ein uralter Glaubenssatz, der am Anfang der westlich-abendländischen Kultur steht. Davon gibt es nur wenige Ausnahmen – eine berühmte, die moderne Zeitgenossen immer wieder fasziniert hat, ist die Sage vom klugen Odysseus, der auf seiner abenteuerlichen Reise durch die antike Welt gerade in den *aus purer Neugierde* herbeigeführten, also absichtlich und ohne Notwendigkeit auf sich genommenen Gefahrensituatio-

© Springer Fachmedien Wiesbaden GmbH 2017
F. Müller-Friemauth und R. Kühn, *Ökonomische Zukunftsforschung*, FOM-Edition,
DOI 10.1007/978-3-658-14391-6_1

nen auf die verblüffendsten, nützlichsten, in jedem Fall aber radikal neuartige Ideen kam. In solchen mythischen Geschichten ist die radikale Trennung von Kunst und Wissenschaft noch nicht vollzogen. Es herrscht der Mythos, noch nicht der Logos und dessen dann über zwei Jahrtausende tradierte, allgemeingültige und unvermeidbare Entweder-oder-Schematisierung der Welt, bei der es *entweder* um Kunst *oder* um Wissenschaft geht. Dieses Credo nennen wir *Logik*.

Nun sind jedoch seit etwa einhundert Jahren die Eindeutigkeiten der „reinen" Vernunft erheblich ins Wanken geraten – und mit ihnen die scharfe Abgrenzung zwischen Wissen und Können. Dass etwa die frühen Quantentheoretiker ihre gedanklichen Durchbrüche durch klassische, Ockhamsche „rasiermesserscharfe" Logik und Regelbefolgung erzielt hätten, ist jedenfalls nicht überliefert. Einstein beispielsweise praktizierte das genaue Gegenteil. Er war ein begeisterter Anhänger von Gedankenexperimenten und subjektiven Vermutungen, die er zum Prinzip erhob – und darauf seine Konzepte aufbaute, *antezipierte* (lat. antecapio: vorwegnehmen, im Voraus besetzen, ausnutzen). Und dass sich in der Kunst, beispielsweise bei Kubisten und Surrealisten, neue Sichtweisen völlig losgelöst von regelhaften, realen gesellschaftlichen Strukturen entwickelt hätten, ist ein genauso gründlicher, spiegelbildlicher Irrtum. Pablo Picasso etwa wandte sich, nach einer schnell abklingenden Euphorie, wieder vom Kubismus ab, weil ihm das Hineinragen solcher gesellschaftlichen Strukturen in die Kunst, hier ein selbstverliebter Körperkult, missfiel. „Daraus ist eine verkünstelte Kunst hervorgegangen, ohne echte Beziehung zur logischen (!) Arbeit, die ich zu tun trachte" (Picasso 1988, S. 69).

Beide Impulse sind Reaktionsweisen auf die naturwissenschaftliche Zäsur zu Beginn des 20. Jahrhunderts: auf die kaum mehr ignorierbaren *Perspektivenprobleme*, die durch die Beforschung des Mikrokosmos aufbrachen. Die Quantenphysiker entdeckten, dass es Fälle gibt, in denen sich objektiv messbare Resultate in zusammenhanglose Einzelergebnisse auflösen. In denen sich auch bei präzisester Messung nur Uneindeutigkeit einstellt. Und dass die beobachteten Ergebnisse mit dem Beobachter selbst – also dessen eigener Situiertheit in Raum und Zeit, die mit den Ergebnissen des Experiments in undurchschaubarer Weise interferieren – zusammenhängen. Mit anderen Worten: In der neuen (Quanten-)Welt zerfällt der bislang postulierte orts-, zeit- und subjektunabhängige, konventionelle *Sinn*. Und das hat logische Folgen.

Während Einstein als Konsequenz daraus zwei „Relativitätstheorien" entwickelte, begann Picasso, Formen und Farben künstlerisch zu zersplittern und die Notwendigkeit einer anderen, „simultanen" Beobachtungsweise vorzuführen. Die Ordnung der Dinge hatte sich verändert; beide verschoben daraufhin konsequent die Sichtachse. Gemäß diesem aktualisierten, „nachgeeichten" Blick auf die Phänomene können diverse Dimensionen *gleichzeitig* in den Blick genommen und, etwa in einem zweidimensionalen Porträt, mehrere Seiten einer Person betrachtet, völlig unterschiedliche physisch-dimensionale Bedeutungen und Charakteristika ineinander verschachtelt und auf diese Weise neuer, *mehrwertiger* Sinn erzeugt werden (vgl. Abb. 1.1).

Für dieses Zerfallen konventionellen Sinns, für die empfundenen „Auflösungserscheinungen" einer schlichten und eindeutig einfachen Welt in unendlich viele Kontexturen,

Abb. 1.1 Mädchen vor dem Spiegel, 1932. Das Gesicht sowohl im Profil als auch frontal, tagsüber wie nachts, sowohl als junge wie auch als ältere Frau, Fremdbild versus Selbstbild und anderes mehr. (Quelle: http://www. pablopicasso.org/girl-before-mirror.jsp. © Succession Picasso/VG Bild-Kunst, Bonn 2016)

wurde in den Sozialwissenschaften der Begriff der Komplexität geprägt. Sie gilt als *das* Signum der zeitgemäßen Moderne; deshalb hat jede heutige Wissenschaft von ihr aus-zugehen, mit ihr umzugehen und an sie anzuschließen. Sie basiert auf einer eigentümli-chen und ungewohnten Verwobenheit von Subjektivität und Objektivität; einer logischen *Unschärfe*, zu der uns bislang angemessene Denkweisen und Verhaltensroutinen fehlen. Dinge haben für uns traditionell eindeutig, klar, möglichst empirisch belegbar und erst damit „plausibel" zu sein – an diesen Zutaten bemisst sich das, was wir Vernunft nennen, unser Rationalitätsverständnis. Zumindest offiziell; denn unter der Hand sieht Wissen-schaft oft anders aus. Auch in der Betriebswirtschaftslehre wird dieses Gericht längst nicht so heiß gegessen, wie es gekocht wird. So kann man etwa von Unternehmensbewertern erfahren, „eine Unternehmensanalyse bedeutet [...] Aussagen über die voraussichtliche Entwicklung des Unternehmens zu machen und unter Darlegung der Risiken und Chancen in einem Wert zu bündeln. Unternehmensbewertung ist somit wie Unternehmensführung mehr Kunst als Wissenschaft" (Born 2003, S. XI). Nur gibt das kaum jemand zu; und gleichfalls kaum jemand käme auf die Idee, diese Bereiche der BWL als nicht wissen-schaftlich zu diskreditieren und vergleichbar abzutun, wie dies bei Zukunftsforschung an der Tagesordnung ist.

Nun hat es Menschen, die ihre Berufung gerade auf der anderen, nicht-objektiven Sei-te finden – in fiktiven Betrachtungen, subjektiven Perspektiven, unbewussten normativen Schätzungen, erfundenen oder eingebildeten Wertungen, erdichteten Zwecken, erschwin-delten Gründen oder vorgegebenen Motiven – zu allen Zeiten gegeben. Solches „Phantasiren mit offenen Augen" (Nietzsche) gehört zur anthropologischen Grundausstattung; und inzwischen gibt es zahlreiche Orte und Formeln für solches Denken. Von Kunst und Literatur über Wille und Vorstellungskraft bis hin zu Versponnenheit, Kreativität oder Intuition ist *subjektives* Denken längst akzeptiert, in fast jedem gesellschaftlichen Bereich.

Aber eben nur fast – denn den Sprung in die Wissenschaft, gar in die Wissenschaftstheorie, hat es dann doch noch nicht geschafft. Wissenschaft versucht eben, das genaue Gegenteil zu praktizieren: Sie will die *Unabhängigkeit* der Ergebnisse vom untersuchten Gegenstand garantieren und damit *Objektivität* sichern. Sie steht auf der anderen Seite – in der Vernunft, nicht der Fantasie.

Zum gegnerischen Lager, das so euphorisch vom „phantastischen Thiere" Mensch spricht, das subjektive Momentum feiert und dabei auch noch die geistige Weiterentwicklung des Menschen im Auge hat, gehört unter anderem Friedrich Nietzsche (1988, Buch 11, 44). Eine „fröhliche Wissenschaft" sei das, was er zur Vision des zukünftigen Denkens von Europa erklärt. Eine zweite Aufklärung, die endlich Schluss machte mit einem im Endeffekt tragischen Verständnis von Wissenschaft unter dem Dach einer kleinmütigen Universalismus-Veranstaltung, auf der für jeden das Gleiche gilt. Der Mensch: Ein Gattungswesen, das die Wissenschaft in seinem Bestand angeblich *sichern* müsse? Diese Tonlage sei auf Dauer schlecht fürs Gemüt. Denn wer kaum anderes verhandelt als Missstände und Restriktionen, dem drohen Sorgenfalten statt Fröhlichkeit. Diese Gefahr sah bereits Immanuel Kant. „Das Menschengeschlecht ist mehr zur Fröhlichkeit, Lustigkeit und guter Laune gebaut, als Runzeln zu ziehen", wird vom Grantler aus Königsberg kolportiert (Quelle unbekannt). Also nicht *nur* Gründlichkeit, ernüchternde Einsichten, historische Bedingtheiten, Sachzwänge, kulturelle Abhängigkeiten und unlösbare Konfliktsituationen – das Heraustreten aus der „selbstverschuldeten Unmündigkeit" ist kein Trauerzug, sondern ein Befreiungsschlag!

Man sieht: Bereits lange vor dem 20. Jahrhundert plädierten freie Geister für mehr Regelfreiheit und kreative Kühnheit in Kunst, Denken und Wissenschaft. Genutzt hat es wenig: Runzel-Wissenschaft liegt immer noch im Trend, nur hat sie inzwischen andere Labels erhalten (Komplexität, Ungewissheit, Hypermoderne, Kontingenzeskalation und anderes mehr). Das klingt modern und – abgeklärt. Fröhlich allerdings immer noch nicht. Dabei waren Kants und Nietzsches Einwürfe alles andere als spaßig gemeint. Diese Menschenkenner halten die Mentalität des analytischen Gründelns für einen Denkfehler, einen Sprung in der Logik – mit immensen Auswirkungen. Unser als solcher nicht reflektierter unkontrollierter Hang zu einer scheinbar fantasiefreien „Vernunft"; unser Verlangen nach Gewissheit und objektiver Präzision; in heutiger Terminologie: unsere Big-Data-Manie, das „Tracken", „Profilen" und „Targeten" unserer Tage, hätte logischerweise die totale Ungewissheit *zur Folge (!)*. Denn beispielsweise den Zufall könne man auch so nicht austricksen – nur fiele er jetzt umso mehr auf, stehe *noch störender* im Weg als vorher. Objektivierung der Welt und Eliminierung des Zufalls werden dadurch nur umso dringlicher. Dieses aussichtslose, zirkuläre Unterfangen, das uns seit Jahrhunderten beschäftigt und mit Logik kaum etwas zu tun hat, sei doch eigentlich: komisch. Denn hier werde, aus Nietzsches Sicht, etwas ernst genommen, das an sich *sinnlos* sei.

Da ist es wieder: Das typisch moderne Perspektivenproblem, das uns am Sinn der Welt zweifeln lässt und die Stimmung verdirbt. Gibt es also nichts Lohnenderes unter der wissenschaftlichen Sonne? Ist nicht auch eine *andere* Wissenschaft möglich; eine, welche die Vernunft ernst nimmt, ohne die Gefahr ihrer objektivistischen Überstrapazierung aus dem Auge zu verlieren – die also in der Lage ist, auf *vernünftigem* Wege Sinn nicht nur zu wahren, zu kontrollieren und zu beurteilen, sondern mitunter auch *neu zu schöpfen*, eine andere Zeit einzuläuten und nebenbei auch noch gute Laune zu verbreiten? Oder will sich hier lediglich die postmoderne Spaß-Fraktion mit Tricksereien Zugang zum Wissenschaftsbetrieb verschaffen?

Wissenschaftsverständnis
Aus der damit angedeuteten Problematik einer bislang weitgehend unaufgeklärten Interferenz von *Objektivem* und *Subjektivem* speist sich unser Wissenschaftsverständnis. Einer der Gründe für diese Unaufgeklärtheit sehen wir darin, dass zeitlogisches, und damit immer *auch* subjektives Denken, in der Wissenschaft bisher nicht vorkam – wie sollte es auch? Mit dieser Tradition gebrochen hat erst die Quantenphysik. Seitdem geht an subjektiv-fiktionalem, die Faktoren Raum und Zeit berücksichtigendem, gleichwohl methodisch kontrolliertem Denken kein Weg mehr vorbei. Unter Wissenschaft verstehen wir daher, angelehnt an Niklas Luhmann (vgl. 1990, S. 9), denjenigen gesellschaftlichen Funktionsbereich, der die Grenzmarkierungen von „wahr" und „unwahr" überwacht und sanktioniert. Letzteres übernehmen Institutionen und „Peers". Beide restituieren im Wesentlichen das, was gegenwärtig als wahr, objektiv richtig und gesellschaftlich legitim verstanden und operationalisiert wird. Eine ihrer wichtigsten Funktionen besteht in der Immunisierung des sozialen Denkens gegenüber Anders- und Neuartigkeit, in Sachen Werten, Annahmen, Überzeugungen, Glaubenssätzen und normativen Zielen. Wissenschaft ist die Wächterin über das Wahre. Ihre Reichweite geht damit über ihren ureigenen Funktionsbereich weit hinaus, denn sie definiert und schützt auch die Standards des Denkens, die eine Gesellschaft zur Verfügung hat, und definiert Spielräume für Erweiterungen und Restriktionen von Möglichkeitskorridoren der Abweichung, Erweiterung und Innovation.

Aus diesem Grund hat der Bereich der Wissenschaftstheorie für die Zukunftsforschung eine immense Bedeutung – nicht nur deshalb, weil mit den alten Granden wie Thomas S. Kuhn oder Karl Popper in der Zukunftsforschung keine Wissenschaft mehr zu machen und ein alternativer Pfad erst zu begründen ist. Sondern auch und mehr noch deshalb, weil mit einem Wissenschaftsverständnis, das stets unbemerkt den Denkradius und Vorstellungshorizont einer Gesellschaft begrenzt und entwertet, die Gesamtgesellschaft in Schwierigkeiten geraten kann. Wissenschaft prägt und konditioniert das, was wir sind (respektive *glauben zu sein*). Wenn wir weiterkommen wollen, müssen Grenzen nicht bloß reflektiert und kontrolliert, sondern auch *auf ihre Erweiterung hin* bestimmt, das heißt, so verstanden werden, dass diese Grenzen zwar Errungenes schützen, aber maximal flexibel und adaptiv auch für Optionen bleiben, die bisher nicht vorstellbar waren. Auch diese Einsicht gibt Einstein der Zukunftsforschung vor: Probleme kann man niemals mit derselben

Denkweise lösen, durch die sie entstanden sind. Eine Wissenschaft, die diesen Grundsatz als *Prämisse* ihres Handelns versteht, existiert noch nicht – Zukunftsforschung ist jedoch auf sie angewiesen.

1.1 Zukunftsforschung: Junk Science oder fröhliche Wissenschaft?

Erster Pfad

Für das, was neumodisch Junk- oder Bunk-Science genannt wird, gibt es hauptsächlich zwei Sparten. Pseudowissenschaftlicher „Ramsch" oder „Müll" ist zum einen alles, was zwar rational und objektivierend verfährt, jedoch manipulative Ziele verfolgt oder forscherisch interessegeleitet agiert. Der Vorwurf: „Erkenntnis und Interesse" (Habermas 1981) würden nicht auseinandergehalten. Zum anderen gehört all jenes dazu, was sich der Kuratel der Objektivität generell entzieht. Denn wenn Forschungsergebnisse nicht mehr objektiv „validiert" werden können und „reliabel" zustande kommen, um die beiden wichtigsten Gütekriterien von Wissenschaft zu zitieren, handelt es sich eben nicht um Wissenschaft, sondern um „Junk".

Zur zweiten Sparte gehört scheinbar auch die Zukunftsforschung. Pointierter: Eine Wissenschaft, die zur Beantwortung ihrer Fragen zeitlich verfährt und sich dazu auch noch auf die *Zukunft* konzentriert – also ohne jede sachlich-kausale Unterstützung, ohne Dokumente oder „sichernde" Belege, auf die sich die Historiker immerhin noch beziehen können –, gebe es faktisch nicht. Eine Annahme aus Jahrzehnte alter eurozentristischer Tradition, denn die Ursprünge der Disziplin sind amerikanisch. Zukunftsforschung gibt es seit etwa 70 Jahren, nur gilt sie (in der alten Welt) eben nicht als wissenschaftlich. Die Meisten kommen gar nicht auf die Idee, dass eine direkte Bearbeitung von noch gar nicht vorhandenem Sinn – also Annahmen über das, was kommen könnte, „Szenarien" oder Langfrist-Schlüsse – wissenschaftlich sein kann. In der „scientific community" ist denn auch bis heute Konsens, beispielsweise Erklärungen durch Szenarien auf die Liste der Junk Sciences zu setzen (etwa Casti 1990, S. 91). Begründung: Derlei sei *subjektiv*, Logik und empirischer Forschung unzugänglich und damit auch nicht validierbar. Eine wissenschaftlich legitimierte *Zukunft*sforschung durch eine methodische, systematische Bearbeitung von *gegenwärtig* in Geltung stehendem, oder noch kurioser, gar von bloß *imaginiertem* Sinn mit der Frage: „Welche Bedeutungen werden morgen wichtig sein?", erscheint daher als nicht nur unmöglich, sondern als geradezu abwegig.

Für das Zustandekommen von Sinn hat die Wissenschaft deshalb eine andere Erklärung erfunden. Erkenntnis *ergibt* sich ihr zufolge – gemäß dem vorherrschenden Wissenschaftsverständnis – aus einem Denken auf Basis der korrekten, regelgemäßen, überprüfbaren Anwendung wissenschaftlicher Standards. Und es ist gerade diese sorgsame Regelbefolgung, die *Einhaltung der Standards*, die es erlaubt, mittels präzise vordefinierter, von der „scientific community" erlaubter Verfahren beim forschenden Denken Erkenntnisse *kontrolliert* zu ergänzen, sprich: Wissen zu mehren. Wissenschaftlicher Fortschritt wird garantiert durch den sogenannten „Kanon" einer jeden Fachdisziplin, den Königsweg

Abb. 1.2 Wissenschaftlicher Fortschritt im standardisiert-hierarchischen Modell nach Denise Diderot, Vorsatzblatt Bd. 1 der Encyclopédie 1751. Figürlich dargestelltes System der Kenntnisse des Menschen. (Quelle: ARTFL Encyclopédie Project o.J.)

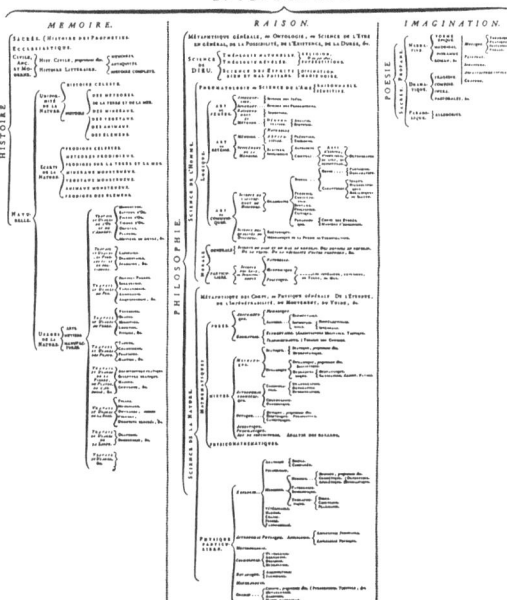

für Forschung. Anders ausgedrückt: Die Wissenschaft erweitert somit den kulturellen Horizont grundsätzlich nach *objektiven* Maßstäben, transparent, für jeden zu jeder Zeit überall überprüfbar. Sie klärt auf und generiert Sinn durch regelhafte, im Experiment sorgsam überwachte Ableitungen. Durch logische, in präzise Hierarchien gebrachte Schlüsse, Terminologien und Bewertungsraster (vgl. Abb. 1.2) oder auch durch Messdaten, eine „intersubjektiv nachprüfbare" Erhebung und die kontrollierte, also „gesicherte" Nutzung von Formeln.

Arten von Sinn anzuerkennen, die radikal neu sind, fremd anmuten, auf keinerlei Erfahrung beruhen, auch aus keiner bislang geltenden Regel abgeleitet werden können und trotzdem bei Menschen in *wissenschaftsfähiger* Weise Resonanz erzeugen, ist in der westlichen Wissenschaftskultur eine unmögliche Vorstellung. Genauer: Sie ist gar nicht denkbar – vorstellbar höchstens als Eigenschaft einer unbekannten Lebensform. Sinn gilt uns als letzter Grund; und die Vorstellung, dass Menschen ihn aus dem Nichts schöpfen könnten, war über Jahrtausende Sünde, die „Creatio ex nihilo" Gott vorbehalten, und ist auch heute noch nur eine Option für Kinder, Künstler, Verrückte und Sekten. Die Wissenschaft wusste solche Grüppchen bisher glücklich von sich fernzuhalten – dafür sorgten im Mittelalter der Schulterschluss mit der Kirche (Inquisition), seit der Aufklärung Rationalisten und Methodiker, und heute ein von wenigen mächtigen Verbänden und Institutionen geschütztes internationales System der Erkenntnisgewinnung, das Häretiker (so etwa im Umfeld des Wiener Kreises) oder, noch vor wenigen Jahren, „Sturm-und-

Drang"-Theoretiker wie Paul Feyerabend zu Esoterikern erklärte und zumeist erfolgreich exkludieren konnte. Eine Disziplin also, die einen Forschungsgegenstand bearbeitet, der logisch niemals vorhanden ist (Zukunft) *und dafür auch noch wissenschaftliche Ansprüche reklamiert*, erscheint – traditionsbedingt folgerichtig – absurd. Und „wissenschaftliche" Zukunftsforschung demnach als Paradox, ein Oxymoron. Hier werde mit rhetorischen Mitteln einmal mehr ein Hype verkauft, so die verbreitete Meinung, und sei, präzise gemeint, Un-Sinn.

Im Übrigen: Wozu auch? Methoden zur Vorwegnahme dessen, was kommt, gibt es genug – dank Stochastik, Extrapolationen und Prognostik. Durchaus auch mit hoher zeitlicher Reichweite und vielfältigen, im zeitgemäßen Data-Mining mitunter hochkomplexen Quantifizierungstools, die sogar (in Grenzen) Rückkopplungen und Interdependenzen berücksichtigen können. Derlei Kalkulationen haben in den Wirtschaftswissenschaften eine lange Tradition; ein neues Label braucht es dafür nicht. Und da die praktische Zukunftsforschung (in Deutschland) von einer Consultancy-Industrie dominiert wird, die ganz überwiegend genau diese Methoden nutzt, bestätigen sich die etablierten Vorannahmen laufend selbst.

Zweiter Pfad

Nun gab es bereits in den Anfängen der abendländischen Wissenschaft Vordenker, die Wissenschaft anders definierten. Bevor Platon und vor allem Aristoteles die ersten, bis heute verbindlichen logischen Standards einzogen, wurde unter Vorsokratikern zum Thema kontrovers diskutiert. Wissenschaft stand damals noch längst nicht für jeden für ein Wissen, das durch festgelegte Regelwerke gehoben und geschützt, etwa durch wiederholbare, kontrollierte (Labor-)Experimente gewonnen wird. *Praxisphilosophisch* orientierte Schulen, die sich mit praktischem Urteilen und den Bedingungen menschlichen Entscheidens und Handelns beschäftigten, mit Ethik und Fragen des guten Lebens, hatten ein anderes Bild von kontrolliertem, professionellem Wissenserwerb, ein viel umfassenderes: als Erwerb zuverlässiger Kenntnisse über die Welt. Für diesen Kenntniserwerb war alles erlaubt; insbesondere alles, was die Sinne ansprach und einbezog und zur Plausibilisierung einer gemeinten Bedeutung, von Relevanz und situationsspezifischem Sinn beitragen konnte. Denn: Wissenschaftliche Kenntnisse müssten in erster Linie für das praktische Handeln etwas taugen – genau dafür sei Wissenschaft schließlich da. Sie sollten nützlich sein, verlässliche Fundamente anbieten, an denen sich die Menschen in ihrem Alltag orientieren können. Sie sollten überdies Vorschläge beinhalten, wie man praktische Probleme löst, welche Möglichkeiten es dafür gibt, wie man – in dieser Hinsicht – „richtig" denkt, Schlüsse zieht, urteilt und Dinge bewertet, was – in dieser Hinsicht – wahr ist. „Wahr" bedeutet hier: maximal situationsangemessen, richtig, sinnvoll, gut passend. Das griechische Wort für Wahrheit bedeutet wörtlich: das, was nicht dem Vergessen anheimfällt (a-letheia). Es behauptet gerade *kein* „So und nicht anders ist es, ganz sicher!". Wenn man eine wahre Erkenntnis einsetzt, kann man erfolgreich handeln. *Diese* Wissenschaft befähigt also zur Maximierung des praktischen Könnens. Zwar muss man dafür auch vieles wissen. Aber das Wissen selbst, etwa eine eingehende Beschäftigung mit der „wirklichen", zum Beispiel empirisch beweisbaren Objektivität einer Sache, ist für den hier im Vordergrund stehenden Zweck von Wissenschaft nachrangig. Etwas für den Elfenbeinturm weltabgewandter Forscher, für die Praxis jedoch wenig nützlich. Wissen steht auf diesem Pfad strikt im Dienst der Praxis ("Praxis vor Theorie", wissenschaftlich markiert als „Praxeologie"; zum aktuellen Stand Schäfer 2016).

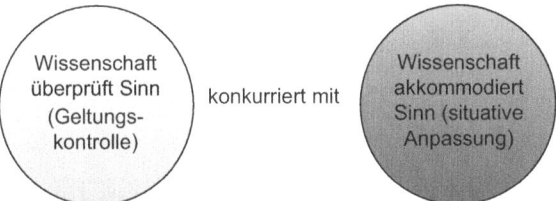

Dass sich die Evolution der westlichen Wissenschaft auf dem *ersten* Pfad vollzog, ist einigen einschlägigen kulturellen und historischen Entwicklungen wie etwa dem Siegeszug des Christentums zu verdanken. Und Zufällen. Komplett verschüttet wurde die zweite Route jedoch nie. Zwar bot sie über viele Jahrhunderte kaum mehr als das Bild eines schmalen Grats für Exzentriker, doch seit der frühen Moderne, der sogenannten Sattelzeit gegen Mitte des 18. Jahrhunderts, hat er sich kontinuierlich verbreitert. Seine jüngste Hochzeit hieß „Postmoderne", datiert auf die 1980er und 1990er-Jahre. Die wissenschaftliche Zukunftsforschung ist ein Gewächs aus diesem Boden: Eine ihrem Kerngehalt nach praxeologische Disziplin, die

- Wissenschaft als das Projekt einer kontinuierlichen, prinzipiell unabschließbaren Erweiterung des menschlichen Handlungs- und Einflussradius versteht. Diese Wissenschaft kommt nie an ein Ende, weil es eine abschließende Wahrheit, den letzten Grund – wie das metaphysische Weltbild dies im Fundament des abendländischen Wissenschaftsverständnisses einst zum Ideal erhoben hatte –, nicht gibt (vgl. Abb. 1.3). Menschliches Können ist zum einen fantasiegebunden (Wille und Vorstellungskraft) und zum anderen fehlbar (Fallibilismus): Man kann sich darin üben und es stetig verbessern; man kann, aus Sicht der Menschen früherer Zeiten, unvorstellbare, radikal neue Dinge entwickeln, aber einen Status perfectum für menschliches Können existiert nicht. – Und sie versteht sich als eine Praxeologie, die sich,
- inhaltlich, und das bedeutet hier zuvorderst logisch, dafür interessiert, wie eine Gruppe, eine Organisation oder Gesellschaft Gefahren vorwegnehmen kann, die in der Gegenwart nicht offensichtlich sind; oder Möglichkeiten realisieren kann, die ebenfalls nicht auf der Hand liegen. Mit anderen Worten, *wie Forschung nach wissenschaftlichen Maßstäben in unbekanntem, erfahrungslosem Terrain funktioniert.* Daraus folgt ein detailliertes Erkenntnisinteresse an Gründen und Bedingungen, wie es gelingen kann, (noch) nicht real Vorhandenes, also sinnlich nicht Wahrnehmbares, systematisch kontrolliert gedanklich zu erfassen. Wie Ideen, Fragen oder Lösungsvorschläge zu entwickeln sind für Probleme, die rein fiktiver, hypothetischer Natur sind und für

Abb. 1.3 Wissenschaftlicher Fortschritt im logisch offenen, heterarchischen Modell: Unabschließbar, aber ansteigend in Stufen immer höherer Ordnung. Illustration der sogenannten Penrose-Treppe. (Quelle: „escalier sans fin", pandore, Fotolia #10731013)

die keinerlei Erfahrungswerte vorliegen. Und wie Handlungsoptionen generiert werden können für Alternativen, die man nicht kennt. Im Zentrum steht damit ein logisches und damit *wissenschaftsfähiges* Problem – und kein „bloß" subjektives im Sinne eines einseitigen, parteiischen, persönlich verzerrten, befangenen und voreingenommenen Werturteils.

Genau dieses logische Problem beschäftigte zahlreiche moderne Künstler und Quantenphysiker. Dass und wie dieses Problem auf wissenschaftliche, hier speziell auf *wirtschaftswissenschaftlich* anschlussfähige Weise bearbeitet werden kann, zeigt in ersten Ansätzen dieses Buch.

1.2 Zentrale Fragestellung

Wir werden erläutern, dass dieser Anspruch mit einem entschieden anderen Verständnis von Wissenschaft einhergeht als das, was sich in unserer Kultur herausgebildet und etabliert hat. Zukunftsforschung kann auf zahlreiche Wegbereiter zurückblicken, auch aus der Antike – aber es bricht mit zentralen Prämissen des abendländischen Weltbildes und justiert dessen Grundannahmen in mehrfacher Hinsicht nach. Wie dieser umfassende Traditionsstrang von Zukunftsforschung bereits andeutet, geht es dabei jedoch nicht um Fragen der Einteilung, Struktur oder Ordnung; um Unterscheidungen von Frühzeit und Neuzeit oder „Modernität" und wissenschaftliche Phasenmodelle. Denn es läge ja nahe zu vermuten, dass die zahlreichen innovativen Denker, die sich mit Zeitenwenden, historischen Abschnitten und Terminologien beschäftigt haben (in der Geschichtswissenschaft etwa Reinhart Koselleck, vgl. Brunner et al. 1972ff., im ökonomischen Bereich mit Zyklenmodellen beispielsweise Nikolai D. Kondratjew 2013), hier Pate stünden. Für die Zukunftsforschung sind das jedoch keine Orientierungsmarken. Für sie steht etwas anderes im Fokus:

- Auf konzeptioneller Ebene sind es die Grundlagen der Logik: Wie denken wir und was *halten* wir für „Denken"?;
- auf praktischer Ebene ist es der Begriff der Möglichkeit. Genauer der Zusammenhang von Normen einerseits (was wollen wir?) und Denken, Reden und Handeln andererseits: Wie entwickeln wir aus unseren Wünschen erfolgreiche Handlungsfähigkeit?; und
- auf ökonomischer Ebene – wie auch auf der Ebene von Aktualität und Zeitgeist – sind es die Haupt-Problemformeln des Managementdiskurses: Wie funktioniert erfolgreiches Wirtschaften unter Bedingungen von Komplexität und Ungewissheit?

Mit diesen Aspekten beschäftigen wir uns – und sind damit bei der fachlichen Anbindung von Zukunftsforschung und ihrem speziellen Disziplinenverständnis. Wir skizzieren Grundzüge einer mit wissenschaftlichem Anspruch auftretenden Zukunftsforschung unter wirtschaftswissenschaftlichem Blickwinkel. Dabei ist eine allzu scharfe Trennung zwischen Volkswirtschaft und Betriebswirtschaft nicht immer sinnvoll, wie in Kap. 7 deutlich wird.

Die Forschungsperspektive lässt sich am ehesten als *kulturalistisch* und *vergleichend* kennzeichnen: Zwar ist das Buch aus deutschem Blickwinkel geschrieben (der auch Bedeutung für die inhaltlich markierte Position dieses Buches hat, nämlich bezüglich der Denktradition, in die Zukunftsforschung eingebettet wird). Doch geht es hier, wie bereits angedeutet, nicht um „deutsche" Zukunftsforschung; ganz im Gegenteil. Da die Ursprünge dieser Disziplin amerikanisch sind, wird Zukunftsforschung auch aus diesem soziokulturellen Mindset rekonstruiert (unseres Erachtens ist sie anders nicht plausibel zu machen). Dabei wird sich eine bislang undeutlich gebliebene historische Achse herauskristallisieren zwischen frühen, „romantischen" Formen deutscher Nationalökonomie und kalifornischem Denken; ökonomiehistorisch geht es im Kern um diese Achse.

1.3   Zukunftsforschung als Wissenschaftsdisziplin

Im zukunftsforscherischen Diskurs wird die eigene Zunft üblicherweise im „Plus X-Modell" präsentiert. Definitorisch etabliert hat diesen „Sample-Modus", der wissenschaftlich betriebene Zukunftsforschung kennzeichnet, Rolf Kreibich. Danach seien Zukünfte – der Gegenstandsbereich von Zukunftsforschung – nicht entlang von Disziplinen erfassbar. Sie liege vielmehr quer zu den Disziplinen und nutze aus diesem Grund die Erkenntnisleistungen der Fachdisziplinen und deren methodisches Instrumentarium und erbring(e) vor allem *durch neue Kombinationen und komplexe funktionale Verknüpfungen* von Fachwissen unterschiedlicher Disziplinen und Praxisbereiche sowie das Erstellen von Zukunftsbildern wichtige *Eigenleistungen in Form von Orientierungs- und Handlungswissen* (Kreibich 1995, S. 2814, unsere Herv.).

Soll heißen, Zukunftsforschung beansprucht kein autonomes Existenzrecht. Sie tritt in die Welt durch instruktive, neuartige Kombinationen der Leistungen *anderer* Fachdisziplinen – das ist ihre Eigenleistung. Dieser Gedanke stammt ursprünglich von Ossip K. Flechtheim (1990, S. 167; Zukunftsforschung nutze „Zubringerwissenschaften") und wird in Kreibichs Definition zur differentia specifica einer Zunft erklärt, die es als substanziell eigenwertige gar nicht gebe: Ohne Fachdisziplinen keine Zukunftsforschung. Diese Schattenhaftigkeit macht sie anschlussfähig an verschiedene bestehende Fachdisziplinen wie etwa Politik, Technologieforschung oder Ökonomie: Zukunftsforschung also *plus* Politik, *plus* Technologiemanagement, *plus* wirtschaftlichem Sachverstand und so weiter. Folglich gibt es die dezidiert *politische* Zukunftsforschung (etwa von Flechtheim oder Robert Jungk), *technologische* Zukunftsforschung wie die Technologiefolgenabschätzung (etwa von Kreibich), oder auch eine wirtschaftsorientierte, wirtschaftspolitische oder unternehmensbezogene, dezidiert ökonomisch-normative Zukunftsforschung (Gerhard de Haan, Olaf Helmer, Reiner Klingholz, Meinhard Miegel, Georges Minois, Eckard Minx, Werner Mittelstaedt, Horst W. Opaschowski, Harald Welzer, Mitglieder des Netzwerkes Zukunftsforschung und viele andere mehr).

Die Schwierigkeit bei dieser Listung liegt auf der Hand: Sie ist unscharf. Sämtliche beispielhaft bezeichneten Personen tragen zweifellos zur Beforschung von Zukunft bei – aber repräsentieren sie alle auch wissenschaftliche Zukunftsforschung? Um diese Frage zu beantworten, müsste eben doch zwingend geklärt werden, was wissenschaftliche Zukunftsforschung ihrer disziplinär eingrenzbaren Substanz nach ausmacht; andernfalls gehörten auch Meteorologen in die Liste. Das ist bislang nicht nur nicht geschehen, sondern es gibt auch zahlreiche Stimmen, die – wie etwa Kreibich – die Definition so zuschneiden, dass sich die Frage quasi von selbst erledigt (Zukunftsforschung besteht aus „den anderen"); oder die den Disziplinenstatus von Zukunftsforschung kategorisch bestreiten; oder bereits vorhandenen Anläufen widersprechen; oder auch Versuche einer konstruktiven Profilierung boykottieren (vgl. zu diesen Positionen die sogenannte „Namesake"-Debatte, Sardar 2010). So befindet Marien beispielsweise, Zukunftsforschung sei „sometimes as pretentious, often vague in its scope", und „„Futuristics' and ‚Futuring' seem goofy and thankfully have little following" (beides Marien 2010, S. 190). Wie man dabei erkennt: In Frage steht nicht nur, was für eine Disziplin wissenschaftliche Zukunftsforschung konzeptionell sein könnte, sondern auch, ob Zukunftsforscher selbst überhaupt eine solche wollen.

Jenseits dieser kuriosen Selbstfindungsdebatte, welche die Zunft seit Jahrzehnten (unbeeindruckt von ihrer nachhaltigen Unergiebigkeit) beschäftigt hält, beschreiben wir zwei konkrete definitorische Zugänge. Im Zuge dessen können auch die drei wichtigsten

Missverständnisse beziehungsweise Vorurteile gegenüber Zukunftsforschung beleuchtet werden.

1. Differenzierung von Sinndimensionen

Innerhalb der Sozialwissenschaften hat es inzwischen Tradition, zwischen drei Sinndimensionen zu unterscheiden: Der Dimension der Sache, des Sozialen und der Zeit (Luhmann 1988, S. 112, zurückgehend auf Schütz 2004). Die Zukunftsforschung ist eine Disziplin, die ihre Praxisfragen zwar nicht nur, aber maßgeblich über die Sinndimension der Zeit bearbeitet. Damit ist sie eine *Meta*disziplin: Sie betrachtet, aus sachlicher und sozialer Sinnperspektive gesprochen, alles und jeden, aber immer und grundsätzlich unter zeitlichen Direktiven. *Nur mit Blick auf klassische Fachdisziplinen* gilt daher: Wissenschaftliche Zukunftsforschung ist transdisziplinär. Bezüglich ihrer eigenen Sinndimension ist sie jedoch das Gegenteil, nämlich strikt intradisziplinär, quasi selbstreferenziell. Wenn in der zukunftsforscherischen Praxis also Disziplinengrenzen verwischt werden (was der Normalfall und gar nicht vermeidbar ist), liegt das daran, dass von temporalem Denken auf sach- oder sozialbezogenes hin- und hergewechselt wird, dass Sinnebenen systematisch übersprungen oder aufeinander bezogen werden – und aus dieser anderen, dann wieder gewohnten und *fach*disziplinären Sicht erscheint Zukunftsforschung folgerichtig als Tausendsassa: Uneindeutig, profillos, zuständig für alles und nichts. Aus diesem oberflächlichen, soll heißen undifferenzierten Denken, das unterschiedliche Sinndimensionen analytisch nicht auseinanderhält, resultiert das erste Missverständnis über Zukunftsforschung: Sie selbst habe keinen eigenen Forschungsgegenstand und betrachte jedes erdenkliche Thema unter dem Gesichtspunkt des vage Spekulativen.

Falls das nicht stimmen sollte: Was bedeutet es dann genauer, Sachliches und Soziales „unter strikt zeitlichen Direktiven" zu beobachten? Dieser Anspruch erscheint fremd. Zukunftsforschung *bindet Zeit*: neu oder anders. Der Fachbegriff dafür lautet *Temporalisieren*. Das bedeutet, dass sie die nur Menschen verfügbare Kompetenz ins Zentrum ihrer Wissenschaft stellt, in einem Vorstellungsakt *etwas zusammenzusehen, was nicht zusammen geschieht*. Menschen können in ihrer Vorstellung etwas gegenwärtig machen, was realiter hier und jetzt nicht gegenwärtig ist; und es mit dem verknüpfen, was realiter hier und jetzt geschieht. „Eine Leistung der intellektuellen Synthese, die alles andere als einfach ist", wie Elias (1997, S. 42) trocken bemerkt. Diese Tätigkeit eines mentalen „Synchronisierens", wie er das nennt, ist deswegen anspruchsvoll, weil die fiktiv hinzugezogene, angeschlossene Zeitsequenz völlig verschieden sein kann von der jeweils situativen Gegenwart. So können für uns Heutige Gedankensplitter von Sokrates elektrisierend sein: maximal zeitgemäß erscheinen. Im Extremfall kann die angeschlossene Zeitsequenz etwas sein, das nicht nur nicht existiert, sondern gemäß unseren Naturgesetzen noch nicht einmal theoretisch existieren *könnte* (vgl. dazu den speziellen „starken" Möglichkeitsbegriff der Zukunftsforschung, Abschn. 4.3). In den intellektuellen Durchbrüchen der Quantenphysik standen exakt solche Synchronisationsleistungen im Zentrum.

Der altehrwürdige Begriff des Gedankenexperiments wirkt hier unpassend; zumindest ist dies eine extreme, die fiktionale Idee radikalisierende Weiterentwicklung.

Die Denktechnik des Temporalisierens fügt also zeitlogisch verschiedene Sinnaspekte unter Gesichtspunkten der jeweiligen Situation (räumlich-zeitlicher Kontext: worum geht es gerade?) in neuartiger, alternativer Form zusammen. Die zugrundeliegende Maxime dieses Denkens ist die Frage „Was wäre wenn?", zukunftsforscherisch operationalisiert in sogenannten *what-if*-frames. Damit setzt sie Lehren aus der Vergangenheit mit geplanten Vorhaben in Beziehung. Sie bezieht Rückgriffe (etwa auf große Erfolge oder gescheiterte Projekte) auf Vorgriffe (etwa auf Ziele, die man erreichen will – womöglich *trotz* eines Misserfolgs). Sie prüft Vorannahmen auf ihre Passung zu den Erinnerungen, denen diese entspringen (kann man störende Erinnerungen *verlernen*?). Sie generiert Zukunftsbilder in Relation zu Wünschen oder Erfahrungen aus der Geschichte (sind Zukünfte möglich, die *keinerlei* Anker in der Vorgeschichte haben: gibt es „akausale Wirkungen"?). Sie scannt das Organisationsgedächtnis, um Anhaltspunkte für visionäre Vorannahmen in der unternehmerischen Identitätskonstruktion (Corporate Identity) zu finden, die zur Organisation passen (und wenn diese fehlen: Inwiefern können zeitliche Fiktionen diese *ersetzen*?). Oder sie versucht, aus der Evolution einer Kultur, Gesellschaft oder Organisation Vorteile zu ziehen für die Überlebensbedingungen des jeweiligen Fragestellers oder Akteurs – mittels eines reflektierten, was hier bedeutet: gedanklich kontrollierten, In-Beziehung-Setzens unterschiedlicher Zeiterfahrungen (die scheinbar selbstverständliche Unmittelbarkeit in der Abfolge von Vergangenheit, Gegenwart und Zukunft spielt dabei keine Rolle).

Eine seltsame Fragensammlung – aber nur auf den ersten Blick. Menschen beherrschen diesen Typ von Kognition geradezu schlafwandlerisch. Denn jeder, der eine wichtige Lebensentscheidung zu treffen hat, praktiziert genau das: Er stellt für die Auswahl der zu erwägenden Optionen seine bisherigen Erfahrungen in Rechnung; auch, wenn diese lange zurückliegen, er sie nur durch Hörensagen beziehungsweise Dritte oder auch von einem Kindermärchen kennt. Das Ungewöhnliche an Zukunftsforschung ist, dass sie diesen Mechanismus *als solchen* beforscht, bearbeitet, ausdifferenziert und entwickelt: dass sie ihn selbst zum Gegenstand der Wissenschaftspraxis macht. Vereinfacht könnte man sagen, hier geht es nicht um Inhalte, sondern um die Form; und Letztere „sticht". Warum wird ausgerechnet X mit Y in Beziehung gesetzt; was sind die Gründe für diese Auswahl und wie legitimiert sich das damit nahegelegte zukünftige Ziel?

Hier liegt das *Begründungskonzept* von Zukunftsforschung, die, wie jede andere Disziplin auch, ihre Ergebnisse selbstverständlich „gut" begründen muss. Denn letztlich hat sie – jenseits aller Zeitlogik – ja doch irgendwann die „Sache", also eine inhaltliche Ebene, zu erreichen, andernfalls könnte sie nicht praktisch werden. Am Ende muss klar werden, *was jetzt zu tun ist.* Dieser „Switch", der wechselnde handlungsinteressierte Sprung von der Zeit- in die Sachdimension von Sinn hin und zurück, ist der eigentliche und zentrale Fokus, den praktische Zukunftsforschung bearbeitet: „Gedanklich kontrolliert" wird also nicht *eine bestimmte Zukunft „an sich"* – Zukunft in einer konkreten Sachdimension, als eine bestimmte inhaltliche Vorstellung über das, was tatsächlich, wahrhaft und belegbar kommen wird oder auch nur kommen könnte –, sondern die *Reflexionsweise* darüber, *wie* wir Zukunft konzipieren. Die gedankliche Bearbeitung von Zeit, unser kulturspezifisches Temporalisieren. Und diese Reflexionsweise ist ausnahmsweise eben keine sachlogische, sondern eine zeitlogische. Solches Denken inszeniert ein Spiel mit zeitlichen Formen, *aber methodisch kontrolliert* (denn solche Spiele funktionieren ebenso gut beispielsweise unter Drogeneinfluss); und immer aus der Sicht der Betroffenen beziehungsweise Akteure, also in einer spezifischen Situation. Der Kontext: *Zeit und Ort*, lassen sich aus dieser Analyse nicht mehr „herausrechnen". Fällt man diesem traditionellen Denkfehler anheim, erhält man praktisch nutzlose (Naturwissenschaftler würden sagen: „unscharfe") Ergebnisse.

Für dieses ungewöhnliche Verfahren einer eingehenden Beschäftigung mit Sinn gibt es zwei Gründe:

1. Niemand kann wissen, was kommt. Zukunft selbst lässt sich nicht „inhaltlich" erforschen. Wenn man sie beforschen will, muss man sie *indirekt* erschließen: zeitlogisch, nicht sachlogisch.
2. Für zeitlogisches Denken braucht man jedoch zwingend analytische Werkzeuge, die diesen indirekten Weg überhaupt erst sichtbar und begehbar werden lassen. Die beiden Konzepte, die dafür infrage kommen, sind bislang allerdings nur begrenzt wissenschaftsfähig: Subjektivität und Sinn (s. dazu Abschn. 3.1). Also Denkmodelle für die subjektive Erschließung von Sinn und Bedeutung; wissenschaftstheoretisch gesprochen, von Relevanz. Denn der angesprochene „indirekte" Weg liegt ja, wie skizziert, in der Art und Weise unseres Nachdenkens über Zukunft: *Wie* wir unsere Perspektive konstruieren, welchen Blickwinkel wir ansetzen. Dieser Blickwinkel – den wir in jedem Augenblick wählen – ist jedoch grundsätzlich subjektiv. Und mehr noch: Er ist selbst bereits eine (subjektive) *Wertung*. Denn in dieser Perspektivenwahl ist der *Sinn* verborgen, den wir einem zeitlichen Vorgriff beilegen. „Sinn" ist nichts anderes als der Begriff dafür, welche subjektive Beziehung ein Mensch zu einer zeitlichen Wandlungsfolge aufbaut und entwickelt. Er bezeichnet ein immens komplexes Phänomen: Da sich *sowohl* Zeit und Umfeld *als auch* der Mensch selbst stetig verändern, bringt unser Sinnbegriff inmitten dieses doppelten Dauer-Shifts zum Ausdruck, wie sich der Mensch als alterndes, sich selbst veränderndes Wesen zur kontinuierlichen Geschehensabfolge um ihn herum stellt und verhält: wie er diese verwickelte Doppelstruktur von Zeit *in jedem gegenwärtigen Augenblick für sich bewertet*. Diese Bewertung bestimmt seine Perspektive. Und wenn es Zukunftsforschung gelingt, den Sinnkorridor zu verschieben – das heißt, die Erwartungen des Akteurs zu verändern –, wird er eine andere Perspektive wählen; anfangen, anders zu denken, und in Folge auch zu handeln.

Genau das markiert den Kanal, in dem Zukunftsforschung wissenschaftlich und analytisch wird. Wenn man diese sinnlogische Unterlegung *nicht* eigens beforscht: ihren „Eigen-Sinn" beziehungsweise ihre Funktion *nicht* hebt und transparent macht, läuft er unkontrolliert, sozusagen subkutan mit. Genau das will *wissenschaftliche* Zukunftsforschung systematisch unterbinden: Dass handlungsmotivierender Sinn unkontrolliert bleibt und *dadurch eigenmächtig wird,* sozusagen sein eigenes Ding dreht – zum Beispiel

- unbemerkt die Gegenwart einfach verlängert, sie quasi festschreibt („Alternativlosigkeit"),
- oder umgekehrt die Zukunft zu einem verschrobenen Wolkenkuckucksheim mutiert, das nicht mehr nachvollziehbar angebunden werden kann an die soziokulturelle Welt, in der wir leben (für viele das Projekt „Marsmission" der Amerikaner, sogenannte „Moonshots"),
- oder sich eine intrinsische Sinnlogik, die Algorithmen offensichtlich – und von niemandem eigens bezweckt – innewohnt, zu einem ökonomischen Universum entfalten kann, in dem Konsumenten immer schmalspuriger nur noch das angeboten wird, was sie als Masse, als Mittelwert und Durchschnitt, scheinbar wollen.

Damit derlei nicht passiert, wird der Zukunft beobachtende Akteur in das wissenschaftliche Untersuchungsfeld *als Subjekt mit einbezogen.* Wissenschaftliche Zukunftsforschung stellt die antezipativen Grundannahmen, das heißt, den situationsspezifischen *und damit* sinngenerierenden Erwartungshorizont des Akteurs *mit* ins Zentrum – man könnte auch sagen, dessen Subjektivität. Damit wird die grundsätzlich situationsgebundene Partikularität einer jeden Zukunftsperspektive zum zentralen Gegenstand von Forschung: von einer traditionsbedingt doch eigentlich *objektivierenden, mit universalistischem Geltungsanspruch auftretenden Wissenschaft!* Um diese Kardinalfrage dreht sich die gesamte Debatte um Wissenschaftlichkeit von Zukunftsforschung. Funktioniert das? Ist das überhaupt „logisch" zu nennen, und falls ja: In welcher Hinsicht? Und natürlich auch: Macht das fröhlich?

Konventionell will Wissenschaft über ihre klassischen Gütekriterien der Validität und Reliabilität gerade das Gegenteil sicherstellen: Die Unabhängigkeit der Forschungsergebnisse von der untersuchten Person. Wissenschaftliche Zukunftsforschung entgegnet darauf, dass dies bei Zukunftsbelangen (a) nicht möglich ist, weil zeitliche Vorgriffe im Sinne von Wünschen und Hoffnungen beziehungsweise Ungewissheit und Vermeidungsmotiven grundsätzlich und hauptsächlich (!) auf einer *subjektiven* Auslegung der spezifischen Situation beruhen. Sie fußen in erfahrungs- und vorstellungsabhängigen *Erwartungen.* Zukunft und subjektiver Sinn sind auf eine logisch untrennbare Weise miteinander verbunden. Ohne subjektive Weltauslegung keine Zukunftsvorstellung – wird der subjektive Faktor wissenschaftlich eliminiert, ist Zukunftsforschung nicht möglich (Prognostik sehr wohl!).

Wichtiger ist aber die zweite Entgegnung: dass (b) ein Wissenschaftsleitbild, ganz generell gesprochen, das seit Jahrhunderten in einseitig-objektivierender Ausrichtung feinjustiert wurde, und das subjektive Sinngenerierung aus der Wissenschaft mit immensem Aufwand gerade heraushalten will, in Probleme gerät. Wissenschaft, so die Position einer zeitgemäßen Zukunftsforschung, bemisst sich in einigen Teilbereichen durchaus an ihrer Kompetenz zur Objektivierung, in anderen jedoch an ihrer Kompetenz zu deskriptiver und analytischer *Angemessenheit*, zu kontexturaler *Passung* – und im sozialwissenschaftlichen Sektor wie etwa der Wirtschaft, in dem es um menschliches Handeln geht, an *beidem.* Falls das stimmt, benötigt sie aber Urteilskriterien für *beide* Bereiche; also auch für *logisch nachvollziehbare Subjektivität*, die – nur dann! – als wissenschaftstheoretisch legitim ausweisbar ist. Qua klassischer Wissenschaftstheorie ist das jedoch nicht möglich: Subjektivität ist per definitionem unwissenschaftlich. (Zum logischen Fehlschluss, dass dies bei verwandten Konzepten wie „Intuition" oder „Schwarmintelligenz" dank akademischer Weihen doch inzwischen anders sei, vgl. Abschn. 7.2.) Der Exodus subjektiver Urteile aus dem Wissenschaftsleitbild, der die konsequente Folge dieser Wertung war, verzwergt die Leistung von Wissenschaft massiv, weil er verhindert, Kontextkompetenz und -sensibilität aufzubauen: Herausfinden zu können und überhaupt zu wollen, was für Akteur X hier und jetzt das Richtige wäre und nun zu tun ist – und nicht „ganz prinzipiell", „im Allgemeinen", „grundsätzlich", unabhängig von Raum und Zeit. Eine solide, gut begründbare Entscheidungsfähigkeit zu entwickeln in Bezug auf eine spezielle, einzigartige Situation ist die wissenschaftstheoretische Crux von Zukunftsforschung – und nebenbei auch für jede Organisationslenkerin, für jeden Manager und für jede Entscheiderin, die komplexe Entscheidungen unter Ungewissheit bestmöglich, und wünschenswerterweise eben auch *wissenschaftlich abgesichert,* treffen muss.

Was wissenschaftliche Zukunftsforschung also nicht praktiziert, ist, die Zukunft *an sich* herauszufinden – denn dabei gäbe es kein Subjekt, das dem zeitlichen Vorgriff einen Sinn beilegt. Zukunft stünde dann bereits fest: *ohne* uns (wir wüssten sie nur noch nicht). In einer Wissenschaft für Menschen hat ein solches Zukunftskonzept keinen Ort.

Wenn es darum geht, Zukunft zu gestalten, nutzt wissenschaftliche Zukunftsforschung deshalb auch keine Kreativitätsworkshops oder Ideenmanagement (Neuheit als Selbstzweck), sondern das bereits erwähnte „temporalisierende" In-Beziehung-Setzen von Zeiterfahrungen – denn dadurch wird Zukunft *verstehbar* gemacht, „zieht Sinn". In Beziehung gesetzt wird genauer Künftiges

a. zur *Vergangenheit* (Herkunft und Geschichte) sowie
b. zur *Gegenwart* (kontexturale Bedingungen und Restriktionen: zur Situation).

In dieser Relationierung wird Sinn *geschaffen* (!). Dieser unverstandene Punkt ist die zweite Hauptursache für das ramponierte Image von Zukunftsforschung, nämlich das Missverständnis, dass Zukunftsforscher Zukünfte entweder nach Pippi-Langstrumpf-Art („ich mache mir die Welt – wie sie mir gefällt") oder quasi auf dem Reißbrett ihrer Fantasie ingenieursgemäß zurechtbastelten; und das auch noch mit erheblichem methodischem Aufwand, eigenen Tools und häufig beachtlichem Zeitinvestment. Was Timothy Leary in den 1960er-Jahren mit LSD gelang, besorgte heute Zukunftsforschung, so die zynische Kritik; solches Zukunft-Machen sei weltfremd, weil von der Realität abgetrennt. Dieses Vorurteil übersieht den Stellenwert, den für die Zukunftsforschung Vergangenheit und Gegenwart haben: denn Zukunft ist in eine zeitlogische Struktur von gestern – heute – morgen eingebunden. Ein ausschließlicher, analytisch isolierender Blick in die

Zukunft, der obendrein zeitlogisch unqualifiziert ist, ist im Gegenteil charakteristisch für die – sinnanalytisch auf die Dimensionen von Sache und Sozialem reduzierte – *Prognostik*. Konzeptionell hat Letztere mit Zukunftsforschung nichts zu tun (sondern basiert auf Mathematik und Statistik – eben auf Sachlogik). Zwischen beiden gibt es zwar viele *praktische* Berührungspunkte, aber keinerlei Gemeinsamkeit im konzeptionellen Fundament.

Wir werden sehen, wie nachvollziehbar und naheliegend dieses zweite Missverständnis über Zukunftsforschung ist (daher hält es sich so hartnäckig): Denn auf der Basis des *etablierten* Wissenschaftsverständnisses bleibt in Sachen Bewertung logisch gar keine andere Möglichkeit. Wenn eine unmittelbare Bearbeitung von Sinn wissenschaftlich diskreditiert ist (die freie, sozusagen „anarchische" Generierung von subjektivem Sinn, „Anything goes", hat in der Wissenschaft keinen legitimen Ort), zählt auch eine noch so gut begründete kognitive Bearbeitung von Zeit – die, wie gesagt, nur unter Berücksichtigung subjektiver Sinnzuschreibungen analytisch überhaupt erfasst werden kann – konsequenterweise nicht zur Wissenschaft. Woraus sich ergibt: Zukunftsforschung muss im Wissenschaftsverständnis mehrere Veränderungen vornehmen, um sich Zugang verschaffen zu können. Als „Abfallprodukt" dieses Eingriffs werden jedoch blinde Flecken im tradierten Wissenschaftsleitbild sichtbar, die ohnehin bereits seit Jahrzehnten im Untergrund von Wissenschaft schwelen und für Irritationen sorgen.

Das reflexive Spiel mit Zeit sowie das Mitbedenken der Art und Weise, wie es gespielt wird, ist also die Kernkompetenz von Zukunftsforschung. Und da diese Kernkompetenz semantisch völlig offen ist – zukunftsforscherisch lässt sich praktisch jede Fachdisziplin, jede Sachfrage, jeder „Inhalt" betrachten – bezeichnen wir sie als *Metadisziplin*.

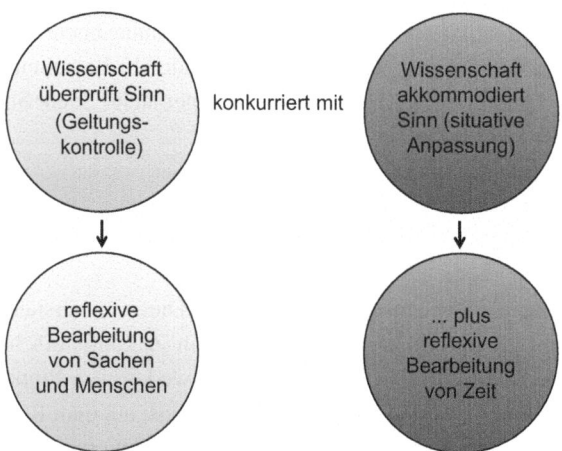

2. Definition von Zukunft

Es mag seltsam anmuten, Zukunft definieren zu wollen. Zukunft ist das, was noch kommt; was zeitlich vor uns liegt und niemals eintritt (denn dann wird Zukunft zur Gegenwart). Bei einem disziplinären Anspruch, der sich auf die konzeptionelle Bindung von Zeit bezieht, ist dieser definitorische Schritt jedoch vonnöten – denn der *Zugriff* auf Zukunft (das Wie) unterscheidet sich hier umfassend von demjenigen klassischer Disziplinen.

Hinter dem methodischen Zugriff auf Zukunft innerhalb der wissenschaftlichen Zukunftsforschung steht eine spezifische *Haltung* der Zukunft gegenüber. Genauer: Wertungen, und zwar ungewohnte. Folgende vier Wertungen haben innerhalb wissenschaftlicher Zukunftsforschung den Status von *Prämissen*.

(1) Die Zukunft ist anders als die Gegenwart. Je nach Standpunkt erscheint diese Aussage entweder trivial oder spannend. Trivial, wenn der Kausalzusammenhang im Vordergrund steht, dass sich Zukunft als logische Konsequenz aus dem ergibt, was wir heute tun. Spannend, wenn der symbolische Aussageüberhang in Richtung Neuheit, nie Dagewesenem und völlig Anderem betont wird. Die binäre Leitdifferenz, nach der hier gewertet wird, lautet also bekannt – unbekannt oder auch absehbar – unabsehbar. Wissenschaftliche Zukunftsforschung ist in dieser Frage *normativ* positioniert: Sie ergreift radikal Partei für die Seite von Überraschung und Neuheit. Alles, was sich bereits heute *wahrnehmbar* und *erkennbar* in Richtung Zukunft verlängert, erweitert, verändert, verkleinert oder vergrößert, gehört nicht zum Kompetenzbereich wissenschaftlicher Zukunftsforschung. Dafür sind andere zuständig: Mathematik, Informatik, Technikwissenschaften oder Kybernetik (soll heißen Prognostik, Extrapolationen, Kalkulationen, Data-Mining/Big-Data-Tools und so weiter). Zukunftsforschung kümmert sich demgegenüber um Herkünfte, Bedingungen, Barrieren, Treiber und Alternativen von „Newness". Es geht um die Markierung von *anderem*, von logischer Möglichkeit.

(2) Zukunft ist das, was wir nicht wissen können. Mit dieser Prämisse grenzt sich wissenschaftliche Zukunftsforschung einerseits ab gegenüber allen Formen von Vorhersage, Prophetie und Weissagung. Im Gegensatz zu solch meist religiös oder esoterisch motivierter Zukunftsschau (etwa in schamanistischen Weissagungen, wenn Federn oder Hühnerbeine geworfen und gedeutet werden) gehörten *selbstreflexive* Anteile in unserem Kulturkreis von Anbeginn an zur Beschäftigung mit Zukunft dazu (Gnothi seauton: „Erkenne dich selbst" als Inschrift auf dem Apollo-Tempel in Delphi). Es ist dieser frühe kulturspezifische, originär abendländische Traditionsbezug der *Kognition*, den die moderne wissenschaftliche Zukunftsforschung von der Prophetie abtrennt, methodisch radikalisiert und ins Zentrum rückt.

Wie bereits angesprochen, grenzt sich wissenschaftliche Zukunftsforschung andererseits aber genauso ab zu rein kalkulatorischen Formen der Zukunftsvorschau, auch der modischen Trendforschung: Diese ist, methodisch gesprochen, eine Variante der Prognostik und teilt mit ihr die Verfahrensweise, „Bestandteile" der Gegenwart in die Zukunft zu projizieren, hochzurechnen oder in begrenzten Variationen (Best Case vs. Worst Case, Trend vs. Gegentrend und so weiter) auszudifferenzieren. Bestandteile oder Realia der Gegenwart werden dabei nur anders genannt: Statt bloße Gegenwartssplitter zu sein, heißen sie hier Indikatoren, Impacts oder „Weak Signals", wie es in kommerzieller Zukunftsindustrie und Betriebswirtschaftslehre heißt (Ansoff 1976). Das Problem dabei: Die

Gegenwart ist in diesem Denkmodell logisch *notwendig*, weil kausallogisch Basis von Zukunft. Mindestens in Teilbereichen – die Zukunft muss schon begonnen haben – wird das Heute „einfach" (bedeutet hier: unreflektiert, ohne gedankliche Kontrolle) fortgeschrieben. Zukunft im prognostischen Modell ist ohne eine solche Fortschreibung von „bereits Gewusstem" nicht denkbar: Prognosen oder Trends basieren auf „Daten".

Diese fraglos tradierte Voraussetzung – das sich gedanklich unkontrollierte, freiwillige Binden an gegenwärtige Gegebenheiten – ist für wissenschaftliche Zukunftsforschung inakzeptabel; eine unreflektiert weitergeführte Gewohnheit, die man abstellen kann und muss, weil sie Zukunftsforschung auf das reduziert, was bekannt ist. Eine solche Perspektive ist nicht zukunftsforscherisch; sie ist wissenschaftstheoretisch der *Gegenspieler*. In Bezug auf das eigene Erkenntnisinteresse wird sie daher methodisch verhindert – und erscheint genauso unseriös wie umgekehrt für die etablierte Wissenschaft die Annahme, dass künftige Zustände *ohne* jedes Fundament an bereits vorhandenem Wissen legitim, wissenschaftlich „valide" beschreibbar sein sollen. Im praxeologischen Denken ist Zukunft aber gerade kein Bestandteil eines Wissenskanons, auch keines künftigen potenziellen. Noch einmal betont: *Zukunft ist keine Sache,* und daher auch kein Wissensobjekt. Wenn man Zukunft dazu macht: sie also innerhalb der jeweils aktuellen Weltsicht von vornherein, sozusagen unbedarft *semantisch belegt,* sie quasi vordefiniert und damit „einfriert", indem man Zukunft anhand dessen fundiert, was man „inhaltlich" bereits kennt, eliminiert man gerade das, was sie ausmacht: dass sie völlig *anders* sein kann als die Gegenwart. Genau deshalb kann man Zukunft niemals wissen oder kennen. Um Zukunft denken zu können, muss man also die semantischen Brücken zur Gegenwart *abreißen*. Vergleiche Prämisse (1): Alles das, was sich aus der Gegenwart heraus erkennbar ergibt, ist nicht Gegenstand von wissenschaftlicher Zukunftsforschung. Andernfalls bemäntelte man etablierte Kompetenzen lediglich mit einem neuen Label („alter Wein" – Prognostik – „in neuem Schlauch", der nun „Zukunftsforschung" hieße).

Wenn man sich diese Prämissen klar macht, gehört wissenschaftliche Zukunftsforschung zu einer anderen Kategorie von Lernen, als von der etablierten Wissenschaft verwendet. Dadurch, dass Zukunftsforschung Sinn bearbeitet und *prinzipiell* auch neu schafft, gibt es bei ihr nichts an Wissen zu transportieren, zu verteilen oder umgekehrt aufzunehmen: zu managen. Im Vordergrund stehen eher Training oder die Kultivierung mentaler Fähigkeiten, jedenfalls nicht Verwaltung, Instruktion oder Lehre. Man kann solches Denken bis zur Meisterschaft üben und professionalisieren, aber nicht als „Inhalt" definieren, speichern oder weitergeben. Man kann sich solche Fähigkeiten abschauen, kognitive Muster kanonisch kopieren oder kreativ nutzen und umformen; aber sie haben niemals den Status einer „Lektion". Der Lehrende entspricht hier eher einer Mentorin oder einem Katalysator; im altgriechischen Verständnis eher dem populären Bild einer Hebamme oder dem Muster von Freundschaft; im asiatischen Kulturraum einem Guru oder Meister, also einem neben- oder beigeordneten Begleiter, keinesfalls aber einem Dozenten in höhergestellter Position. Der Grund wurde bereits genannt: Zukunftsforschung ist eine Profession zur Hervorbringung, Gestaltung und erfolgreichen Nutzung von Sinn, und der primäre Sinn ist bei jedem Fall und in jeder Situation anders. Es gibt zwar wahre

Künstler der Sinnproduktion, die eine beeindruckende Meisterschaft darin entwickeln, in jeder Situation maximal sinnhaft zu handeln (paradigmatisch der spirituelle Weise, seit jüngster Zeit auch das ökonomische Genie); es gibt aber keine Möglichkeit, deren Fähigkeit direkt zu objektivieren und „dingfest" zu machen, ihrer „habhaft" zu werden. Wer Zukunft sachlich oder sozial reifiziert – sie zu etwas konkret Begreifbarem macht: „die Zukunft wird so und so sein" –, zerstört ihren praxeologischen Kerngehalt. Man versteht dann zwar ihre Bedeutung leichter (weil sie durch ihre sachlogisch verfälschte Gegenwartsgebundenheit näher am Heute bleibt), aber sie ist in Bezug auf das, was sie im Grunde ausmacht, leer. Dezidiert Neues ist im prognostischen Paradigma logisch nicht erfassbar. Wer als Unternehmen also radikale Innovationen will, braucht ein anderes Instrumentarium.

(3) Das, was zukünftig möglich ist, kann heute hinreichend beschrieben werden. Steht diese Annahme nicht in diametralem Gegensatz zur zweiten Prämisse? Auf den ersten Blick scheint es so – denn wie soll man das, was man nicht wissen kann, hinreichend beschreiben können? Die Erklärung findet sich in einer unscheinbaren, aber weitreichenden Umformulierung: was künftig *möglich* ist.

Diese dritte Prämisse wirkt im Vergleich zur zweiten nur dann unsinnig, wenn es keinerlei logisch akzeptable Möglichkeit gäbe, Zukunft zu beschreiben, (1) *ohne* Bezug auf die Gegenwart im Sinne des bereits Bekannten und (2) *gleichzeitig* in einem geistig „normalen" Zustand. Mit anderen Worten, wenn zwingend unterstellt werden müsste, dass eine von der gewohnten, alltagsweltlichen Gegenwart abstrahierende Zukunftsschau visionäre Scharlatanerie ist. Diese Unterstellung ist jedoch falsch; eine solche Möglichkeit gibt es, und sie ist auch noch logisch – allerdings in anderer Weise als gewohnt. Dass für die Beschreibung von Künftigem kein Bezug auf real Existierendes genommen werden muss (Prämisse 1), bedeutet *nicht*, dass es deswegen auch keinerlei Form, Art oder Weise gäbe, Künftiges bereits heute in sozial akzeptabler Weise wahrnehmbar und bearbeitbar zu machen. Diese verbreitete Annahme ist ein Kurzschluss mit alter Tradition und die dritte Hauptursache für das Misstrauen gegenüber einer wissenschaftlich verfahrenden Zukunftsforschung. Der narrative „Gründungsmythos" ist die thrakische Magd, die Thales von Milet verspottet haben soll, als er beim Sterne-Beobachten in einen Brunnen fiel. Zukunftsforscher seien von genau diesem Typ des Hans Guck-in-die-Luft: Sie verlören vor lauter Fantasie den (wissenschaftlichen) Boden unter den Füßen.

Wenn man gegen dieses Vorurteil argumentieren will, muss man die Grenzen der etablierten Logik erweitern. Hier berühren wir das konzeptionell schwierigste Gebiet von Zukunftsforschung. Innerhalb unserer gewohnten Logik ist ein (zukünftiger) Zustand, dessen Beschreibung wissenschaftliche Weihen reklamiert *und* vom Heute, also *seinen Ursachen und Gründen*, völlig absieht, Fantasterei. Denn wir haben gelernt, dass die Zukunft logisch aus der Gegenwart *folgt* (Modell des linear fortschreitenden Zeitstrahls). Wer dieses Modell verlässt und anfängt, Zukunft einen autonomen, für menschliche Praxis ontologisch *eigenwertigen* Status zuzuschreiben, begibt sich außerhalb der „scientific community". Menschen dieses Schlags werden institutionell exkludiert. Unsere Kultur schützt sich und ihr Wissenschaftsverständnis damit vor Fremdlogik. Die jeweils in Geltung stehende Logik *immunisiert* Kulturen; das ist ihre primäre Funktion. Wissenschaftliche Zukunftsforschung sprengt die Grenzen der etablierten Logik: absichtlich und radikal, *aber* systematisch und methodisch kontrolliert. Hier geht es nicht um Spinnerei, sondern um kalkuliertes Fingieren. Dabei ist die Reflexionslogik, die Zukunftsforschung nutzt – wir werden sie *Metakognition* nennen – vom Grundsatz her nicht nur logisch, sondern ihrem Prinzip nach sogar ziemlich einfach: Sie spielt mit logischen Konjunktionen.

Vertraut sind „Konjunktionen" noch am ehesten aus dem Deutschunterricht: In der Grammatik leiten sie Nebensätze ein und geben mit ihrer spezifischen Orientierung Aussagen einen engeren Sinn. So gibt es beispielsweise Temporal-Nebensätze: Sie bezeichnen etwas Gleichzeitiges, Vor- oder Nachzeitiges, eingeleitet mit „während" oder „nachdem". Und es gibt Modal-Nebensätze, instrumental oder vergleichend gemeint; eingeleitet mit „indem" oder, in der Zukunftsforschung prominent: „als ob". Genau hier liegt die Quelle der vielgestaltigen *what-if-frames*, von Was-wäre-wenn-Fragen.

Da wissenschaftliche Zukunftsforschung nicht auf sachliche, sondern auf zeitliche Art Sinn bearbeitet (was bedeutet, dass sie *Semantik, sozusagen „Inhalte", nicht nutzen kann*), hat sie das Spiel mit Konjunktionen professionalisiert und verändert auf diese Weise den Sinn von Aussagen. *Sie ermöglicht durch eine Veränderung der logischen Denkordnung ein Denken des Anderen.*

Die zukunftsforscherische Logik zeitlicher Aussagen

Die Grundidee einer „Logik zeitlicher Aussagen" (Weizsäcker 1992) besagt, Aussagen über die Zukunft, also Temporalsätze, in Modalsätze umzuwandeln. Der Satz „Es wird morgen regnen" wird transformiert in: „Es ist möglich, dass es morgen regnen wird". Das, was zukünftig *möglich* ist, kann folglich *gegenwärtig* hinreichend beschrieben werden.

Formal-logisch wird die Gegenwart als Ausgangspunkt jeder Zukunftsforschung also bestätigt: Wir beschreiben heute, was morgen möglich ist – aber ohne gleichzeitig genötigt zu sein, das Heute zwangsläufig und unbemerkt auch *kausal*-logisch zum Fundament von Zukunft aufzuwerten. Wir fangen also an, unterschiedliche *Arten* von Logik voneinander zu unterscheiden. Der Fachbegriff dafür lautet polylogisches Denken (Grundlegung bei Günther 1991). Genau hier liegt die entscheidende Wende: Es gibt *verschiedene* Logiken. Die Norm des Zukunftsforschers lautet: Weg von der Kausallogik – sie *unter*bindet Zukunftsdenken, weil sie *an* Gegenwart bindet. Das, was gegenwärtig vorhanden ist oder geschieht, muss keineswegs *zwingend* „Bestandteil" von Zukunft sein! Zukunft kann radikal neu und anders werden; diese Annahme ist *logisch*. Die auch durch die Zukunftsforschung ausgeprägte Wertschätzung von Gegenwart bezieht sich allein darauf, dass in ihr künftige Möglichkeitsspielräume „valide" beschrieben werden können und müssen (nämlich im Modus des „als ob"). Nur in dieser Hinsicht ist sie als wissenschaftliche Ausgangsbasis tragfähig.

Ein Denken im Modus des „als ob", die sogenannten *„what-if*-frames", sind eines der wichtigsten methodischen Instrumente der Zukunftsforschung: Kognitives Mittel, um Temporalsinn in Modalsinn umzuwandeln. Ein Modalsatz kann das Wissen über gegenwärtige Möglichkeiten zum Ausdruck bringen, die *noch nicht einmal in Ansätzen* realisiert sind; also ohne dass diese Möglichkeiten im Heute bereits ankern müssten. Die Suche nach „Weak Signals", wie in der Trendforschung, das Detektieren von sachlich konkret identifizierbarer Zukunft, ist nicht Sache von Zukunftsforschung.

Mit den Regeln dieser Logik werden wir uns beschäftigen. Was sich bereits hier abzeichnet: Zukunftsforschung bezeichnet eine andere Stufe wissenschaftlichen Denkens. Es steht in einer alten und langen Linie, angefangen bei den Vorsokratikern über zahlreiche Bewunderer der antiken Griechen, wie Goethe oder Nietzsche, bis ins 20. Jahrhundert zu Gotthard Günther, Hans Blumenberg, Michel Foucault, Niklas Luhmann oder Richard Rorty. Sein eigentlicher Durchbruch begann zu Beginn des letzten Jahrhunderts: Als solch ein Denken erstmalig *empirisch* belegt wurde. Das war die Grundlage, auf dem diese neue Form von Wissenschaft erstarken und Zukunftsforschung entstehen konnte: Die Erkenntnis aus der Quantenphysik, dass in bestimmten Perspektiven die „objektiven" Dinge unscharf werden. Und dass den entscheidenden Unterschied *der jeweilige Beobachter* macht und kein „Ding an sich". Damit betrat erstmalig Subjektivität die Bühne der Wissenschaft – und zwar sofort mit dem Anspruch auf vollständige Gleichwertigkeit zu Objektivität. Wissenschaftstheoretisch war das ein Schock, der bis heute praktisch nicht verarbeitet ist (selbst ein Thomas S. Kuhn hat ihn noch vollständig ignoriert; dazu Abschn. 5.1). Zukunftsforschung ist die erste Disziplin, die diese Entdeckung beginnt, für menschliches Handeln – sozialwissenschaftlich – anschlussfähig und fruchtbar zu machen. Wir konzentrieren uns hier auf die Ökonomie.

Zukunftsforschung spielt also mit Bedeutungen. Sie maßt sich an, sich fiktiv über den gegenwärtig in Geltung stehenden Sinn zu erheben (daher *Meta*kognition), um ihn zu „testen" – auf was auch immer, jedenfalls auf eine spezifische, praktische Fragestellung hin. Der Soziologe Niklas Luhmann (1996, S. 45) nennt diesen kognitiven Trick „Desengagement in Sachen Realität": Man distanziert sich methodisch-systematisch – und das bedeutet: gedanklich kontrolliert (!) – von dem, was jeweils gerade als „die Wirklichkeit", oder eben als „Normalität", erachtet wird. Und da man das reflexiv praktiziert, hat solche Praxis nichts mit geistiger Defizienz zu tun, zumindest potenziell aber schon eine Menge mit Wissenschaft. Damit eröffnet Zukunftsforschung dasjenige Feld neu und anders: nämlich *logisch* und *semantisch neutralisiert*, das in der Psychoanalyse Unbewusstes heißt, und was in den Sozialwissenschaften „blinder Fleck" genannt wird. Zukunftsforschung operationalisiert und bearbeitet Komplexität und Ungewissheit – mit logischem Anspruch. Sie erreicht das durch ein radikales Herunterdimmen von Sach- und Soziallogik und ein analytisches Überbelichten von Zeitlogik.

Auf solche Weise kann das, was zukünftig möglich ist, heute hinreichend beschrieben werden – man muss dazu nur eine passende Konjunktion finden, um neuen, anderen Sinn logisch *anschließen* zu können an vorhandene Perspektiven und Normen. Genau das praktiziert Zukunftsforschung: Sie „biegt" Bedeutung auf eine situativ *passende* Weise um. Wird auch diese Passungssuche zum Gegenstand einer – transparenten Standards unterliegenden, „metakognitiven" – Reflexion, ist Zukunftsforschung wissenschaftlich.

„Neuer Kapitalismus": Was sagt die Zukunftsforschung?

Was sich in der Zukunftsforschung dem ersten Eindruck nach kompliziert anhört, ist häufig praktisch nahezu selbsterklärend. Die Abstraktionshöhe des Konzepts steht in umgekehrt proportionalem Verhältnis zur praktischen Einfachheit – ein Phänomen, das auch in der Quantenphysik, wo es zum Dauerbrenner wurde, bislang nicht erklärbar ist. Beispiel: Die gegenwärtige Ökonomie ist reich an Geschäftsmodellen, die auf einer Umbiegung von Sinn basieren, wie sie hier beschrieben wird. Das Modewort dafür lautet „Digitale Transformation". Dasjenige Wirtschaftscluster, das für dieses Denken im ökonomischen Sektor weltweit führend geworden ist, ist das Silicon Valley (Müller-Friemauth und Kühn 2016). Ethische Normen in unterschiedlichen semantischen Feldern (mal private Zimmervermietungen wie bei Airbnb, mal privat organisierte Fahrdienste wie bei Uber) werden bei diesem Typus von Unternehmertum zu rein funktionalem Material für Akkumulation (kostenpflichtige Vermittlungsschnittstelle): Menschen bezahlen an Dritte für kooperatives Handeln. Wenn erst einmal verstanden ist, dass es bei logischen Strukturen nur darauf ankommt, passende Semantiken zuzuschalten, „umzuschalten" oder funktional anzubinden („Plattform-Kapitalismus"), wird grundsätzlich alles kapitalisierbar. Allerdings wurde das erst im Computerzeitalter möglich, denn für das Management von Struktur und Semantik nutzen wir Technologie: Programme. Algorithmen sind semantisch neutral, das ist die Voraussetzung.

Dieser Gedanke ist außergewöhnlich. Aus anthropologischen Beständen kapitallogische Ressourcen formen zu können, ist eine kulturelle Kompetenz ohne historisches Beispiel (vom Ablasshandel abgesehen). Die Ökonomie kannte diesen Mechanismus bisher nur in Bezug auf „Güter" (ökonomisches Kapital) – also Mittel, die der Bedürfnisbefriedigung dienen und genau dafür vorgesehen sind, Gesetzen der Knappheit unterliegen und marktfähig, das heißt bewertbar sind. Die Erweiterung auf Motive, Normen, Ideen und bestimmte Handlungsweisen (kulturelles Kapital), welche die gegenwärtige globale Ökonomie ankündigt, leiten eine nächste Phase kapitalistischer Gesellschaften ein – mit Risiken und bislang kaum abschätzbaren Nebenwirkungen, aber auch großartigen neuartigen Möglichkeiten. Den exakt gleichen Mechanismus hat beispielsweise Muhammad Yunus in seiner Heimat Indien *genau umgekehrt* genutzt, um aus der kapitalistischen Funktionslogik des Finanzwesens mit Mikrokrediten eine gemeinwohlorientierte Wirtschaftsform speziell für arme Länder zu entwickeln. Genauer: Um rund um den Dreh- und Angelpunkt der Kapitallogik als solcher (Akkumulation und Zinsmechanismus) eine Art wohlfahrtsorientiertes Programm zu bauen, mit dem sich Armut in der indischen Gesellschaft bekämpfen lässt – ganz ohne Staat. In dieser Art lassen sich also auch soziale Probleme bewältigen. Der Mechanismus als solcher ist semantisch, kulturell, ordnungspolitisch und zielbezogen gleich-gültig: leer. Man kann ihn für alles Mögliche einsetzen.

Mit Moral lässt sich diesem Phänomen prinzipiell nicht beikommen. Der Grund: Hier werden keine Normen von außen an den Kapitalismus herangetragen, die ihn mahnen oder dafür sorgen sollen, dass er „besser" werde (der Basismechanismus moralischer Normen), sondern der Kapitalismus *wird für etwas anderes benutzt*. Er wird zu einem Mittel für einen gewollten Zweck. Frage: Was ist der Zweck? Antwort: Alles, was den Aufwand rechtfertigt; was es uns *wert* erscheinen lässt. Wir werden noch sehen, dass das kalifornisch-ökonomische Denken aus genau dieser Idee, den Kapitalismus instrumentell für „subjektiv-eigene" Zwecke zu gebrauchen, ein *eigenständiges*

Entwicklungsprogramm für die menschliche Gattung entwickelt („Transhumanismus"). Genau hier liegt die Wurzel der ökonomischen Zukunftsforschung: In der Verbindung einer spezifischen ökonomischen, wie wir sehen werden: europäisch-„romantischen" Denktradition, die in Europa nie leitbildgebend, in Kalifornien jedoch hochgradig inspirierend geworden ist (vgl. Abschn. 2.3), zu konsequent zeitlogischem Denken. Dieses Entwicklungsprogramm gilt aber nicht nur für die Ökonomie, sondern auch für viele andere soziale Bereiche. Sein formaler Zweck ist, eingesetzt werden zu können für *jedwede* Art von radikal vorgreifender Antezipation. Ein solcher Zweck ist also rein zeitlogisch definiert; und in dieser Weise über einen Zweck zu reden, der sachlich-„inhaltlich" unbestimmt bleibt, ist zugegebenermaßen kontraintuitiv. Die Sachen, denen er letztlich dienen soll, kennt vorerst noch niemand. Diese Sachen in Gestalt radikaler Innovationen *werden gerade in seiner Fluchtlinie entwickelt* – eine Art Münchhausen-Trick, der jedoch *logisch* ist: Es muss zunächst eine Antezipation vorliegen, der dann praktisch nachgeeifert wird, und die konkreten Dinge, die dabei erfunden werden, machen die anfangs vage Antezipation immer realer und konkreter. Sie bringen etwas in die Welt, das *als sachliche Ursache* niemals vorhanden war. Man mag das verblüffend finden, aber das ist es eben nur *sach*logisch – *zeit*logisch hingegen ist es konsistent. Und es ist zudem dem Prinzip nach nicht komplex, sondern einfach (Kinder haben die geringsten Probleme damit, das zu verstehen).

Beispiel kalifornische Ökonomie: Sogenannte „Moonshots", also geradezu irreal anmutende Innovationsvisionen, zielen *nicht* auf die radikalen Innovationen selbst, wie das traditionelle Innovationsmanagement nahelegt, sondern auf etwas Dahinterliegendes, beispielsweise eine planetarische oder gar extraterrestrische Zivilisation. Startschuss dafür soll die Mars-Besiedelung sein. Die Moonshot-Ökonomie ist nur das evolutionäre Vehikel, das diese Zivilisation real werden lässt. Moonshots bewirtschaften in erster Linie das logische Außen, das heute noch undenkbare Noch-Nicht, auf das sich die einzelnen radikalen Innovationen gleichwohl beziehen. Ohne diesen fiktiven Marker im langfristig Möglichen könnten diese radikalen Innovationen nicht ersonnen werden; ein solcher Marker ist die *conditio sine qua non*, die radikale Innovationen logisch ermöglicht. Nur durch diesen Marker werden sie überhaupt radikal. Denn wenn sie diesen mental-externen Fluchtpunkt nicht hätten, in dessen Korridor sie stehen, wären sie sicherlich auch modulare Neuerungen – aber sie würden nicht „disruptiv" die Welt verändern.

Eine der zahlreichen Konsequenzen solchen zeitlogischen Denkens, die wir in diesem Buch nur anreißen können: Dieses Denken tritt neben die klassische Kapitalismuskritik. Denn in ihrer zentralen marxistischen Tradition ist die Kritik der kapitalistischen Ökonomie intrinsisch, das heißt *unaufhebbar* mit der Semantik einer speziellen Freiheitsphilosophie, mit spezifischen kulturellen Normen, verknüpft (sozialistische Idee). Kapitalismuskritik führte bisher normativ immer in ein anderes Wirtschaftssystem. Wenn es aber möglich ist, Funktion und Semantik auf logische Weise voneinander zu *trennen*, eröffnen sich nicht nur neuartige Horizonte für Kritik, sondern genauso für menschliches Handeln. Kapitalismus wird dann *anders* denkbar – und für dieses unter Umständen ganz andere ist ein anderes Wirtschaftssystem gar nicht vonnöten! Kapitalismuskritik im zukunftsforscherischen Modus bezieht sich auf einen kontroversen, kritikwürdigen, vielleicht gefahrvollen oder sozial fragwürdigen Zweck, für den der Kapitalismus eingesetzt wird, *aber nicht auf den Kapitalismus an sich.* Als solcher ist er uninteressant. Viel interessanter ist die Frage: *Was wollen wir mit diesem fast unendlich flexiblen, extrem adaptiven Mechanismus einer kapitalistisch funktionierenden Wirtschaft machen?* Zu welchen fernen Zielen oder Wünschen kann er uns womöglich verhelfen? Ein solches Denken, auch: eine solche Kritik, beansprucht, ausschließlich *praktisch* einen Unterschied zu machen; das ist das einzige Ziel. Die „Wahrheit" der Dinge (oder des Kapitalismus) ist nicht mehr Gegenstand dieser Wissenschaft. Menschen nützt diese Art von Wahrheit nicht viel, sie hilft vor allem praktisch nicht weiter. Was hingegen weiterhilft, ist die Beforschung von (alternativen) *Einsatzmöglichkeiten* der Dinge und Ideen, die Menschen benutzen („Praxeologie").

(4) Aus dem, was zukünftig möglich und heute hinreichend beschreibbar ist, lassen sich evolutionär Vorteile ziehen. Die Zukunftsforschung ist eine junge Disziplin (den amerikanischen Entstehungskontext schauen wir uns noch genauer an). Sie fußt in einer verdeckten, bislang unausgesprochenen *Anthropologie*, die ihre Prämissen beeinflusst. Der Umstand, dass dieses Fundament nicht zur Sprache kommt, scheint indes nicht strategisch motiviert zu sein: Denn einerseits haben amerikanische Theorieroutinen zu dieser Art von konzeptioneller Fundierung wenig Neigung. Die philosophische Haupt-Tradition, der Pragmatismus, ist praxisphilosophisch orientiert. Abstrakte Theorie-Eskapaden laufen hier schnell Gefahr, als selbstverliebt und „unnötig" bespöttelt zu werden. Und die europäischen Ableger von Zukunftsforschung andererseits gründen praktisch vollständig im etablierten, regelorientierten, hierarchischen Wissenschaftsverständnis des alten und frühmodernen Europa (in der Ökonomie entspricht dem die Business-School-Tradition). Bisher jedenfalls war kein wissenschaftsnaher Kandidat in Sicht, der ein Interesse an Transparenz dieses konzeptionellen Untergrundes reklamiert hätte. Insbesondere die deutsche Szene prägen Demutsgesten und konzeptionelle Abstinenz. In Anbetracht des „offensichtlich noch frühen Zeitpunkt(es)", heißt es beispielsweise, sei „eine geschlossene Theorie der Zukunftsforschung (...) vermutlich ein zu hoher Anspruch" (Zweck 2012, S. 62). Popp goss diesen Status quo in die häufig zitierte Formel von Zukunftsforschung als „wenig entwickelte(m) Minderheitenprogramm" (Popp 2012a, S. VI). Mit Blick auf die Haltung der eigenen Klientel ist das schmeichelhaft formuliert: Weite Teile der Zunft haben konzeptionell vorauseilend kapituliert.

Sofern Zukunftsforschung ernsthaft als wissenschaftliche Disziplin qualifiziert werden soll, ändert sich jedenfalls die Situation. Auch hier beginnt dann zwingend die Arbeit an einem Kanon; und auch hier wird es fortan um Paradigmen-Konkurrenz, Methoden-Ausweise und „Standards" gehen, wenn auch in entschieden anderer Weise als bisher. Um *unsere* Paradigmen zu verstehen, ist die Klärung der anthropologischen Basis zukunftsforscherischen Denkens unerlässlich.

Metakognition: Ein anthropologisches Konzept

In der stammesgeschichtlichen Entwicklung des Menschen (Phylogenese) entstehen Überlebensvorteile nicht nur durch das, was der Selbsterhaltung *unmittelbar* dient. Daneben gibt es auch eine spezifische, man könnte sagen „luxurierende" Art der Selbsterhaltung – eine *mittelbare* –, die beim Menschen mit seinen kognitiven Fähigkeiten verbunden ist; mit seiner Fähigkeit zur Kulturbildung. Menschen sind der gedanklichen Vorwegnahme fähig; der Prävention oder Antezipation oder Vorausschau. Dadurch gewinnt der Mensch einen Vorsprung vor biologischen Rivalen, der auf seiner Kompetenz beruht, mit Zeit zu „dealen", Zeit zu bearbeiten. Er vermag etwas zu tun, was akut nicht notwendig ist. Er handelt „frei" – allerdings ist dies ein modallogisch besonderer Freiheitsbegriff. Der Mensch kann sich so verhalten, *als ob* eine kritische Situation bereits bevorstünde (Risikomanagement), oder *als ob* eine herbeigesehnte Situation bereits eingetreten sei (Träume, Kunst oder kalifornische Innovations- und Organisationsplanung durch Moonshots). Menschen können darüber hinaus vorweggenommene, antezipierte Möglichkeiten zu einem späteren Zeitpunkt in ihren „Erinnerungen an die Zukunft" (Ingvar 1985) besuchen: Sie können gedanklich Vorverarbeitetes praktisch, wenn die Situation es erfordert, wieder hervorholen und benutzen. Dies vermag kein anderes Lebewesen: Situationen, Kontexte zu „reframen", deren gegebene Bedeutung für eigene Zwecke willentlich und situativ zu verschieben und daraus evolutionär Vorteile zu ziehen. Menschen können das eigene Denken „übersteigen". Sie können die *Art und Weise ihres Denkens kontrollieren und manipulieren* – das ist der Clou, den diese „metakognitiv" bereicherte Anthropologie kennzeichnet.

Damit geht einher, dass Menschen ihre evolutionären Vorteile, die ihnen aufgrund ihrer kognitiven Fähigkeiten offen stehen, in ihren Wirkungen auch maximieren können. Was stellen wir damit an? Ab hier beginnt die „Paradigmen-Zone" – die aktuellen zeitdiagnostischen Diskurse entlang der beiden paradigmatischen Zentralperspektiven auf Zukunft, die derzeit vorherrschen, Prognose versus Antezipation (Vorstellung in Kap. 6). Dazu einige Beispiele: Ausdifferenzierungen dieser beiden Paradigmen. Evolutionäre Vorteile aus den kognitiven Fähigkeiten von Menschen zu ziehen, beschränkt sich für die *ersten* auf *Effektivität und Effizienz*. In der ökonomischen Debatte stehen hierfür die USA und, in engem Schulterschluss, Europa, das heißt der breite Westen der Business-School-Tradition. Credo: „Lasst uns das Ganze technologisch pushen; durch Datenmessung und Objektivierung den Nutzen maximieren!" Ein Teil dieser US-amerikanischen Gruppe *ergänzt* allerdings: „Mit Effektivität und Effizienz sind wir einverstanden, aber wir haben darüber hinaus eine *Vision*, warum wir all das machen: Wir möchten erst zum Mars und dann weiter. Wir möchten damit als Gattung expandieren." Dafür steht ein *zweiter* Diskurs, der kalifornische. Für wieder andere *Dritte* zielt der Grundgedanke auf einen hiervon völlig verschiedenen Fokus: auf soziale Werte, die für das Individuum als bindend angesehen werden, etwa eine als schützenswert erachtete *Subjektivität von Glücksansprüchen*, die mit dem Gemeinwohl ausbalanciert werden muss. Oder auf Menschenrechte, die auch *jenseits,* sozusagen außerhalb des Staates zu denken sind (Subjekte müssen mitunter auch vor dem Staat geschützt werden). Ein Diskursstrang, für den das alte Europa steht, vor allem Teile der Mitte und des Nordens. Eine Kapitallogik, die subjektive Rechte schleift, gilt hier logischerweise als inakzeptabel. Für eine asiatische Gesellschaft wie die indische hingegen *(viertens)* liegt die höchste Attraktivität, die sich aus den kognitiven Fähigkeiten des Menschen ergeben kann, wieder woanders: in der Möglichkeit, Kapitallogik gezielt zur *Erhöhung des gesellschaftlichen Lebensstandards* einzusetzen – zur Überwindung von Massenarmut; für die chinesische Gesellschaft *(fünftens)* wiederum im Erreichen weit über das Ökonomische hinausreichender *globaler Hegemonie*, und viele andere mehr.

In exakt diesem Punkt, wie die noch junge, anthropologische Erkenntnis, dass wir unser Denken bewusst kontrollieren, nach selbst bestimmbaren Maßstäben manipulieren und für die jeweils eigene soziale Evolution einsetzen können, brechen zukunftsforscherische Denkkulturen in der globalen Welt auseinander. Hier spiegeln sich unter der sozialen Oberfläche wirksame, ganz unterschiedliche

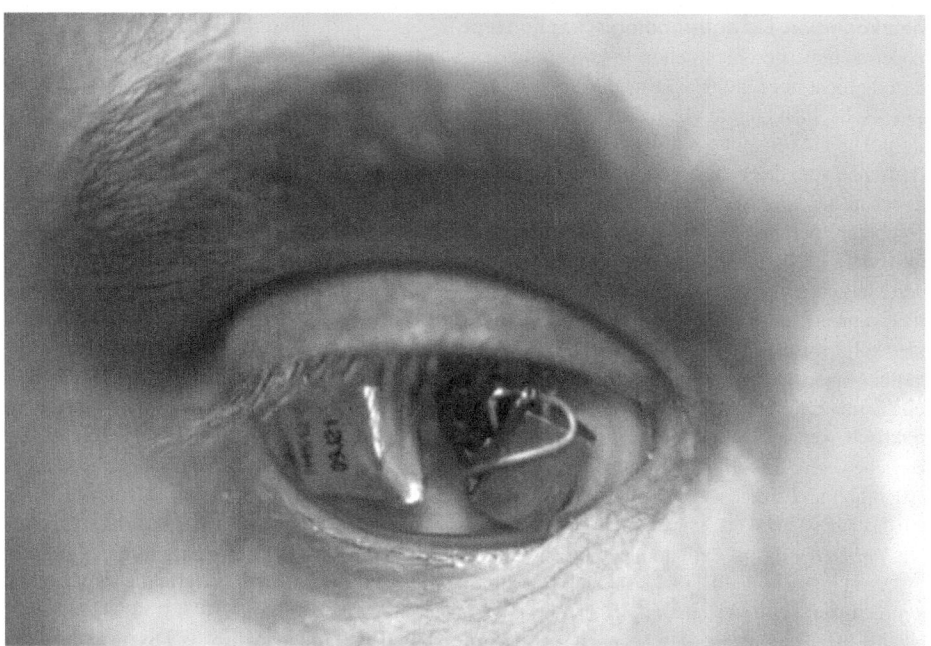

Abb. 1.4 Cyborg-Visionen, wie sie für amerikanisches Zukunftsdenken typisch sind. Hier Google-Glass, weitergedacht: Der Kanadier und „Eyeborg" Rob Spence ließ sich nach einem Unfall eine Augenkamera einbauen. (Quelle: http://eyeborgproject.com/https://twitter.com/eyeborg)

und teilweise gegensätzliche Versionen der beiden zentralen Paradigmen, in denen Zukunft verhandelt wird – immer angepasst an die jeweilig spezifische Soziokultur. So hat beispielsweise ein kalifornischer Transhumanist vom Seasteading Institute in San Francisco eigene Vorstellungen von einer wünschenswerten Potenzierung menschlicher Möglichkeiten: nämlich unsterblich zu werden, „transgressiv" mit intelligenten Maschinen zu verschmelzen und via Mind-Upload nicht nur die physischen, sondern auch die geistigen Kapazitäten ins heute Unvorstellbare zu steigern (vgl. Abb. 1.4). Den Menschen heutigen Formats gilt es in dieser Vision zu *überwinden* – er gehört noch zur Generation 1.0 (Transhumanisten „beschleunigen" auf technologischem Wege die biologisch-kulturelle Evolution des Menschen). Anders als etwa eine französische oder deutsche Zukunftsforscherin, die gar nicht daran denkt, das europäisch-aufklärerische Erbe der Idee von staatlich zu schützender subjektiver Freiheit, Selbstbestimmung und individuellem Glück aufzugeben, und sich im Gegenteil darüber Gedanken macht, wie der technologische Fortschritt *dafür* eingesetzt werden könnte; wie *diese* Aspekte von Humanität zu maximieren wären – darin eher den Indern nahestehend.

Solche zukunftsforscherischen Perspektiven sind seit Langem angelegt und in anderen Ländern mitunter weit entwickelt; mit ihnen wird *praktische* Politik gemacht. Wer sich hier durchsetzt, bestimmt die Welt von morgen; die Kalifornier haben derzeit die besten Karten. Bislang gilt jedoch: In Europa ist dieses Feld, auf dem quasi „unterirdisch" die Kämpfe um die Deutungshoheit der Zukunft ausgetragen werden, ein intellektuelles Niemandsland. Was nicht verwundern muss: Die zuständige Disziplin existiert ja nicht. Und wendet man sich an die entsprechenden Experten, bestreiten diese bisweilen sogar die Existenzberechtigung solchen Denkens. (Fragmentarische Grundlegungen dieser Anthropologie in der Tradition von Spengler, Spranger und Gehlen beispielsweise bei Blumenberg 2007, S. 19; Luhmann 1990, S. 25 sowie 1996 passim. Kognitionstheoretische Flankierung bei Ingvar 1985; anschlussfähige normentheoretische Flankierung bei Möllers 2015; eine der wenigen deutschen transhumanistischen Positionen bei Sloterdijk 1999, 2001.)

Aus einer sich strikt evolutionstheoretisch bescheidenden (oder diese radikalisierenden) Anthropologie, die philosophische, kulturhistorische und metaphysische Anleihen kategorisch ausblendet und durch entsprechend abstrakte Terminologien auf Abstand hält, wird ein neuartiger Gedanke gesellschaftlicher Zukunft denkmöglich: Eine Zukunftsperspektive, die sich nicht mehr an inhaltlich – semantisch – konkretisierten Ideen abarbeitet (Utopie), sondern die *Kompetenz der Sinn- und Ideengenerierung selbst* ins Zentrum rückt. Wie kommen Zukunftsvorstellungen überhaupt zustande? Wie können Menschen es schaffen, Zukunft tatsächlich „herzustellen"? Wie kreieren wir ins Morgen vorgreifenden Sinn? Und wie *sollten* Zukunftsvorstellungen zustande kommen, wenn wir diese reflexiv einhegen und uns maximale Optionen offenhalten wollen (eine genuin normative Frage)? Wie kann es gelingen, die geistigen Fesseln der Gegenwart abzuschütteln, um etwas möglich zu machen, das in einem von uns gewollten Sinn völlig anders ist, also einen echten Unterschied zu heute macht?

Die äquivalente Praxis dazu: Denken und Handeln im Modus des „als ob". Leider sind wir beim Blick auf die ökonomische Realität bislang auf das Beispiel Silicon Valley angewiesen: Jenseits dieses regionalen Clusters existiert noch keine zukunftsforscherisch qualifizierte Ökonomie. Nur dort gibt es ein Unternehmertum im Sinnkorridor von Antezipationen, welche die Einzel-Innovationen in extremer Langfrist-Perspektive von mitunter zweihundert Jahren und mehr (!) justieren, etwa bei Google. Hier regiert Zeitlogik. Denn ist die semantische Ebene erst neutralisiert und blockiert nicht mehr die Aufmerksamkeit, fällt auf, dass die Anzahl logischer Ebenen praktisch unendlich ist: Es liegt an jeweiligen kulturellen, historisch zufälligen Grundentscheidungen, in welchen logischen Strukturen gerade gedacht und gehandelt wird. Und die sind nicht nur veränderlich, sondern auch gestaltbar. *Alles ist immer auch anders möglich* – man darf sich von der Realität nicht düpieren lassen. Die Normalität nimmt uns sonst unsere Selbstmächtigkeit. Wir werden dann zu Gefangenen unseres eigenen beschränkten Erwartungshorizonts – und genau das macht *nicht* fröhlich, sondern führt womöglich ins Unglück. Aufklärung in diesem „zweiten" Sinne bedient sich nicht nur des eigenen Verstandes, sondern *kontrolliert auch seinen Gebrauch* (Metakognition): Dieses Denken nimmt auf der Penrose-Treppe eine Neunzig-Grad-Kurve und beginnt mit dem Anstieg auf einem nächsten Niveau.

Der Blick auf diese logisch-multiplen Verhältnisse ist allerdings noch nicht lange frei – erst, seitdem die Inhalte, die sozusagen auf den logischen Wahrheitswerten wie festgeklebt „hockten", die sie okkupierten (vgl. Abb. 1.5), von ihrem Sockel gestoßen werden konnten. Beispielsweise sollen an der Außenfassade vieler europäischer Kirchen quasi „aufsitzende" dämonische Gestalten dem Teufel (= Negation des christlich-metaphysi-

Abb. 1.5 Wasserspeier an der
Frauenkirche in Esslingen,
Neckar. (Quelle: Stadt Esslin-
gen am Neckar 2011; Fotograf:
Peter Köhle)

schen Weltbildes) trotzen, indem sie ihm den Spiegel vorhalten (= Reflexion), auf dass er
erschrecke und ablasse. Die Verteidigungslogik: Negatio (Teufel) mal Negatio (teuflischer
Wasserspeier) ergibt wieder Positio (= Kirche/christliches Weltbild) – so einfach war das
bisher. Dass diese Logik für eine reduktionistische, unterkomplexe Tradition steht, die
weit hinter den kognitiven Fähigkeiten des Menschen zurückbleibt, erhellt Zukunftsforschung – unter anderem mit Hilfe von Metakognition. Mit anderen Worten: Denkmöglich
wird diese *nach*metaphysische Anschauungsweise erst in einer hochgradig säkularen Gegenwart. Wenn zumindest für einen relevanten Teil der Gesellschaft möglich geworden
ist, den alt-europäischen „Haken im Himmel" (Nietzsche) zu reflexiven Zwecken unter
Vorbehalt zu stellen und entspannter, *selbstreflektiert* mit ihm umzugehen. Motto: „Das
lässt sich auch anders beobachten.".

Heute stehen wir an einer Weggabelung: Es zählen nicht mehr *nur* Herkunft und metaphysischer Status einer Sache, sondern in ersten Teilen der Welt auch das, was sie
potenziell ermöglicht, was sie zu bieten hat. Erst dann, wenn die Option dieses Abzweigs
überhaupt auftaucht, wenn sichtbar wird, *dass es Alternativen gibt*, wird die vierte Prämisse der Zukunftsforschung plausibel: Dass sich für Menschen aus dem, was zukünftig
möglich und heute bereits hinreichend beschreibbar ist – auch, wenn es nahezu unglaub-
lich anmutet – evolutionär Vorteile ziehen lassen. Noch vor einhundert Jahren war dieser
Gedanke logisch nicht denkmöglich: Bis dahin kreiste Anthropologie ausschließlich um
Herkunft, Anlage, Wesen und „inhärentes Potenzial" des Menschen, das es zu entfalten
gälte; nicht um seine antezipatorisch-metakognitive Kompetenz, die einsetzbar ist auch
für Anderes, Neues, für ungeahnte Verheißungen, die allein den Fähigkeiten des Menschen entspringen. Für etwas, das vernünftig ist *und* Spaß macht.

Wenn Gesellschaften anfangen, sich mit der Art und Weise ihrer Perspektivenbildung und ihres Denkens zu beschäftigen,

- weil sie durch ihre technologischen und geistigen Fortschritte entweder dazu gezwungen werden (Quantenphysiker), selbst darauf stoßen (Picasso) oder davon so fasziniert sind, dass sie versuchen, diese Fähigkeit exzessiv weiterzutreiben (Steve Jobs oder Elon Musk);
- weil sie also inzwischen ein Niveau erreicht haben, das es zulässt, sich nicht mehr nur mit den gegebenen, realen Schwierigkeiten, sondern auch mit eigenen Potenzialen zu beschäftigen; mit dem, was unter Zuhilfenahme technologischer „Krücken" (etwa virtueller Realität) alles praktisch möglich werden könnte, was früher noch nicht einmal theoretisch vorstellbar war;
- und wenn sie auf diese Weise lernen, ihr jeweils in Geltung stehendes Bild von der Welt stetig und kontrolliert gedanklich zu übersteigen,

werden sie „eigenmächtig". Für die alten Griechen wäre dafür nur eine Wertung möglich gewesen: Hybris! Woran man erkennt, wie weit sich dieses Denken von seinen abendländischen Wurzeln bereits entfernt hat.

Eine fröhliche, zukunftsgesättigte Wissenschaft ist eine erste Beta-Version von Wissenschaft, die sich aus dem *Episteme*-Modell befreit; aus der Beschränkung durch sachlich begreifbares Wissen. Hier eine klassische, bis heute in Geltung stehende Definition aus dem Brockhaus, die sowohl die Wahrheitszentrierung (gesichertes Wissen) als auch die Diskriminierung von Subjektivität geradezu idealtypisch operationalisiert:

Wissenschaft, der Inbegriff des durch Forschung, Lehre und überlieferter Literatur gebildeten, geordneten und begründeten, für gesichert erachteten Wissens einer Zeit; auch die für seinen Erwerb typische methodisch-system. Forschungs- und Erkenntnisarbeit sowie ihr organisatorisch-institutioneller Rahmen. [...] Als Hauptmerkmal der W. wird [...] eine von Wertungen, Gefühlen und äußeren Bestimmungsmomenten freie, auf Sachbezogenheit gründende Objektivität angesehen, welche neben dem method. Konsens die Verallgemeinerungsfähigkeit und allg. Nachprüfbarkeit wissenschaftl. Aussagen begründet (Brockhaus 1983, S. 139).

Wie eingangs skizziert, legen wir mit unserem Wissenschaftsverständnis den Fokus auf Metakognition (was wird jeweils aus welchen Gründen zu einem bestimmten Zeitpunkt für wahr gehalten, und warum?). Innerhalb wissenschaftlicher Zukunftsforschung bleibt von dem zitierten lexikalischen „Dispositiv" (Foucault), wie wir zeigen werden, nicht viel übrig. Weder geht es in dieser Metadisziplin um Wissen noch um Erkenntnisarbeit, noch um eine Freiheit von äußeren Bewertungsmomenten, schon gar nicht um eine alleinige Sachbezogenheit, noch um Objektivität, noch um Verallgemeinerungsfähigkeit – nach wie vor aber um Forschung und Lehre; um Begründungen beziehungsweise die Suche nach „guten" Gründen; um methodisch-systematische Forschungsarbeit und ihren organisatorischen Rahmen; sowie um eine allgemeine Nachprüfbarkeit beziehungsweise Transparenz ihres wissenschaftlichen Tuns. Und für all das, was wegfällt, kommt ein Set ungewohnter Grundannahmen hinzu.

Erstes Resümee

Diese Vorklärungen sollen zum einen verständlich werden lassen, warum das konventionelle Zukunft-„Plus X-Modell" innerhalb *wissenschaftlicher* Zukunftsforschung keine Anwendung finden kann. Zukunftsforschung wird grundsätzlich nicht durch fachwissenschaftliche, das heißt semantische Konkretisierungen disziplinär qualifiziert. Solche *Addons* sind beliebig und ohne relevanten Zusammenhang: Sie wurzeln im Heute. Sie bezeichnen die jeweils sach- oder soziallogische Perspektive des fragenden Akteurs, stehen aber nicht in Verbindung zu zukunftsforscherisch-zeitlogischem Denken.

Zum anderen lässt sich über diese Weichenstellungen das zukunftsforscherische Terrain sondieren und ein erstes vorläufiges Resümee ziehen.

- Die erste Prämisse, dass Zukunft anders sein wird als die Gegenwart, filtert sämtliche Ansätze aus dem hier profilierten Fokus aus, die beanspruchen, das Morgen aus dem Heute abzuleiten – prognostisch, kalkulatorisch oder statistisch. Daten sind hinzuziehbare Hilfsmittel, gehören aber nicht zum Werkzeug von Zukunftsforschung selbst.
- Die zweite Prämisse, dass Zukunft prinzipiell nicht „wissbar", also unbekannt ist, sortiert diejenigen Haltungen aus, die davon ausgehen, dass Zukunft über ein Sammeln, Managen und Verteilen von Expertise und Know-how bewältigbar sei. Wissen gehört jedoch zu einer anderen Kategorie von Wissenschaft als Zukunftsforschung. Letztere identifiziert Zukunftskompetenz aus einer speziellen, grundsätzlich kontextabhängigen Synthese von Denken, Kommunizieren und Handeln.
- Die dritte Prämisse, dass Zukunft gleichwohl heute beschreibbar ist, wendet sich gegen diejenigen, die eine Forschung über Künftiges wissenschaftlich prinzipiell für unmöglich halten (paradigmatisch Jouvenel 1967, S. 31 f.) und vielmehr als eine Wissensdienstleistung verstehen (Mietzner 2009, S. 110 und andere). Argumente dieser Diskursvariante liegen in einem breiten Spektrum: zugunsten diverser „Reduktionen" etwa von Unsicherheit, der „Unterstützung" von Innovationsprozessen, einer „Entwicklung" von Geschäfts- oder Suchfeldern, von „Sensibilisierungen" für allerlei Zukunftsfragen oder der „Entwicklung" von internen Ressourcen (beispielsweise in Fink und Siebe 2011; Müller und Müller-Stewens 2009; Popp und Zweck 2013 und viele andere). Auch empirische Flankierungen dazu gibt es (etwa Burmeister et al. 2002 oder Rohrbeck 2011), die allerdings einen zweifelhaften Status innehaben: Denn ein tragfähiges Wissenschaftsverständnis von Zukunftsforschung lässt sich kaum aus den Erfahrungen, Wünschen und Hoffnungen der Praktiker (den in diesen Studien Befragten) herausschälen oder durch sie legitimieren. Hier vermittelt sich der Eindruck, Zukunftsforschung werde konzeptionell aus erhobenen Äußerungen *abgeleitet*.
- Die vierte Prämisse schließlich, dass Zukunftsforschung die Option eröffnet, als vorausdenkender Akteur jeweils für sich evolutionäre Vorteile zu erschließen, weist sämtliche Ansätze ab, die sich ausschließlich instrumentalistisch auf Fragen und Probleme der Management Sciences beziehen; sich also innerhalb des (ökonomischen) Sachgebiets auf *operative* Herausforderungen konzentrieren. Was für Managementfragen

Primärstatus hat – letztlich sollen praktische Probleme erfolgreich bewältigt werden –, hat dies für eine anthropologisch fundierte konzeptionelle Basis selbstverständlich nicht: Denn um neue erfolgreiche Mittel der praktischen Problembewältigung zu finden, muss das jeweilige Problem *in konzeptionell-eigener Zurichtung* erst einmal beschrieben werden. Ein Wissenschaftszweig wie die Management Sciences braucht das nicht: Sie will lediglich repetierbare Regeln und Tools finden, die praktisch weiterhelfen. (Dass weite Teile der publizierten Zukunftsforschung nach genau dieser Façon verfahren, also nicht als praxeologisch verfasste, sondern als „angewandte", instrumentell verfahrende Zukunftsforschung, wurde bereits erwähnt: Methodensammlungen, die *als* Zukunftsforschung präsentiert werden und damit das Mindset der Management Sciences präzise bedienen.)

An den Debatten innerhalb von „Zukunftsmanagement" oder auch der sogenannten „Foresight" – den Praxisfeldern von Zukunftsforschung – wird offenbar, dass ein disziplinär identifizierbarer, eigener Zugriff auf praktische Probleme im Grunde nicht stattfindet: Diese Debatten stehen nahezu komplett in betriebswirtschaftlicher Tradition, und zwar ohne, dass dies ausgewiesen oder reflektiert würde. Mit der logischen Konsequenz, dass in der „angewandten" Zukunftsforschung Netzwerkmanagement, Visionsfindung, organisationales Lernen, Agilität, Wissensmanagement, Innovationsplanung, Kreativitätstechniken, Komplexitätsbewältigung bis hin zu Change als Daueraufgabe kunterbunt durcheinander gehen. Was aber daran genau Zukunftsforschung sein soll, bleibt dunkel. Zumindest ist all das zukunftsträchtig, und dieser Konsens reicht scheinbar aus (dazu näher Abschn. 7.1).

Dagegen grenzt sich wissenschaftliche Zukunftsforschung mit ihrem *über puren Instrumentalismus hinausgehenden* Begründungskonzept ab. Also: Anstatt lediglich erfolgreich eine Innovation umzusetzen (dazu reicht das sachlogisch-betriebswirtschaftliche Instrumentarium aus), zieht Zukunftsforschung aus einem antezipativen Vorgriff auf das im gegenwärtigen Konkurrenzkampf gerade noch *nicht* Denkbare Vorteile. Damit radikalisiert sie den Neuheitsanspruch – so weit es eben geht. Genau das ist der normative Stellenwert von Moonshots: Sie rahmen und justieren *zeitlogisch* die Innovationsstrategie, weisen also über diese selbst hinaus. Der Instrumentalismus der Management Sciences *verstellt* diese Sichtweise von Zukunftsforschung, weil er – bisher wissenschaftlich unkontrovers und legitim – eine Logik jenseits von Sachlich-Sozialem nicht zulässt.

Entlang dieses Forschungspfades, den wir mit unseren Voreinstellungen durch den Dschungel des Zukunftsdiskurses schlagen, ließen sich zum Beispiel auch Protagonisten, wie wir einige zu Beginn dieses Unterkapitels zitiert haben, sortieren. Unser eigenes Verständnis von Zukunftsforschung entspricht am ehesten den amerikanischen Positionen von Wendell Bell (1997a, 1997b) sowie der kritischen Tradition (Goldthorpe 1971; Miles 1978; Ramos 2003; Slaughter 1998, 1999), allerdings erweitern wir den wissenschaftstheoretischen Radius. Vor diesem Hintergrund gelangen wir zu folgendem ersten, allgemeinen Schluss:

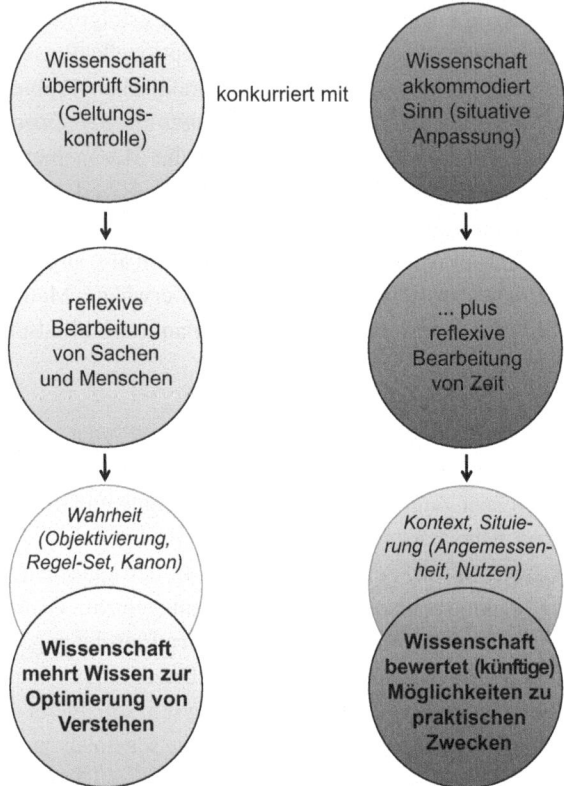

In einer vorläufigen Arbeitsdefinition bezeichnen wir wissenschaftliche Zukunftsforschung als eine Disziplin, die systematisch-methodisch beforscht, wie das noch nicht Denkbare denkbar, damit das noch nicht Mögliche möglich und das noch nicht Machbare machbar wird. Diese Formulierung bleibt zunächst absichtlich weich. Wir werden sie nach Durchgang einiger wissenschaftstheoretischer Präzisierungen untermauern und genauer bestimmen.

1.4   Ziel, Aufbau, Orientierungshilfe

Ziel

Das Ziel des Buches ist ein dreifaches: Zum einen skizzieren wir Grundzüge einer ökonomischen Zukunftsforschung in wissenschaftlicher Absicht. Des Weiteren möchten wir dazu beitragen, die konzeptionelle Apathie der Debatte zu überwinden und mit unserem Vorschlag zur Kontroverse und profilierten Ansätzen anregen. Zukunftsforschung sollte auch außerhalb kommerzieller Beraternetzwerke stattfinden – in anderen Ländern ist das längst der Fall. Wird der wissenschaftliche Anspruch erst einmal ernst genommen und durchdekliniert, erledigt sich auch die theoretische Selbstbescheidung von beratungsin-

teressierter Seite, die hierzulande den Diskurs prägt: Dass man von Zukunftsforschung
„nicht zu viel erwarten" dürfe; dass sie sich in erster Linie an der Praxis beweisen müsse
und daher eine etwaige „Verwissenschaftlichung" eine Frage sei, die sich „in erster Linie
an praktischen Belangen orientieren wird" (Schüll 2006, S. 98). Die wissenschaftsnahe
Debatte um Zukunftsforschung legt inzwischen zumeist nahe, aus der konzeptionellen Not
eine praktische Tugend zu machen („Chance", Popp 2012b, S. 21) und sich auf funktionierende, in der Realität erfolgversprechende Methoden und Instrumente zu konzentrieren.
Die multiplen Labels der Zunft: das „Potpourri" (Gransche 2015, S. 402) aus Zukunftsforschung, Future Studies, Future Science, Futurologie, Strategic versus Corporate Foresight,
Futuribles und so weiter seien daher nicht weiter störend, sondern, ganz im Gegenteil,
nicht nur „significant but it can point the practitioners towards multiple possibilities and
open the mind of the layman to pluralistic potentials of the study of the future" (Sardar
2010, S. 182). Nach der Devise „je ungeklärter der disziplinäre Status, desto mehr Möglichkeiten" wird ein Fluchtpunkt von Zukunftsforschung avisiert, in dem konzeptionelle
Anarchie mit maximaler Handlungsfähigkeit zusammenfällt. Weder ist das Wissenschaft,
noch kann es jemals eine werden (und will es wohl auch nicht).

Es ist das Verdienst von Gransche (2015, S. 289 ff.) gezeigt zu haben, wie tief der Innovationsforschungsbezug insbesondere in Europa den Diskurs prägt und wie sehr das
chaotische Labelling strategisch motiviert ist, in möglichst hoher terminologischer Elastizität Einfluss zu nehmen auf Förderprogramme, Forschungsfinanzierung, Strategiepro-
zesse und Bereiche mit starkem Wissenschafts- und Innovationsbezug. Genau das meint
hier „Praxis". So wird das Bemühen nachvollziehbar, den theoretischen Anspruch klein
zu halten – man will sich für die Projektakquise nicht die Flexibilität ruinieren. (Das dif-
fuse Profil einer „mind-opening junk science" ist dann allerdings auch der Preis, den man
zahlt, wenn man Wissenschaft vom Consulting bestellen lässt.)

Von diesem keineswegs nur europäisch, sondern auch international geführten Diskurs
grenzen wir uns ab. Wir halten es überdies nicht für zielführend, das Labelling weiter zu
befeuern und die entsprechenden Definitionsrituale zwischen Theorie (Futurologie, Forschung, Futures Studies und so weiter) und Praxis (Management, Forecast, Foresight und
so weiter) zu bedienen: Es gibt keinen Grund, Zukunftsforschung nicht Zukunftsforschung
zu nennen. Eher konzeptionelle oder eher praxisorientierte Sinnanteile lassen sich dabei problemlos auszeichnen. Die *Praxistauglichkeit* von Zukunftsforschung beweist sich
aus unserer Sicht in der Art und Weise, wie sie mit blinden Flecken und Grenzen jeweils *gegenwärtiger*, sozusagen jeweils mit am Tisch sitzender Normalitäts-Logik und
-Perspektive umzugehen weiß – nicht in einem Verständnis, das unter Praxis durch begriff-
liches Herunterdimmen („Management" statt „Forschung") letztlich nicht mehr versteht
als „Handeln *statt* Denken" und das konzeptionslose Mäandern damit immer weitertreibt.

Normatives Profil und Kritikbegriff
Letztlich und für uns zentral geht es aber um das normative Profil von Zukunftsfor-
schung. Zukunftsforschung ist eine normative Disziplin – allerdings in ungewohnter Form.
In unserem Verständnis hat Zukunftsforschung das Zeug zu einer andersartigen Form

von Kritik, kritischer Theorie oder Alternativen generierender Konzeptbildung. „Kritisch"
deshalb, weil sie sich zwar dem gleichen aufklärerischen Impetus verdankt wie die sogenannte „Kritische Theorie" der Sozialwissenschaften, heute dominant verhandelt unter
dem Dach der Frankfurter Sozialphilosophie. „Anders" aber deshalb, weil sie sich speziell vom Frankfurter Traditionsstrang distanziert. Diese neuartige Dimension von Kritik
interessiert uns; wir werden sie im Fortgang der Argumentation zumindest punktuell ausleuchten.

Kritikbegriff der Zukunftsforschung
Die Abgrenzung zu Schulen der kritischen Sozialwissenschaften ist in diesem Buch kein Thema
und würde den Rahmen sprengen. Das argumentative Fundament jedoch, nämlich die Präzisierung
einer anderen Form von Normativität, wird verhandelt. Es ist grundlegend für das Verständnis von
Zukunftsforschung und öffnet gleichzeitig den Horizont für einen Kritikbegriff, der sich nicht mehr
dominieren lässt von einer logischen Unschärfe mit immensen Auswirkungen. Um vorab zumindest
anzudeuten, worum es dabei geht:
    Hier ist erneut notwendig, unterschiedliche Sinndimensionen scharf zu trennen. Jede bisherige
Form von Kritik nutzt eine Unterscheidung (zum Beispiel nachhaltig – nicht nachhaltig, produktiv –
unproduktiv, gut – böse und so weiter) mit eingebauter Asymmetrie: Eine Seite der Unterscheidung
ist automatisch die kritische. Wenn also jemand einen Konzern kritisiert für die Verletzung von
Schadstoff-Richtlinien, steht derjenige, der kritisiert, zwar *sachlich* eigentlich nur am Gegenpol der
Sache, sozusagen auf der anderen Seite, aber *sozial* (moralisch) automatisch höher, auf einer *überle-
genen* Seite. Moralbewusste beispielsweise halten die Unterscheidung von Gut und Böse selbst für
gut; und ein Jurist wird nicht bezweifeln, dass Gerichte rechtmäßige Entscheidungen fällen, sofern
dies nur rechtmäßig geschieht. Werden kritische Äußerungen *allein* auf sachlicher Ebene bewertet – und genau das ist unsere abendländische Kritiktradition –, fällt dieses Gefälle gar nicht auf:
Das, *worüber* geredet wird, also die Sache (Semantik), verdeckt es. Was hier vorliegt, ist im Grunde
ein logischer Fehler, eine Unschärfe. Das Verdecken leisten Normen – und zwar sozial-moralische.
Dem Besetzer der „kritischen" Seite gebührt ein Wissensvorsprung, der anerkannt wird; unthematisiert, wie von selbst, denn dieser Reflex ist kulturell (moralisch) legitimiert. Fortan hält *er,* der
Kritiker, die Deutungshoheit und Definitionsmacht: Ist die Kritik am Konzern erst ausgesprochen,
steht dieser nicht mehr nur *sachlich* auf der anderen Seite (und könnte dementieren, auf Unwahrheit
hinweisen, argumentieren, kausal begründen), sondern auch *sozial* auf der unterlegenen (das ist das
weitaus größere Problem, genannt Imageschaden). Natürlich spürt das jeder – aber es wird nicht
reflektiert.
    Traditionell verstandene Kritik leistet also nichts weiter als das Verhältnis bisher geltender Be-
deutung bloß zu *verschieben*, aber nicht zu *verändern*: Derjenige, der über die positiv-kritische
Seite der Unterscheidung verfügt, schwingt sich zugleich zum Herrn über *beide* Seiten auf. Er „un-
terwirft" die gegnerische Position: Nicht sachlich, aber moralisch. Dabei erzeugt er jedoch nichts
Neues. Man kommt dabei keinen Schritt weiter, es wird nichts ergänzt – auch *das* wäre ja normativ,
aber es wäre eine *andere Art* von Normativität: eine semantisch offene, genauer, eine aktiv *öffnende*.
Stattdessen bleibt im etablierten Modell Kritik grundsätzlich gefangen im Käfig eines zweiwertigen
Schemas. So kann beispielsweise das „Land of the Free" auch ein existenziell freiheitsberaubendes
Guantanamo rechtfertigen oder eine Bewegung, die selbst Kommunikation kategorisch verweigert
(„Lügenpresse"), für das Recht auf Meinungsfreiheit demonstrieren. Nochmals: Zwar fällt dies *emo-
tional* auf, aber nicht kognitiv. Deswegen reden heutzutage alle von Paradoxien – praktisch ist im
21. Jahrhundert alles „widersprüchlich" geworden.
    Hier wurzelt die zentrale Herausforderung des Themas „Komplexität"; ein im Kern logisches
Problem. Unsere Gesellschaften sind bislang nicht in der Lage, solche Situationen, die unsere Zeit

prägen, zu bearbeiten. Sie bekommen sie analytisch noch nicht einmal vor Augen, aus einfachem Grund: Das vollzieht sich seit über zweitausend Jahren. Wir haben uns daran gewöhnt und sind regelrecht darauf trainiert, via Semantik die logische Schwierigkeit, die im Untergrund gärt, notorisch zu übersehen. Der Beobachter, der kritisiert und damit die Unterscheidung trifft, sichert sich selbst einen Platz auf der von ihm bevorzugten Seite. Genau diesen Zusammenhang bezeichnet der alte Spruch „Wissen ist Macht", an dem sich schon so viele gestoßen haben. In ihm sind zwei kategorial verschiedene Sinndimensionen direkt, aber kognitiv unbelichtet kurzgeschlossen: Die sachlich-semantische und die sozio-moralische. Problematisiert wird Derartiges von der bisherigen Tradition von „Kritik" nicht.

Diese Beispiele sind lediglich ein erster Hinweis darauf, welche unsichtbaren Ketten eine Wissenschaft mit sich herumschleppt (und fortlaufend weiter reproduziert), die auf Sinnanalyse nie geeicht wurde. Sichern wir uns mit solchem Denken tatsächlich eine *bessere* Zukunft? Ist innerhalb dieses geistigen Gehäuses ein Problem wie die Ökologie lösbar, das ja logisch nur dadurch lösbar würde, dass die Protagonisten ihre eigene Interessenlage *übersteigen* können? Müsste man, um trennscharf und präzise zu kritisieren, nicht beleuchten, was von den bisherigen Kritikern unthematisiert bleibt, was unterdrückt oder weggelassen wird? Müsste man, mit anderen Worten, für treffsichere Kritik nicht eine Position einnehmen, die aus dem zweiwertigen Schema *ausschert*; die *woanders* steht, ein Außen markiert, etwas Drittes besetzt? Und taugt das traditionelle Schema für die erfolgreiche Bewältigung von Problemen wie Staats- beziehungsweise Systemkrisen, Migrationsfragen, komplexe ethische Fragen? Wir meinen: Nein. Logisch ist dieses Programm bestenfalls eine Vorstufe von Kritik. Dies ist jedoch kaum erkennbar, weil die Ursache der kognitiven Unschärfe durch die Themen und „Inhalte", also via Semantik (die als solche immens kritisch sein kann!) unter den Teppich gekehrt wird. Da Zukunftsforschung sich genau mit solchen Fragen beschäftigt, ist sie in besonderer Weise dazu qualifiziert, hier Vorschläge zu unterbreiten (Grundlagenarbeit zum bezeichneten Logikproblem bei Günther 1991 und Luhmann 1996, S. 21 f.).

Innerhalb wissenschaftlicher Zukunftsforschung wechselt das Verständnis von Kritik, und zwar in qualitativ-logischer Tiefe. Zukunftsforschung ist nicht sozusagen quantitativ „viel kritischer" als andere Kritiktraditionen. Um für Praxisfelder tauglich zu werden, um also in ihrer faktischen Wirksamkeit einen Unterschied machen zu können, muss sie Kritik *anders* als üblich konzipieren und anwenden; sie in einer semantisch *neutralisierten* Version praktizieren – denn Zukunft ist *inhaltlich* nicht wissbar. Zukunftsforschung muss in der Lage sein, die Gegenwart zu übersteigen, ohne dies von einem inhaltlich beschreibbaren Ort aus zu tun. In der Entstehungszeit der klassisch-kritischen Traditionen war diese Unterscheidung zwischen Logik und Semantik noch nicht ausgearbeitet: Man musste immer *erst* inhaltlich-sachlich (wissenschaftssprachlich formuliert: „definitorisch") ausweisen, was denn der Gegenpol, die Alternative des kritisierten Zustandes sein soll. Wenn sich beispielsweise Airbnb, Uber oder Muhammed Yunus aber mit der zweipoligen Semantik aufgehalten hätten, die „Kapitalismus" gerade definiert, hätten sie auf ihre instruktiven neuartigen Ideen, Kapitalismus *jenseits* der konventionell nur denkmöglichen, weil semantisch diktierten Alternative Kapitalismus-Sozialismus zu verwenden: also praktisch einfach anders *zu benutzen (!)* anstatt erst einmal anders *zu definieren*, gar nicht kommen können.

In diesem Detail liegt die Bedeutung praxeologisch-wissenschaftlichen Denkens: Etwas kann praktisch problemlos funktionieren, ohne dass sich vorerst reflektiert angeben ließe, was und wie es genau passiert. Konventionell gilt jedoch: Theorie *vor* Praxis –

nicht umgekehrt (jedenfalls nicht in der Wissenschaft)! Die Schmalspurversion dessen, was „allgemein" und „normalerweise" unter Kapitalismus verstanden wird, wie er „definiert" ist, lässt eine andere Nutzung nicht zu, sie *unterbindet* sie. Genau das ist ja auch der Sinn wissenschaftlicher Definitionen. Die damit vorbereitete „universalistische Geltung" schränkt die (ökonomische) Praxis ein, indem semantisch (Bedeutungs-)Macht ausgeübt wird: Die Ausgangsunterscheidung *wirkt*, und zwar *ganz real*. Sie manipuliert Handlungsspielräume. Das, was Airbnb, Uber und Yunus praktizieren, ist deshalb im Grunde eine mentale Revolution. Sie treten aus der normalen Realität, die um sie herum vorherrscht, aus. Sie desengagieren, distanzieren und entfremden sich willentlich von ihr, um neue Optionen zu generieren. Sie drehen sich einfach um und bauen sich fröhlich eine eigene, neue Welt.

Egal, was man davon halten mag: Was sich hier beobachten lässt, ist kein Schritt mehr, sondern ein gewaltiger Sprung in der kulturellen Evolution. Viele Menschen spüren das; sind irritiert, manche verunsichert, manche euphorisch. Der enervierende Daueroptimismus einiger „Zukunftsforscher" hat hier seine Ursache – hier passiere „ganz viel Zukunft". Denn falls ein solches Gebaren ökonomisch anschlussfähig und für attraktiv gehalten wird, erweitere sich die ökonomische Ordnung, und Wirtschaft verändere sich, so die voreilige Begeisterung. Bloß ist das kein Grund für *Optimismus* – und die differentia specifica zur *Fröhlichkeit* wissenschaftlicher Zukunftsforschung. Denn wenn wir als Gattung nicht kognitiv in die Lage kommen, diesen Mechanismus zu kontrollieren und in Schach zu halten, ihn zu überwachen und willentlich auf ihn Einfluss zu nehmen, wenn wir das für nötig halten; *wenn wir nicht fortschreiten zu einer zweiten Aufklärung*, könnte sich diese Frucht unserer geistigen Entwicklung auch gegen uns wenden. Zeitkompetenz ist das vielleicht mächtigste Instrument, das Menschen bisher erfunden haben: Das Einsetzen von Zeit als Mittel für eigene Zwecke. Seit wenigen Jahren erst haben auch terroristische Gruppen diesen Mechanismus für sich entdeckt – setzen ihn global ein und gründen darauf Staaten und Gesellschaften. Was wir uns damit einhandeln, bleibt also vorerst dunkel. Das Ausleuchten dieser Kompetenz gehört jedoch unablösbar zum Auftrag von wissenschaftlicher Zukunftsforschung. Hier liegt der Grund dafür, warum sie überhaupt kritische Ansprüche anmeldet, warum sie kritisch verfährt und verfahren muss, wenn sie ihrem wissenschaftlichen Anspruch gerecht werden will.

Aufbau und Orientierungshilfe
Die Struktur des Buches wurde im Vorwort bereits skizziert (vgl. Abb. 1.6). Um willen der Lesbarkeit gibt es einige Besonderheiten.

Wir verzichten weitgehend auf Fuß- und Endnoten. Visuell übernehmen wir die Methode des Historikers John Hirst (2015) und fassen gemäß der Devise „Reduce to the Max" die zentralen argumentativen Weichenstellungen von Zukunftsforschung grafisch zusammen: absichtlich simplifizierend. Uns geht es nicht um eine Geschichte der Zukunftsforschung oder um die detaillierte Darstellung ihrer Systematik, sondern um Grundzüge, die großen Linien – daher die vergröbernde, zusammenfassende Visualisierung. An einigen Stellen des Buches verlassen wir unsere deskriptive Rolle und kommentieren aus

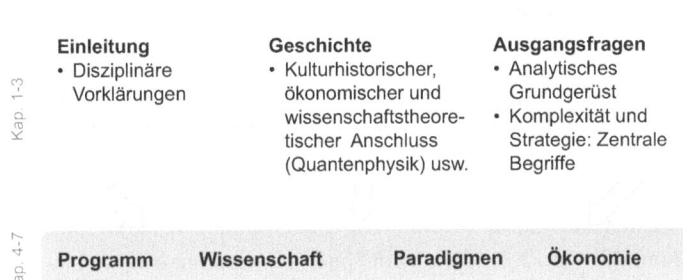

Abb. 1.6 Argumentationsverlauf

zukunftsforscherischer Sicht; vor allem, um die eigentümliche Normativität dieser Wissenschaft deutlich zu machen. Dieser Rollenwechsel wird in den entsprechenden Überschriften angezeigt.

Für wen ist dieses Buch gedacht?

• Zukunftsforschung ist eine Wissenschaftspraxis für Vordenker/-innen. Betriebswirtschaftlich hat sie daher Berührungspunkte zu Bereichen wie Innovationsmanagement, Entrepreneurship und Organisationsentwicklung. Die zentralen wissenschaftstheoretischen und methodischen Aspekte der Zunft stehen aus diesem Grund im Zentrum des Buches: Was sind die Punkte, die jeder im Auge behalten sollte, der *wissenschaftliche* Zukunftsforschung betreibt? Das Buch liefert einen Überblick darüber, was diese Metadisziplin macht und will. Beispiel Ausgangsfragen (Kap. 3): Wann ist es sinnvoll, disziplinär auf Zukunftsforschung zurückzugreifen? Es gibt eine Vielzahl in der Zukunft liegender ökonomischer Probleme und Fragenkomplexe, die sich mit etablierten Instrumenten fruchtbar bearbeiten lassen. Wo sind deren Grenzen, jenseits derer Zukunftsforschung infrage kommt – und wann wäre sie bloß l'art pour l'art? Zukunftsforscherisch geht es beispielsweise um die Realisierung von *radikal* Neuem oder Anderem – Anspruch oder Qualität des jeweiligen Innovationsgrades bilden somit *ein* Auswahlkriterium für Zukunftsforschung.

• Mit der Grenzziehung dieser Metadisziplin selbst hängt die Frage nach den Schnittstellen mit angrenzenden Fächern zusammen. Obwohl theoretisch-konzeptionell gehalten, will dieses Buch nicht nur Zukunftsforschern selbst, sondern auch betriebswirtschaftlich Nahestehenden, etwa Innovationsmanager/-innen Orientierungsmarken an die Hand geben: Wo verlaufen solche Zonen zwischen genuiner Zukunftsforschung und den klassischen betriebswirtschaftlichen Unterdisziplinen? Beispiel Prognostik (Abschn. 6.1): Was an diesem altehrwürdigen Kompetenzbereich der BWL ist zukunftsforscherisch qualifiziert und was nicht, und warum? Auch sachlogisch können

Unternehmen hinsichtlich genuin zukunftsforscherischer Planung und Vorsorge also wissen, was sie tun.

- Zeitlogisch können sie das jedoch ebenfalls. Welche Mentalität sollte eine Organisation kulturell zumindest dulden, wenn nicht mitbringen oder gar kultivieren, um zukunftsforscherisch tätig zu werden? Eine solche Praxis ist kein Selbstzweck: Unternehmen sind nicht deshalb erfolgreicher, weil sie sich aus Prinzip auf Zukunft ausrichten. Allerdings gilt auch: Manches Unternehmen, das derlei nicht berücksichtigt, könnte davon profitieren. Was zur Frage führt, ob eine Organisation kulturell an die Leidenschaft für das Kommende anschließen kann und will, für die Zukunftsforschung steht – ob das Unternehmen mit dieser Orientierung *etwas anfangen kann*. Beispiel ökonomische Tradition (Abschn. 2.3): Bringt ein Unternehmen eine Neigung zu antezipativem Weiterdenken, etwa der Bedingungen des eigenen Marktes, mit; Spaß daran – oder Mitarbeiter, die das bereits ohnehin tun? Und falls eine solche Kultur angelegt werden soll: Was genau, jenseits von Optimierung und Wachstum, könnte Fundament einer eigenen „Preconomics®"[1] sein, wie wir ein absichtlich-strategisch implementiertes, zukunftsorientiertes Wirtschaftshandeln nennen? Das Buch liefert Hinweise auf ein einschlägiges Mindset, das organisational dafür vonnöten ist.

- Mentale Grenzmarken sind zwar konzeptionell – in der Theorie – präzise bestimmbar, praktisch aber nicht. Innerhalb wissenschaftlicher Zukunftsforschung gibt es zwei zentrale, grundverschiedene Paradigmen und, bezogen auf diese, zahlreiche Methoden, die bislang unkontrolliert parallel laufen und häufig miteinander kombiniert werden. Kaum ein Unternehmen ist sich seines Schwerpunktes bewusst; manche wollen sich diesen Spielraum auch absichtlich offen halten. Sind thesenhafte Aussagen über die Zukunft also Vorhersagen (Prognosen) oder eher Vorwegnahmen (Antezipationen)? Ist eine Delphi-Umfrage eine zukunftsforscherische Methode oder eine betriebswirtschaftliche? Darüber lässt sich streiten – und derzeit beides gut begründen. *Praktische Klarheit* schaffen solche Debatten deshalb meist nicht. In der zukunftsforscherischen Praxis, also in unternehmerischen „Foresight"-Bereichen, gilt in dieser Hinsicht daher seit Jahrzehnten eine bemerkenswerte Elastizität in der Haltung – und „trial and error": Der Erfolg gibt einer Methode recht, Wissenschaft stört hier eher. Ein Vergleich der in diesem Buch skizzierten Linien mit der je eigenen Foresight-Praxis kann Ideen und Anregungen liefern, die eigene implizite Perspektive zu erhellen und dadurch die Strategie klarer zu profilieren – letztlich die Routinen zu schärfen. Das betrifft vor allem die soziologische Ebene, zentral: Zukunftsentscheidungen (Abschn. 7.3). Wie hält es eine Wirtschaftsorganisation mit Entscheidungen hoher Trag- und Reichweite? Unternehmen, die kulturell aus ihren Entscheidungsstrukturen nicht ausbrechen können oder wollen, unterliegen gewissen Restriktionen an antezipativer Radikalität, die bewusst gemacht und reflektiert werden können – mit Vorteilen bei der Bestimmung der eigenen Innovationspolitik, bei der Professionalität in der Umsetzung und generell in der Klarheit über die Strategie des eigenen Handelns.

---

[1] Preconomics® ist eine eingetragene Wortmarke von KÜHN DENKEN AUF VORRAT.

- Eine weitere, gänzlich andere Zielsetzung dieses Buches bezieht sich auf Lehrende und Lernende in Sachen Zukunftsforschung im Bildungs- oder Ausbildungsbereich. Das Themenfeld ist für viele faszinierend, weckt Neugierde und steht konzeptionell doch auf schmaler Grundlage. Hier findet sich ein Angebot zu einem disziplinären Profil, an das angeschlossen werden kann – vor allem seitens der Wirtschaftswissenschaften, denn die Brückenköpfe sind bislang unterbestimmt. Beide Seiten beziehen sich aufeinander, ohne dass Interessen oder Potenziale hinreichend geklärt wären, insbesondere gemeinsame. Zu einem späteren Disziplinenprofil innerhalb der BWL stellt dieses Buch damit eine Art Vorstudie dar.

Für eilige Leser

Das Buch lässt sich betriebswirtschaftlich, wissenschaftstheoretisch, disziplinenorientiert (mit Blick auf dezidiert zukunftsforscherische Belange) sowie zeitdiagnostisch lesen. Betriebswirtschaftler/-innen werden in den Abschn. 2.2, 2.3, 6.1 sowie Kap. 7 fündig; wissenschaftstheoretisch Interessierte in den Kap. 4 und 5 sowie in Abschn. 6.3. Zukunftsforscher/-innen seien verwiesen auf Kap. 3, 4 und 6. Die eingangs gegebene vorläufige Definition von Zukunftsforschung wird präzisiert in ihrem ersten Teil (das noch nicht Denkbare denken) in Abschn. 4.2, im zweiten (das noch nicht Mögliche ermöglichen) in Abschn. 4.3 und im dritten (das noch nicht Machbare tun) in Abschn. 6.2.

Für einen schnellen Überblick über die konzeptionellen und begrifflichen Grundeinstellungen, die im Laufe des Buches erfolgen, gibt Abschn. 3.1 eine komprimierte Vorschau; für das Verständnis des Weiteren sei sie empfohlen. Auch der Überblick über die wichtigsten Definitionen im Glossar kann als Einstieg ins Buch dienen. Am Ende finden an zukunftsforscherischen Themen näher Interessierte kommentierte Buch- und Filmempfehlungen.

Literatur

Ansoff HI (1976) Managing Surprise and Discontinuity – Strategic Response to Weak Signals. Zeitschrift Für Betriebswirtschaftliche Forsch 28:129–152

ARTFL Encyclopédie Project (o.J.) Le Projet Philosophique de l'Encyclopédie. https://encyclopedie.uchicago.edu/node/162. Zugegriffen: 13. Okt. 2016

Bell W (1997a) Foundations of Futures Studies. Human Science for a New Era. History, Purposes, and Knowledge, Bd. 1. Transaction Publishers, New Brunswick/New Jersey

Bell W (1997b) Foundations of Futures Studies. Human Science for a New Era. Values, Objectivity, and Good Society, Bd. 1. Transaction Publishers, New Brunswick/New Jersey

Blumenberg H (2007/1975) Theorie der Unbegrifflichkeit. Suhrkamp, Frankfurt a. M.

Born K (2003) Unternehmensanalyse und Unternehmensbewertung, 2. Aufl. Schäffer-Poeschel, Stuttgart

Brockhaus der Große (Kompaktausgabe) [18](1983) 26 Bd., Bd. 24. Brockhaus, Wiesbaden

Brunner O, Conze W, Koselleck R (Hrsg) (1972–1997) Geschichtliche Grundbegriffe: Historisches Lexikon zur politisch-sozialen Sprache in Deutschland. 8 Bände in 9. Klett-Cotta, Stuttgart

Burmeister K, Neef A, Albert B, Glockner H (2002) Z_dossier 2. Zukunftsforschung und Unternehmen. Praxis, Methoden, Perspektiven. Z_punkt, Essen

Casti JL (1990) Verlust der Wahrheit. Streitfragen der Naturwissenschaft. Droemer Knaur, München

Elias N (1997/1988) Über die Zeit. 6. Aufl. Suhrkamp, Frankfurt a. M.

Fink A, Siebe A (2011) Handbuch Zukunftsmanagement. Werkzeuge der strategischen Planung und Früherkennung, 2. Aufl. Campus, Frankfurt a. M./New York

Flechtheim OK (1990) Die Futurologie und der Fortschritt. In: Flechtheim OK, Joos E (1991): Ausschau halten nach einer besseren Welt. Biographie, Interview, Artikel. Dietz, Berlin, 161–180

Goldthorpe JH (1971) Theories of Industrial Society: Reflections on the Recrudescence of Historism and the Future of Futurology. Eur J Sociol 12(2):263–288

Gransche B (2015) Vorausschauendes Denken. Philosophie und Zukunftsforschung jenseits von Statistik und Kalkül. Transcript, Bielefeld

Günther G (1991/1959) Idee und Grundriss einer nicht-Aristotelischen Logik. Die Idee und ihre philosophischen Voraussetzungen. Felix Meiner, Hamburg

Habermas J [6](1981/1968) Erkenntnis und Interesse. Suhrkamp, Frankfurt a. M.

Hirst J (2015/2009) Die kürzeste Geschichte Europas. Atlantik/Hoffmann und Campe, Hamburg

Ingvar DH (1985) Memory of the Future: An Essay on the Temporal Organization of Conscious Awareness. Hum Neurobiol 4(3):127–136

de Jouvenel B (1967) Die Kunst der Vorausschau. Luchterhand, Neuwied/Berlin

Kondratjew ND (2013) Die langen Wellen der Konjunktur: Die Essays von Kondratjew aus den Jahren 1926 und 1928, hg. und kommentiert von Händeler E. Marlon Verlag, Moers

Kreibich R (1995) Zukunftsforschung. In: Tietz B, Köhler R, Zentes J (Hrsg) Handwörterbuch des Marketing, 2. Aufl. Enzyklopädie der BWL, Bd. IV. Schäffer-Poeschel, Stuttgart, S 2814–2834

Luhmann N (1988/1984) Soziale Systeme. Grundriss einer allgemeinen Theorie. Suhrkamp, Frankfurt a. M.

Luhmann N (1990) Soziologische Aufklärung 5, Konstruktivistische Perspektiven. Westdeutscher Verlag, Opladen

Luhmann N (1996) Die neuzeitlichen Wissenschaften und die Phänomenologie. Picus, Wien

Marien M (2010) Futures-thinking and identity: Why "Futures Studies" is not a field, discipline, or discourse: A response to Ziauddin Sardarws 'the namesake'. Futures 42(3):190–194. doi:10.1016/j.futures.2009.11.003

Mietzner D (2009) Strategische Vorausschau und Szenarioanalysen. Methodenevaluation und neue Ansätze. Gabler, Wiesbaden

Miles J (1978) The Ideologies of Futurists. In: Fowls J (Hrsg) The Handbook of Futures Research. Greenwood Press, Michigan, S 67–97

Möllers C (2015) Die Möglichkeit der Normen. Über eine Praxis jenseits von Moralität und Kausalität. Suhrkamp, Berlin

Müller AW, Müller-Stewens G (2009) Strategic Foresight. Trend- und Zukunftsforschung in Unternehmen – Instrumente, Prozesse, Fallstudien. Schäffer-Poeschel, Stuttgart

Müller-Friemauth F, Kühn R (2016) Silicon Valley als unternehmerische Inspiration. Zukunft erforschen, Wagnisse eingehen, Organisationen entwickeln. Springer Gabler, Heidelberg

Nietzsche F (1988/1882) Die fröhliche Wissenschaft, KSA 3, hg. v. Colli G, Montinari M. dtv/de Gruyter, München/Berlin/New York

Picasso P (1988) Über Kunst. Diogenes, Zürich

Popp R (2012a) Einleitung. In: Popp R (Hrsg) Zukunft und Wissenschaft. Wege und Irrwege der Zukunftsforschung. Springer, Berlin/Heidelberg, S V–VII

Popp R (2012b) Zukunftsforschung auf dem Prüfstand. In: Popp R (Hrsg) Zukunft und Wissenschaft. Wege und Irrwege der Zukunftsforschung. Springer, Berlin/Heidelberg, S 1–24

Popp R, Zweck A (Hrsg) (2013) Zukunftsforschung im Praxistest. Zukunft und Forschung, Bd. 3. Springer, Wiesbaden

Popper, K (2002/1974) Unended Quest: An Intellectual Autobiography. Routledge, New York

Ramos JM (2003) From Critique to Cultural Recovery: Critical futures studies and Causal Layered Analysis. Monograph Series, Bd. 2. Australian Foresight Institute, Swinburne

Rohrbeck R (2011) Corporate Foresight. Towards a Maturity Model for the Future. Orientation of a Firm. Physica, Berlin/Heidelberg

Sardar Z (2010) The Namesake: Futures; futures studies; futurology; futuristic; foresight – What's in a name? Futures 42(3):177–184. doi:10.1016/j.futures.2009.11.001. https://www.elsevier.com/__data/promis_misc/jftrnamesake.pdf. Zugegriffen: November 2015

Schäfer H (Hrsg) (2016) Praxistheorie. Ein soziologisches Forschungsprogramm. Transcript, Bielefeld

Schüll E (2006) Zur Wissenschaftlichkeit von Zukunftsforschung. Der Andere Verlag, Tönning/Lübeck/Marburg

Schütz A (2004/1932) Der sinnhafte Aufbau der sozialen Welt. Eine Einleitung in die verstehende Soziologie, hg. v. Endreß M, Renn J, Werkausgabe Bd. II. UVK, Konstanz

Slaughter R (1998) Futures Beyond Dystopia. Futures 30(10):993–1002 (http://www.benlandau.com/wp-content/uploads/2015/06/Slaughter-1998-Futures-Beyond-Dystopia.pdf. Zugegriffen: Mai 2016)

Slaughter R (1999) An out line of critical futures. In: Futures for the Third Millenium, Prospect, New South Wales, S 213–214

Sloterdijk P (1999) Regeln für den Menschenpark. Ein Antwortschreiben zu Heideggers Brief über den Humanismus. Suhrkamp, Frankfurt a. M.

Sloterdijk P (2001) Amphibische Anthropologie und informelles Denken, Gelassenheit und Mehrwertigkeit. In: Sloterdijk P, Heinrichs H-J (Hrsg) Die Sonne und der Tod. Dialogische Untersuchungen. Suhrkamp, Frankfurt a.M., S 304–354

Stadt Esslingen am Neckar (2011) Neue Ausstellung Stadtmuseum Esslingen: Das Böse bannen. Pressemitteilung, 23. März 2011. http://presse.esslingen.de/ekomm/presse/paweb.nsf/0aa9d75a8af56ea0c1256bc400461926/af38bd4aede564f3c125785d00315d00?OpenDocument. Zugegriffen: 13. Oktober 2016

v Weizsäcker CF (1992) Deskriptive zeitliche Logik. In: Rudolph E, Wismann H (Hrsg) Sagen, was die Zeit ist. Analysen zur Zeitlichkeit der Sprache. J. B. Metzler, Stuttgart, S 155–167

Zweck A (2012) Gedanken zur Zukunft der Zukunftsforschung. In: Popp (Hrsg) Zukunft und Wissenschaft. Wege und Irrwege der Zukunftsforschung. Springer, Berlin/Heidelberg, S 59–80

Epochenschwelle

Kulturen blühen auf, wenn auf Fragen von heute
Antworten von morgen gegeben werden.
Kulturen zerfallen, wenn für Probleme von heute
Antworten von gestern gegeben werden.
Arnold Toynbee,
britischer Historiker und Kulturtheoretiker

Häufig wird die These vertreten, es gebe zahlreiche Vorläufer der Zukunftsforschung – angefangen beim Orakel von Delphi bis hin zu mythologischen, religiösen, utopischen, philosophischen wie etwa fortschrittsgeschichtlichen oder spekulativen Denkfiguren (historisch Minois 1998; zukunftsforscherisch Steinmüller 2012, S. 7 f. sowie Vertreter aus der beratenden Zukunftsindustrie). Es ist an der Zeit, diesen Mythos zu korrigieren; er markiert eine Gegenposition zur unsrigen. Solche Rekonstruktionen teilen ein Verständnis von Historisierung, das keinerlei Spezifikum zukunftsforscherischen Denkens kennt oder zulässt – gleichgültig, wie dies definiert sein möge –, das als Kriterium für eine Tradition dienen könnte. Allein auf Basis von Storytelling steht Zukunft jedoch für kaum mehr als für ein zeitliches Faszinosum unbekannten Inhalts mit hoher Magie und einer Menge Spielraum für Fantasie – und seit dem letzten Jahrhundert, so legt diese Sichtweise nahe, werde dieser dunkle Zusammenhang lediglich stärker durchleuchtet. Die Geschichte erzählt sich praktisch von selbst: Bewertungsmaßstäbe *außerhalb* der Story-Line fehlen.

Zum einen geht es hier also um ein Narrativ, nicht um Wissenschaft. Wichtiger ist aber zum anderen, dass sich mit dieser Darstellung ein Urteilsfehler einschleicht, den wir einleitend beleuchten. Das Ergebnis dieser kleinen, auf den ersten Blick unscheinbaren Meinungsverschiedenheit ist von zentraler Bedeutung, denn mit dieser naiven Historisierung wird ein folgenschwerer blinder Fleck installiert und sozusagen hinter dem Rücken der Zukunftsforschung die Grundlage definiert, aus der die Zunft angeblich erwachse. Die *Rekonstrukteure*, für welche die Anfänge von Zukunft in der Vergangenheit liegen, sehen diese Grundlage in Mythos und Antike verborgen; sie berichten vom langen Weg

F. Müller-Friemauth und R. Kühn, *Ökonomische Zukunftsforschung*, FOM-Edition,
DOI 10.1007/978-3-658-14391-6_2

einer säkularen Ernüchterung. Hier sind Historisierungen verortet. Für andere hingegen, die „*Antezipateure*", wie wir sie analog nennen, für die Zukunft allein aus der Zukunft selbst erschlossen werden kann – weil sie *anders* ist als Gegenwart, und erst recht als die Vergangenheit –, entstand Zukunftsforschung aus einer neuartigen Erkenntnis: Einer geistigen Schockwelle, die westliche Gesellschaften zu Beginn des letzten Jahrhunderts erfasste und bis heute, bemerkenswert unbeobachtet und gedanklich unbearbeitet, weiterrollt. Sie erzählen von einem spontanen, disruptiven Epochenbruch.

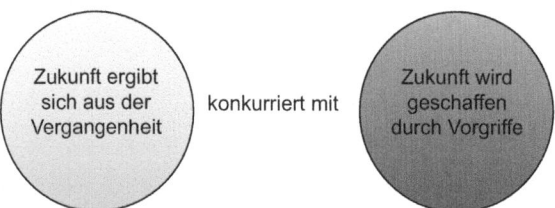

Nach dem kurzen Rückblick auf diesen soziokulturellen Entstehungskontext (Abschn. 2.1) geht es in diesem zweiten Kapitel um das besondere Ökonomieleitbild (Abschn. 2.2), das in zukunftsorientierten Ökonomiepraktiken Pate steht: Eine Verbindung aus evolutionstheoretisch verfasster Anthropologie (Menschen können ihre Vorstellungen dank metakognitiv unterstützter Kultur wahr werden lassen), einem praxeologischen Geschichtsbegriff und einem „romantischen" Ökonomieverständnis, das die geistig-ideelle Produktivkraft des Menschen ins Zentrum stellt, nicht sein instrumentell-herstellendes Leistungsvermögen. Demzufolge erfolgt der ideengeschichtliche Anschluss an ökonomisches Denken außerhalb des Mainstreams über eine Traditionslinie der deutschen Nationalökonomie (Abschn. 2.3).

2.1 Unordnung und frühe Zeit

Anfang des letzten Jahrhunderts vollzog sich in den Naturwissenschaften eine Zäsur, welche Ökonomie und Sozialwissenschaften bis heute praktisch nicht berührt. Die Wissenschaft zerfiel 1905 in zwei Bereiche: Einen, der sein Weltbild peu à peu umformen und lernen musste, Wissenschaft fortan „ohne festen Grund" zu betreiben. Und einen, der bis heute *business as usual* betreibt und über diverse nebengeordnete „Wenden" evoluiert (pragmatische, linguistische, postmoderne, realistische Wende und so weiter). Thomas S. Kuhn hat 1967 in seinem Aufsehen erregenden Buch über die „Struktur wissenschaftlicher Revolutionen" das unübersichtliche Gelände dieser sozialwissenschaftlichen „*Turns*" erstmalig sortiert und dafür den Begriff des Paradigmas eingeführt (Kuhn 1976). Damit hatten die Sozial- und Geisteswissenschaften ein Instrumentarium zum Ordnen ihrer multiplen Wenden, das bis heute in Dienst steht.

Die Zäsur, die den ersten Wissenschaftsbereich betrifft, der seither Wissenschaft „ohne Grundlagen" betreibt, ist die Quantenphysik; ihr Ausgangspunkt war die Spezielle Relativitätstheorie von Einstein im Jahr 1905. Im Zuge der Debatte über diese zunächst kurios anmutende Theorie veränderte sich der zentrale Baustein der abendländischen Wissenschaft, sozusagen ihr Grundstein: Das, was *objektiv* da ist, von dem wir sagen können, es sei „wirklich" und „wahr", beginnt seitdem zu zerfallen. Die Modelle, mit denen sich Menschen bis dahin die Materie vorgestellt hatten, erodierten – über den nächsten Meilenstein, die Heisenberg'sche Unschärferelation im Jahr 1927, bis hin zum aus all dem folgenden realen, technologischen Schock der Atombombe.

Sie war das allererste Skandalon desjenigen Diskurses, der fortan Zukunftsforschung heißen sollte. Diese Zunft entstand aus der Einsicht, dass sich Zukunft via technologischem Fortschritt auch autonom, quasi selbstreferenziell ins Werk setzen kann – und zwar auf möglicherweise für die Gattung Mensch existenzgefährdende Art –, wenn sie nicht antezipativ gebändigt wird. Zukunft generiert, zumindest ist das ein ihr inhärentes Potenzial, mitunter auch *unkontrolliert* Sinn. Und auf unserem zivilisatorischen Niveau, das wir inzwischen erreicht haben, vollzieht sich diese spezifische Entwicklungs*logik* in erster Linie *techno*logisch. Für das erste Unterfangen, eine solche Bändigung oder Zähmung wissenschaftlich zu systematisieren, steht Zukunftsforschung.

Reaktionen aus Kunst und Kultur

Einzig die Kunstwelt war von den geistigen Neuerungen von Anfang an elektrisiert und fing an, sich intensiv mit einer veränderten universalen Seinsgrundlage für den Menschen zu beschäftigen. Die Großmeister der Abstraktion beispielsweise, Wassily Kandinsky und Piet Mondrian, erschlossen aus dem anfangs völlig unklaren Bedeutungsüberschuss relativen Denkens eine eigene neue Farblehre und entdeckten – explizit im Abschluss an die frühe Relativitätstheorie – die „Nichtfarbe" Weiß. In ihren Bildern ließen sie über diesem „unfarbenen" Abgrund der Welt ein fremdartiges Universum voller bedeutungsvoller geometrischer Formen entstehen. Deren Abstraktion sollte jene Horizonte versinnbildlichen, die Planck, Bohr, Einstein und Heisenberg in ihren Neubeschreibungen der physikalischen Welt eröffneten. In der Vorherrschaft der Farbe Weiß gipfelte die höchste Stufe der Gegenstandslosigkeit; die Künstler verbanden mit ihr den radikalen Entwurf einer zukünftigen Gesellschaft. Weiß steht hier nicht nur für Unschuld und Reinheit, sondern für unendliche Optionen; für eine Leerfläche, die unsichtbar mit zahllosen neuen Möglichkeiten gefüllt ist – eine Projektionsfläche formreiner Verheißung. Kandinsky etwa interpretierte die Nicht-Farbe als eine positive Möglichkeiten bergende Ursprungskraft der Evolution, als Spiegel des Erreichens einer höheren geistig-spirituellen Ebene. (Steve Jobs war fasziniert davon und schloss mit seiner Produktgestaltung später an diese Tradition an.)

In der Kulturwelt entwickelte sich die Vorstellung einer räumlichen vierten Dimension, die mit der Erweiterung und Befreiung des Denkens und der Vorstellungskraft in Verbindung gebracht wurde. Hinter der Grenze der menschlichen Wahrnehmung verberge sich eine unsichtbare Realität; viele Künstler, aber auch unkonventionelle Naturwissenschaftler wie Fritjof Capra oder Hans-Peter Dürr, verstehen sich damals wie heute als Katalysatoren, um diese höhere Dimension begreifbar zu machen. Dieses Denken strahlte auch nach Deutschland aus, etwa in die Künstlerbewegung ZERO der 1950er und 1960er-Jahre, versickerte aber schnell: Im hiesigen Kulturkreis gab es allem Anschein nach dafür keinen Resonanzboden.

Ein anderer Fokus waren „Ableitungen" und „Anwendungen" der neuen Weltsicht für das gesellschaftliche Leben; etwa neuartige architektonische Konzepte. Der russische Avantgardist Kazimir S. Malevich beispielsweise entwarf monochrome Konzepte nicht für konkrete Bauvorhaben, sondern für eine künftige Besiedelung des Weltraums. Seine reinweißen Konstrukte „hingen" frei im All

Abb. 2.1 Das Architekton
„Gota 1923/1989" von Kazi-
mir Malevich. (Quelle: The
Charnel-House 2014)

(vgl. Abb. 2.1); sie waren Utopien einer Zukunft, welche die Architektur des Bauhauses, die Gruppe de Stijl sowie die Entwicklung der internationalen Architektur stark beeinflussten.

Zumindest die Kunstwelt bemühte sich also darum, die kaum vorstellbare Anders-
artigkeit, den Möglichkeitsraum des neuen Denkens zu übersetzen: farblich, materiell,
technologisch und popkulturell *sinnlich erlebbar* zu machen, was die Quantentheorie
hochtheoretisch und abstrakt skizziert hatte. Rationalisten wie Esoteriker trugen diese Er-
schütterung des frühmodernen Weltbilds weiter bis in die Protestbewegung der 1960er
und 1970er-Jahre. All das bildete denjenigen Deutungshorizont, vor dem die erste Mond-
landung stattfand, das erste Bild von der Erde aus dem Weltall gefunkt wurde und die
psychedelische Gegenkultur der Hippies „Eight Miles High" von den Byrds intonierte.
Nicht ohne Grund wirkt diese Ereignisreihe uramerikanisch: Die zeitgeistigen Interpreta-
tionsschemata kamen hauptsächlich aus kalifornischen Großstädten. Die soziokulturelle
Dominanz dieses Schemas durch die USA besteht fort: Was die Wissenschaften außerhalb der Naturwissenschaft anbelangt, fand die Zäsur eines entobjektivierenden, relativen
Denkens großteils ohne Europa statt – mit bedeutenden Auswirkungen.

Seit dieser Zeit wächst eine mentale Kluft innerhalb der westlichen Hemisphäre, die
in ihrer Tiefe kaum verstanden und bearbeitet wird. In krassem Gegensatz zu Europa
katapultierte der wissenschaftstheoretische Einschnitt einen kleinen westlichen Teilbereich der Neuen Welt – Kalifornien – in ein eigenes Mindset, ohne dass dies Anschluss

Abb. 2.2 Siegel des US-Bundesstaates Kalifornien, 1849, mit der Hauptfigur Minerva, römische Göttin der Weisheit, dem Staatsmotto „Eureka" (grch., „ich habe gefunden") sowie landestypischen Motiven. (Quelle: NSTATE 2003)

gefunden hätte an andere. Die besondere, durch Pazifik, Berge und Wüste nach drei Seiten abgeschottete geografische Lage, gepaart mit einer sehr speziellen Geschichte aus Goldrausch, gewaltigen ökonomischen wie politischen Sprüngen vor und zurück, riesigen Immigrantenströmen, einer extrem „diversen", multikulturellen Entwicklung und einem ausgeprägten Drang, sich immer wieder neu zu erfinden, wurde zum Nährboden einer ersten stolzen, „globalen" Denkungsart (vgl. Abb. 2.2).

Auf diesem Boden – konkret wie metaphorisch gemeint – entstand Zukunftsforschung. Sie entsprang dieser beispiellosen Diffusion von Kreativität und Exzentrik, technologischen Utopien, dem Wechsel von extrem konservativen und extrem progressiven Regierungen sowie einer hohen Diversität aufgrund der anhaltenden Einwanderung. Kalifornien ist ein humanes Experiment auf einer „Insel auf Land", wie es in einem Klassiker zum Aufstieg Südkaliforniens zu Beginn des 20. Jahrhunderts heißt (McWilliams 1973, S. 7). Hier entstand eine eigenständige Soziokultur auf Basis eines hohen (und seltenen) Maßes an Selbstbezüglichkeit: Kalifornien nutzte seine frühen Jahrzehnte der Unordnung insofern, als dass sich allmählich eine eigene, insbesondere ökonomische Ordnung auf spontane, „emergente" Weise herausschälte.

Ein nicht unwichtiges Detail bei dieser „Laune" der kulturellen Evolution: Der Nukleus des militärisch-industriellen Komplexes der Vereinigten Staaten liegt genau hier – das Militär ist der eigentliche „Erfinder" von Zukunftsforschung. Eine herausragende Bedeutung hat dabei die DARPA (Defense Advanced Research Projects Agency) des Pentagons, gegründet Ende der 1950er-Jahre von Präsident Eisenhower, um den Russen nach dem erfolgreichen Start der sowjetischen Raumfahrt („Sputnik") Paroli zu bieten. Zahlreiche Projekte der DARPA wurden in den Folgejahren so groß, dass sie zu eigenen Einheiten wurden; eine der ersten war die NASA. Einziges (!) Ziel der DARPA: Radikale Innovationen; das „Eintreten der Zukunft zu beschleunigen" (nach Garreau 2005, S. 23 f.). In schneller Folge wurde dort Arpanet entwickelt, ein Telekommunikationsnetzwerk für den Kriegsfall, das Wissenschaftler und offizielle Entscheider während und nach einem dritten

Weltkrieg elektronisch verbinden sollte; das Geheimprojekt 57, das dazu dienen sollte, bei einem Atomkrieg Wasserstoffbomben auf gut geschützte sowjetische Raketensilos abzuwerfen (später Grundlage für das Global Positioning System GPS); Mobiltelefone, Nachtsichtgeräte, Satelliten. Derzeit arbeitet die DARPA an der Schnittstelle zwischen Gehirn und Computer (BCI) und der Verbesserung menschlicher Fähigkeiten (Human Enhancement). Aus der Epochenschwelle des 20. Jahrhunderts wurde in Kalifornien ein äußerst eigensinniger, einzigartiger und mit riesigen monetären Ressourcen flankierter Evolutionspfad von Gesellschaft und Ökonomie entwickelt; im Wesentlichen aufgrund von Zufällen – zum Beispiel quasi am Wegesrand liegender Finanzierungsquellen – und einem wiederkehrenden Vakuum politischer Interessen. Kalifornien war aufgrund der geografischen Lage im 19. und Anfang des 20. Jahrhunderts immer wieder über mehrere Jahrzehnte autonom und vergleichsweise selten Spielball anderer Mächte. Kolonisatoren galt es als uninteressant. Darüber entwickelte sich eine eigene Kultur, eine Art Monokultur, deren sozioökonomische Konsequenzen für den Rest der Welt erst seit wenigen Jahrzehnten sichtbar werden.

Zukunftsforschung: Herkunft, Begriffe und unterschiedliche Strömungen

Selbstverständlich gibt es noch andere Zukunftsforschung als die ursprünglich kalifornische, die hier im Vordergrund steht und bis heute ein soziokulturell begrenztes Eigenleben führt. Zukunftsforscherisches Denken dieser Art vertreten mit unterschiedlichen Schwerpunkten (Themen, Ansätzen und Methoden) und keineswegs nur kalifornischer Herkunft beispielsweise Wendell Bell (1997a, b) oder, auch in Europa mit erheblicher Wirkung, Alvin Toffler (1970). In dessen Worten kreieren Zukunftsforscher „new, alternative images of the future – visionary explorations of the possible, systematic investigation of the probable, and moral evaluation of the preferable" (Toffler 1978; S. X).

Einen vergleichbar antezipativen Fokus im Sinne einer Erforschung des exzeptionell Möglichen entstand in Europa nur in zwei Ländern, Deutschland und Frankreich. Der Begriff „Zukunftsforschung" geht auf Ossip K. Flechtheim zurück, der 1943 erstmalig von „Futurologie" sprach und damit „die systematische und kritische Behandlung von Zukunftsfragen" bezeichnete (Flechtheim 1971, S. 8). Später führte der französische Philosoph Gaston Berger (1961) den Begriff der „Prospective" ein, der Langfristperspektive und Ganzheitlichkeit in der zukunftsforscherischen Fragestellung betonte – Zukunft sei global, dynamisch, multipel, ungewiss, qualitativ und nur als eine gewollte, also als ein intentional geschärftes Konstrukt, gestaltbar. Bertrand de Jouvenel (1967) entwickelte auf dieser Grundlage sein Konzept der „Futuribles"; ein Neologismus aus *future* und *possible*, bei dem „mögliche Zukünfte" im Zentrum stehen. Zumindest ein Teil der französischen Zukunftsforschung (die, wie in anderen europäischen Ländern, nämlich auch den militärstrategischen Strang tradiert, etwa an der l'École de guerre) stand damit dem kalifornischen Ursprungsgedanken sehr nahe und grenzte sich vom anglo-amerikanischen Mainstream ab, der Zukunftsforschung aus dem Methodenwissen zur Voraussage ableitete. Militärstrategisches Denken, also die Verbindung von Prognose und Planung, spielte insbesondere in den US-amerikanischen *Think Tanks* nach 1945 eine zentrale Rolle. (Erste Historisierung bei Seefried 2015, historische Abrisse mit Blick auf Deutschland bei Steinmüller 2012, 2013, 2014. Eine international vergleichende Genealogie liegt bisher nicht vor.)

Dieser letztere Pfad prägt bis heute das universale Grundverständnis von Zukunftsforschung – mit erdrückender Übermacht der Prognostik. Auch die Begrifflichkeit der Disziplin entstammt diesem Kontext: So steht beispielsweise der wichtige (eher „Strategic" versus eher unternehmensgebunden, also „Corporate") Begriff der Foresight grundsätzlich für ein praxisbezogenes *looking ahead* mit Schwerpunkten wie Delphi, Detecting, Scanning und Monitoring (Innovationsforschungsbezug). In typischer Verwendung verortet Foresight Zukunftsforschung als eine konkrete, auftrags- und kundenspezifische Methodenabfolge (vgl. Popper 2008, S. 76 ff.). Einigkeit herrscht dabei in der Langfristorientierung, Uneinigkeit im Einzelnen bei der Bewertung von Komplexität, Präzision der Vorausschau, Systematik, dem Stellenwert von Partizipation und anderem mehr (Überblick bei Gransche 2015, S. 396 ff.). Das Kunstwort „prospektiv" wird von Foresight-Repräsentanten des Öfteren aus dem Französischen kontextfremd entlehnt, um den einseitigen Prognostik-Überhang begrifflich zu verdunkeln. Seltener gebräuchlich ist der Begriff Forecast, der eine dezidiert prognostische Absicht anzeigt.

Solche terminologischen Pseudo-Klärungen, die bisher kaum mehr Licht in das methodologische Dunkel von Zukunftsforschung gebracht haben, sind für ein Weiterkommen auf wissenschaftstheoretischem Gebiet allerdings nutzlos – wenngleich die betriebswirtschaftlichen Ränder der Zunft genau diese als *Kernausweis* von Wissenschaftlichkeit verstehen (wie uns die Erfahrung mit den entsprechenden Peers, beispielsweise in einschlägigen wissenschaftlichen Journals, lehrte; dazu Minx und Müller-Friemauth 2017). Dass Zukunftsforschung auf konzeptionell unstetem und vagem Grund steht, stört kaum; Verstöße gegen die tradierten Definitionsrituale hingegen werden umgehend sanktioniert. Der Grund: Begriffe wie Futures Studies, Futurologie oder Zukunftsforschung nähren den Verdacht einer Wissenschaftlichkeit, die ganz grundlegend verdächtig ist. Ein solcher Tenor sei „viel zu pompös und szientistisch", so beispielsweise Marien (2010, S. 190) – *weil man ihn bisher nicht legitimieren kann.* Aus genau diesem Grund wird der eigentlich erforderliche Ausweis von Wissenschaftlichkeit von zukunftszugewandtem Denken durch selbstzweckhafte Begriffsarbeit *ersetzt.*

Das Zustandekommen dieser Situation ist mehrfach paradox: Es war der deutsche Politologe Ossip K. Flechtheim, der 1943 den Begriff der Futurologie prägte, also eine Wissenschaft von der Zukunft ausrief. Nach ihm haben sich mehrere Philosophen und Sozialwissenschaftler mit dem Thema beschäftigt; in deutscher Gründlichkeit und mit viel Sinn für Ordnung und Struktur auch der Philosoph Georg Picht. Ausgerechnet aus diesem Kreis der Antezipateure wurde die radikalste Skepsis gegenüber einer Wissenschaft von der Zukunft formuliert. Am Beispiel von Picht:

> Wenn die Wissenschaft von der Zukunft spricht, verstößt sie gegen ihr eigenes Grundgesetz. Ein gutes Gewissen hat die Wissenschaft dort, wo sie positive Wissenschaft sein kann. [...] Ein Wissen von Zukünftigem kann niemals positives Wissen sein; deshalb hat man in der bisherigen Geschichte die Zukunft den Dichtern, den Propheten und den Imperatoren überlassen (Picht 1967, S. 5 f.).

In Frankreich, immerhin der zweiten, kontinentalen Gründungsheimat antezipativer Zukunftsforschung, klingt das ähnlich: Ein verantwortungsvoller Zukunftsforscher müsse „fürchten, glauben zu lassen, es gäbe eine *Wissenschaft der Zukunft,* die fähig wäre, mit Sicherheit auszusagen, was sein wird." Man dürfe den Gedanken nicht zulassen, „dass die Früchte dieser Tätigkeit *wissenschaftliche Ergebnisse* seien, was sie nicht sein können, da [...] die Zukunft nicht der Bereich der unserem Wissen passivisch dargebotenen Dinge ist" (de Jouvenel 1967, S. 31 f., Herv. i. O.). Mit anderen Worten:

- *Erstens* gilt in Sachen Zukunftsdenken bis heute einzig die Prognostik als wissenschaftsfähig. Sämtliche Argumente *contra* Wissenschaftlichkeit in Sachen Zukunftsforschung laufen über fehlende objektive Beweiskraft. Vorgriffe haben empiriefähig und objektivierbar zu sein – in einer Jahrtausende alten Wissenschaftstradition, die sich bisher ausnahmslos um den Begriff der Wahrheit zentriert, ist das plausibel und eine logische *conditio sine qua non*. Abendländi-sche Wissenschaft ist der Überzeugung, von Raum und Zeit (Kontext) abstrahieren und daher ihre Aussagen zu jedem beliebigen Zeitpunkt überprüfen zu können (universalistischer Gel-tungsanspruch). Asiatische Kulturen, auch die kalifornische, haben andersartige Philosophien entwickelt – antezipieren anstatt zu prognostizieren, und denken nicht nur abweichend, son-dern handeln auch so. (Ökonomietheoretisch übersetzt: In einer globalen Wirtschaft gibt es gute Gründe, diese Unterschiede zur Kenntnis zu nehmen.)

- *Zweitens* kommt die kategorische Ablehnung jeden wissenschaftlichen Anspruchs gegenüber vorausschauendem Denken gerade aus denjenigen Soziokulturen, die (in Europa) der Ursprungs-tradition amerikanisch-pragmatischen Denkens am nächsten stehen. Pragmatisten und Antezipa-teure gelten jedoch als unwissenschaftliche Luftikusse, Visionäre und – im Grunde – als nicht ernst zu nehmen. Und wenn sie ihrem Denken schon selbst das Dementi hinterherschieben, ist das ein guter Grund, Letzteres aufzugreifen.

- *Drittens* – am wichtigsten – existierte zum damaligen Zeitpunkt keine Wissenschaft jenseits des positivistischen Mindsets. Es gab keine Alternative; daran hat sich bis heute nicht viel geändert – auch wenn inzwischen diverse Kofferkonzepte wie „Komplexität" erfunden wurden, um die unkomfortablen Konsequenzen dieser Einseitigkeit aufzufangen. Eingang in die Wissenschafts-theorie jedenfalls haben Konzeptvorschläge für ein Denken in Gleichzeitigkeit und Unschärfen bisher in keine einzige Sozialwissenschaft gefunden (wir sprechen hier vom akademisch kon-trollierten Kanon, nicht von einzelnen Schulen). Der elaborierte Code der Wissenschaftstheorie mäandert derzeit in Richtung Paradoxieentwicklung (maßgeblich im systemtheoretischen Dis-kurs), aber nicht in Richtung zeitgemäßer Erweiterungen von Wissenschaft.

Aus dieser verwickelten Situation entstand der Glaubenssatz „Wissenschaftliche Zukunftsfor-schung ist Scharlatanerie": Wo kein kognitives Werkzeug für systematisches, methodisch kontrol-liertes zeitlogisches Denken verfügbar ist, wird er konsequenterweise zu einer Prämisse von Zu-kunfts*forschung*. Auf *seiner* logischen Ebene – der *sach*logischen – ist er auch prinzipiell nicht kritisierbar: Denn Zukunft ist sachlogisch *selbstverständlich* nicht kenn- und wissbar (vgl. die Prä-missen in der Einleitung Kap. 1). Steigt der kognitive Strukturreichtum wissenschaftlichen Denkens jedoch an, verändert sich die Situation: Zeitlogik funktioniert fundamental anders als Sachlogik. Sie liegt auf einer *anderen Ebene*, ist aber weder „mehr" noch „weniger" wissenschaftlich. Zu-mindest müsste man, bevor man solche Wertungen inszeniert, erst einmal wissen, was Zeitlogik ist. Letztere aus der Wissenschaft kategorisch auszuschließen, wie dies bisher geschieht (etwa am Beispiel von Paul Feyerabend beobachtbar), demontiert Wissenschaft und operiert mit Denkver-boten.

Wir haben zu Zwecken unserer Gegenargumentation als Aufhänger ein Leitmotiv der Antezi-pateure aufgenommen, demzufolge Zukunftsforschung eine „Kunst" sei (ursprünglich de Jouvenel 1967, später auch Flechtheim 1990, S. 74 f.). Im Hintergrund dieser zentralen, von der deutsch-französischen Achse geprägten Metapher steht die in der Quantenphysik intensiv thematisierte, ver-wirrende Dualität von Exaktheit und Relevanz (also Sinn). Die Einsicht der Physiker: Es gibt Dinge, die hochgradig relevant sind, aber nicht exakt bestimmbar. In der Quantenphysik noch schwieriger zu begreifen: Je mehr man versucht, Exaktheit zu erreichen, desto irrelevanter werden die Beob-achtungsgegenstände. Wenn dem aber so ist, muss das Wissenschaftsverständnis auf den Sektor der (menschenbezogenen) Relevanz erweitert werden. Dafür stehen in der Geistesgeschichte der Sinnbegriff sowie das Gegenteil von Objektivität, also Subjektivität – die daher beide für uns kon-zeptionell zentral sind. Um diesen Fokus auszuleuchten, nutzen wir die *europäisch*-antezipative Tradition. Hier führt der amerikanische Entstehungskontext nicht weiter: Kalifornier wenden Zu-kunftsforschung zwar an, konzeptualisieren sie aber nicht.

2.2 Alternatives Ökonomieleitbild

Die kalifornischen Alternativen zur herkömmlichen Wirtschaft sind weder grün noch öko-logisch, sondern – mit Blick auf den imaginativen Entstehungskontext dieses Denkens – weiß und visionär. Weiß, weil semantisch offen für alles; eine leere Leinwand auch für heute noch Unvorstellbares, das in jedem Fall aber spannend, nützlich, die Gattung wei-terführend und fortschrittlich anmuten muss. Und visionär, weil gilt: „Hauptsache anders".

Ökonomisch funktioniert dieses Denken nicht mehr vornehmlich nach Direktiven von Wachstum und Gewinn (klassische BWL), sondern nach Richtungszielen sozialer Evo-lution („wohin das alles letztlich führen soll"). Wachstum und Gewinn sind *Nebenfolgen* wirtschaftlichen Handelns. Die Zielstellung von Wirtschaft wird verändert: Ihr Zweck liegt *jenseits* ihrer selbst: Ökonomie ist ein Instrument für etwas Nicht-Wirtschaftliches. Der Sinnkorridor ist damit nicht mehr sachlogisch festgelegt (Umsatz und Margen, Best Practice, Qualität, Innovativität und so weiter, alles mess- und bewertbar anhand von Kennzahlen), sondern zeitlogisch. Diese Wirtschaft ist geeicht auf einen Fluchtpunkt in der Zukunft, der anthropologisch begründet wird: Sie ist die erste, potenziell globale Ökonomie *mit eigenem Sinnangebot* – auch, wenn sich selbstverständlich trefflich dar-über streiten lässt, was man von diesem Sinn hält. Innoviert wird hier im Zeichen einer extraterrestrischen Zivilisation, die sich sinnhaft orientiert an sogenannten „Moonshots": Auf Dauer gestellten Versuchen, weit entfernte, visionäre Ziele der Menschheit zu errei-chen. Meilensteine auf dem Weg dorthin sind etwa die bevorstehende US-amerikanische Mars-Mission, technologische „Singularität" (Durchbruch zur sich selbst verbessernden künstlichen Intelligenz) oder „Uploads" und „Upgrades" (menschliches Bewusstsein auf Computer übertragen). Innovationen stehen hier sämtlich im Zeichen dieser gattungs-spezifisch gedachten Antezipation: Sie nehmen den zukünftigen Fluchtpunkt in einem Teilaspekt vorweg *und führen gleichzeitig dorthin* – eine Art Transmissionsriemen oder Scharnier. Sie verkürzen den Weg. Deswegen wechselt der Begriff von Innovation zu Disruption: Dieser Wechsel markiert ein extrem radikalisiertes Anspruchsniveau von In-novation. Disruptionen verändern die Welt; genau *das* ist ihr Sinn, nicht das neue Produkt an sich.

Der Mensch wird in dieser Perspektive zu einer technischen Existenz. In den Anfän-gen dieser Anthropologie noch mit unförmigen Hilfsmitteln ausgestattet (zum Beispiel riesenhaften, hässlichen und extrem langsamen Computern), lernt er schnell, diese Instru-mente loszuwerden und sich mit den stetig verbesserten Helfern anzufreunden, die fortan an ihre Stelle treten (Computer werden zu „Personal" Computern, schrumpfen auf Mi-krochip-Größe, fangen an zu sprechen, Gedanken zu lesen und in Schrift zu übersetzen und passen sich mimetisch den physischen Bedingtheiten des Menschen, etwa mittels Wischtechnik, an). Das Ziel: Letztlich mit ihnen zu verschmelzen. Computer der Zu-kunft werden bessere Ichs sein als wir selbst je sein können – das ist die Vision. Erst aus diesem anthropologischen Fundament heraus erklären sich auch die Spezifika dieses Technologieverständnisses, beispielsweise die immense Bedeutung von Stil und Design.

Die ästhetische Form vermenschlicht das Gattungsfremde von Technik, ihre maschinelle Kälte. Sie verwandelt sie uns an. Sie macht aus Maschinen anthropogene Technologie und erobert so die Herzen der Menschen; sie knackt die Jahrtausende über antrainierte emotionale Abwehr gegen Maschinen und fungiert als zentraler psychologischer Brückenkopf. Hier steckt die verborgene Normativität dieser Techniken: ästhetisch bezaubernd, extrem einfach, eingängig, intuitiv – Gebrauchsanleitungen erübrigen sich. „Ich bin wie du", flüstert uns diese Technologie zu. „Und künftig noch viel besser – und dabei nehme dich mit."

Der Mensch als technische Existenz: Steve Jobs Vision

Eines der ganz wenigen Unternehmerbeispiele dieses Ökonomieleitbildes, der zeit seines Lebens bereitwillig, präzise und in intellektuell beeindruckender Schärfe Auskunft gegeben hat darüber, wes Geistes Kind sein unternehmerisches Tun ist, bietet Steve Jobs – leider bis heute ein „Stand-alone"-Exempel. An ihm spiegelt sich zudem ein eigentümliches Problem, das sich der Zukunftsforschung bei „empirischer" Forschung stellt, und das wir noch eingehend beleuchten werden: Sie muss von vornherein, soll heißen bereits *vor* Sammlung und Auswertung von Daten, deuten. Verfährt sie klassisch objektivierend und verhält sich neutral – ließe sich also ihre Ergebnisse maßgeblich *vom erhobenen Datenmaterial* diktieren – kommt nichts dabei heraus; eine interessante Parallele zu quantenphysikalischer Forschung. Eine vorhergehende, fundierende Festlegung der empirisch zu erforschenden Sinndimension ist methodische Voraussetzung für empirische Zukunftsforschung. Geschieht dies, kann sie instruktive Einsichten liefern. (Zum zukunftsforscherischen Empirieverständnis vgl. Abschn. 4.2.)

Wie instruktiv, zeigt eine Geschichte von Jobs aus seiner Jugend (Jobs 2012, ab Min. 59.30). Er erzählt von einem Ranking im Magazin *Scientific American,* das er als etwa Zehnjähriger gelesen hat. Dort war eine Tabelle abgedruckt, in der es um die Fortbewegung verschiedener Arten ging: Wie viele Kalorien die verschiedenen Lebensformen pro Kilometer verbrauchen. Auf Platz eins dieser Tabelle stand der Kondor – eine Ausgeburt an physischer Effektivität und Effizienz. Der Mensch tauchte erst im unteren Tabellenbereich auf. Ein Redakteur des Magazins kam auf die Idee, den Menschen auf ein Fahrrad zu setzen und zu überprüfen, was dieses technische Hilfsmittel bringen würde. Steve Jobs dazu mit leuchtenden Augen: „It blew away the condor" und der Mensch sprang auf Platz eins der Tabelle, der Kondor war weit abgeschlagen. Diese Idee faszinierte Jobs: Was technische Hilfsmittel aus dem Menschen machen können. Er war davon überzeugt, dass – wenn später einmal jemand nach den wichtigsten technologischen Hilfsmitteln, welche die Menschheit sich jemals ausgedacht hat, fragen würde – der Personal Computer entweder direkt auf Platz eins einer ähnlichen Tabelle oder zumindest auf einem der ersten drei Plätze landen würde. Dieses Instrument sei das genialste Werkzeug, das wir je erfunden hätten und würde uns erlauben, über uns hinauszuwachsen. Der PC sei das „Bicycle for our mind" – und bedeute letztlich etwas vollkommen anderes als „Rechner" oder Schreibmaschinen. In Jobs Vorstellung verändert der PC den Menschen *als Gattungswesen*.

Genau das ist zukunftsforscherisches Denken. Was die Deutung dieser Geschichte betrifft: Wie immer kommt es darauf an, wie man sie *versteht* (Zukunftsforschung kommt es *nur* darauf an). Ist der sinnhafte Deutungshorizont nicht *von vornherein gesetzt und ausformuliert*, könnte diese Erzählung auch als Dokument bloßer Euphorie eines leidenschaftlichen Computerfreaks durchgehen – oder als Verkaufsargument oder auch als das, wofür Jobs bis heute steht und missverstanden wird: Für coole Performance und charismatische Selbstdarstellung. Was sie aus unserer Sicht primär jedoch nicht ist (sondern erst in zweiter Linie). Denn klassisch qualitativ-empirische Forschung würde versuchen, die „gemeinte Wahrheit" hinter dieser Aussage aufzuspüren; dafür steht seit jeher die Tradition der Hermeneutik. Sie hätte damit aber kein *außerhalb* der Dateninterpretation liegendes Kriterium zur Verfügung, an dem sie diese Aussage bemessen könnte. Folglich kommen als Deutungsangebote Egozentrik, Sales-Motive, Leidenschaft und vieles andere gleichermaßen infrage – und mit entsprechendem PowerPoint- und Rhetorik-Geschick lässt sich jede Option davon gut darstellen. (Von diesem logisch-analytischen Missstand leben, unter anderem, Beratungen.)

Das ist auch der Status quo von Steve Jobs-Interpretationen: Jeder legt diejenige Deutung nahe, der er selbst anhängt. Mit Wissenschaft oder Wahrheit hat das freilich nicht viel zu tun. Das gegenteilige Credo der Zukunftsforschung lautet: Hinter empirischem Material liegt überhaupt keine „Wahrheit". Dahinter liegt partikularer *Sinn* – und um den situativ korrekten, soll heißen angemessenen, jeweils hier und in diesem konkreten Fall in Geltung stehenden Sinn herauszufinden, bedarf es nicht des Findens der „wahren", objektiv korrekten Bedeutung, sondern der jeweils *sinnlogisch-passenden,* das heißt der *subjektiven Wertung, die hier vorliegt.* Mit einer Aussage etwas anfangen können wir nur, wenn wir wissen, wie sie *gemeint* ist. Dazu muss man vorab aber erst einmal definieren, was man sucht; denn die Möglichkeiten sind unüberschaubar. Man muss Daten mit vorher *als die Prämisse* empirischer Forschung definiertem Sinn matchen und nicht die Daten, sondern *das Ergebnis dieses Abgleichs* deuten: Wird dieser Sinn bedient, erweitert oder womöglich gar nicht berührt? Findet man ihn hier wieder? Die Auswertung ist also grundsätzlich ein *Vergleich* von Sinnprämisse und Material. Und da die Daten ohne bedeutungsgebende Prämisse keinen Aussagewert haben (es gäbe dann kein externes Bewertungskriterium und jede einigermaßen gut begründete Interpretation könnte als „wahr" behauptet werden), zählt die Prämisse hier deutungslogisch *mehr* als die Daten.

Zurück zu Steve Jobs: Mit dieser frühen Lektüreerfahrung ist ein zentraler – wir behaupten: *der* zentrale – Impetus seiner unternehmerischen Motivation angesprochen. PCs gehören für Jobs nicht zur gleichen Kategorie technischer Hilfsmittel wie Autos, Radios oder Waschmaschinen. Personal Computer sind *anthropomorph* in dem Sinn, dass sie „vorlaufen" zu einem fiktiven Fluchtpunkt der potenziellen Verschmelzung von „Technology" und „Mind" (in dem weiten Bedeutungshorizont, den der amerikanische Begriff Mind als Geist, Gedanken, Bewusstsein, Träume, Glaube und anderes mehr bezeichnet). Sie haben das Zeug dazu, in der Zukunft zum „Bicycle for our mind" zu werden und damit die geistige Expansion des Menschen ins Unermessliche zu steigern. They will „blow away" all other species – wenn wir es richtig anstellen! Dazu darf man aber keine grauen Kästen bauen und darauf setzen, dass diese Ungetüme jemand inspirieren. (Die Hassobjekte IBM und Microsoft waren *keine* Konkurrenten für Apple, weil als Wettbewerber nicht satisfaktionsfähig. Apple unter Jobs spielte im evolutionär-anthropologischen Sinn in einer anderen Liga – weder IBM noch Microsoft agieren zukunftsforscherisch. Die Frage, ob diese Unternehmen Zukunftsforschungsabteilungen hatten oder haben, spielt für die qualitative Bewertung innovationsbezogenen Handelns *keine* Rolle! Es sind nicht die Institutionalisierungsformate, die Innovationsdenken zu Zukunftsforschung machen, sondern die vorhandenen Personalressourcen und Kompetenzen zu zeitlogisch qualifizierten, extravaganten Sprüngen.)

Wenn wir Technologie im Sinne geistiger Expansion strategisch einsetzen wollen, müssen wir sie entsprechend gestalten und uns anverwandeln. Der Grund: Sie müssen *sinnfähig* werden. Uns emotional nahe genug rücken, damit wir sie mit Bedeutung belegen können. Aufgrund der ihnen inhärenten Potenziale, von denen Rechnen, Speichern, Lesen, Schreiben, Musik hören und Filme-Ansehen lediglich die Urzeit dieser neuartigen Technologie-Ära markieren, und die wir heute noch gar nicht absehen können, katapultiert uns das, was hier angelegt ist, letztlich in eine andere Welt – und die ist vor allem und in erster Linie eine *geistig* andere Welt („Mind"). Apple wollte nichts anderes sein als das computertechnologisch zentrale Sprungbrett dorthin (und selbstverständlich mit dieser Idee Geld verdienen; hier geht es schließlich um ökonomisch genutzte Zukunftsforschung). Apple stand für die Vertreibung aus einem inzwischen über zweitausend Jahre alten, unschuldigen Zweit-Paradies des Menschen, das sich technologisch überlebt hat; aus dem wir inzwischen heraus können *und deshalb auch sollten* – eine zeitlogische Norm. Für diese Versuchung und Verheißung steht der neue, weiße Apfel. Dieses Weltbild ist in einem speziellen, imaginären Sinn; und mehr noch, in seiner extrem anspruchsvollen Art, Sinn zu verstehen und ihn zur Kreation eigener Welten zu gebrauchen, hochgradig idealistisch, bei vielen Repräsentanten sogar spirituell. (Auf seinen eigentümlichen Anschluss an die entsprechende ökonomische Tradition kommen wir in Abschn. 2.3 zurück.)

Amerikanische Unternehmen, die zu diesem Typ gehören, haben sich darin professionalisiert, unter dem Dach einer Zukunftsvision (Priorisierung der Sinnebene der Zeit) mit Sinn zu experimentieren: Sinn gemäß eigener, subjektiver Zwecke zielorientiert zu gestalten, zu „machen". Sie unterbreiten ein ökonomisches Sinnangebot, das all ihren Produkten und Dienstleistungen unterliegt. Diese „Kunst" wird ihnen ermöglicht durch anthropologische Grundüberzeugungen: Der Mensch kann auf seine kulturelle Evolution Einfluss nehmen. Er ist den Zeitläufen keineswegs ausgeliefert – diese Etappe hat er inzwischen hinter sich. Was das wirtschaftliche Handeln betrifft, so haben die Kalifornier überdies herausgefunden, wie man für die Erreichung eines langfristigen gesellschaftlichen – eigentlich planetarisch-extraterrestrischen – Zukunftsziels den strategischen Einsatz von Sinn dezidiert *ökonomisch* organisiert, denn das Projekt muss ertragreich sein und neben dem Sinnwert selbstverständlich auch Nutzwert generieren. Infolgedessen heißt *Führung*, die eigene Sinnlogik organisationsintern nachhaltig zu implementieren, Menschen mit einer bestimmten Vision „anzustecken". Dieser Virus verbreitet sich fortan nach Art einer Pandemie von innen nach außen. *Management* bedeutet, nach Implementierung dieses Sinns die Unternehmung im Wesentlichen selbst Wege hin zum Zukunftsziel ausdenken zu lassen. Die Prinzipien dafür: Emergenz und Selbstorganisation. Führung sichert lediglich den Sinnkorridor kontinuierlich (aber rigide) ab, der Rest ist weitgehend radikale, forcierte Selbstbezüglichkeit der Organisationsmitglieder. Ablesbar ist das an einer entsprechend kommunikations- und kreativitätsförderlichen Architektur (vgl. Abb. 2.3), die auf den eigenen extremen Zukunftshorizont hin „primed"; oder auch an Forschung und Entwicklungsabteilungen wie Google[X]. Oberste Priorität dieser Art der F&E: Disruptionen im Zeichen von Moonshots zu kreieren. Erst an zweiter, nachrangiger Stelle steht die rein formalistische, ritualisierte Überprüfung, ob sich damit auch Geld verdienen lässt. Ist die Disruption attraktiv, reicht es aus, Gewinn daraus erst in fünfzig oder mehr Jahren zu erzielen. *Money is secondary;* dieser Kapitalismus hat anderes im Sinn (unter anderem, langfristige, nicht mehr abschaffbare Monopole herauszubilden). Verständlich wird das aber nur, wenn man das anthropologische Fundament kennt. In ihm ankert das Sinnangebot dieser Ökonomie.

All das führt zu einer radikalen Reinterpretation von Geschichte: Sie wird *gemacht*, sie geschieht nicht. Der Mensch ist in diesem Mindset als technische Existenz Teil einer anthropologisch, „transhumanistisch" fundierten Kosmologie. Das, was an dieser Perspektive Menschen aus aller Welt anschließen lässt (welche die Produkte des Silicon Valley „lieben", wie Steve Jobs immer wieder stolz betonte), ist die Offerte, über die Konsumentenrolle zu einer neuen Weltordnung aufschließen zu können. Dieser Konsument „konvertiert". Die Dimension, die dieser Seitenwechsel hat, sollte nicht unterschätzt werden. (Eine marxistisch sozialisierte Kapitalismuskritikerin, die diese Wirtschaftsordnung nur unter der Ägide von Entfremdung und Ausbeutung kennengelernt hat, mag Schwierigkeiten haben, das nachzuvollziehen.) Jeder Kauf erneuert und bestätigt die Mitgliedschaft in dieser Gemeinde; und dass den meisten der genaue Hintergrund gar nicht klar ist – sondern nur das Marketing mit einer faszinierend neuartigen Sinntiefe verfängt: Eva präsentiert den „Apfel" einer neuen Ära; und Google bereitet alle zugänglichen Informationen von und für Menschen zur Nutzung für die nächste extraterrestrische Evolutions- beziehungsweise Kommunikationsstufe vor –, erleichtert das Geschäft eher als dass es dies hemmt. Die Zusammenhänge bleiben vage, faszinieren jedoch allein durch die unübersehbare Strahlkraft des symbolischen Überschusses, den diese maßlos selbstüberzeugte Inszenierung von Zukunft erzeugt. Sie sind *relevant*.

Erst vor diesem Hintergrund wird nahezu selbsterklärend: Gemäß dieses Welt- und Menschenbildes ist Zukunftsforschung kein „Nerd"-hafter Luxus abgedrehter Utopisten und Wirrköpfe, sondern blanke Notwendigkeit: Die normale Basiswissenschaft einer neuen Art von Politik, Planung, technologischem Fortschritt, sozialer Sinnfindung – sowie einer Ökonomie, die nichts anderes darstellt als eines von vielen Sprungbrettern in diese Zukunft. *Alle* gesellschaftlichen Teilbereiche sind potenzielle Katapulte ins Morgen. Es

Abb. 2.3 Kalifornische Unternehmensarchitektur, neu oder in Planung: Amazons „Biospheres", Apples „Ufo" und der neue Googleplex. (Quellen: SiliconAngle Media o.J.; o.V. 2013; Prigg 2015)

geht immer nur um die Frage, ob eine Gesellschaft bereit ist, dies wahrzunehmen und für sich selbst als akzeptabel zu würdigen, als für eigene Experimente mit solchem exzeptionellem Denken wert zu halten.

Die Grundintuitionen für diese anthropologische Weltsicht entstammen dem Bruch in unserem Bild von der Natur, wie ihn die Quantenphysik begründet und Kalifornien wie keine andere Region der Welt für sich entdeckt und konzeptionell adaptiert hat. In dieser Denkbewegung stehen wir noch ganz am Anfang. Zukunftsforscherische Methoden sind erste grobe Keile, mit denen Menschen anfangen, Zeit beziehungsweise Zukunft zu bearbeiten und erste Moonshots anzupeilen. Das Problem ist weniger, die Instrumente zu verbessern als den eigenen „Stamm" davon zu überzeugen, dass sich dieses Projekt überhaupt rentiert und die Sippe dabei nicht zugrunde geht (Hybris!) – diese hemmende, kleinmütige und im Effekt entmutigende Befürchtung transportieren die geistigen Quellen Europas immerhin seit zweitausend Jahren.

2.3 Anschluss an die ökonomische Tradition

„Wirtschaften ist etwas viel zu Wichtiges, als dass wir es den Ökonomen überlassen soll-ten." Dieses Bonmot von Faltin (2008, S. 214) kann als Grundüberzeugung ökonomischer Zukunftsforscher durchgehen. Ihre normative Orientierung ziehen sie aus älteren geistigen Gefilden, die im heutigen Ökonomieverständnis kaum mehr existent sind. Ihre bedeutsa-men Traditionen sind scheinbar nur noch etwas für Idealisten und Ideengeschichtler, aber nicht mehr für heutige ökonomische Theorien. Allerdings hat der Erfolg genuin zukunfts-forscherisch agierender Unternehmen diese Pseudowahrheit gehörig erschüttert.

Ökonomisch-zukunftsforscherisches Denken gründet in Traditionen, die zwar genu-in europäisch, auf dem Kontinent selbst aber nicht leitbildgebend geworden sind. Die moderne europäische Tradition der Wirtschaftswissenschaften nahm ihren Ausgang bei Denkern wie Adam Smith (freier Markt, Rolle des Staates) und David Ricardo (quantitati-ve Betrachtung, deduktive Methode), die eine technisch und moralisch neutrale Wertlehre initiierten, zu der sich Ende des 19. Jahrhunderts dann eine im engeren Sinne betriebs-wirtschaftliche Orientierung dazugesellte. Ein zentraler Gedankengang, der sich im Laufe dieser Tradierung weitgehend unreflektiert festgesetzt hat, ist die Vorstellung einer uni-versalistisch geltenden beziehungsweise gültigen Ökonomie. Das Motiv entstammt dem Positivismus, dessen Mentalität den Zeitgeist des 19. Jahrhunderts prägte. Die Annah-me: Wird die erworbene Erfahrung von Menschen auf ökonomischem Gebiet gesammelt, gemessen und ausgewertet, in Gestalt von Begriffen, Theoremen, Hypothesen und Re-gelaussagen thesauriert, kann es gelingen, das menschliche Leben sicherer zu machen. Eine solche Art von Wissenschaft dispensiert den Einzelnen von der Notwendigkeit und Zumutung, Erfahrungen selbst machen zu müssen, die geschichtlich von anderen bereits gemacht worden sind. Werden Letztere systematisiert, kann der Vorteil der Selbsterhal-tung ausgebaut werden: Wir können dadurch die Reichweite unserer Prävention vergrö-ßern und die Fähigkeit unserer Erwartungen „empirisch" verfeinern – desto höherwertig geraten die Chancen, sich auf das einstellen zu können, was bevorsteht.

Es ist dieser Gedankengang, der europäisches Zukunftsdenken, auch die Betriebswirt-schaftslehre, bis heute im Kern prägt: Er entstammt unserer eigenen kontinentalen Traditi-on. Die Akkumulationsidee (Wissen sammeln und in seinen Wirkungen maximieren) wird angeschlossen an die Vorstellung, dass menschliche Bedürfnisse objektivierbar gemacht werden und auf diese Art immer besser; utopisch gesprochen, vielleicht sogar einmal *vollständig* befriedigt werden können. Am weitesten geht diese Utopie im zentral-ameri-kanischen Mindset des Consumerism, der den europäischen Grundgedanken übernommen und radikalisiert hat. Er behauptet, letztlich sei es empirisch auszumachen, was das Glück des Menschen gewährleiste – mit immer geringerem Kraftaufwand könnten wir immer präziser die Wünsche der Menschen bedienen. Eine logisch konsequente Fortsetzung der Grundidee, die dank technologischem Fortschritt scheinbar immer realistischer wird.

In radikalem *Kontrast* dazu steht die „romantische" Tradition der Ökonomie, deren Wurzeln deutsch sind; eine Kontrastfolie, die sich bereits vom Ansatz her vom euro-päisch-anglo-amerikanischen Mindset ökonomischen Denkens distanziert. Sie markiert allerdings nur eine kurze Phase des ökonomischen Denkens, die wissenschaftlich nahezu wirkungslos blieb – nicht aber in der Praxis (Kalifornien). Den Grundgedanken erläutert am besten der Begriff der „Universalpoesie" von Friedrich Schlegel: Eine romantisch genannte Art von Literatur, hier übertragen auf Wirtschaft, die verschiedene gesellschaftliche Bereiche, Disziplinen wie Philosophie, Psychologie, Kunst oder Wissenschaft, Objektives wie Subjektives, Fakten wie Träume oder Hoffnungen sowie alle Sinne konzeptionell miteinander verbinden will um willen der Produktion des menschlich Besten – dessen, was Menschen physisch *und* geistig möglich ist. Ihrem Selbstverständnis nach ist sie progressiv, weil beständig im Werden begriffen (Penrose-Treppe). Der menschliche Geist und seine Fähigkeiten sind potenziell unerschöpflich, sie kommen nie an ein Ende.

Im zukunftsforscherischen Ökonomieverständnis steht analog dazu ein Menschenbild Pate, demzufolge das Konzept des Menschseins einer Unterstellung von Begrenztheit nicht bedarf; und weitergehender, dass eine solche Unterstellung sogar *inhuman* sei. Der Mensch gilt als Spezies, die mit Erfolg danach trachtet, ihre Grenzen *zu dehnen und zu überschreiten*; und dank des technologischen Fortschritts wächst diese Fähigkeit nicht (mehr) linear, sondern mittlerweile exponentiell. Deshalb steht auch grundsätzlich infrage, dass menschliche Bedürfnisse objektivierbar sind – *weil sie sich verändern*. Ein objektivierendes Festschreiben bedeutet Einschnüren, Festsetzen, Gefangennehmen – am Maßstab der Gegenwart, also dem, was man heute weiß und kennt. *Man eliminiert damit die evolutionäre Entwicklungsachse der Gattung.* Philosophisch reformuliert, lautet die kritisierte Devise: Sein, nicht Werden. Der damit einhergehende Vorwurf an die klassische ökonomische Tradition: Sie habe den Bedürfnisbegriff subjektiv entkernt, damit quantifizierbar gemacht und in dieser Objektivierung sozialtechnologisch überdeterminiert.

Wissenschaftliche Zukunftsforschung richtet sich nun nicht eigentlich „dagegen" (gegen eine von beiden Positionen), sondern plädiert für eine Verbindung oder Erweiterung: ein *Wieder-rückgängig-Machen der Vereinseitigung in der klassischen ökonomischen Tradition*. Eine Wiederherstellung der ursprünglichen Balance zwischen beiden Polen. Man kann das eine tun, ohne das andere zu lassen; und man kann, je nach Situation und Absicht, jeweils prüfen, was von beiden besser wäre. Allerdings: In der genuin zukunftsforscherisch qualifizierten Praxis gilt etwas anderes: Hier wird konsequent zugunsten des subjektiven Faktors entschieden. Kalifornier verfahren normativ. Sie privilegieren kompromisslos den „romantischen" Aspekt.

„Die Luft der Freiheit weht": Kalifornische Bildungtradition

Die kalifornische Stanford University, etwa sechzig Kilometer südlich von San Francisco gelegen, gilt als Kaderschmiede der Innovatoren des nahe gelegenen Silicon Valley. Der Unternehmer Leland Stanford gründete die Privat-Hochschule 1891 nach dem Vorbild von Harvard mit fünf Millionen Dollar – eine damals ungeheure Summe, die in den Anfangsjahren trotzdem kaum ausreichte. Das Konzept war ungewöhnlich, ambitioniert und liberal: Es gab keine verbindliche Religionsgemeinschaft, Männer wie Frauen durften studieren. Präsident David Starr Jordan entschied sich 1918 für das bis

Abb. 2.4 Wappen der Stanford University. (Quelle: Stanford University o.J.)

heute das Wappen zierende Motto: „Die Luft der Freiheit weht" – auf Deutsch (vgl. Abb. 2.4). Zur Zeit der Verfolgung von Martin Luther soll sein „Freund im Geiste" Ulrich von Hutten diese Worte in Form einer lateinischen Invektive benutzt haben (videtis illiam spirare libertatis auram).

Von Hutten, 1488 geboren, zählt mit Johannes Reuchlin, Albrecht Dürers Freund Willibald Pirckheimer und Erasmus von Rotterdam zum Kreis aufgeklärter kirchenkritischer Humanisten, die Universitätspräsident Jordan tief beeindruckten. In ihrem Geist wollte er Stanford aufbauen, seine Traditionslinie verstanden wissen; er interpretierte von Hutten dezidiert in säkularem Sinn („the issue was that of the growth of man"). Für ihn bestand von Huttens Bedeutung in einem ständigen Freiheitskampf, der jedwede Orthodoxie herausfordert und die Idee der „German university" weitertreibt („Liberty of thought, speech and action, on the one hand; reasonable discretion, common sense and loyalty on the other"). Jordan stellte Stanford in die deutsche humanistische Tradition von Humboldt, schwärmte von „Lehrfreiheit und Lernfreiheit" und beschwor den „spirit of the West":

Modern science, modern religion, modern freedom alike date from this great struggle which we call the Reformation. I wish to give [...] something of the history of one who was not the least in this struggle, one who dared think and act for himself, when daring to think and act was costly, one to whom the German people, *and we their English-speaking cousins, owe a debt not yet wholly paid or appreciated* (alle Zitate von Jordan nach Casper 1995, unsere Herv.).

Hier ist nicht der Ort, die unübersehbar starke, mancherorts dominante Wurzel der deutschen humanistischen Bildungstradition im kalifornischen Denken nachzuzeichnen; sie reicht weit über Stanford hinaus in andere Bildungseinrichtungen, etwa Schulen, aber auch politische Institutionen und Unternehmen hinein. Bis heute inspiriert sie den Westen Amerikas zu einem ökonomischen Handeln, das die deutschen – einstmalig nationalökonomisch-romantischen – Traditionen ernster nimmt als ihr geistiger Ursprungsort Deutschland sie jemals genommen hat. Sie symbolisieren einen Kerngehalt gesamtwestlicher Kultur, der heute allerdings zersplittert ist: In seinem ursprünglichen Herkunftskontext spielt er als ökonomische Tradition (mit Ausnahme der sozialutopisch aufgeladenen Entrepreneurship-Idee vom „German Mittelstand", vgl. Abschn. 6.2) keine Rolle mehr; im Westen der Neuen Welt hingegen schon, und zwar eine zentrale. In Kalifornien hat er allerdings eine eigene, spezifische, dezidiert amerikanische Ausprägung angenommen (vgl. Abb. 2.5, oberer Strang) – als Bestandteil des Projekts Amerika, beziehungsweise des „American Dream", was die ehemalige Grundidee für ihre einstigen europäischen Erfinder heute fremd erscheinen lässt. Viele Menschen überall auf der Welt sind von dem eigentümlichen Idealismus fasziniert, der einem entgegenschlägt, wenn Valley-Unternehmer über ihre Produkte reden, ohne dass diese Faszination konkretisiert werden könnte: Die Tradition, auf der sie beruht, ist bei uns konzeptionell disqualifiziert. Die rigide Einseitigkeit der anglo-amerikanischen Tradition beziehungsweise ihr weltweiter Siegeszug, eben auch in Europa, in Gestalt des Business-School-Denkstils (vgl. Abb. 2.5, unterer Strang) haben diesen Zweig praktisch ausgetrocknet. Was das kalifornische Beispiel jedoch deutlich zeigt:

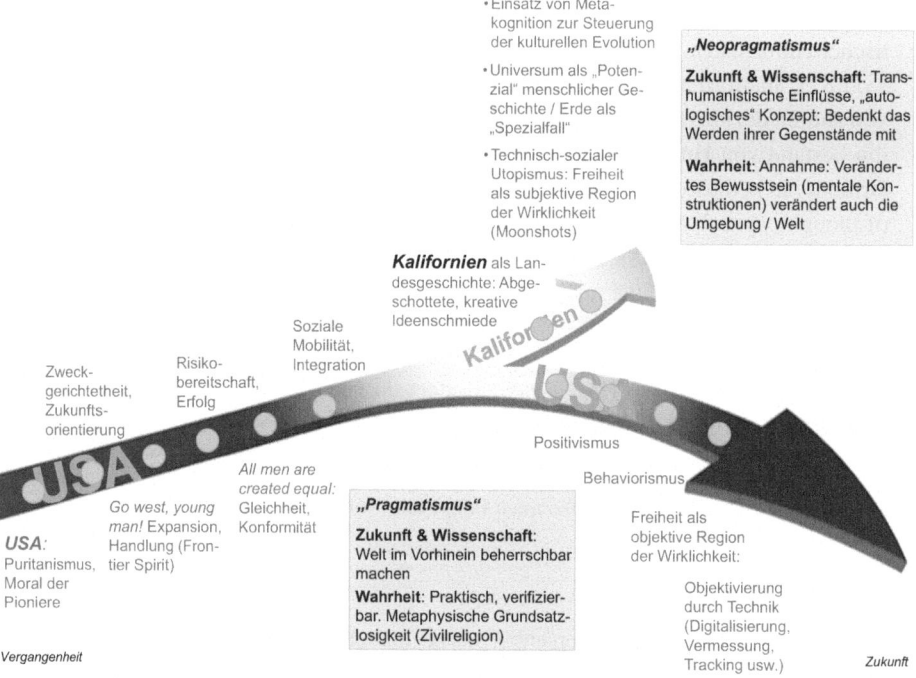

Abb. 2.5 Inneramerikanische Gabelung des (unter anderem ökonomischen) Denkens ab ca. 1900: Kaliforniens eigener Weg. (Quelle: Fotolia, Datei #63163544, Urheber: sakura, https://de.fotolia.com/id/63163544 eigene Darstellung)

Ökonomische Grundintuitionen – alt oder neu, und egal, woher sie stammen – sind inzwischen globalisiert. Sie werden andernorts wiederentdeckt und adaptiert, mitunter mit ganz anderen Werten unterfüttert und in neuartige Richtungen weiterentwickelt. So ist es möglich, dass man von seinen eigenen Ideen in anderen Teilen der Welt überholt wird. Andernorts wird bereits selbstverständlich zeitlogisch gedacht; werden substanziell verschiedene Zeitsequenzen aneinander angeschlossen – wird *temporalisiert*.

Mit „romantischen" ökonomischen Traditionen ist eine Reihe von Impulsen aus der ehemaligen deutschen „Nationalökonomie" gemeint. Die Institutionenökonomik des 18. Jahrhunderts war bestrebt, Wirtschaft in den institutionellen Bedingungen ihrer Zeit zu konzeptualisieren – nicht als abstrakte Theorie, sondern als zwar staatsnahe, aber eben auch praktisch-idealistische, aufklärerisch „qualitative Potenzierung" der physischen und geistigen Produktivkraft, wie es bei Novalis (1960, S. 105) heißt. Bedürfnisse sollten hier nicht bedient, sondern zuallererst kreativ geschaffen werden; und dieser Schaffungsprozess ist nicht nur ein Aspekt unter vielen, sogar *zentraler* Bestandteil von Ökonomie. Der Schaffensgeist des Menschen soll sich fortwährend erhöhen, selbst vermehren und sich frei weiter bilden – als Entgegensetzung zur statischen Auffassung von Ökonomie als wohlgesetzter Ordnung. Die Annahme: Die Leistungsbereitschaft stiege gerade dadurch, dass neben den privaten Interessen noch weitere gemeinschaftliche Zwecke angestrebt würden.

Diese Vorstellung ist eine spezifisch deutsche Version des Allokationsprinzips, eine Art Allokationsvision und Stichwortgeber für eine eigene Tradition der „allgemein Besten" (Exzellenz) innerhalb einer Kultur der Dichter und Denker. Die Entfaltung produktiver Kräfte wird mit höheren Zielen gemeinschaftlicher Gesinnung *zusammengedacht* – im Zentrum steht also das „geistige Kapital" und die Fähigkeit, Reichtum zu schaffen, die als wichtiger beurteilt wird als der Reichtum selbst. Die alleinige Konzentration auf Output, auf Materialismus, Individualismus und naturrechtlich vernünftige Staatszwecke wird geradezu verachtet – sie spiegelt Verarmung und Entwürdigung menschlicher Fähigkeiten. Insbesondere Kreativität und Künste genießen einen Eigenwert, den es *auch* ökonomisch fruchtbar zu machen gelte. *Industrie und Handel auf der einen und Kunst auf der anderen Seite haben daher die gleiche produktive Quelle,* und die Zivilisation ist eine Art unendlicher Prozess der Bedürfnisausweitung, den die Ökonomie zu flankieren und zu beschleunigen hat. Hier wurzelt die Vorstellung von Ökonomie als einem Hilfsmittel und Instrument für die gesamte Gesellschaft.

Zwei bedeutende Konzepte dieser Tradition stammen von Adam Heinrich Müller, Angehöriger des Wiener Romantikerkreises, sowie vom Wirtschaftstheoretiker Friedrich List. Ersterer rieb sich unter anderem an Adam Smith, für den die „idealistischen Produkte" eines Staates, der „schönste und erhabenste Gewinn einer Nation, die Erzeugnisse der edelsten Geister [...] keinen ökonomischen Wert" habe (Müller 1839, S. 112) – eine untragbare Missachtung des menschlichen Potenzials. Letzterer fungierte selbst als geistiger Brückenkopf zwischen Europa und den USA. Zwischen 1825 und 1833 wanderte List aus und kam mit dem Gedankengut von Alexander Hamilton, einem der Gründerväter der USA, in Berührung. List war in mehreren Branchen unternehmerisch tätig, vertrat die dortige Schutzzollbewegung und stand der amerikanischen Schule der Nationalökonomie nahe. Sein Ziel war keine andere Ordnung der Ökonomie, sondern eine andere Ökonomie, die er politisch auflud. List argumentierte gegen den Dualismus von marktlicher Volkswirtschaft einerseits und politisch-rechtlich-sittlichen Zielen zum Zwecke ihrer Regulierung andererseits; gegen eine Zwei-Welten-Theorie, in der Ökonomie zu reinem Kaufmannstum degenerierte, das hernach sittlich zu zähmen sei. Er begründete *Politik ökonomisch*. Wachstum setzt nach dieser Vorstellung Entwicklungspotenziale frei, deren Resultate Ungleichheiten und Einkommensunterschiede durch Einkommenszuwächse langfristig von selbst minimierten: Soziale Not sei eine Übergangserscheinung. Wirtschaft allein unter der Perspektive kaufmännischen Gewinnstrebens zu betrachten vernachlässige die Bedeutung des „geistigen Kapitals der lebenden Menschheit". Die gesamtwirtschaftlichen Kosten, welche die Zukunftsinvestitionen in Wissenschaft, Geist, technischen Fortschritt und Qualifizierung erforderten, seien „Opfer" an Einkommen, die sich für die nächsten Generationen progressiv auszahlten. Sein Konzept beschreibt eine „Theorie produktiver Kräfte", die ihren Schwerpunkt nicht auf „Tauschwerte" legt, sondern darauf, „die künftige Generation zur Produktion [zu] befähigen", auf die Pflege der Nationalproduktivkraft von Morgen (List 1982, S. 159 f.).

In der ökonomischen Debatte ist kontrovers, wie weit in dieser Konzeption einer „cosmopolitical economy" jeweils der amerikanische oder der deutsch-ökonomische Einfluss auf List reichten (vgl. Tribe 1995; Priddat 1998, S. 252–259). Fakt ist, dass das ökonomische Denken im heutigen Silicon Valley dieser Vorstellung sehr nahe kommt. List ist denn auch der erste überlieferte Ahnherr der Idee einer wissenschaftlichen Zukunftsforschung auf ökonomischem Gebiet. Aufgrund der historischen Bedeutung hier sein Votum im Wortlaut:

> Ohne Zweifel wird man [...] uns einen Träumer nennen. Wir nehmen den Vorwurf gerne hin, zum mindesten aber wird man uns die Gerechtigkeit widerfahren lassen, dass unsere Träume nicht durch den Alp der Diplomatie und des Bajonetts erzeugt sind. Wir mögen uns irren, höhere Schickung, menschliche Leidenschaften, Interessen, Gelüste und Verirrungen mögen den von uns bezeichneten Naturgang der Dinge für kürzere oder längere Zeit aufhalten oder ihm eine andere Richtung geben, neue Erfindungen, Entdeckungen und Ereignisse mögen ihn beschleunigen oder unsere Ansicht von der Zukunft teilweise unwahr machen. Etwas und vielleicht sehr viel davon wird aber eintreffen, und eines scheint uns jetzt schon gewiss: dass man nämlich durch dergleichen Forschungen in die Zukunft, insoweit sie auf unzweifelhafte wissenschaftliche Wahrheiten, auf richtige Würdigung der Nationalcharaktere und auf unzweifelhafte Erfahrungen der Vergangenheit gegründet sind, eine Masse von Weisheit und Wahrheit, den Regierungen wie den Völkern zum unverweilten Verbrauch ans Licht zu fördern vermag. Ja, uns hat sogar schon die Ahnung beschlichen, es möchte auf diesem Weg eine ganz neue Wissenschaft zu stiften sein, nämlich die Wissenschaft der Zukunft, die zum mindesten so großen Nutzen leisten dürfte als die Wissenschaft der Vergangenheit. [...] Die Politik konnte unter diesen Umständen kaum zehn Schritte weit vorwärtssehen. Mit Hilfe der reformierten Nationalökonomie glauben wir aber, ihr Blick könne mindestens zehnmal weiter tragen (List 1926, S. 74 f.).

Zusammengefasst

Das Postulat, dass Wirtschaft viel zu wichtig sei, um sie allein den Ökonomen zu überlassen, hat in der ökonomischen Zukunftsforschung also eine spezifische Bedeutung. Im soziokulturellen Entstehungskontext der ersten zukunftsforscherisch anspruchsvollen Ökonomie wird wirtschaftliches Handeln geradezu euphorisch in einen entwicklungslogischen „kosmopolitischen" Zusammenhang gestellt. Damit entpuppt sich die eigentümliche Fröhlichkeit der Tradition einer „Preconomics®" als eine zwar verdeckte, aber zentrale und das gesamte Konzept überwölbende Bezugnahme auf die hoffnungslogische Dimension menschlichen Handelns. Ökonomische Zukunftsforschung operationalisiert Hoffnung auf wirtschaftlichem Gebiet – und zwar für die Gattung, also für „alle".

In dieser praxeologischen Denktradition wird Hoffnung nicht, wie im westlichen Kulturkreis fest habitualisiert, an das Handeln angeschlossen, quasi *additiv*-normativ beigesellt („wir handeln ‚so' und hoffen das Beste"), sondern Handeln wird *unmittelbar auf sie abgestellt*. Die, in diesem Fall ökonomische, Praxis steht direkt unter der Ägide von positiver Energie und freiem Mut; im Auftrag der unendlichen Entgrenzung, des Weitertreibens menschlichen Potenzials. Handeln operationalisiert Hoffnung, könnte man sagen. Genau das ist generell auch der normative Auftrag einer fröhlichen Wissenschaft.

Romantisches, mehr noch frühromantisches Denken ist mit seinem starken Bezug auf vorsokratische Traditionen innerhalb der Moderne *der* zentrale Bezugspunkt für ein Ökonomiekonzept, das sich in diesen Dienst der Weiterentwicklung der Gattung stellt. Novalis, Müller und List, genauso wie Graf von Sodens Betrachtungen über die Produktivkraft (Soden 2012) oder auch Carl Mengers Theorie der Zeitpräferenz (Menger 1968) sind Bausteine einer neuartigen „Wissenschaft der Zukunft", die es erlauben, „mindestens zehnmal weiter" zu sehen als bisher. Im Detail zwar nicht belegbar, aber auch nicht unwahrscheinlich ist, dass List im Zuge seiner Ausbildung bei Daniel Raymond und Thomas Cooper, beide angesehene US-Ökonomen ihrer Zeit, selbst Impulsgeber für die US-amerikanische ökonomische Debatte war. Die Gemeinsamkeiten zwischen deutsch-romantischer Tradition und der zukunftsemphatischen Ökonomie der Kalifornier sind jedenfalls augenfällig.

Worin bestehen nun genau die Aufgaben und Fragestellungen einer Wissenschaft der Zukunft, wie sie diesen Ökonomen vorschwebte? Wie stellt sie es an, tatsächlich weitersehen zu können als andere Fachdisziplinen, wo und wie erzielt sie Vorsprünge?

Literatur

Bell W (1997a) History, Purposes, and Knowledge. Foundations of Futures Studies. Human Science for a New Era, Bd. 1. Transaction Publishers, New Brunswick/New Jersey

Bell W (1997b) Values, Objectivity, and Good Society. Foundations of Futures Studies. Human Science for a New Era, Bd. 2. Transaction Publishers, New Brunswick/New Jersey

Berger G (1961) Prospective n°7. Publication du Centre d'Études Prospectives, Gaston Berger. Un philosophe dans le monde moderne. PUF, Paris

Casper G (1995) „Die Luft der Freiheit weht – On and Off". On the Origins and History of the Stanford Motto on October 5, 1995 (Rede), http://web.stanford.edu/dept/pres-provost/president/speeches/951005dieluft.html. Zugriff: Februar 2016

Faltin G (2008) Kopf schlägt Kapital. Die ganz andere Art, ein Unternehmen zu gründen. Von der Lust, ein Entrepreneur zu sein. Hanser, München

Flechtheim OK (1971/1970) Futurologie. Der Kampf um die Zukunft. Verlag Wissenschaft und Politik, Köln

Flechtheim OK (1990) Vom demokratischen Sozialismus zur kritischen Futurologie. Ein Gespräch mit Egbert Joos. In: Flechtheim OK, Joos E (Hrsg) Ausschau halten nach einer besseren Welt. Biografie, Interview, Artikel. Dietz, Berlin, S 65–97

Garreau J (2005) Radical Evolution: The Promise and Peril of Enhancing Our Minds, Our Bodies – and What It Means to Be Human. Random House, New York

Gransche B (2015) Vorausschauendes Denken. Philosophie und Zukunftsforschung jenseits von Statistik und Kalkül. Transcript, Bielefeld

Jobs S (2012) The Lost Interview. Gespräch mit Steve Jobs 1995 zur Zeit der Leitung von NeXT. DVD, NFP marketing & distribution, Berlin/Vertrieb Warner Bros. Entertainment Hamburg

Jouvenel B de (1967/1964) Die Kunst der Vorausschau. Luchterhand, Neuwied/Berlin

Kuhn TS (1976/1967) Die Struktur wissenschaftlicher Revolutionen, zweite revidierte und um das Postskriptum von 1969 ergänzte Aufl. Suhrkamp, Frankfurt a. M.

List F (1926/1846) Die politisch ökonomische Nationaleinheit der Deutschen, mit einem Nachwort von Friedrich Hertneck. Weltgeist-Bücher Verlags-Gesellschaft, Berlin

List F (1982/1841) Das nationale System der politischen Ökonomie, hg. v. Günter Fabiunke. Akademie-Verlag, Berlin

Marien M (2010) Futures-Thinking and Identity: Why „Futures Studies" Is Not a Field, Discipline, or Discourse: A Response to Ziauddin Sadar's ‚the name-sake'. Futures 42(3):190–194. doi:10.1016/j.futures.2009.11.003

McWilliams C (1973/1946) Southern California. An Island on the Land, Peregrine Books, Salt Lake City

Menger C (1968/1871) Gesammelte Werke. Band 1: Grundsätze der Volkswirtschaftslehre. Mohr/Siebeck, Tübingen

Minois G (1998/1996) Geschichte der Zukunft. Orakel, Prophezeiungen, Utopien, Prognosen. Artemis & Winkler, Düsseldorf/Zürich

Müller AH (1839) Adam Müllers gesammelte Schriften Bd. 1. Georg Franz, München

Minx E, Müller-Friemauth F (2017) Nachwort. In: Planen ins Ungewisse. Lernkurven aus dem Foresight-Prozess des Kleinwagens Smart. Tredition, Hamburg, S 69–82

Novalis (1960) Novalis Schriften. Das philosophische Werk in vier Bänden und einem Begleitband, Bd. 2, hg. v. Samuel R. Kohlhammer, Stuttgart

NSTATE (2003) Califormia. http://www.netstate.com/states/symb/seals/ca_seal.htm. Zugegriffen: 4. Oktober 2016

o.V. (2013) Apple Campus 2. Project Description. April 2013. https://s3.amazonaws.com/apple-campus2-project/Project_Description_Submittal6.pdf. Zugegriffen: 13. Oktober 2016

Picht G (1967) Prognose, Utopie, Planung. Die Situation des Menschen in der Zukunft der technischen Welt. Klett, Stuttgart

Popper R (2008) Foresight Methodology. In: Georghiou L et al (Hrsg) The Handbook of Technology Foresight. Concepts and Practice. Edward Elgar, Cheltenham, S 44–90

Priddat BP (1998) Produktive Kraft, sittliche Ordnung und geistige Macht. Denkstile der deutschen Nationalökonomie im 18. und 19. Jahrhundert. Metropolis, Marburg

Prigg M (2015) Google's tented city gets taken down: Firm reveals cut back plans to expand Googleplex with a giant glass dome. http://www.dailymail.co.uk/sciencetech/article-3109899/ Google-s-tented-city-gets-taken-Firm-reveals-cut-plans-expand-Googleplex-giant-glass-dome.html (Erstellt: 3. Juni 2015). Zugegriffen: 13. Oktober 2016

Seefried E (2015) Zukünfte. Aufstieg und Krise der Zukunftsforschung 1945–1980. De Gruyter, Berlin/Boston

SiliconAngle Media (o.J.) Amazon's New Campus Sports A Greenhouse Effect. http://siliconangle.com/?s=Amazon+biosphere. Zugegriffen: 13. Oktober 2016

Soden v J (2012/1806) Die National-Oekonomie, Ulan Press (POD) via Viabooks, Neuilly-sur-Seine

Stanford University (o.J.) Emblems. https://identity.stanford.edu/overview/emblems. Zugegriffen: 4. Oktober 2016

Steinmüller K (2012) Zukunftsforschung in Deutschland. Versuch eines historischen Abrisses. Teil 1. Zeitschrift Für Zukunftsforsch 1(1):6–19

Steinmüller K (2013) Zukunftsforschung in Deutschland. Versuch eines historischen Abrisses. Teil 2. Zeitschrift Für Zukunftsforsch 2(1):5–21

Steinmüller K (2014) Zukunftsforschung in Deutschland. Versuch eines historischen Abrisses. Teil 3. Zeitschrift Für Zukunftsforsch 3(1):5–24

The Charnel-House (2014) Architekton Gota Enlarge. Kazimir Malevich. Architekton Gota (Arkitekton Gota), 1923. Plaster. 85.3 x 56 x 52.5 cm. Russian State Museum, St. Petersburg. https://thecharnelhouse.org/2014/03/12/suprematism-in-architecture-kazimir-malevich-and-the-arkitektons/architekton-gota-enlarge-kazimir-malevich-architekton-gota-arkitekton-gota-1923-plaster-85-3-x-56-x-52-5-cm-russian-state-museum-st-petersburg/. Zugegriffen: 13. Oktober 2016

Toffler A (1970) Future Shock. Random House, New York

Toffler A (1978) Foreword. In: Maruyama M, Harkins AM (Hrsg) Cultures oft he Future. Mounton, Den Haag

Tribe K (1995) Strategies of Economic Order. German Economic Discourse 1750–1950. Cambridge University Press, Cambridge

Um die wirklichen Kausalzusammenhänge zu durchschauen,
konstruieren wir unwirkliche.
Max Weber

► Kick your brain and your ass will follow.

Diese Verballhornung eines englischen Sprichwortes trifft die zukunftsforscherische Haltung hervorragend: Zukunftsforschung will dem Denken Beine machen, um die Praxis aufzurütteln. Und das praktiziert sie mitunter ziemlich brachial.

Zum einen klang bereits an, dass Zukunftsforschung als Metadisziplin keine sachlichen Fachfragen bearbeitet, sondern zeitliche. Zum anderen baut sie Kompetenzen zur logischen Aufspaltung, Vervielfältigung und Nutzung von Sinn auf: Dazu, wie Menschen Sinn entwerfen und für ihre Zwecke strategisch einsetzen können. Bei der Beforschung von Zukunft, so die dafür aus der modernen Naturwissenschaft übernommene Einsicht, können unterschiedliche, alternative Sinnzuschreibungen von Zukunft, die grundsätzlich subjektiv sind, in der Analyse „komplementär" geschaltet, simultan betrachtet, synchronisiert werden. Man kann mehrere Zukünfte gleichzeitig bearbeiten („temporalisieren"), sie aneinander prüfen und erst dann entscheiden: Sie in Bezug auf einen künftig erwartbaren oder erwünschten Punkt bündeln. Diese beiden Aspekte zusammengenommen: Bei der Exploration von Zukunft geht es damit um ein Parallelschalten, ein Gegeneinander-Abwägen verschiedener, subjektiv bedeutsamer Sinndimensionen *unter der Regie der Zeitebene* (Zukunft: „wo wir hin wollen") – und das Ganze mit logischem Anspruch.

Aus diesem sinnanalytischen Kern, aus dem Auseinandernehmen verschiedener *Dimensionen* von Sinn, besteht das analytische Grundgerüst zukunftsforscherischer Praxis (Abschn. 3.1). Sein Ankerpunkt sind ungewohnte wissenschaftliche Beschreibungen aus den modernen Naturwissenschaften (Quantenphysik), welche die Zukunftsforschung aufnimmt und sozialwissenschaftlich konzeptualisiert (Abschn. 3.2). Begrifflich stehen in ihrem Zentrum damit zwei Kategorien: Zum einen die konzeptionelle „Problemformel"

© Springer Fachmedien Wiesbaden GmbH 2017   69
F. Müller-Friemauth und R. Kühn, *Ökonomische Zukunftsforschung*, FOM-Edition,
DOI 10.1007/978-3-658-14391-6_3

schlechthin (Komplexität, Abschn. 3.3), zum anderen die zentrale praktische „Lösungs-
formel" (Strategie, Abschn. 3.4). Beide Begriffe werden innerhalb der Zukunftsforschung
ausdifferenziert und eigenständig bestimmt.

3.1 Analytisches Grundgerüst

Wenn Zukunftsforschung das Noch-nicht-Denkbare denkbar, das Noch-nicht-Mögliche
möglich und das Noch-nicht-Machbare machbar machen will, muss sie eigene Analyse-
mittel in den Feldern *Sinn* und *Logik* bereitstellen. Nicht Machbares machbar zu machen
erscheint sinnlos; und Undenkbares zu denken oder Unmögliches zu ermöglichen unlogisch. Ist derlei mit wissenschaftlichem Anspruch überhaupt umsetzbar?

Im Folgenden wird eine komprimierte Vorschau über die konzeptionellen Umstellun-
gen in wissenschaftlicher Zukunftsforschung gegeben. Dabei geht es um eine präzise
Erfassung von Sinn und seinen Dimensionen sowie um zwei formallogische Operationen. Das Ziel: Mithilfe dieser Voreinstellungen zwei Vorschläge zur Bewältigung von
Komplexität zu unterbreiten.

Was bei wissenschaftlicher Zukunftsforschung auf dem Spiel steht

Vorab einige Hinweise zum Hintergrund dieser, auf den ersten Blick anspruchsvollen Operationen.
Wozu braucht Wissenschaft das? Was ist das Ziel einer detaillierten Aufschlüsselung zeitlogischer
Kategorien – ist dieser Aufwand nötig?

Am Beispiel des inzwischen verrufenen Begriffs der „Alternativlosigkeit" lassen sich Sinn,
Zweck und Einsatz zukunftsforscherischer Denkvollzüge klarmachen. Dieser Ausdruck hat, durch
seine Hochzeit im Kontext der Finanzkrise 2008 (deutsche Politiker über Reaktionszwänge aufgrund der Situation der Banken), eine unrühmliche Karriere hinter sich. Für die öffentliche Rede
ist der Begriff inzwischen verbrannt – er wirkt wie ein Totschlagsargument. Scheinbar gibt es nur
einen Ausweg (womöglich verschleiert der Ausdruck, dass seinen Benutzern bloß keine andere
Option eingefallen ist). Seine Botschaft ist ein „Basta", dem die Begründung fehlt.

Dies ist die sachlogische Erklärung eines zeitlogischen Begriffs. Ein Denkfehler, logisch formuliert: Unsinn. Allerdings haben wir für eine *andere* Argumentation, „Alternativlosigkeit" zu
erläutern, praktisch keine Mittel. *Es gibt keine zeitlogischen Denkwerkzeuge*; also weichen wir
auf sachlogische aus. Eine zeitlogische Herangehensweise könnte sein: Das Diskussionsergebnis
„Alternativlosigkeit" bedeutet, dass die Diskutanten subjektive Argumentationsebenen (Kreativität,
Fantasie, ein Vorstellungsvermögen von Möglichkeiten, die zunächst vielleicht irreal erscheinen –
was jedoch *nach* ihrer Identifizierung erst zu prüfen wäre; genauso wie eigene Perspektiven, Wünsche oder langfristige Visionen), *ausgeschlossen haben*. Es wurde gestritten allein auf der Ebene
von *Objektivität*: Von Gewissheit, Chancen-Risiken-Abgleichen und Berechenbarkeit (sachlogische
Analyse). Ist das aber (politisch) legitim? Wer befindet darüber, dass in moderner Politik subjektive
Aspekte oder langfristige Orientierungen der Diskutanten keinen Ort haben; jedenfalls in diesem
Fall nicht veranschlagt wurden? Die Politiker, je nach Situation – eigenmächtig?

Der moralische Streit, den dieser Begriff auslöste, hängt mit einer, von vielen als übergriffig
empfundenen Schieflage zusammen, die sich aus *nicht legitimierter Machtausübung* speist (Vorwurf: „Für derart kurzatmiges Denken und Handeln haben wir euch nicht gewählt/das ist nicht
unser Verständnis von politischer Verantwortung"). Der Punkt ist die „Kurzatmigkeit": Ein Denken,
das nicht in der Lage ist, über Sachfragen *hinaus* auch zeitlich qualifiziert, das heißt langfristig und

mit Blick auf Ziele im *Danach* oder *Dahinter,* also im Morgen zu handeln (erst dann sprechen wir aus gutem Grund: mit *Sinn* von Verantwortung). *„Objektiv"* ist solches zeitlogisches Denken jedoch nicht möglich. Der Zugang zu Alternativen in der Zeit ist prinzipiell nur subjektiv zu haben. Alles andere, der Blick auf Zahlen-Daten-Fakten, ist ein Prozessieren von Notwendigkeit; ein automatischer Ablauf von Kausalketten, in die Menschen scheinbar nicht mehr eingreifen können, denn Fakten lassen sich nicht widerlegen (*Interpretationen* von Fakten hingegen sehr wohl!). Eine solche Politik erscheint berechtigt als Skandal – als ob moderne Politik am Lenkfaden der Marionettenführer „Globalisierung" oder „Kapitalmarkt" hinge und deren Absichten reflexhaft ausführe. Dies wurde deutlich empfunden und sorgte für Erregung, ohne dass es sich mit konventionellen logisch-analytischen Standards abbilden ließ. Dafür fehlen uns Sprache und Denken.

Dies ist nur ein Beispiel unter zahlreichen; und eines von dem zentralen, sogenannten „komplexen" Problemtypus unserer Zeit, der zwar sachlogisch zu bearbeiten versucht wird, zeitlogisch aber dethematisiert bleibt. Diese Sprachlosigkeit ist jedoch keine absichtliche Tabuisierung; kein „böser Wille" oder eine heimliche Strategie der Akteure, sondern der Effekt einer Blindstelle in unserem Reflexionskosmos. Die Sinndimension Zeit „können" wir noch nicht, weil wir keine Instrumente dafür haben. Hier liegt der Auftrag wissenschaftlicher Zukunftsforschung: Sie hat Werkzeuge dafür zu liefern, Zeit zu bearbeiten, und zwar um willen der Praxis. Sie muss in die Lage versetzen, das extrem unterbestimmte und häufig logisch falsch positionierte *Spektrum zwischen Wirklichkeit, Gewissheit, Sicherheit, Wahrscheinlichkeit und Möglichkeit zu sortieren und analytisch präzise zu bestimmen* – andernfalls ist Zukunftswissenschaft nicht möglich. Das ist der Stellenwert der folgenden Ausführungen; hier liegt die Relevanz von Zukunftswissenschaft.

Sinn

Die zentrale Kategorie des Sinns wurde bereits in der Einleitung angerissen. Zukunftsforschung versteht unter Sinn eine genuin menschliche, kognitive Leistung. Sie verbindet Absicht (Wille, Intentionalität) mit Zeit; genauer mit zeitlogisch qualifizierter Reflexion: eine Art bewusste und bedachte Herstellung innerer Kontinuität. Ereignisse oder Erlebnisse selbst sind weder sinnvoll noch sinnlos. Sie erhalten eine Sinnqualität erst dann, wenn wir sie einordnen in das, was wir kennen *oder* uns für die Zukunft vorstellen können, was also noch bedeutsam werden könnte; und ihnen dort einen Stellenwert zuweisen. Sie in unsere Erfahrungen, Erinnerungen (Biografie) oder unsere Erwartungen eingliedern. Gegenwärtiges Geschehen wird entweder an eine subjektive Vergangenheit oder Zukunft „angeschlossen". Damit ist Sinn in erster Linie eine zeitlogische Kategorie. Zwar geht es um Erlebnisse oder Ereignisse (Phänomene und Menschen), aber die Pointe von Sinn liegt darin, diese Faktizität in eine konsistente Linie von Bedeutung zu bringen: jeweils für *uns*.

Das heißt: Das Ereignishafte muss in zeitlicher Hinsicht *subjektiv kontextualisiert* werden. Dies leistet die Reflexion. Verkürzt ließe sich sagen, die Bildung von Sinn besteht darin, dass Faktizität (das, was realiter geschieht) zeitlich subjektiviert wird. Ohne eine solche Subjektivierung, eine einordnende, qualifizierende *Zeitgebung* von Ereignissen oder Erlebnissen jeweils *für mich*, ergeben diese keinen Sinn. Ist etwas sinnvoll, ist es entweder in Bezug auf Zurückliegendes, sozusagen „rückwärts-interpretativ", bedeutsam, oder könnte es in Bezug auf eventuell Kommendes noch werden („vorwärts-erwartend"). Die subjektive Kontextualisierung balanciert aktuale Geschehnisse – Dinge, die passieren –, mit entweder *Deutungs*möglichkeiten (Interpretationsspielräume in Bezug auf Vergangenes) oder fiktiv erwogenen *Erwartungs*möglichkeiten (vorstellbare Optionen, Wünsche wie Ängste) gedanklich aus. Damit spielt der *reflektierte Möglichkeitshorizont,* egal in welcher zeitlichen Richtung, die zentrale Rolle. Sinn ist subjektive Bedeutung in der Zeit.

Diese Voreinstellungen sind zunächst abstrakt. Wozu dienen sie? Zukunftsforschung interessiert an diesen Zusammenhängen die mitlaufende, scheinbar nebensächliche Unterscheidung *verschiedener* Sinn*qualitäten*. Vereinfacht: Sinn ist nicht gleich Sinn; es gibt ganz unterschiedlichen. Denn bei Ereignissen und Erlebnissen geht es um Fakten und Phänomene; die müssen *verstanden* werden. Manchmal hängen diese aber auch mit Menschen zusammen; in anderen Fällen geht es sogar *nur* um soziale Belange, dann sind auch psychologische Aspekte bedeutsam, etwa Empathie, Sympathie oder Gefühle. Bei Erinnerungen, also der Nutzung des Gedächtnisses, steht wiederum etwas anderes im Fokus, denn dabei werden Aspekte sowohl aus der Vergangenheit als auch aus der augenblicklichen Gegenwart synchronisiert und gemäß subjektiver Perspektive *zeitlich* geordnet.

Solche Überlegungen führen zur Unterscheidung von *drei Sinndimensionen* (nach Schütz 1974), welche die erste analytische Achse der Zukunftsforschung bilden (vgl. Abb. 3.1, hier zunächst nur die Ebene der *objektiven* Geltung):

1. Die *Sinndimension der Sache* dreht sich um reale, zumeist objektivierbare Dinge. Faktisch Vorhandenes lässt sich anhand empirischer Daten belegen, ist beweisbar. Wir sprechen über Dinge, Sachen, Themen, Probleme und „Sachfragen" beziehungsweise ihre Bedeutung. Der Fachbegriff dafür lautet *Semantik*, hier verstanden als durch Sprache bezeichnete, begreifbare *Inhalte*. Diese Sinndimension ist in unserer kulturellen Tradition die primäre, auch im Wissenschaftsbereich. Sie überstrahlt fast alles und

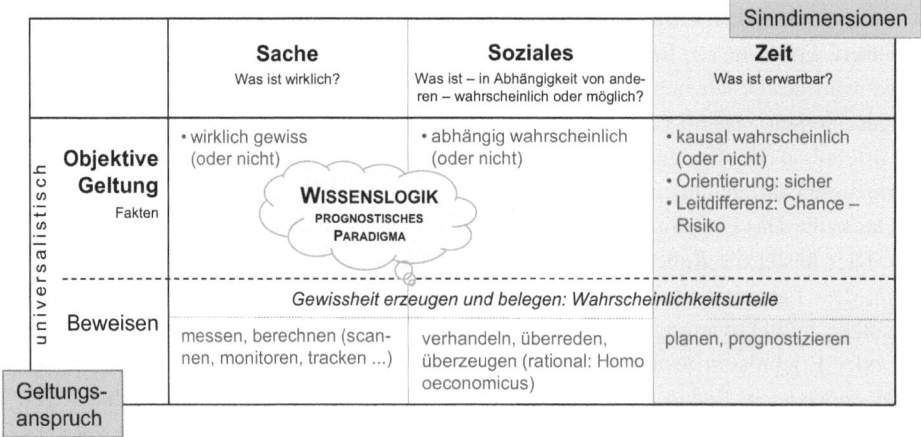

Abb. 3.1 Analytisches Grundgerüst und Konzeptualisierungsvorschlag für Komplexität (1): Differenzierung unterschiedlicher Sinndimensionen

bildet das Fundament nicht nur der Naturwissenschaften, sondern ebenso der Geistes- und Sozialwissenschaften; denn beispielsweise auch die Historiker, aus einer seltenerweise zeitlogisch operierenden Disziplin heraus, wollen Vergangenes über Belege (also empirisch) erschließen, mittels Dokumenten und Quellenstudium *erkennen*: Geschehenes soll objektiviert und zu Faktizität gemacht werden. Unsere Denktradition hat generell eine Tendenz zur Reifizierung (von lat. *res* „Sache" und *facere* „machen": eine beliebige Vorstellung wie eine Sache behandeln). Es ist diese Neigung, genauer: die kognitiv unkontrollierte Dominanz dieser sachbezogenen Sinndimension, die mitunter zu logischen Unschärfen führt und über diese *zu falschen Bewertungen* und zu *prekärem, komplexitätsinadäquatem Handeln*.

Auf objektiver Ebene geht es hier um die Festlegung dessen, was *wirklich* ist. Was belegbar als sachlich wahr oder objektiv vorhanden angesehen werden kann, als *gewiss* (sachlich richtig). Und wenn schon nicht als gewiss, dann wenigstens als wahrscheinlich; „wahrscheinlich" steht für eine Art „mehr-oder-weniger-gewiss". *Auf subjektiver Ebene* hingegen spielt die maßgebliche Rolle, was gewollt ist: das, was jemand als wirklich *zuzulassen oder anzuerkennen bereit ist* (für ein Kind *existiert* das Monster unter dem Bett). Beide Wirklichkeitsbegriffe innerhalb der Sinndimension der Sache, der objektive und subjektive, unterscheiden sich also hinsichtlich (a) ihres primären Maßstabs (Objektivierbarkeit versus subjektive Relevanz) und (b) ihrer Motivation (empirisch nachweisbar *Gewissheit schaffen* versus sinnhafte *Bedeutung zuweisen*).

2. Die *Sinndimension des Sozialen* unterscheidet sich von der ersten durch den Umstand, dass Auffassungsperspektiven hinsichtlich der Sachen (Semantik) zwischen den Menschen unterschiedlich sind beziehungsweise von anderen nicht geteilt werden. Im Zentrum dieser Dimension steht das Phänomen der Perspektivenvielfalt (wissenschaftlich: die Beobachterperspektive und ihre Konsequenzen). Wichtig dabei: Gemeint sind in dieser Dimension nicht Unterscheidungen im Dingschema („ist dieses Objekt für uns beide dasselbe?"), sondern im sozialen Schema: Hinsichtlich zwischenmenschlicher Regeln, moralischer Ge- und Verbote, Gesetze – mit anderen Worten: hinsichtlich von Normen. Auf der Sinndimension des Sozialen schlagen Wertungen durch, die *soziokulturell* grundgelegt sind, und die dazu führen, dass Menschen Dinge unterschiedlich wahrnehmen, einschätzen und beurteilen (es geht also nicht um das Ding oder die Sache „an sich", das behandelt die erste Dimension). Sämtliche Fragen der Moral beispielsweise sind hier verortet, genauso wie Organisationsfragen.

Auf objektiver Ebene dreht sich dabei alles um Aufbau und Planung von *Wahrscheinlichkeiten*: Darum, mit wie viel oder wie wenig Zustimmung, Akzeptanz, Legitimität jemand mit seinem Perspektivenvorschlag rechnen kann („wird meine Sicht von anderen geteilt?"). Für je meine Perspektive muss ich mitunter kämpfen oder streiten (verhandeln, überreden, überzeugen, rational argumentieren). *Auf subjektiver Ebene* hingegen steht nicht Wahrscheinlichkeit, sondern *Möglichkeit* im Vordergrund: „Wenn die anderen das auch wollen, können wir das machen". Das Mittel, andere für meine Perspektive einzunehmen, liegt hier nicht in rationaler, zum Beispiel mit empirischen Fakten argumentierender Überzeugungsarbeit, sondern in einer Art Werbung, zum

Beispiel durch Begeisterung und Leidenschaft, jedenfalls mit Hilfe von Emotionen. Denn egal, wie abwegig meine Perspektive erscheint, wie wenig sie „objektivierbar" ist: Wenn es mir gelingt, die anderen mit meiner Faszination über diese – im Extremfall als gar nicht realisierbar geltende – Idee „anzustecken", können wir versuchen, gemeinsam Unmögliches möglich zu machen. Dabei mag das Ziel von *allen Außenstehenden* für extrem unwahrscheinlich gehalten werden; in der Sinndimension des Sozialen spielt das in *subjektiver* Hinsicht keine Rolle (Beispiele: Der Moonshot eines kalifornischen Unternehmens oder der Sieg der deutschen Handballnationalmannschaft bei der EM 2016 in Polen). In dieser Sinndimension sind also (objektiver) Wahrscheinlichkeits- und (subjektiver) Möglichkeitsbegriff voneinander zu trennen.

3. Die *Sinndimension der Zeit* bezeichnet die Interpretation der Realität im Hinblick auf die Unterscheidung von Vergangenheit, Gegenwart und Zukunft. Für die Zuschreibung von Sinn, die jeder für sich (also subjektiv) vornimmt, ist sie grundlegend, weil in dieser Dimension „Neues" (Ereignisse, Erlebnisse, Erfahrungen) in die eigene Perspektive eingeordnet, die Kette von Sinnverweisen verlängert und erweitert wird – andernfalls kann kein Sinn entstehen oder erhalten bleiben. Dafür kommt grundsätzlich alles infrage. Die Sinndimension der Zeit ist daher „semantisch leer", was bedeutet: Sie steht jedem Inhalt oder Thema offen. Bei dieser zeitlichen Einordnung von Ereignissen greift der Einzelne auf Sinn aus der Vergangenheit oder Zukunft zu, holt ihn quasi in die Gegenwart, um daraus Handlungsoptionen für den jeweils aktuellen Kontext zu schöpfen. Er temporalisiert – automatisch, unbewusst; Menschen ist diese Fähigkeit eigen. Auf zeitlicher Ebene wird also mit Sinnelementen von gestern und morgen gespielt und experimentiert, sie werden eigenwillig-subjektiv gebunden: *für die Zwecke des Heute passend gemacht und geordnet.* Wenn etwas geschieht, das trotz eingehender Reflexion keinerlei Möglichkeitshorizont – weder rückwärts deutend ins Vergangene, noch antezipativ-vorgreifend ins Künftige – zu- oder offenlässt, bricht Sinn zusammen.

Auf dieser Dimension ist also das Vorhandensein, genauer: die kognitive Herstellung von *reiner Möglichkeit* Grundvoraussetzung. Kein Sinn ohne freien Deutungs- oder Erwartungshorizont. (Beispiel: Während für die einen der Tod des Musikers Prince ausschließlich sachlichen Nachrichtenwert hat: man *weiß* jetzt, dass er gestorben ist, erzeugt dieses Ereignis für andere das Empfinden eines Verlusts von einer – in einer Phase ihres Lebens – wichtigen Facette der eigenen Identität. Das Ereignis begrenzt *endgültig* die subjektive Verweisungskette sinnhafter Ereignisse im individuellen Sinnhorizont „nach vorne", in Richtung Zukunft: Der Möglichkeitsraum in Bezug auf Prince ist „fertig", geschlossen. Er wird nicht mehr größer. Von diesem Künstler wird es womöglich noch unveröffentlichte Aufnahmen geben, aber kein weiteres Konzerterlebnis oder Interview – Sinn wird begrenzt, reduziert, eingezogen. Für beide Gruppen hat die Nachricht jedoch Sinn; für die einen sachlogisch in Bezug auf Wissen, für die anderen zeitlogisch in Bezug auf – zunichte gemachte – Erwartungen. Für zeitlogisch Betroffene ist die Relevanz des Ereignisses allerdings ungleich größer.)

Auf objektiver Ebene geht es hier um *Kausalität*: um die richtige Einschätzung oder korrekte Berücksichtigung von Ursache-Wirkungsketten. Da sich in objektivierender Ausrichtung Zukunft aus Gegenwart ergibt, ist Zeitlogik in diesem logischen Geltungsbereich kausal determiniert; deshalb kann man beispielsweise prognostizieren. *Auf subjektiver Ebene* hingegen steht im Vordergrund, was man im Einzelfall *wünscht*: dass es eintrete oder nicht (Hoffnungen und Ängste). Was man wünscht, hängt aber immer davon ab, was man grundsätzlich will – insofern geht es hier zwar *auch* um Kausalität (eine finale, zwecksetzende: um zu, damit), aber gerade *nicht* um eine Art zwangslogische Vollstreckung von in Vergangenheit oder Gegenwart gesetzten Ursachen. Prognosen sind hier *unangemessen*; denn die Orientierungsachse ist nicht nur *anders* geeicht (eine exzeptionelle Erfüllung von Erwartungen: Glück anstatt Sicherheit), sondern in gewisser Hinsicht *gegensätzlich*: Denn das, was man wünscht, hat häufig mit dem, was real ist, was als gewiss gilt oder künftig realistisch sein mag, nichts zu tun. Unter Umständen möchte man von realistisch Möglichem gerade weg; vielleicht will man sogar das Unmögliche. Hier wird antezipiert.

In dieser Sinndimension existieren also *zeitlich unterschiedlich qualifizierte Möglichkeitswerte:* Zum Beispiel das, was man bereits kennt, erfahren hat und erinnert (Erfahrung); oder das, was man sich vorstellen kann und was theoretisch auch realisierbar wäre (neutrale Option); oder das, was man sich wünscht, was aber radikal anders wäre als die Realität (attraktive Fiktion) – und was heute vielleicht als gar nicht realisierbar bewertet wird. Dieses reflektierte, logische Spiel mit Zeitqualitäten lässt sich zum quasi automatischen Temporalisieren, das Menschen ohnehin können und praktizieren, *dazu* schalten. Genau dies ist das Geschäft wissenschaftlicher Zukunftsforschung. Sie hat Methoden erfunden, diejenigen, die über Zeitfragen nachdenken, mit diesen Methoden dazu zu *zwingen*, metakognitiv zu werden, indem sie unterschiedliche Möglichkeitswerte prüfen und anhand der Praxis (ihre jeweilige Situation, Kontext) bewerten – und erst dann entscheiden.

Selbstverständlich sind diese sinndimensionalen Unterscheidungen rein analytischer Art: Sie treten nie isoliert auf, sondern laufen realiter bei kognitiven Prozessen ununterscheidbar ineinander. Da Zukunftsforschung eine zeitlogische Reflexionsform darstellt, ist jedoch die analytische *Isolierung* und Durchdringung derjenigen kognitiven Ebene, auf der Zeit in unserem Denken und Handeln die zentrale Rolle spielt, eine Voraussetzung für zukunftsforscherische Wissenschaft. Sämtliche dieser Begriffe stehen also sinnanalytisch für sich; aber auch logisch.

Logik

Mit Logik meinen wir Konzepte eines korrekten Folgerns oder Schließens: die zweite analytische Achse wissenschaftlicher Zukunftsforschung. Sie besteht aus (a) einer formallogischen *Unterscheidung* und (b) einer *Positionsüberprüfung logischer Werte*. Zunächst zur Unterscheidung.

Sie wurde bereits angesprochen: Gemeint ist die Trennung zwischen objektivem und subjektivem Geltungsanspruch, maßgeblich bei wissenschaftlichen Beschreibungen. Die konventionelle Wissenschaftstradition läuft über einen objektiven, sogenannten *universalistischen* Geltungsanspruch ihrer Ergebnisse: Wissenschaft reklamiert Resultate, die allgemeingültig sind, unabhängig von Ort und Zeit so unterstellt oder genutzt werden können wie wissenschaftlich ausgewiesen, und unter diesen Bedingungen als „wahr" gelten. Für den Ausweis solcher Wissenschaftlichkeit existiert ein abgestimmter Kanon spezifischer Kriterien, die den Wahrheitsanspruch sichern (Validität, Reliabilität, Objektivität und so weiter). Demgegenüber sind partikulare Beschreibungen unzulässig. Zwar können sie herangezogen werden, um objektive Maßstäbe zu *gewinnen,* haben mitunter heuristischen Nutzen; ein Eigenwert beziehungsweise wissenschaftliche Legitimität kommt ihnen jedoch nicht zu.

Zukunftsforschung nutzt nicht nur beide Geltungsbereiche, sondern *vor allem* den subjektiven: In der konzeptionellen Privilegierung des Möglichen (vor dem Wahrscheinlichen) wurzelt ihre spezifisch zeitlogische Normativität (dazu mehr in Abschn. 4.3). Ihr zentraler Wirkungskreis liegt somit in der Schnittmenge zwischen der Sinndimension der Zeit (Zukunftsforschung als zeitlogische Metadisziplin) und subjektiver Logik (Exploration neuartiger Möglichkeitsräume, vgl. die schattierten Bereiche in Abb. 3.2). In der Kombination dieser Aspekte gründet der erste zukunftsforscherische Vorschlag zur Bewältigung von Komplexität: Denn in subjektiver Perspektive – kontext- und standpunktbezogen – werden alle drei Sinndimensionen aneinander prüfbar und damit entscheidbar. *In objektiver Perspektive ist das nicht möglich* (unterschiedliche „ontologisch" voneinander getrennte Zustände).

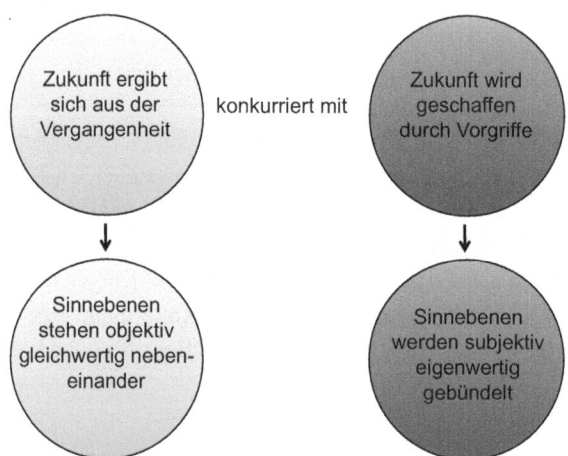

Subjektivität
Wenn Zukunftsforschung die Ebene der Subjektivität in ihr Wissenschaftsverständnis mit aufnimmt, ist damit eine ganz bestimmte Entgegensetzung zu Objektivität gemeint, etwas Spezielles: „nur" das Gegenteil von „real" und „empirisch belegbar". Subjektivität hat unterschiedliche Bedeutungen; wissenschaftstheoretisch ausschlaggebend für die Zukunftsforschung sind nicht innere mentale

		Sache	Soziales	Sinndimensionen Zeit
		Was ist wirklich?	Was ist – in Abhängigkeit von anderen – wahrscheinlich oder möglich?	Was ist erwartbar?
universalistisch	**Objektive Geltung** Fakten	• wirklich gewiss (oder nicht) WISSENSLOGIK PROGNOSTISCHES PARADIGMA	• abhängig wahrscheinlich (oder nicht)	• kausal wahrscheinlich (oder nicht) • Orientierung: sicher • Leitdifferenz: Chance – Risiko
universalistisch	Beweisen	*Gewissheit erzeugen und belegen: Wahrscheinlichkeitsurteile*		
universalistisch	Beweisen	messen, berechnen (scannen, monitoren, tracken ...)	verhandeln, überreden, überzeugen (rational: Homo oeconomicus)	planen, prognostizieren
partikularistisch	**Subjektive Geltung** Wille, Intentionales	• gewollt / beabsichtigt und deshalb möglich (= relevant, d.h. für mich wirklich) oder • gewollt unwirklich (irrelevant: ignorieren, als nachrangig bewerten, keine Aufmerksamkeit schenken usw.)	• abhängig möglich (= für mich potenziell wirklich) oder • gewollt und in Abhängigkeit von anderen unmöglich	• wünschenswert (oder nicht) • Orientierung: exzeptionell, sensationell, singulär • Leitdifferenz: Glück – Gefahr ERWARTUNGSLOGIK ANTEZIPATIVES PARADIGMA
partikularistisch	Plausibilisieren	*Fiktionen erzeugen und dafür werben: Möglichkeitsurteile*		
partikularistisch	Plausibilisieren	Haltung (Werte, Glauben, Normen usw.)	• faszinieren, ideell „anstecken" (werben) • spielen, explorieren (etwas entdecken: Homo praeconomicus)	„Temporalisieren": Sinn generieren durch Sich-etwas-Vornehmen, Antezipieren und/oder an Erinnertes / Erfahrenes anknüpfen

Geltungsanspruch

Abb. 3.2 Analytisches Grundgerüst und Konzeptualisierungsvorschlag für Komplexität (2): Differenzierungen zwischen Sinn- und logischen Geltungsebenen

Zustände, also Subjektivität nach Art einer Emanation innerpsychischer Bewusstseins- oder Denkbewegungen, sondern lediglich Wertungen, Urteile und Begründung, *die nichts mit der objektiv existierenden Wirklichkeit zu tun haben,* womöglich sogar den Status von „noch-nie-dagewesen" reklamieren. Man kann auch ohne Bezug auf Tatsachen „gut" begründen: Sogar, wenn etwas radikal subjektiv ist im Sinne einer fixen Idee, Vorliebe oder einem Geschmacksurteil, lässt sich dafür anderen gegenüber doch *werben*: dies plausibel machen, es ausmalen, dafür begeistern, indem zum Beispiel Konsequenzen oder Möglichkeiten beschrieben werden. Das bedeutet im subjektiven Bereich „begründen"; und bezeichnet zwar einen *anderen Typus* von Begründung als gewohnt (bis heute gilt allein die sach- oder soziallogische Begründung als legitim), aber es *ist* Begründung. Dieser Typus „argumentiert" über Sinn.

Subjektivität meint also nicht das Gleiche wie Begründungslosigkeit oder ein nur mir Zugängliches: ein monadenhaftes Insuläres, das gar nicht begründbar wäre. Subjektivität schließt die Option von „*Inter*subjektivität" immer mit ein. Bedeutung kann anderen kommuniziert, Relevanz durch Symbole oder Zeichen codiert werden und vieles mehr – und verletzt mitunter trotzdem vollständig die „objektive" Tatsachenorientierung.

Daraus folgt das nur scheinbare Paradox einer „Subjektivität mit (potenziell) universalistischem Geltungsanspruch". Diese Formulierung erscheint zunächst unlogisch, und gemäß konventionellem Wissenschaftsverständnis *ist sie das auch* – jedoch nicht im zukunftsforscherischen. Denn die nahezu verrückte Idee eines Einzelnen (Moonshot) kann die globale Wirtschaft begeistern und „mitnehmen": Etwas radikal Subjektives mit dem Anspruch, die Welt zu verändern, stößt auf Resonanz. Zukunftsforschung vertritt die Position, dass spätestens heute, wo genau dieses Phänomen die globale Ökonomie prägt, solche Ideen wissenschaftlich beurteilbar werden müssen. Bislang ist die entsprechende logische Problemstellung – subjektive Geltungsansprüche – jedoch wissenschaftlich gar nicht satisfaktionsfähig; genau das wird hier infrage gestellt.

Was die Überprüfung der Positionierung logischer Werte (b) betrifft, so zielt diese Operation auf den für Zukunftsforschung charakteristischen Versuch, Perspektiven zu wechseln und zu verschieben. Sie will den Horizont erweitern und ins heute noch für unmöglich Gehaltene hineingreifen – reflektiert und logisch, systematisch und metakognitiv kontrolliert. Ihr geht es darum, Maßstäbe und Abstraktionsebenen zu vermehren, indem die Hierarchie logischer Werte *begründet* verändert wird. Darin besteht der zweite zukunftsforscherische Vorschlag zur Bewältigung von Komplexität. Er bedient sich dazu der sogenannten „transklassischen Logik" von Gotthard Günther (1991). Aufgrund dieser formallogischen Fundierung grenzt er sich von Alternativkonzepten zur Exploration von Zukunft via Kreativität, Intuition oder esoterisch-spirituellen Ansätzen wie Presencing ab; (vgl. Eppler et al. 2014; Gigerenzer 2007; Scharmer 2009 und andere.)

Die Überlegung: Wenn die Kategorien, auf die gerade die Aufmerksamkeit gerichtet ist, in eine Sackgasse führen oder nicht mehr genügen, können – zukunftsforscherisch: *sollten* – logische Positionen gewechselt, genauer: *getauscht* werden. Denn mit dem Austausch des logischen Stellenwertes einer Position kann man anders beobachten und die Dinge neu bewerten. Beispiel: Geht es um eine Entscheidung, weist die entsprechende logische Position (die, die entscheidet) in der Regel zwei Optionen zu (ja/nein).

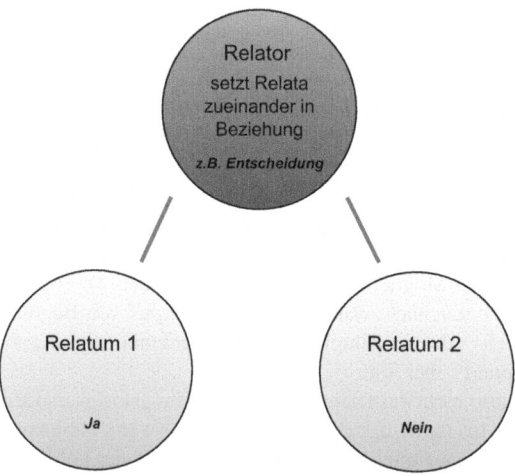

Unsere Logik operiert grundsätzlich in solchen binären Schemata (gut – böse, wahr – unwahr, Leib – Seele, Gott – Teufel, Mann – Frau und so weiter). Zukunftsforschung verändert nichts an diesem Schema, verschiebt jedoch, sofern es Grenzen bei der Lösung von Problemen gibt und man nicht weiterkommt, die hierarchisch obere Position nach unten und lässt einen anderen, logisch höheren Wert die Relationierung vornehmen. Die Position, die vorher entschieden hat (und die zur Wahl stehenden Entscheidungsoptionen „Ja" und „Nein" zueinander in Beziehung gebracht hat), wird zu einem bloßen Bezugspunkt abgewertet. Formallogisch formuliert: Der vorherige Relator wird zum Relatum – das logische Verhältnis wird *nach oben* erweitert.

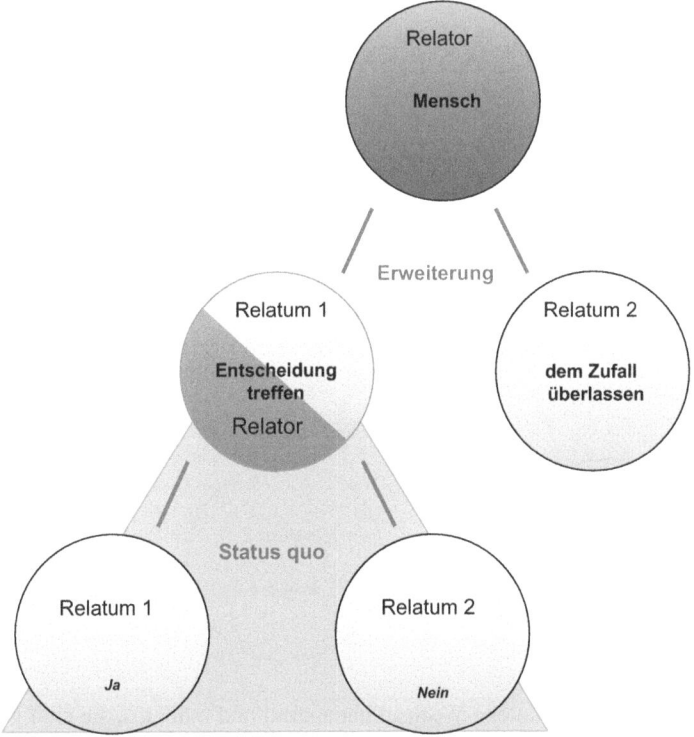

Häufig hat eine neu installierte obere Position, ein neuer Relator, zu tun mit veränderten subjektiven Sinnwerten (aufgrund modifizierter Absichten oder einer anderen Willensrichtung: „das ist so sinnvoller" oder „wir finden das besser und wollen es so"). Wie die Begründung für diese Operation auch immer ausfällt, sie ist ausschließlich *innerhalb* dieses Kontextes möglich. Sie macht Sinn nur für diejenigen, die in dieses logische Dreiecksverhältnis eingebunden, die betroffen sind. Bedingung der Möglichkeit dazu ist Reflexion. Fangen diese Personen an, über ihre eigenen logischen Positionierungen metakognitiv nachzudenken („wenden wir die in dieser Situation angemessenen Unterscheidungen an?"), geraten sie in die Lage, kontext*übergreifende* neue Bewertungskriterien zu kreieren – eine bislang unbekannte dritte Position. („Kontextübergreifend" bezieht sich ausschließlich auf diesen Kontext beziehungsweise ein „Darüberhinaus" und bedeutet nicht „universalistisch"!) *In dieser Bewegung wird Komplexität aufgebaut.*

Solche Operationen sind aber ebenso umgekehrt möglich: Die Position, die zunächst Relatum war, wird logisch zu einem Relator aufgewertet. *Hier wird Komplexität reduziert* (herausgenommen) und das logische Verhältnis *nach unten* erweitert.

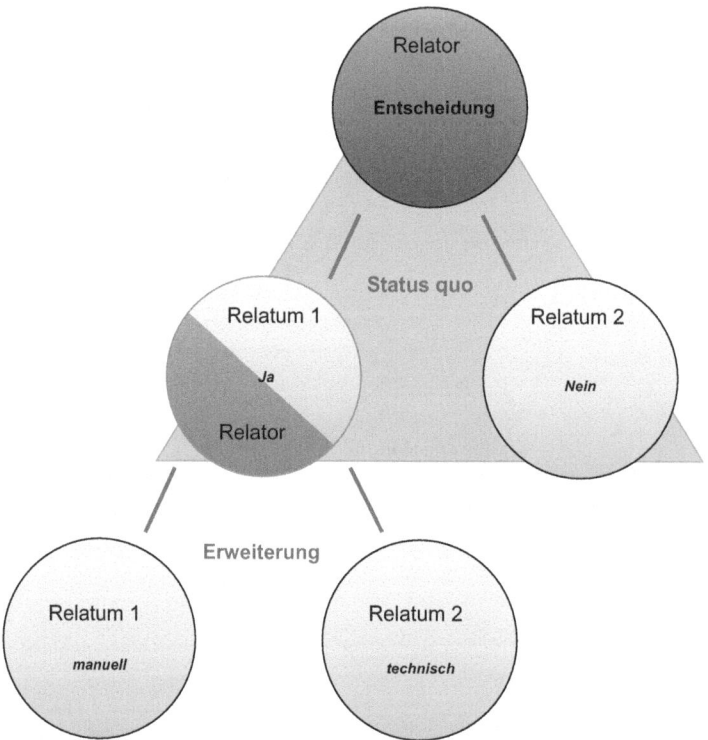

Menschen praktizieren solche Wechsel andauernd und mühelos, sie sind geradezu ein Kennzeichen des menschlichen Geistes – bloß werden sie kaum reflektiert. In unserer Denktradition und damit in der Wissenschaft spielen sie praktisch keine Rolle. Wir nehmen im Folgenden mehrfach absichtlich und bewusst solche logischen Verschiebungen vor, die von der Norm („Normalität") abweichen; die deswegen ungewöhnlich und manchmal kontraintuitiv erscheinen. Damit ist es möglich, systematisch und überlegt Perspektiven zu wechseln, mehr noch: vorhandene zu übertreffen, indem die logisch obere, hierarchisch bislang höchste Ebene *überstiegen* werden kann. Man erzeugt eine wiederum nächst höhere Ebene; diese Kette ist prinzipiell unendlich. Bei zahlreichen Gegenwartsfragen reicht es aus, die Sinndimension der Zeit ins Spiel zu bringen und mit ihr als ergänzende Ebene vorhandene, häufig aufs Sachliche beschränkte Problembeschreibungen zu „überhöhen" – denn zahlreiche Beobachtungen, auch in der Wissenschaft, sind bislang zeitlogisch unqualifiziert. Diese Denkbewegung ist maßgeblich für unsere zukunftsforscherische Argumentation insgesamt: Phänomene werden zeitlogisch „nachqualifiziert", was einem logischen Positionswechsel gleichkommt.

Ein weiterer Effekt dieser logischen Arbeit: Sie wirft ein genaueres Licht auf die *Ursachen* von Komplexität. Menschen sind verschieden (eben „Subjekte") und haben disparate Perspektiven. Sie beobachten damit von unterschiedlichen Standorten und Kontexten aus, stehen sozusagen in eigenen, von der geltenden universalistischen Logik aus betrachtet: in einem jeweils *ganz anderen* logischen Dreieck. Kennzeichen von Komplexität ist, *dass sich solche Verhältnisse gegenseitig überlappen und durchdringen*. Das Signum unserer Zeit, das Gefühl also, dass Komplexität beständig zunimmt, hat seine Ursache darin, dass *immer mehr logische Verhältnisse ineinandergeschoben werden*; im ökonomischen Bereich etwa durch die Globalisierung, steigende Mobilität, die zunehmende Bedeutung und Parallelisierung von realer Welt und virtuellen Welten sowie durch technologische Artefakte und Substitute (Digitalisierung). Ordnen lässt sich dieses gefühlte Chaos nicht mehr objektiv – dafür steht gerade der Begriff „Komplexität" –, wohl aber subjektiv: *aus dem jeweiligen Kontext („Dreieck") heraus*, also standpunktbezogen. Und zwar immer: grundsätzlich. Voraussetzung dafür ist aber dieser Standpunkt, das heißt die reflektierte, bewusste situative Verortung in einem partikularen Sinnkontext. Zukunftsforschung beurteilt ihre Fragen und Probleme genau so: situativ, partikular, strikt raum- und zeitbezogen, kontextualisiert. Folglich legt sie ein Wissenschaftsverständnis zugrunde, das auch auf diese Bereiche zugreift, sich auf sie bezieht; seine wichtigsten Implikationen stellen wir in diesem Buch vor. Hier zunächst als Zwischenergebnis ein Überblick über den zukunftsforscherischen Begriffskosmos, der sich aus unseren Unterscheidungen ergibt, und mit dem wir weiterarbeiten werden (Abb. 3.3).

	Sache (Bewertung des) Was?	Soziales (Bewertung des) Wer / mit wem?	Zeit (Bewertung des) Wann?	**Sinndimensionen**
Objektive Geltung *Fakten* (universalistisch)	• Wirklichkeit • Wahrheit, Gewissheit • Erkennen	• Wahrscheinlichkeit	• Sicherheit / Unsicherheit • Chancen und Risiken	
	Alle drei Dimensionen zusammen aus objektiver Sicht = komplex (nicht entscheidbar)			
Subjektive Geltung *Wille, Intentionales* (partikularistisch)	• Relevanz (Bedeutung, Wichtigkeit, Interesse) • Beobachten	• Möglichkeit	• Wünsche, Faszination, Sehnsucht / Angst, Ungewissheit • Glück und Gefahr	
Geltungs- anspruch	*Haltung allen drei Dimensionen gegenüber aus subjektiver Sicht: strategisch (entscheidbar)*			

Abb. 3.3 Zentrale Begriffe der Zukunftsforschung

Quellen und Wegbereiter zukunftsforscherischen Denkens
In der Kognitionsforschung existieren unterschiedliche Vorstellungsmodelle über Sinngenerierung und sogenannte „transklassische" Logiken; also Werkzeuge, mit denen man aus gegenwärtigem Denken „aussteigen" kann. In Sachen Sinn unterscheiden beispielsweise Hofstadter und Sander (2014) *Kategorisierung* von *Analogiebildung*. Während Kategorisierung weitgehend das bedeutet, was wir zuvor mit dem logischen Positionstausch beschrieben haben (eine stetige Vermehrung von Abstraktionsebenen), werden bei letzterer Beobachtungen aus einem bestimmten Kontext in einen anderen übertragen (die Idee einer Höherstufung des Tarifs bei ausgebuchtem Kontingent lässt sich von der Flugbranche auch auf die Hotelbranche übertragen, Modell easyHotel). Analogiebildungen halten Hofstadter und Sander für das „Herz des Denkens". Blumenberg (2007) wiederum nimmt den Weg über *Metaphern*; sie könnten an der Grenze zwischen Begrifflichem und Unbegrifflichem Neues oder Überraschendes in einem Bild zähmen. Die Kühnheit einer Metapher „domestiziere" das über die aktuelle Realität hinausweisende Riskante oder Zweideutige, sperre es in eine Art Gleichnis ein und mache es damit bewältigbar. Metaphern könnten als realitätsüberbietende Denkmittel, als Sprungbretter in neue Horizonte dienen.

Nahezu alle sinnanalytischen Vorschläge stehen in der Tradition der Husserl'schen Phänomenologie, speziell in der Linie von Schütz (1974), auf die auch wir uns beziehen. Insbesondere Luhmann (1987b) knüpft hier an. Darüber hinaus schlägt er auf logischer Ebene ein eigenes, elaboriertes Konzept für das Innere der logischen Dreiecke vor: Die Beteiligten agierten in ihren Sinnzusammenhängen strikt *selbstreferenziell*, woraus er sein Konzept der Autopoiesis entwickelt. Den anspruchsvollsten Vorschlag für eine transklassische, mehrwertige Logik unterbreitet Günther (1991), auf den sich Luhmann ebenfalls bezieht. Wir schließen mit unserer Darstellung lediglich ausschnitthaft an ihn an (so weit wie für zukunftsforscherische Zwecke erforderlich). Um die Durchschlagkraft und vor allem die Konsequenzen dieser Entwicklung aber zumindest anzudeuten, nutzen wir die moderne Naturwissenschaft in Form der Quantenphysik dazu, die Richtung aufzuzeigen, in die sich dieses Denken insgesamt bewegt – denn aus der modernen Physik kommen die empirischen *Belege* für die hier vorgestellte, bei Günther noch rein theoretische Konzeptbasis.

3.2   Komplementäre Probleme

Wie zu Beginn dieses Kapitels bereits angesprochen: Mit orakelnden oder anderen spekulativen Vorläufern hat Zukunftsforschung nichts zu tun. Im engeren Sinn „erfunden" hat sie das US-Militär. Wie sich die Entstehung genau vollzog, ist unklar; es wird vermutet, dass in Strategiedebatten mit Kommunikationsmethoden experimentiert wurde – aus der Situation heraus, ungesteuert, ohne Plan, „emergent". Ein früher Fokus war beispielsweise das sogenannte „Theatre of war": Man stellte sich einzelne Szenen innerhalb eines militärischen Konflikts vor, wie in einem Film oder Theaterstück, und versuchte herauszufinden, welcher Plot sich hinter den Szenen verbergen mochte, die gerade sichtbar waren, sowie hinter denen, die wahrscheinlich sichtbar werden würden oder könnten, oder die man sich bereits vorstellen konnte. Auf diese Weise wurden strategische Linien identifiziert – rein fiktional mittels eines Spiels mit Hypothesen: Vorschlägen über vermutete Sinnzuschreibungen, Interpretationszusammenhänge und Meinungen über Interessen beziehungsweise deren strategische Bedeutung. Mit anderen Worten: Man begann die Konsequenzen auszutesten, die sich aus einer präziseren Unterscheidung zwischen Wahrscheinlichkeit und bloßer Möglichkeit ergeben; zwischen Wahrheit beziehungsweise erkennbarer Gewissheit und einem bedeutenden, wichtigen Interesse, das aber nur für einen selbst wirklich und vorhanden ist; zwischen einer objektivierbaren Chancen-/Risikenbewertung und dem Faktor Glück, Zufall oder unerwartbaren Störereignissen, sogenannten „Wild Cards" (Steinmüller und Steinmüller 2003). Dabei kam eine Vielzahl möglicher, alternativer Handlungsstrategien heraus – allesamt logisch, gut begründbar und vor dem Hintergrund der Primärperspektive, vor dem sich die Strategie jeweils abhob, grundsätzlich plausibel. Die Einsicht: Allein auf der Ebene guter *sachlicher* Argumente ließ sich keine Strategieauswahl treffen.

Experimentelles Spiel mit fiktiven Szenen:
Beispiel für Zusammenhänge mit quantentheoretischem Denken
Anlass für diese Strategiespiele waren die Herausforderungen durch den Sowjet-Block; dessen mögliche Planungen, und welche Alternativen den USA als Reaktion darauf zur Verfügung stünden. Angeblich soll der Drehbuchautor Leo Rosten einer Gruppe von Physikern, die sich mit alternativen Verhaltensmodellen von Satelliten beschäftigten, den Szenariobegriff empfohlen haben („You should call them scenarios. In the movies, a scenario is a detailed outline of a future movie", zitiert nach Kippenberger 1999, S. 7).

Was all das mit Quantenphysik zu tun haben soll, ist gewiss nicht selbsterklärend. Veranschaulichen lässt sich dies vorerst nur an Beispielen; diese durchziehen dieses dritte Kapitel. Allerdings: Viele quantentheoretische Zusammenhänge sind noch unerforscht. Die zukunftsforscherische Szenariotechnik etwa ist ein methodisches Brennglas „komplementären" Denkens, wie es die Quantenmechanik, ein zentraler Theoriestrang der Quantenphysik, entwickelt hat. Bei quantenmechanischen Experimenten gibt es das Phänomen der Überlagerung von Zuständen, die nach konventioneller Logik nicht zusammengedacht werden können. Dieses Phänomen heißt „Komplementarität". In *theoretischer* Perspektive ist damit die merkwürdige Rolle des Beobachters gemeint, der durch seine Beobachtung quasi ins experimentelle Geschehen eingreift und das Ergebnis mit produziert: Es gibt kein beobachterunabhängiges Experiment. Würde das Experiment nicht beobachtet, würden sich viele mögliche Zustände „überlagern" und wären zu einem definierten genauen Zeitpunkt X nicht unterscheidbar. Aufgrund dieses Überlagerungsproblems kann der Beobachter im Experiment gemäß Quantenmechanik zwar prinzipiell alles messen, was ihn interessiert, aber er muss sich in jedem Experiment entscheiden, was er jeweils messen will: Was ist der gerade interessierende *Sinn* dieses Experiments? Alles messen kann er nicht – dann würden die Ergebnisse „unscharf". Diese „Unschärferelation" war die Entdeckung von Werner Heisenberg: Der Beobachter muss zwingend eine subjektive Blickrichtung, ein Erkenntnisinteresse aktiv setzen, um seine Ergebnisse wieder präzise – dann auch reliabel und valide – zu gestalten.

In *praktischer* Perspektive ist damit der „Übergang" zwischen quantenmechanischem und makroskopischem Modell angesprochen, für den es bisher keine befriedigende Erklärung gibt, dafür reichlich Spekulation. Dass der Beobachter in der Quantenmechanik beim Experiment den entscheidenden Unterschied macht, ist interessant, aber dunkel; ein weites, unerschlossenes Feld. Die Zukunftsforschung macht es sich jedenfalls zunutze. Was die Komplementarität betrifft: Die sich überlagernden Zustände innerhalb des Quantenuniversums führen dazu, dass sogar in stark eingegrenzten Bereichen die Beschreibung eines Systems *in einem einzigen Bild* unmöglich ist. Wie der Physiker Max Born formuliert, gibt es „komplementäre Bilder, die *nicht zugleich* angewandt werden können, einander aber trotzdem nicht widersprechen und *die das Ganze nur zusammen ausschöpfen*" (Born 1986, S. 95, unsere Hervorh.).

Hier geht es (allerdings verdeckt) um ein Paradoxieproblem, das sich mittels Zeit lösen lässt. Zeit ist in der Quantenphysik vergleichbar mit einer Funktion: Man kann sie strategisch nutzen. Menschen existieren nicht einfach nur „in" ihr, sondern auch „durch" sie oder „mit" ihr, was bedeutet, dass wir sie in gewisser Hinsicht für unsere Zwecke verwenden können. Der Begriff der Komplementarität bezeichnet, analytisch betrachtet, eine logische Spaltung in eine *sachliche* Sinndimension, auf der verschiedene Sachverhalte oder Inhalte „nicht zugleich" angewandt werden können (etwas kann nicht zugleich sein und nicht sein: Satz vom Widerspruch). Soll heißen, hier würde es paradox, wollte man mehrere Bilder parallelschalten und zum gleichen Zeitpunkt betrachten. Die zweite Ebene ist eine *zeitliche* Sinndimension (Kriterium Zukunft), in der „das Ganze nur zusammen ausgeschöpft werden kann" – dabei können aber wiederum keine „Inhalte" thematisiert werden, sondern nur logische Stellen oder semantisch leere Werte. Hier „fehlt" also die Sache, sonst würde das Parallelschalten nicht funktionieren.

Nun kommt der Beobachter ins Spiel. An die Stelle von Inhalten oder Sachen – genauer: um paradoxe, sich gegenseitig ausschließende Dinge verschiedener logischer Ebenen in einer einzigen Perspektive überhaupt bündeln und *als* sinnhaft wahrnehmen zu können – tritt der *subjektive* Sinn, unter dessen Dach sich alle disparaten Sachverhalte logisch problemlos versammeln können. Das Subjekt (der Beobachter) legt in der jeweiligen Problem- oder Entscheidungssituation das logische Scharnier eigenmächtig fest („Was will ich hier messen?" – übertragen auf makroskopische Belange: „Wo will ich hin?"). Dass sich die einzelnen Sachverhalte auf *anderen* Sinnebenen, nämlich in der Sinndimension von Sache und Sozialem, widersprechen würden, hat auf der Ebene subjektiven Sinns – hier zählt maßgeblich die Sinndimension Zeit – keinerlei Bedeutung. *Nur für die Sinndimension der Zeit* gilt daher: Auf ihr stehen sämtliche Inhalte beispielsweise aus der Sachdimension gleichberechtigt nebeneinander und sind alle gleichzeitig „wahr", ohne dass dies ein praktisches Problem darstellte (es ist nur ein theoretisches). Diese Inhalte sind, wollte man sie einzeln messen, ihrer Sache nach jeweils unscharf, lassen sich jedoch „in Bezug auf etwas" perspektivisch bündeln.

Verkürzt könnte man also sagen: Zeit löst hier ein sachliches Problem. Das sachliche Problem, für sich betrachtet paradox, wird in der Zeit „nach vorne" verschoben und dadurch bearbeitbar. Die Szenariotechnik operationalisiert exakt diesen Mechanismus. Sie „dealt" mit genau dieser Spaltung von Sachlichem, Sozialem und Zeit: Sie macht Letztere zu einem Instrument und gewährleistet Menschen so eine praktische Behandlung von eigentlich paradoxen Sachverhalten. Man kann Zukunftsforschung auch als systematischen Versuch lesen, mit Blick auf eine bestimmte Frage oder ein Problem perspektivisch Komplementarität zu erzeugen. Zwar lassen sich nie alle Szenarien sachlich zugleich betrachten – denn entweder denkt man sich in Szenario A, B oder C hinein, aber nicht in alle zugleich. Die letztendliche Entscheidung jedoch, um deren willen man den Szenarioprozess überhaupt in Angriff nimmt (eine Entscheidungs- oder Planungsfrage), kommt zustande durch ein Urteil grundsätzlich mit Blick auf *alle* betrachteten Szenarien – gebündelt auf einen fiktiven Punkt in der Zeit, durch eine Bewertung am Kriterium von Zukunft: an dem, wo man hin will. Was zählt, ist die spezifische *Erwartung*, die jeweils bearbeitet wird; und die ist subjektiv.

Dieses Vorgehen ist also nur scheinbar paradox: Denn zwar gilt normalerweise, dass ein formales Simultanschalten von unvereinbaren, in Alternativen aufgespaltenen Phänomenen und Inhalten („Semantik") Menschen psychisch überfordert – dann würden sie verrückt, „schizophren". Wie man im Szenarioprozess sieht, können Menschen das aber sehr wohl, nämlich zeitlogisch: Denn eine Entscheidung auf Basis einer *in die Zeit verschobenen* Gesamtbetrachtung von Sachverhalt-Bündeln (Szenarien), die direkt gar nicht miteinander vergleichbar wären, kann problemlos getroffen werden. Als „schizophren" würde sie nur erscheinen, wenn man den Denkfehler beginge, sachliche Alternativen grundsätzlich und prinzipiell in nur einer Zeitform, etwa der Gegenwart, zusammendenken zu müssen. Das können wir natürlich nicht – müssen es aber auch gar nicht. Dafür können wir Zeit anders binden: sachliche Alternativen temporalisieren, in verschiedenen Zeitsequenzen anschauen und bewerten und auf diese Weise sozusagen „Äpfel mit Birnen vergleichen". Man untersucht dafür zunächst auf der Ebene der sachlichen und sozialen Sinndimension die „inhaltliche" Problematik (Trends, Einflussfaktoren, Cross-Impact-Analysen und so weiter), und verschiebt danach in der letztendlichen Entscheidungssituation die Ergebnisse in der Zeit „nach vorn". Diese logische

Abb. 3.4 Leben in komplementären Verhältnissen: Alltag
in der „Quantenwelt". (Quelle:
Physics World 2013)

Stufung wird reibungslos bewältigt und bereitet keinerlei Schwierigkeiten – man wechselt einfach
die Ebene.

Das zu schaffen ist wahrhaft komplex: hohe Geisteskunst. Die kognitive Fähigkeit, mit Sinnebenen bewusst, das heißt kontrolliert spielen, sie wechseln und strategisch einsetzen zu können,
gehört zur Metakognition. Sie ist das logisch-analytische Herzstück von Zukunftsforschung. Menschen praktizieren damit eine Form von Denken, die wir uns selbst noch nicht hinreichend erklären
können. Bis heute weiß niemand, was dabei kognitiv genau passiert (was zu zahlreichen Ironisie-
rungen veranlasst, vgl. Abb. 3.4) – aber es funktioniert!

3.3   Komplexes Denken

Komplexität liegt im Trend, seit Jahren. Viel mehr als eine Problemannonce ist sie bis
heute allerdings nicht: Pseudo-Lösung für das berühmte Einstein-Zitat, dass wir Probleme
nicht mit denselben Denkweisen lösen können, durch die sie entstanden sind. Wenn man
neue Denkweisen für die alten Probleme noch nicht kennt, bleibt die Sache eben komplex.

Die Ursprünge zukunftsforscherischen Denkens hängen zusammen mit der Erkenntnis,
dass Zukunft „komplementär", also doppel- oder gar mehrsinnig erfasst werden müsse. Ir-
gendeine, auf den ersten Blick nicht durchschaubare, Form von Gleichzeitigkeit spielt hier
also eine besondere Rolle. Aus dieser Erkenntnis hat die Zukunftsforschung zwei Schlüsse gezogen, einen theoretischen und einen praktischen. Auf dem zweifellos abstrakten
und schwierigen, weil bisher im menschlich-praktischen Makrokosmos nicht befriedigend erklärbaren Umweg über die einzige Wissenschaft, die logisch in enger Beziehung zu
Zukunftsforschung steht, die moderne Physik, wird zunächst *theoretisch* klarer, was Komplexität bedeutet. Eine Aufklärung über das Phänomen der Komplexität ist von zentraler
Bedeutung, denn zum einen ist Zukunft *der* Inbegriff von Komplexität – praktisch ist beinahe alles möglich und Zusammenhänge zwischen noch gar nicht existierenden Faktoren
oder Ereignissen sind vollständig unklar. Und zum anderen ist im betriebswirtschaftlichen Managementdiskurs, in dem dieses Thema einen Hot Spot der Debatte darstellt, das
Grundproblem, das Komplexität aufgibt, bisher analytisch nicht gehoben. Im Kern geht

es dabei um nichts weiter als um Unübersichtlichkeit auf gleicher Ebene: A wirkt auf B, B auf A zurück, beide auf C, C wiederum auf beide zurück und so weiter. Je länger die Reihe, desto „komplexer". Mit dem zukunftsforscherischen Komplexitätsbegriff hat diese Vorstellung nur einen Teil gemein, und zwar den unwichtigeren. Zukunftsforschung muss diesen Begriff folglich anders fassen.

Die etablierte Story-Line ...
Unsere Metadisziplin ist aus paradoxen Grunderfahrungen der Quantenphysik erwachsen und versucht, aus deren Erkenntnissen *praxis*relevante Funken zu schlagen. Sie überträgt, anders formuliert, erste Einsichten der modernen Physik in die Sozialwissenschaften. Dies führt allerdings zu anderen Definitionsverfahren als in den übrigen (Geistes- und Sozial-) Wissenschaften. Die betriebswirtschaftliche Literatur beispielsweise enthält nahezu ausschließlich Definitionen, die sich beim Phänomen der Komplexität auf die Sinndimension der Sache beschränken; die sich an der Problematisierung von Anzahl und Verschiedenartigkeit der Faktoren abarbeiten. Diese Beschränkung – so viel sollte bisher klargeworden sein – ist für Zukunftsforschung unbrauchbar. Kennzeichen von Komplexität sei, dass die Anzahl der Verknüpfungsmöglichkeiten von Elementen in einem System nicht mehr überschaubar sei. Dass keine Kausalitätszusammenhänge zwischen ihnen erkennbar seien. Dass es zu Abhängigkeiten und Eskalationsschleifen von Feedbacks käme. Oder dass verschiedene Ursachen von Komplexität zu unterscheiden seien (etwa externe Komplexität in der Umwelt und interne Komplexität beim zwar organisierten, aber überforderten Beobachter, Weaver 1948; oder Detailkomplexität versus dynamische Komplexität, Senge 2008). Zusammengefasst: Es geht grundsätzlich um Anzahl, Art und Verschränkung der einzelnen Elemente. Diese Elemente entwickelten eine Eigendynamik, die der Beobachter nicht mehr sinnhaft deuten könne. Angeblich erfordere diese Situation deshalb mehr Wissen über kausale Zusammenhänge; oder die Fähigkeit, Muster zu erkennen; oder das Veranschlagen normativ-kultureller Wahrnehmungsmuster (die Wahrnehmung der spezifischen Kulturgemeinschaft soll helfen und orientieren, Boisot und Child 1999); oder einen „Selektionszwang" seitens des Akteurs, der sich für eine Teilmenge des Komplexen entscheiden müsse und damit eine selbst gesetzte, komplexitätsreduzierende Ordnung lege (Luhmann 1990, S. 366 ff. Überblick bei Schreyögg 2008, S. 258 f.).

Diesen Analysetyp führt die Mainstream-Zukunftsforschung des prognostischen Paradigmas bisher ungebrochen fort: Komplexität sei eine „Einheit vieler sehr verschiedener Dinge mit vielen sehr verschiedenen Interdependenzen". Komplexe Zusammenhänge seien „deshalb nicht vorhersehbar, da die möglichen Kombinationen der vielen Dinge mit vielen Interdependenzen das Vorstellungsvermögen übersteigen" (Gransche 2015, S. 378 f.). Ähnlich Koschnick, der eine Reihe von einschlägigen Kriterien listet, die alle auf der gleichen logischen Ebene nebeneinander angeordnet werden (agentenbasiert, nichtlinear, emergent, selbstorganisiert und so weiter; Koschnick 2012, S. 4–6); es gibt zahlreiche weitere Beispiele.

Wie geschrieben: Das fundamentale Problem, das eine wissenschaftlich kontrollierte Zukunftsforschung mit diesem Zugang hat, ist, dass die Definition sich ausschließlich und zentral auf die Sinndimension der Sache bezieht – aber nicht auch auf diejenige der Zeit. Der (für uns) entscheidende Teil fehlt. Komplexität hat, rein sachlogisch betrachtet, immer ein Paradoxieproblem; dies ist ihr zentrales Charakteristikum. In *komplexen* Zusammenhängen laufen Dinge parallel und ineinander, die sich auf vorkomplexem Niveau ausgeschlossen hätten, und das führt zu Widersprüchen. Genau das bezeichnet Komplexität. Denn ließe sich bei einem schwierigen Problem durch viel Mühe die Faktorenverwicklung doch noch widerspruchsfrei auflösen, handelte es sich um ein *kompliziertes* Problem, aber kein komplexes (hier käme es auch nicht zu Paradoxien).

Moralische Tiefebene von Komplexität

Literarisch steht für das Phänomen der Komplexität seit Jahrhunderten die Figur des Mephisto: Als „Teil von jener Kraft, die stets das Böse will und stets das Gute schafft". Die für Komplexität typische Paradoxie ist hier direkt angesprochen. Diese Figur lässt in seltener Klarheit durchscheinen, was der normative Hintergrund von Paradoxie (und in Folge auch von Komplexität) ist, der unserem historisch-kulturellen Verständnis dieses Phänomens innewohnt: Ein ursprünglich theologisches Motiv. Der alte Glaube, dass immer dann, wenn es paradox wird, das Böse seine Finger im Spiel habe. Der blinde Fleck der Analyse lautet also: Die Ursache des Paradoxen ist das Böse. Und wenn man einen Teil dieser Paradoxie wegnimmt (oder bekämpft: das Böse), wird die Paradoxie aufgelöst und man kann Komplexitätsprobleme lösen. Auf diesem ursprünglich *moralischen* Weg entstand der bis heute dominante Lösungsweg für Komplexitätsbewältigung: Man *reduziert* Komplexität und ändert sonst nichts, *und das reicht*. („Das Gute – dieser Satz steht fest – ist stets das Böse, das man lässt", Wilhelm Busch.)

Noch einmal hervorgehoben: Eine logische Konfusion *mehrerer* Sinndimensionen ist in der bisherigen Perspektive nicht vorgesehen. Mit der Präferenz für Reduktion lässt sich ungebrochen auch weiterhin auf den etablierten, dominanten Sinndimensionen von Sache und Sozialem verharren: Komplexität muss, soll und kann auf denselben Sinnebenen, auf denen sie entsteht, auch bewältigt werden. Zu diesem Zweck wird Komplexität einfach „weggekürzt", simplifiziert – allerdings mit unbefriedigenden Resultaten. Praktisch funktioniert das eben nur selten: Etwas Paradoxes kann man zwar „dezisionistisch" entscheiden, den Gordischen Knoten sozusagen durchschlagen, aber auf gleicher Ebene nicht *auflösen*. Und was jeweils weggekürzt werden könnte oder sollte, ist oft nicht ersichtlich – dann kommt der Zufall ins Spiel. Aufgrund dieser unbefriedigenden, scheinbar unbewältigbaren Situation begännen angeblich neue Zeiten: An Komplexität müsse man sich gewöhnen. Man müsse sie aushalten: Komplex sei heute normal.

... versus Zukunftsforschung

Auf die Implikationen dieser (ursprünglich metaphysisch stabilisierten) Hilfskonstruktion können wir hier nicht eingehen; für die abendländische Kulturgeschichte waren sie durchschlagend. Der damit installierte blinde Fleck sorgt jedenfalls für eine praktisch unvermeidbar privilegierte Kritikform im Umgang mit Paradoxieproblemen: die Moral. Wird das Gelände unübersichtlich, naht die nächste Wertedebatte. Konzeptionell überzeugend ist das nicht. Luhmann beispielsweise hat immer wieder darauf hingewiesen, dass diese Argumentationsstrategie unbefriedigend ist und nur vorläufig sein kann. Auf ihrer Basis wurden bisher zwei Alternativvorschläge unterbreitet:

1. Komplexität rein formal – was vor allem bedeutet: nicht moralisch – zu reduzieren (funktionalistischer Vorschlag). Komplexität müsse, wie beschrieben, vom Status unübersichtlicher Diffusität auf einen Status *erträglicher,* das heißt gerade noch bearbeitbarer Komplexität heruntergebrochen werden (weglassen, verkleinern, vereinfachen – notwendige Selektion). Man simplifiziert also, weil man sonst nicht weitermachen kann (Selektions*zwang*); das ist Luhmanns Position.
2. Komplexität aus jeweils „subjektiver" Perspektive heraus in eine spezifische Form zu bringen. Dieser Strang ist für Zukunftsforschung attraktiver, weil über den Faktor Subjektivität die Sinndimension der Zeit angeschlossen werden kann. „Subjektiv" lässt sich interpretieren als „meine Perspektive in der Zeit", „meine Richtung", „meine Orientierung", „meine Intentionalität". Zudem wird nicht *um der Reduktion willen* verkleinert oder vereinfacht (es geht hier nicht um einen Notbehelf), sondern subjektiv interpretiert und *dadurch* reduziert. Die Selektion ist hier also lediglich *Nebenfolge* eines – primär bedeutsamen – *Willensaktes*: Das Dickicht der Komplexität durchforstet ein Beobachter mit Hilfe einer eigenen, subjektiven, „uniquen", für ihn sinnhaften Perspektive. Er nutzt seinen Standpunkt. Es geht also ausschließlich um ein *Sinnziel des Beobachters* (also um zeitlogisch bemessenen Sinn: „Da, wo ich hin will"). Diese Position entstammt der praxeologischen Tradition (unter anderem dem Pragmatismus); also kulturtheoretischen Positionen, die – statt Rationalitätsannahmen oder, wie Zukunftsforscher formulieren würden, sach- oder soziallogische Maßstäbe – den umfassenden, ganzheitlich verstandenen *Kontext* sozialen Handelns ins Zentrum ihres Konzepts stellen. Damit werden alle drei Sinndimensionen erfasst (Bogusz 2009; Elias et al. 2014; Schäfer 2016).

Zukunftsforschung steht für die zweite Option; die jedoch die erste lediglich präzisiert, erweitert und ausdifferenziert, indem sie einen Aspekt (das subjektive Element) ergänzt. Der dezidiert „subjektiven", interpretierenden Rolle eines Akteurs oder Zukunftsforschenden entspricht die Rolle des Beobachters im quantenphysikalischen Experiment: Legt er nicht vorher willentlich fest, was er herausfinden will und schlägt auf diese Weise einen *eigenen* Pfad durch das komplexe Gelände der zukünftigen beziehungsweise messbaren Möglichkeiten, erhält er keine „scharfen", brauchbaren Resultate. Es ist dieses hervorgehobene Detail, das den zukunftsforscherischen Komplexitätsbegriff sowohl vom sozialwissenschaftlich-betriebswirtschaftlichen Diskurs als auch von beiden bisherigen Alternativ-Traditionen zwar nicht trennt (an beide Letztere schließt er an), aber doch im definitorischen Profil beziehungsweise in der Schwerpunktsetzung unterscheidet.

Komplexität: Beispiel für Zusammenhänge mit quantentheoretischem Denken
Das „subjektive" oder „normative" Momentum, auf den die Zukunftsforschung zur Lösung von Komplexitätsproblemen setzt, wird verständlicher, wenn man sich das Ursprungskonzept aus der

theoretischen Physik ansieht, das sie entlehnt. Dabei geht es um die aktiv-gestaltende Rolle des Beobachtenden, der auf das Experiment durch die Beobachtung Einfluss nimmt; ob er will oder nicht.
Und wenn er diesen Effekt ohnehin nicht vermeiden kann, schlägt die Zukunftsforschung vor, dann
praktiziere der Beobachtende das doch willentlich-strategisch und kontrolliere seinen Einfluss – und
überträgt damit nur die Lektion der Quantenphysiker, vor jedem Experiment grundsätzlich festzulegen, was gemessen werden soll. Zukunftsforschung nimmt also die grundlegend veränderte *Rolle*
des Beobachters im Experiment auf und münzt sie sozialwissenschaftlich um in eine absichtlich-
bewusste, strategisch einsetzbare *Funktion*:

In gewissem Sinne könnte man die Quantenmechanik durchaus als eine vollkommen anschau-
liche Naturbeschreibung bezeichnen. Einziger Unterschied zur Frühmoderne: Quantenphysikalisch
hängt die Auswahl der jeweils anzuwendenden anschaulichen Beschreibungs*weise* von der experimentellen Anordnung ab, die getroffen wird – von der Situation. Denn die Beobachtung der
Ereignisse wird durch die Beobachtungsinstrumente sozusagen kontaminiert. Das ist der überraschende Befund quantenmechanischer Experimente. Das „Sehen" ist notwendig durch die Sinne
beziehungsweise ein Instrument vermittelt, und die zur Herstellung und Benutzung des Instruments
notwendigen Praktiken *bedeuten eine Veränderung der vorliegenden Bedingungen*. In objektiver
Weise ist hier „Sehen", ganz prinzipiell der „naive" Gebrauch unserer Sinne, nicht möglich.

Durch diese Nicht-Objektivierbarkeit auf mikrokosmischer Ebene wird die Frage nach der An-
schaulichkeit von Natur zweideutig: Natur ist zwar anschaulich, aber „die" Natur an sich gibt es
nicht. (Folglich gibt es auch kein „reines" Handeln ohne Relevanz des Kontextes.) Die nach wie vor
„klassischen" Bestimmungsstücke haben keine objektive Bedeutung *über das jeweils im Experiment
Gegebene hinaus;* jenseits ihres Kontextes. Sie sind keine Puzzle-Teile „der" Natur, sondern vollständig partikular und gebunden an Experiment und Beobachtungsweise. Erschwerend kommt noch
hinzu: Verschiedene Beobachtungen führen in der Quantenmechanik auf unterschiedliche Modelle
derselben Sache, *die einander logisch widersprechen.* Genauer gesagt, führen sie auf zwei Modelle –
und diese Modelle sind nicht aus einer größeren Anzahl gleichwertiger Möglichkeiten herausgegrif-
fen (liegen also nicht auf einer Ebene); sie liegen vielmehr auf völlig unterschiedlichen Ebenen und
bilden eine vollständige sogenannte „Disjunktion":

Das erste Modell: Wenn sich eine physikalische Realität an einem bestimmten Ort befindet, soll
heißen: dass sie sich also nicht zugleich an einem anderen Ort befinden kann, so nennen wir sie
„Teilchen" – soweit die bekannte, klassische Physik. Das zweite Modell: Wenn dies nicht gilt, also
eine physikalische Realität sowohl an einem bestimmten Ort als auch an einem anderen messbar ist,
heißt sie „Feld" oder „Welle" – ein absichtlich unscharfer Terminus. Elementare Dualismus-Expe-
rimente weisen genau diese *einander gegenseitig ausschließenden Eigenschaften* der Lokalisierung
und der Interferenzfähigkeit auf: Zu einem präzisen Zeitpunkt ist eine Welle oder ein Feld mit einer
bestimmten Wahrscheinlich sowohl an Ort A als auch an Ort B messbar. Das ist, am konventionellen
Verständnis bemessen, un-logisch und paradox – man könnte aber auch sagen: poly-logisch. Hier
sind mehrere Ebenen im Spiel; *je nach Perspektive* wechseln sie. Zwingt man sie „objektiv" unter
eine zusammen, anstatt dieser Mehrdimensionalität „subjektiv" Rechnung zu tragen (Rolle des Beobachters), ist das Messergebnis unscharf, widersprüchlich und nicht deutbar. Verkürzt: Nur *eine*
Analyseebene zu nutzen ist „falsch".

Die Quantenmechanik löst sich in ihren Erklärungsmodellen also im Grunde nicht von den
klassischen Gesetzen der Physik. Wir können jedoch mit ihr die Anschauungsbruchstücke, welche die Erfahrung liefert (unterschiedliche Modelle von dem, was wir „sehen"; etwa „Teilchen"
oder „Feld") *nicht mehr zu einem einheitlichen Modell einer anschaulichen Natur zusammensetzen.*
Das ist der Unterschied. Man muss sich entscheiden, was man herausfinden will – alles zusammen zu erfassen geht nicht; hier liegt „der Kernpunkt der Quantenmechanik [...]: dass die Art
unserer Naturbeschreibung vom Beobachterstandpunkt abhängt" (Weizsäcker 1992, S. 836). Indi-
vidualpsychologisch betrachtet und in den menschlichen Makrokosmos übertragen, ist genau dieses

Unbehagen einer von innen heraus erodierenden Objektivität – „was ist hier eigentlich wirklich Sache?" – der *mentale Kern von Komplexität*. Etwas franst logisch aus; man verliert den Überblick, und dann die Orientierung, alles wirkt chaotisch, die Welt wird unverständlich. Komplexität zerstört *gewohnten* Sinn – aber eben nicht Sinn schlechthin! Erst die Experimente im Mikrokosmos haben jedoch dafür etwas empirisch Validierbares geliefert: Anschauungsmaterial dafür, dass hier *mehrere* Ebenen im Spiel sind. Im menschlichen Makrokosmos ist uns diese Ebenenkonfusion beziehungsweise der intrinsische Zusammenhang von Perspektive und Sinnbeilegung *nicht bewusst* (blinder Fleck). Und hier ist sie klassisch-empirisch natürlich auch nicht erforschbar und nachweisbar – denn als Sozialwissenschaftler forschen *wir* im Makrokosmos. Was aber eben nicht bedeutet, dass diese Ebenenkonfusion für uns nicht existierte oder uns praktisch keine Probleme bereitete! Ganz offensichtlich schlägt dieses Phänomen „durch", bloß bleibt der Zusammenhang vorerst dunkel.

Komplexe Verhältnisse sind nicht entparadoxierbar, nicht bearbeitbar, *solange man nicht zulässt, die Perspektive zu wechseln* – weg von objektivierender Normierung. Auf gleicher Ebene der Paradoxie gibt es keine logische Lösung; und wenn diese Erscheinungen zunehmen, wird die Welt überbordend unübersichtlich und für uns letztlich bedrohlich. Als sinnabhängige Wesen fühlen wir uns in einer solchen Welt nicht mehr beheimatet. Diese Zusammenhänge bilden das Kern-Arbeitsgebiet von Zukunftsforschung; sie versucht, solche Korrelationen transparent und wieder praktisch-konstruktiv nutzbar zu machen. Dabei konzentriert sie sich grundsätzlich an der zeitlogischen, letztlich radikal subjektiven Sinnfrage: „what is at stake, here and now?". Nur unter diesem perspektivischen Dach, das die Zeitdimension zwingend berücksichtigt, kann sie die vielen sich teilweise ausschließenden, paradoxen, „disjunkten" Einzelperspektiven (zum Beispiel Szenarien) zusammenbinden und entparadoxieren. Widersprüche auf der *sachlichen* Sinnebene aber bleiben (es können in Zukunft nicht Szenario A und Szenario B zugleich eintreten). Szenario A entspräche zum Beispiel einem Teilchen, Szenario B einer Welle. Sie bilden eine vollständige „Disjunktion", liegen sachlich auf verschiedenen Ebenen. Gemäß quantenmechanischem Exempel bedeutet das praktisch aber kein Problem – man muss nur definieren, in welcher Perspektive, in welchem subjektiven Sinnkorridor man sie beobachten will: Man muss sich vorher *entscheiden*. Zunächst muss die Beobachtungs*weise* ge-klärt sein, lehrt die Physik, dann kann man auch er-klären. Hier wurzelt der zukunftsforscherisch so bedeutsame „subjektive Faktor", der überhaupt erst Präferenz-Optionen erkennbar werden lässt: Aus fünf Szenarien, dies wird dann klar, wären beispielsweise Szenario B und D mit dem subjektiven Richtungsziel kompatibel. Erst der subjektive Sinnentwurf ermöglicht Präferenzbildung; nur damit „sieht man wieder etwas".

Die Beobachtungs*weise* gibt also den Ausschlag für Beobachtbar*keit* komplexer Dinge; diese Einsicht ist beispielsweise für das zukunftsforscherischen Empirieverständnisses grundlegend (Abschn. 4.2). Zukunftsforschung nimmt diese Einsicht generell zum zentralen Entscheidungskriterium für Zukunft. Die reflektierte Information über die subjektive Perspektive ist das Fundament einer jeden Analyse, wird in ihrer Bedeutung radikalisiert und als letzten Endes entscheidender Faktor bewertet. Subjektivität – Beobachtungsweise – ist letztlich auch ausschlaggebend für die Wahl des Referenzszenarios oder die situativ „richtige" Alternative (wählt man Szenario B oder D?) *für das, was jetzt zu tun ist* (und keine Form irgendeiner Objektivität aus der Umwelt: Niemand anderes als der Fragesteller kann das beantworten).

Zukunftsforscherische Methoden ermöglichen, das subjektive Feld der jeweils zur Verfügung stehenden Entscheidungslandschaft in einer spezifischen Situation systematisch abzuschreiten und zeitlogisch gemäß eigener Absicht so zu binden, dass aus Subjektivität keine Wunsch-Welt wird. Denn diese Operationen müssen kognitiv kontrolliert werden, damit sie nicht logisch entgleiten. Was dabei herauskommt, ist durchaus in gewisser Hinsicht „objektiviert" – aber eben nicht im Sinne einer subjekt*losen* „Objektivität": Eine solche gibt es nicht. Zukunftsforschung zieht harte Mauern ein zwischen selbstbezüglichen, gleichwohl reflektierten und um Selbstaufklärung bemühten Fiktionen einerseits und *Beliebigkeit* in Bezug auf subjektive Fiktionen andererseits – das ist ihr Wirkungsfeld.

Sie scheidet praktikable Handlungsimpulse von imaginativem *l'art pour l'art*. Fiktionen können das Sprungbrett sein sowohl in real mögliche „Welten, die nie zuvor ein Mensch gesehen hat" – oder in Halluzinationen. Zukunftsforschung hilft, aus subjektivem Sinn (Information) das herauszupräparieren, das uns weiterbringen kann; daraus eine zur gegenwärtigen Situation *passfähige* und in diesem Sinne *logisch-vernünftige*, kognitiv überprüfbare Zukunftswelt zu machen. Sie sichert zeitlogische Anschlussfähigkeit. (Früher galt: Wer Visionen hat, muss zum Arzt. Heute gilt: So jemand schafft mitunter neue Märkte und erobert die Welt.)

Nochmals wiederholt: Auch Zukunftsforschung reduziert mit ihrem Vorgehen letztlich Komplexität – allerdings auf einem Seitenpfad, und im Unterschied zur funktionalistischen Vorgehensweise auf eine spezielle „normative" Art. Sie legt zeitlogisch fest, auf *welche Weise* zu reduzieren ist (qua subjektiv präferierter Zukunftserwartung, quasi „von vorne"), und *dadurch* erfolgt die Reduktion. Hier wird also nichts weggekürzt, nichts auf sachlogischer Ebene vermindert (Inhalte, Themen, Dinge). Vielmehr gewährt die subjektive Sicht der Dinge – die Perspektive des Fragestellers etwa im Szenarioprozess, seine zeitliche Problemstellung – dasjenige logische Sprungbrett, von dem aus Paradoxien auf der Sachebene von Sinn *überstiegen* werden können. Die Präferenz einer Erwartung ist notwendige Bedingung für diese kognitive Operation. Denn auflösen lassen sich Paradoxien grundsätzlich nur dann, wenn man sich sinnhaft auf eine höhere Ebene begeben kann; das ist die differentia specifica zum funktionalistischen Vorschlag.

Wird von der Sinndimension der Sache auf diejenige der Zeit *gewechselt* – das Geschäft von Zukunftsforschung –, ist man nicht mehr gezwungen, Paradoxien zu bearbeiten. Man muss sie auch nicht „aushalten", mit ihnen leben oder sich daran gewöhnen, wie es im zeitgenössischen Managementdiskurs heißt; man kann sie zu Entscheidungszwecken schlicht ignorieren. *Um sie geht es letztlich gar nicht* – und damit rein praktisch gesehen auch nicht mehr ums Weglassen von allerlei Überflüssigem (im Wirtschaftsunternehmen etwa von Bonussystemen, Budgeting, strategischer Planung und so weiter), sondern um die Arbeit an einer präzise bestimmten Zentralperspektive: In welchem Zukunftskorridor wollen *wir* hier die Dinge sehen? Hier liegt das maßgebliche Investment in Sachen Reflexionsarbeit und kreativer Vorgriffe.

(Veranschaulichen lässt sich dieser Ebenen-Unterschied zwischen Sache und Zeit im Alltag, also im Handlungs-Makrokosmos der Menschen, nur schwer. Abb. 3.5 zeigt eine Ironisierung dieser Schwelle: Gefragt wird zeitlogisch, geantwortet wird sachlogisch. Der Bruch – ein *poly*logisches Missverständnis – erscheint komisch.)

Das Phänomen Komplexität muss in seiner Beschreibung für zukunftsforscherische Zwecke somit umdefiniert und erweitert werden: Weg von allerlei eigendynamischen und kausallogisch undurchschaubaren Faktoren, alle nach Art einer Perlenkette auf einer einzigen logischen Ebene nebeneinander aufgereiht und ineinander verwickelt – hin zu einem Konzept, in das der *Beobachter* Einzug hält und erst *dadurch* Stufungen eingeführt werden können: Der „subjektive Faktor", der auf der Penrose-Treppe ein neues Niveau erzielt, sodass die Sinndimension von Sache und Sozialem übersprungen wird; der also im paradoxen Geschehen Sinn anders zuschreiben und damit vormals paradoxe Sachverhalte unter neuem – *zeitlich-antezipativen* – Dach bündeln, und erst damit auch wieder entschei-

Abb. 3.5 Komischer Ebe-
nenbruch zwischen Zeit- und
Sachlogik. (Quelle: Zeitungs-
ausschnitt aus den 1980er-
Jahren)

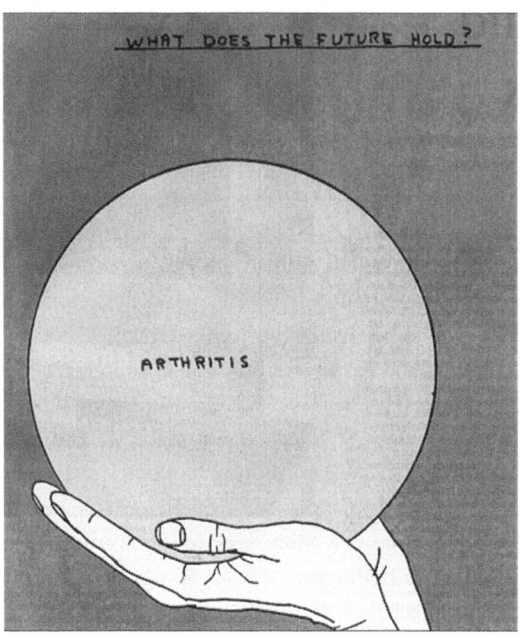

dungsfähig machen kann. (Während der letzten zwei Jahrtausende gebührte das allein (!) –
zeitweilig trotzig verteidigt – einer die Wahrheit objektiv erkennenden Wissenschaft, die
sich als säkularer Nachfahre beziehungsweise „Spiegel" von Gott und seiner Natur verstand.)

Der Wechsel von Sache zu Zeit entpuppt sich damit als eine *nachmetaphysische Entscheidungstechnik*. Sie macht Komplexität operationalisierbar und entscheidbar, indem sie
die Entscheidung, *welche* Sinnebene die ausschlaggebende sein soll, freigibt und reflektiert. Der Mensch kommt damit erstmalig in eine gottähnliche Situation: über Sinn entscheiden zu müssen. Diese quasi ontologische Entscheidung wird methodisch erzwungen.
Das Gebot heißt: Sinnreflexion „muss", nicht „kann" (andernfalls wird Zukunftsforschung
tatsächlich zu Astrologie 2.0). Sinn läuft nicht mehr automatisch und unbeobachtet mit:
Genau das gilt es zu verhindern, indem sämtliche kulturhistorischen Wächterfunktionen,
welche die forscherische Beobachtung vormals *wahrheitsorientiert* auf den Sinnebenen
von Sache und Soziales festhielten, außer Kraft gesetzt werden (Religion, Moral und
Wissenschaft im klassisch-objektivierenden Verständnis). Was dazu nötig wird, ist, „Inhalte" zugunsten von Zeit zu neutralisieren und damit Zukunft zu benutzen: „Wo ich hin
will", „was ich erreichen will", „warum ich das hier mache", „was unsere Vision ist". Zukunft wird zu einem praktischen Instrument, das gedankliche Sprünge über die jeweilige
Semantik hinweg „nach vorn" erlaubt: auf der Penrose-Treppe weiterzuklettern. Die kognitive Kompetenz, Sinnebenen voneinander trennen zu können, ist der „heiße Kern" von
Zukunftsforschung. Anders formuliert, sie beginnt mit einer Wissenschaft, die in der Lage
ist, Zeit zu beherrschen.

▶ Alles das, was für die Sinngebung des Menschen in Bezug auf die gesamten Möglichkeiten seines Erwartens potenziell bedeutsam sein kann, soll „Komplexität" heißen. Die Reichweite dieses Erwartungshorizontes ist expansiv und unendlich (verändert und erweitert nach Luhmann 1987a, S. 6).

Diese Bestimmung ist strikt praxeologisch gemeint – auf Zwecke menschlichen Handelns ausgerichtet – und dreht sich ums *Verstehen*. Im Detail bedeutet sie:

- Die gesamten Möglichkeiten menschlichen Erlebens, Handelns und Wollens bezeichnen unseren *Erwartungshorizont*: Alles das, was prinzipiell erwartbar ist (inklusive des „Beinahe-Unvorstellbaren" wie das Reich Gottes, die Apokalypse oder eine Invasion Außerirdischer). Derartiges strahlt aus, um was es hier geht: Nicht um die Sinndimensionen Sache und Soziales. Denn das, was Menschen sich ausmalen, ist mitunter hochgradig paradox, unwahrscheinlich, geradezu verrückt. Der Begriff der Erwartung ist daher eine zukunftsforscherische „Kategorie" (soll heißen, ein Zentralbegriff), der in der Sinndimension der *Zeit* verankert ist. (Literatur und Kunst, religiöse Hoffnungen und Utopien sind Extrembeispiele der fiktionalen, imaginativen Möglichkeitsbestände, die Menschen offenstehen. Für eine Sinnzuschreibung ist auf diesen Ebenen daher potenziell alles „wahr", „richtig", „objektiv". Hoffen und erwarten können Menschen im Grunde alles.)
- Die eigentümliche Normativität von Zukunftsforschung führt dazu, Sinn – als anthropologische Kategorie – auf der zeitlichen Ebene zu platzieren. Menschen definieren Sinn nie (!) rein sachlich (ein gläubiger Mensch hat immer auch ein temporales „Konzept", mit dem er seine Lebenszeit sinnhaft deutet; und bisher hat noch niemand religiöse Hoffnungsargumente, etwa auf ein ewiges Leben, „sachlich erklärt"). Erst die moderne Naturwissenschaft des 20. Jahrhunderts hat zweifelsfrei erwiesen, dass das, was Menschen Sinn nennen, konstitutiv mit Zeit zu tun hat – und zwar tiefgreifend. In dieser Prägnanz ist diese Erkenntnis neu; und es ist diese erst seitdem auch empirisch validierbare Deutlichkeit, welche die Zukunftsforschung dazu veranlasst, Sinn *zentral* auf der zeitlichen Ebene festzuschreiben. Das ist ihr normativer Anker – eine prämissenhafte Festlegung.
  Gemeint ist hier übrigens nicht, dass sich mit der modernen Naturwissenschaft „realiter" etwas verändert hätte – geändert hat sich seit der quantentheoretischen Revolution ausschließlich unsere Wahrnehmung. Genauer: Sie hat sich *erweitert*. Denn in der abendländischen Kulturgeschichte schwangen zeitliche Aspekte in Sinnkonstruktionen zwar immer mit, *aber im Kern ging es zumeist um die Sache* („Was-Fragen").
- Komplexität selbst ist also eine Problemformel. Sie bezeichnet eine *gedanklich unbewältigte* (unverständliche) *Koinzidenz von qualitativ verschiedenen, disparaten Sinnkontexten*: Auf den Sinndimensionen von Sache und Sozialem ereignet sich eine Explosion von Möglichkeiten, die für Beobachter nicht mehr sinnhaft zu bündeln ist; und diese prallt auf eine Sinndimension der Zeit, die noch nicht bestimmt ist. Beides zusammen (!) erzeugt Fragen – genau dafür steht Komplexität. Weder ist kausallogisch

die Situation plausibel, noch ist die Stelle der Antezipation besetzt („Wohin soll das
führen?"). Komplex ist eine Situation also dann, wenn (a) sozusagen die „quantitative"
Sinnschwelle von Vielheit überschritten ist (die Explosion der Variablen ist nicht mehr
verstehbar), und (b) noch niemand definiert hat, wohin sie willentlich aufgelöst werden soll. Der Sog aus der Zukunft, der die komplexen Dinge nach vorne hin bündeln
könnte und *erst damit* be-handelbar machte, ist noch nicht definiert (denn dann wäre
ein Handeln im Sinne des „Als-ob-es-schon-real-wäre" möglich: Man hätte eine An-
schlussmöglichkeit gefunden – und zwar auch, wenn diese rein fiktiv wäre, und könnte
weitermachen).

- Dass die Reichweite, in der Menschen für sich Sinn identifizieren können, „expansiv"
  und „unendlich" ist, bedeutet, dass wir den Horizont, in dem für uns potenziell Sinn
  auffindbar ist, grenzenlos ausdehnen können. Natürlich wird unser Sinnhorizont zunächst durch Kultur (Werte), Geschichte und Gesellschaft beschränkt. Hätten wir dazu
  aber Alternativen, die wir – aus welchen Gründen auch immer – „gut" fänden, könnten
  wir auch diese Optionen nutzen. Wenn also künftig Menschen zum Mars fliegen und
  anfangen, dort eine Zivilisation aufzubauen, ist die Wahrscheinlichkeit hoch, dass sich
  unsere Sinnhorizonte gravierend verschieben. Rein technologisch gab es diese Möglichkeit bis vor Kurzem noch nicht – deshalb erscheint der Gedanke vorerst kurios,
  aber wir werden uns an ihn gewöhnen. Diese reflexive Erweiterungsbewegung ist exponentiell: Wir werden das *lernen* und uns darin professionalisieren. Mit der Zeit wird
  uns die Expansion unserer Sinnhorizonte leichter fallen. Wir werden sogar lernen, willentlich Sinn zu konstruieren, *diese eigenmächtigen Konstruktionen ernst zu nehmen*
  und unser langfristiges Handeln an ihnen auszurichten. Dieses exzeptionelle Spiel bildet den Kern kalifornischen Denkens; er entstammt einem eigenwilligen Umgang mit
  Zeit und Zukunft, der ohne Beispiel ist.

Zusammengefasst

Menschen können mit Zeit instrumentell umgehen – das ist der *theoretisch-konzeptionelle*
Dreh- und Angelpunkt zukunftsforscherischen Denkens. Der Begriff der Komplexität illustriert das. Sämtliche für Zukunftsforschung zentralen Begriffe, ihre Kategorien, fußen
auf sinnbezogener Differenzierungsarbeit: Sie sondern die einschlägigen Ebenen analytisch voneinander ab, um mit Hilfe des (vorläufig) höchsten Sinnniveaus – der Ebene der
Zeit – einen Entscheidungsmaßstab für praktisches Handeln zu identifizieren, der allein
auf den „unteren" Niveaus der Dimensionen von Sache und Sozialem nicht mehr zu haben
ist. Probleme der Komplexität vereiteln immer häufiger, dass derjenige Lösungsweg noch
eingeschlagen werden kann, den wir in unserer bisherigen Geistesgeschichte ausschließlich gegangen sind: Den Weg über „Wahrheit" und „objektives" Erkennen (Sinndimensionen von Sache und Sozialem). Hier standen grundsätzlich die alt vertrauten Ebenen
im Fokus: Unsere Kultur hat verinnerlicht, dass genau und *nur* hier Sinn liege; und die
Wissenschaft hatte dafür zu sorgen, dass das auch so bleibt. Dass wir angeblich nur dann,
wenn dieser Glaubenssatz geschützt wird, der „Wahrheit" näher kämen. Unter komplexen Bedingungen – empirisch erstmalig belegt durch die Quantenphysik – wird Wahrheit

jedoch, paradox formuliert, je „näher" man ihr kommt, desto *unschärfer*; Sozialwissen-schaftler formulieren lieber: ungewiss. Für diese Erfahrung steht der quantenphysikalische Epochenbruch. Das bedeutet, dass auf den traditionell präferierten Sinnebenen der Sinn-dimensionen von Sache und Sozialem *Sinn erodiert*. Folglich müssen wir ihn woanders verankern. Dieses Geschäft betreibt Zukunftsforschung. Sie begründet Sinn über Zeit.

Den „Clash of Cognition", den speziell der Begriff der Komplexität bezeichnet, lässt sich damit vereinfachen in:

$$[\text{Gefühltes Chaos}] + [\text{noch unklar, was wir damit machen}] = [\text{Komplexität}]$$
$$\quad\;\;\text{\footnotesize Sache, Soziales} \qquad\qquad\qquad\quad\text{\footnotesize Zeit}$$

Kernaussage: Wird der Zeitpol definiert, kann man Komplexität bearbeiten. Der Grund: Zeit liegt auf einer logisch anderen Ebene; man gewinnt einen Urteilsmaßstab. Die Pointe dieses zukunftsforscherischen Definitionsvorschlages liegt darin, *erst gar nicht zu versu-chen,* die Gleichung allein über den ersten Teil der linken Seite aufzulösen. Hier liegt die Abgrenzung zum wirtschaftswissenschaftlichem Management-Diskurs, denn genau das ist sein Königsweg (reduzieren – verkleinern – vereinfachen, mehr wissen, mehr Da-ten, bessere Algorithmen und anderes zu dem Zweck, die undurchschaubare Kausallogik zwischen den vielen Faktoren *doch* in den Griff zu bekommen). Das ist jedoch sinn-los – denn das Problem liegt gar nicht *allein* auf der Ebene sachlich-sozialen Sinns. (Wir werden zu Beginn des vierten Kapitels noch einen weiteren zum Scheitern verurteilten Versuch präsentieren, diese Gleichung allein über den *zweiten* Teil der linken Gleichungs-seite aufzulösen.) Der betriebswirtschaftliche Komplexitätsbegriff erweist sich somit als unterbestimmt: Er erfasst nicht das zentrale neuartige Logikproblem, das Komplexität dar-stellt, sondern verbleibt sozusagen auf den evidenteren, scheinbar handlungsnäheren, weil altbekannten, alltäglichen Ebenen des Sinns, die Wissenschaft bisher bearbeitet hat. Kom-plexität ist aber kein bloßes *Mehr* an Faktoren, Interdependenzen und Kombinationen in den Feldern Sache und Soziales. Erst wenn diese doppel- oder genauer: *vielfachlogische* Problematik erfasst ist – das polylogisch „Komplementäre" von sachlichem, sozialen und zeitlichen Sinn, das hier das Kernproblem darstellt –, kann man weiterdenken.

Die Kategorie der Komplexität steht für das Erfordernis eines neuen Niveaus der Be-wältigung praktischer Probleme; und zwar für eine *sinnlogische* Bewältigung, nur dass ihr Formalismus anders als gewohnt, nämlich multipel verstanden wird. In der Fachspra-che nennt sich das Phänomen, wie bereits beschrieben, Polylogik. Noch bis vor wenigen Jahren wurde beispielsweise zwischen „komplex" und „kompliziert" nicht unterschie-den (Kompliziertes findet grundsätzlich nur auf *einer* Sinnebene statt – es gibt keine Ebenenkonfusion). Auch von „Ungewissheit" war keine Rede; und Illustrationen des nie-derländischen Grafikers M. C. Escher galten über viele Jahre als verstiegen und esoterisch. Der Fakt, dass allmählich Begriffe „zweiter (oder höherer) logischer Ordnung" den Dis-kurs beeinflussen, ist ein Indikator dafür, dass sich etwas verändert hat. Details dieser Zusammenhänge sind zwar noch weitgehend unerforscht, aber in die Wissenschaftsspra-che kommt Bewegung – und Sprache leitet Denken.

3.4   Strategisches Handeln

Die theoretische Erkenntnis, Zukunft „komplementär", also doppel- oder polylogisch bearbeiten zu müssen, führt aber noch zu einer zweiten und ganz *praktischen* Erkenntnis
mit zwei wichtigen Konsequenzen. Hier berühren wir die genuin evolutionsbiologisch-
anthropologische Verankerung von Zukunftsforschung. Dabei geht es um die tatsächlich
revolutionäre Idee, *dass sich der Erwartungshorizont von Menschen strategisch verändern*
lässt (gemeint sind hier in erster Linie Kollektive). Dieser Gedanke ist noch am ehesten aus dem NLP (Neurolinguistisches Programmieren) vertraut; NLP praktiziert genau
das. Der Begriff der Erwartung markiert in der Zukunftsforschung, wie bereits anklang,
Sinn speziell auf der Ebene der Zeit; erst das qualifiziert ihn als eine disziplinäre Kategorie. Ereignisse, die wir vermuten, hoffen oder vermeiden wollen, präjudizieren den
gegenwärtigen Erwartungshorizont, der unser Handeln leitet. Menschen stehen immer in
einem zeitlich fixierten Richtungskorridor von Sinn („Erwartung"), den sie zusammensetzen aus (a) inneren mentalen Zuständen (die das bestimmen, was wir individuell, in einer
Gruppe oder Organisation wollen oder nicht) sowie (b) Informationen aus der Umwelt.
Was zukunftsforscherisches Denken ins Zentrum stellt und für was es öffentliche Aufmerksamkeit erhielt, ist weniger die *theoretische* Hintergrundproblematik einer komplex
gewordenen Sinnlogik. Dieses analytische Fundament von Zukunftsforschung macht die
Disziplin zwar erst verständlich, interessiert bis heute aber nur Fachkreise. Der zentrale
Effekt ist ein *praktischer* und liegt darin,

1. dass diese Balance aus Wollen und Umweltinformationen komplett subjektiv ist. Denn
   egal, welche Qualität beispielsweise die womöglich „objektiven", „wahren" und „richtigen" Informationen aus der Umwelt haben: Einzelmenschen und Gruppen setzen
   sie nach vollständig subjektiven, situations- und problemabhängigen Maßstäben innerhalb ihrer Sinngebung zusammen und für ihre Zwecke ein („Konstruktivismus").
   Auch ein quantitativ maximiertes und/oder best-objektiviertes Datenmaterial ändert
   daran nichts.

Dem etablierten Wissenschaftsverständnis nach ist diese Behauptung falsch, zumindest ungenau (ein „Selbstmissverständnis"): Denn Wissenschaft könnte, dieser alteuropäi-
schen Grundannahme zufolge, doch mit „guten Gründen" das, was „tatsächlich objektiv
wahr" ist, zumindest besser als andere herausfinden, etwa durch bestimmte Methoden oder
fortgeschrittene Technologie. Womöglich sind die Umweltinformationen zum gegebenen
Zeitpunkt schlicht unvollständig. Oder Wissenschaft könnte in „kontrafaktisch" gedachten
Kommunikationen (Habermas 1995), unter fiktiv unterstellten idealen, etwa herrschaftsfreien Bedingungen; oder auch hinter einem zu heuristischen Zwecken angenommenen
„Schleier des Nichtwissens" (Rawls 1979), diejenigen Kriterien *doch* noch herausfinden,
die uns leiten, das Richtige zu tun. Zumindest *hinter* dem Schleier offenbaren sich dann
die *inter*subjektiven, das heißt von allen geteilten, allen *aus Gewohnheit plausiblen* und
damit (!) objektivierbaren Geltungsansprüche, welche die Wahrheit inkarnieren, immer-

hin – weil und indem sie von Experten philosophisch herausdestilliert werden. *Vor* dem
Schleier könnten *wir* sie (wir sind keine solchen Experten) allerdings nicht sehen. „Vertraut uns", würde die Wissenschaft deshalb kommentieren. „Es gibt Gründe für unsere
lange akademische Ausbildung. Wahre Erkenntnis ist eine Frage von Geduld, Mühe und
Zeit. Wir sind zwar noch nicht dort, wo wir hin wollen (und womöglich kommen wir dort
auch nie an), aber wir sind doch so nahe dran wie nie zuvor!"

Das Problem an solchen Konstruktionen, an *klassischen* Gedankenexperimenten: Niemand durchschaut, was hinter den Schleiern passiert. *Wie* dort gedacht wird, bleibt unkontrolliert. In diesem Typus der Fiktionalität gibt es keine Metakognition; und das, was sich
in den akademischen Elfenbeintürmen seit mehr als zweitausend Jahren ereignet, sind im
Wesentlichen immer wieder neue, oftmals hoch kreative („Schleier" oder andere, entgegen der Realität fingierte) Wiederverzauberungsversuche einer Wissenschaft, die über ihr
Wissen Macht generiert und sichert. Das Argument „Wahrheit", die sie angeblich nicht
nur sucht, sondern auch findet, gilt und „sticht" bis heute.

Eine sich *praxeologisch* verstehende Wissenschaft vertritt demgegenüber einen anderen Standpunkt und beharrt darauf, dass es in diesen Zusammenhängen um eine –
praktisch betrachtet – nur äußerst schwache Objektivität gehen kann. Dass uns all die
kontrafaktischen Um- und Holzwege hin zu größerer Objektivität und universalistischer
Geltung nichts nützen, wurde den Militärs in ihren Strategiespielen schlagartig klar: Denn
je nach Perspektive (offensiv – defensiv, USA-Blick – Sowjet-Blick, geopolitisch – ökonomiestrategisch und anderes) kam eine ganz *unterschiedliche* Handlungsstrategie dabei
heraus. Von universalistisch identifizierbarer Wahrheit keine Spur. Die Hypothese seitdem: Für das, was jetzt zu tun ist, gibt es keine objektiv „wahre" Strategie. Und jede
Wissenschaft, die sich anmaßt, ausschließlich mit noch so guten *Sach*argumenten eine
solche Strategie zu verfolgen, ist prekär, dem Ideologieverdacht ausgesetzt und häufig
praktisch nutzlos. Die philosophischen Scholastizismen führen zwar zu *kreativen* Fortschritten, nicht aber automatisch auch zu praktisch *nützlichen*. Diese Diskurse bereichern
zwar unsere kulturelle Selbstbeschreibung, gefährden aber mitunter durch ihre mächtigen, objektivierend-vereinseitigenden Schemata sogar die Existenzgrundlage der Gruppe
(diese verwickelten Zusammenhänge beschreiben Anthropologen wie Jared M. Diamond
2011 in eindrucksvoller Weise).

Eine praktisch „gute" Strategie liegt allein im Auge des Betrachters; und der angeblich vielversprechende Umweg hinter die Schleier, um dort „kontrafaktisch" die richtige
Strategie zu erschließen, unabhängig von Raum und Zeit, ist ein gut getarntes Täuschungsmanöver. Auf diese Weise wird undurchschaubar Macht erzeugt und stabilisiert. Denn
dank kultureller Grundannahmen aus der Entstehungszeit des Abendlandes funktioniert
ihre Tarnung bis heute ungebrochen effektiv: Dass es „gute Gründe" *ausschließlich* auf
sach- oder soziallogischer Ebene von Sinn gebe. Nur hier, so die wiederkehrende Behauptung, ließe sich Wahrheit und Objektivität identifizieren; und nur daran hält sich auch
heute noch das, was wir gelernt haben, Wissenschaft zu nennen.

Zukunft hingegen ist nicht wahrheitsfähig. Sie ist jedoch, um einzigartig intensive Leidenschaft und ungeahnte Energien zu mobilisieren, extrem sinnfähig („Hoffnung"). Die gerade skizzierte Position ist aus zukunftsforscherischer Sicht daher nicht „falsch", aber formal unterbestimmt. Wichtiger noch: Sie ist *praktisch* unzureichend. Gute Gründe, ergänzt die Zukunftsforschung, sind auch zeitlich zu haben – also auf einer ganz anderen Ebene. Und auf diesem *„strategischen"* Plateau kann man logisch *untere* Ebenen beobachten und diese kontrollieren. Nur gibt es auf der keine Sachargumente im Sinne von „objektiv" oder „wahr" – nicht einmal in Bezug auf die Vergangenheit (wir können nie sicher sein, dass es so war), in Bezug auf die Zukunft ohnehin nicht. Die „guten Gründe" der Zukunftsforschung sind Gründe für oder gegen eine *Passung*: des Vorher zum Nachher. Diese Passung ist logisch präzise erfassbar, allerdings aufgrund ihrer Zeitlogik *niemals semantisch* – also in sachlicher oder sozialer Hinsicht – belegt. Wahrheit und Objektivität als Gütekriterien fallen damit aus, eben wie in der modernen Physik. Nur bedeutet das nicht, dass auch Logik und Wissenschaftlichkeit verabschiedet werden müssten – ebenfalls wie in der modernen Physik. Zukunftsforschung weist eine zeitliche *Anschlussfähigkeit* anstatt einer sachlich-sozial kausalen Stimmigkeit aus, beziehungsweise sucht, exploriert oder antezipiert diese; das ist ihr spezifischer „Begründungszusammenhang". Hier liegt ihre (gegenwarts-)kritische wie vorwegnehmende Kompetenz. Sie kritisiert keine Objekte, Sachen oder Inhalte, sondern zeitlogisch falsche Anschlüsse („das mag zwar objektiv messbar wahr sein, dient aber nicht dazu, unser praktisches Ziel zu erreichen, beziehungsweise führt uns sogar davon weg oder gefährdet es"). Sachlicher und sozialer Sinn wird mit zeitlichem Sinn konfrontiert und *dadurch* strategisch kontrollierbar.

Zukunftsforschung votiert damit für eine Wissenschaft, die sich das zeitlogische Übersteigen ihrer semantischen Leitunterscheidungen offenhält für den Fall, dass die semantischen Formen, die sie aktuell anbieten kann, nicht mehr überzeugen („passt das noch zu dem, was wir letztlich wollen?"; vgl. Luhmann 1996, S. 51 f.). Das Ganze ist ein sich selbst stabilisierendes System mit dem Ziel, jeweils subjektiv (!) gut begründbare *Eigenwerte* zu gewinnen („passt zu unserer Vision"), welche die unendlichen Möglichkeiten auf der Ebene von Sache und Sozialem – dort, wo objektiv unbearbeitbare Komplexität herrscht – einschränken. Damit wird Komplexität nicht auf sachlogischer, sondern auf zeitlogischer Ebene strategisch reduziert, genauer: mittels einer *zeitlogisch „zusatzqualifizierten" Form von Strategie*. Die *Inhalte* von Strategie (Sinndimensionen von Sache und Sozialem) sind dafür uninteressant; semantisch kann in ihr jedes Ziel und jede Richtung eingesetzt werden. Die zukunftsforscherische Perspektive bezieht sich allein auf eine Vorher-Nachher-Passung, denn je nach Perspektive wird nahezu alles sachlich begründbar.

Zukunftsforscherisch ist „Strategie" also eine (Problem-)Lösungsformel. *Wissenschaftstheoretisch* bedeutet das: Im Zentrum des Interesses steht nicht mehr Objektivität, sondern subjektive Intentionalität. Hier wurzeln Güte und Qualität von Strategie-Entscheidungen, denn es gilt, Eigenwerte und subjektive Wertungen reflexiv zu kontrollieren. *Führungs- und unternehmensstrategisch* bedeutet das: Im Zentrum des Interesses stehen nicht mehr Strategie- und Management-Ratgeber, die Sammlungen einzelner Strategien, die sachlogisch-prozedural beschrieben werden, sondern die organisationalen Kommunikationsformate, in denen die letztendlichen Entscheider „subjektiv" über Optionen streiten und die Zukunftsperspektive letztendlich justieren (das organisationsinterne Bewältigen von Dissonanz, von Meinungsvielfalt *innerhalb* des eigenen Kontextes). Mit anderen Worten: Wie die „unique" Zielsetzung einer Organisation geführt, gedanklich kontrolliert und zeitlich-sinnhaft gebündelt wird.

Führung mit „Straight Talks"

Beispiel für Zusammenhänge mit quantentheoretischem Denken. Auch die Prinzipien von Management und Unternehmensführung sind in zukunftsforscherischer Sichtweise mittelbar aus der Sichtweise der modernen Naturwissenschaft abgeleitet. Ein ausführliches Beispiel für das hier in Rede stehende Führungsprinzip sind „Straight Talks". (Woraus sie beispielsweise in hochinnovativen kalifornischen Wirtschaftsorganisationen bestehen und wie sie dort praktiziert werden, vgl. Müller-Friemauth und Kühn 2016, S. 44 ff.) Hier geht es um die Effekte speziell des quantenphysikalischen Denkhorizonts von Zukunftsforschung, der sich in diesen Techniken spiegelt. Ein Gedankenspiel aus der Quantenmechanik kann dies illustrieren.

Der entscheidende Link zur Quantenphysik liegt im Verständnis von Information – einem zur etablierten Wissenschaft quasi „gegensätzlichen" Verständnis. Im *klassischen* physikalischen Weltbild existiert die Welt *vor* der Information. Das bedeutet: Wir spazieren als selbstbezügliche, sinngenerierende Subjekte durch die Realität (Umwelt) „da draußen", beobachten sie und selektieren aus unseren Beobachtungen Informationen. (Der philosophische Ursprungsmythos dafür ist Platons Höhlengleichnis.) Das Ergebnis unserer Beobachtungen nennen wir Wissen. Gemäß der *Quantenmechanik* verhält es sich genau umgekehrt: Die Wirklichkeit kommt „nach" der Selektion von Information, oder anders formuliert: Die Art der Information bestimmt die Welt. Der Grund wurde bereits genannt: Alles Wissen ist beobachterabhängig. Wir haben keinerlei Information jenseits unseres menschlichen Wahrnehmungsapparates und müssen Informationen über die Welt mit unseren Sinnen und durch sie verarbeiten; man könnte sagen, wir müssen sie erst „machen". Folglich generieren wir nur Antworten auf die Fragen, die wir stellen, soll heißen: Wir *konstruieren* uns die Realität aus den Informationen, die wir durch Beobachtung, miteinander Reden und Handeln erzeugen. Die Frage der Quantenmechanik lautet daher nicht mehr: *Was* können wir wissen? Oder auch: Was ist die Natur oder die Wirklichkeit? Sondern „nur": In welcher Art und Weise – *wie* – können wir über die Natur oder die Realität zum jeweiligen Zeitpunkt etwas aussagen? Denn die Antwort auf diese Wie-Frage verändert sich ständig, parallel zu unserer wissenschaftlich-kulturellen Weiterentwicklung (Penrose-Treppe).

Eine wissenschaftliche Erforschung von Natur oder Realität hinsichtlich ihres „wahren Wesens" ist nach diesem Weltbild daher sinnlos. Weder können wir jemals zum Kern der Dinge – dem „Ding an sich" (Kant) – vordringen, noch ist es überhaupt wahrscheinlich, dass ein solcher Kern existiert. Das, was wir über die Realität sagen können, wird dauernd anders (durch Wissenszuwachs oder andere Erklärungen, die wir veranschlagen); und keine Version von Realität ist besser oder schlechter. Die Weltsicht des Mittelalters war nicht schlechter als diejenige der Aufklärung – sie war nur anders

(auch wenn wir heute aus vielerlei Gründen, etwa moralischen, über mittelalterliche
Ansichten die Nase rümpfen).

Der Physiker John Archibald Wheeler hat sich ein Gedankenexperiment ausgedacht,
das die Konsequenzen dieses Denkens aufzeigt; insbesondere die Haltung Entscheidungen gegenüber (nach Zeilinger 2005, S. 212). In vielen Ländern ist das Zwanzig-
Fragen-Spiel bekannt. Ein Spieler wird von der Gruppe hinausgeschickt, und die übrigen einigen sich auf einen Begriff, den der Mitspieler erraten muss. Der Mitspieler
wird hereingerufen und fragt dann reihum die Gruppe ab. Nach zwanzig Fragen, die im
Ja-Nein-Stil beantwortet werden, muss der Begriff erraten sein. (Beispiel: Lebt es? –
Ja. – Kann es fliegen? – Nein. – Kann es schwimmen? – Ja. – Ist es grün? – Ja. – Ist es
ein Krokodil? – Ja; Spiel beendet.) Wheelers Variante besteht in einer kleinen, aber entscheidenden Abänderung: Ohne, dass der hinausgeschickte Mitspieler das wüsste, wird
in der Gruppe kein Begriff vorfestgelegt. Der Mitspieler kommt also herein und fängt
an zu fragen. Jede Antwort, die spontan von einem Gruppenmitglied gegeben wird,
reduziert die Optionen für die weiteren Antworten aus der Restgruppe (und ist daher
für alle Mitspieler gleichermaßen interessant). Die einzige Regel heißt: Nachfolgende
Antworten dürfen der vorhergehenden Antwort nicht widersprechen. Mit jeder Antwort
wird die Anzahl der möglichen Antwortoptionen kleiner. Jeder muss also bei seiner
Antwort mindestens ein Beispiel für einen Begriff im Kopf haben, der mit allen bisherigen Antworten in Einklang steht. Gegen Ende dieses Spiels müssen folglich mehrere
Vokabulare parallelgeschaltet und von den Spielern gleichzeitig bearbeitet werden.

Alle miteinander hangeln sich in diesem Procedere in eine Wirklichkeit hinein, die
zuvor *in keinem der Köpfe existierte*. Diese Gruppe „*macht*“ Zukunft. Ein solches Spiel
ist anspruchsvoll und erfordert hohe Konzentration; denn alle müssen fortwährend
mehrere Möglichkeiten eines noch nicht abschließend festgelegten Sinns bedenken
und konkretisieren – und zwar auf logisch präzise, für die anderen nachvollziehbare, auf „legitime“, intersubjektiv geteilte und damit „objektive“ Weise, die auf „guten
Gründen“ fußt. Diese würden *auf der Sachebene* jedoch über längere Zeit zunächst von
keinem Spieler formuliert werden können. Sie wären allen „präsent“, obwohl nicht klar
beschreibbar, und blieben latent. Sie wären *nicht begründungsfähig, aber trotzdem logisch*. Begründungsfähig ist einzig die Passung – hier gibt es durchaus artikulierbare
„gute“ Gründe zeitlogischer Art. Die Gruppe erzeugt durch die fortgesetzte Beobachtung der Passung von bisherigen Antworten zur jeweils nächsten Antwort etwas Neues:
durch eine Beobachtung, die ausschließlich *am unmittelbar vorhergehenden Ereignis
in Bezug auf das logisch anschlussfähige Folge-Ereignis* kontrolliert wird. Sie kontrolliert Anschlussfähigkeit: Zeit. Denn diese spezielle Art von Beobachtung, mit der
diese Passung bewertet wird, funktioniert rein zeitlogisch, nicht sachlogisch. Beobachtet wird *die Passung, nicht die Sache* (die vorerst noch gar nicht existiert). Das Neue,
das dabei herauskommt, das man gemeinsam produziert beziehungsweise konstruiert,
ist für alle am Ende jedoch genauso wirklich wie das Krokodil – und fasziniert alle
gleichermaßen. Ein echtes „Ergebnis“. Ergo: Information erzeugt Welt.

Genau das ist der erkenntnistheoretische Kern der praktizierten Unternehmensentwicklung etwa eines Steve Jobs, eines Elon Musk; und vieler zukunftsforscherischer Methoden wie der Abduktion (vgl. Müller-Friemauth und Kühn 2016, S. 128 ff.). Die „Straight Talks", die das Management verordnet und erzwingt, bearbeiten und erinnern die zentralen Konstruktionen der eigenen kollektiven Sinngebung, deren Facetten zwar im Grunde jeder kennt und weiß, die aber *trotzdem* häufig (sachlich) nicht bewusst und artikulationsfähig sind. „Straight Talks" *machen* sie bewusst: Sie bearbeiten das Organisationsgedächtnis und schaffen Transparenz, indem sie es in Kontroversen über die eigenen Produkte immer wieder nachjustieren. Wheeler dokumentiert mit diesem Gedankenspiel also nicht nur quantenmechanisches, sondern genauso zukunftsforscherisches Denken. Nur: Wer hier hartnäckig weiterfragt nach dem genauen Mechanismus, der im Denken dieser Akteure vor sich geht, erhält keine Antwort. Zumindest vorerst nicht. Menschen „können" Zeit – wir wissen nur noch nicht, wie.

Weiterhin liegt der zentrale Effekt, auf den Zukunftsforschung praktisch hinweist, darin, dass sich

2. die Balance aus Wollen und Umweltinformationen – also die beiden Pole, die menschliches Erwarten definieren – *manipulieren lässt*. Menschen können „strategisch" Zugriff auf sie nehmen; Erwartungen haben Voraussetzungen. Auch die ökonomische Zukunftsforschung verfährt in genau dieser Art und Weise: Sie verschiebt in speziellen Kommunikationen systematisch, kontrolliert und gewollt den Erwartungshorizont beispielsweise einer Organisation.

Negativ fällt dieses Phänomen auf, wenn beispielsweise über Medienberichte die Öffentlichkeit getäuscht wird; im Extrem, wenn eine soziale Sinngebung diktatorisch verändert und zielorientiert ein anderes Mindset „implementiert" werden soll, indem das Denkmuster beziehungsweise der kollektive Erwartungshorizont insgesamt verschoben wird. Dafür steht das Schlagwort „Orwell-Universum". Oder raffinierter, wenn eine Suchmaschine ihre Trefferlisten vorselektiert und dadurch erreicht, dass die Informationssucher in der Überzeugung freier Wahl tendenziell dasjenige auswählen, was sie auswählen sollen. Hier wird Erwartung in einer Kombination aus Übererfüllung und weicher Steuerung verschoben: Man hat den Eindruck, tatsächlich *relevante* Treffer zu sehen und wählt dabei doch aus Vorschlägen aus, die auch der Suchmaschine genehm sind und die gefunden werden *sollen*. Die digitale Ökonomie kalifornischen Typs arbeitet in den meisten Bereichen mit der hier in Rede stehenden Erkenntnis beziehungsweise mit dem adäquaten Typ von Strategie: Sie manipuliert *das mentale Gefüge aus Wille und Umweltinformation* zu Zwecken der Entscheidungssteuerung und verschiebt damit Erwartung.

Die positive Seite dieser Medaille ist ein Instrument mit immenser Schlagkraft für den Einzelnen und Gruppen: Nämlich dann, wenn sie diesen Mechanismus reflektiert, absichtlich und gedanklich präzise kontrollieren und für eigene Zwecke nutzen lernen. Wenn sie ihn für die eigene Selbstaufklärung einsetzen – dafür, immer effektiver und effizienter das zu realisieren, was sie *selbst* wollen. (Wie angedeutet: Eine prominente, aufgrund seiner Effektivität aber auch umstrittene individual-psychologische Variante solcher Instrumente ist das sogenannte Neurolinguistische Programmieren, NLP.) Wichtig ist der nur schein-bar banale Hinweis: Beides ist möglich; noch dazu in extrem verwickelter Weise. Dieses extrem unübersichtliche Terrain markiert die derzeitige „cutting edge" gesellschaftlicher Modernisierung:

Gruppen und Gesellschaften können beispielsweise auf der einen Seite aus eigenen, freien Stücken in eine Verschiebung ihres Denkmusters hineingleiten; und zwar so, dass es ihnen nicht bewusst wird. Der Sinnhorizont wird dann, etwa aufgrund einer beson-deren Gefahrenlage, verkleinert und tendenziell als *alternativlos* dargestellt. Kulturell in eine solche Evolution „hineinzuschlittern", ist in historischer Betrachtung eine mögliche Ursache, warum Gesellschaften scheitern (Diamond 2011, S. 29, 519 ff.). Auf der ande-ren Seite können aber auch Diktaturen lernen, durch „richtig" vorselektierte, das heißt im jeweiligen Eigensinne formatierte, selbstbezügliche Information eine immer profes-sionellere Welt (= Gesellschaft) zu schaffen und zu definieren. Dazu „manipuliert" man Menschen nicht mehr, sondern „gibt" ihnen qua Information erst einmal Welt, *füllt al-so ein Sinnvakuum auf* und kann auf diese Weise zuerst „qualitativ" auf eigenem Gebiet immer deutungsmächtiger werden, und dadurch quasi automatisch auch „quantitativ" Vor-sprünge erzielen und expandieren. Wachstum ist auch hier nur logische *Nebenfolge* und kein Ziel an sich. Bisher wurden solche Mentaltechniken nur von Sekten genutzt sowie von Militärs, die unter Umgehung des Rechts an Informationen kommen wollen – als Vergesellschaftungsprinzip, wie sich dies im Kontext des internationalen Terrorismus ab-zeichnet, sowie als eigenes Ökonomieleitbild, wie es Kalifornien seit einigen Jahrzehnten praktiziert, erhalten sie neue Dimensionen. Die Metapher der Gehirnwäsche, konnotativ dem Orwell-Universum entlehnt, wäre hier ganz irreführend: Es geht viel eher um eine Art geistig-mentale Umorganisation oder Neubegründung als um Indoktrination. Auch beim verwandten, sogenannten „Nudging" (Thaler und Sunstein 2011) steht nur in Rede, Men-schen dabei zu helfen, sich selbst besser, das heißt „richtig" zu verstehen, und sie dazu ein wenig anzustupsen. Diese Techniken haben offene, sichtbare Machtausübung nicht mehr nötig – und sind deshalb *sachlich und sozial* auch kaum kritisierbar. Der kognitive Haus-halt wird lediglich anders geordnet, *und zwar mit aktivem Zutun des Einzelnen* – er trägt subjektiv das Entscheidende bei (das heißt unterlegt selbst aktiv Sinn), sodass das Ergebnis als sozialer Integrationsmechanismus wirksam wird. Informationen, die sich die Grup-pe selbst *freiwillig*, aber eben auf der Grundlage mentaler Reizmuster gibt, definieren – „machen", konstruieren – Welt, wie im Gedankenexperiment bei Wheeler. Gesellschaften werden mit solchen Mechanismen auf sozialtechnische Weise normativ gestaltbar.

Das ist nicht einfach zu verstehen: Wie kann Technik selbst normativ sein? Gemäß konventioneller Beschreibung erscheint das unlogisch. Die „Auflösung" liegt in einer neu-artigen Verwendung unterschiedlicher Sinndimensionen (und -logiken): Nudging oder algorithmisierte Verhaltens- und Entscheidungssteuerung operieren, „dealen" mit Zeit. Sie benutzen in der Ökonomie Zeit *erstmalig instrumentell* – denn hauptsächlich in der Dimension der Zeit schöpfen Menschen subjektiv Sinn, leben qua Bewusstsein in Richtung Zukunft (evolutionsbiologisch formuliert: sichern mit ihrem Handeln Über-Leben, psychologisch formuliert: entwickeln Hoffnung und Zuversicht). Alles, was dieses anthropologisch fundierte Sinnmotiv stärkt und fördert, ist *per se* legitim. Menschen können gar nicht anders: Wir sind zeitliche Wesen. Denn welcher vernünftige Mensch kann gegen mehr Komfort, effektiveren Service, größere Produktauswahl, kleinere und smartere Technologien, bessere Gesundheit und längeres Leben sein? Dass er diese Angebote scheinbar freiwillig annimmt (aktives Zutun), besiegelt den Deal auch *bewusst*. Dieser Typ von Technologie bietet also, zeitlogisch formuliert, eine in der Zukunft liegende Verheißung (klassisch-soziallogisch ging es lediglich um ein Versprechen in Sachen Nutzen) und *damit* eine Sinnofferte. Er ist zeitlogisch wirksame Sozialtechnologie – dort wurzelt diese seltsam verdeckte normative Kraft. Sie ist potenziell totalitär, weil *allein sachlogisch nicht widerlegbar.*

Technologie, die Zukunft qualifiziert, verliert ihre normative Neutralität. Diese neue Qualität von Produkten und Dienstleistungen geht über ein bloßes *Versprechen* deutlich hinaus: Denn *jedes* Produkt hat in der Ökonomie ein Versprechen, das man glauben kann oder nicht; oder welches das Produkt einlösen kann oder eben nicht. Produkte des 21. Jahrhunderts, die hier gemeint sind, sind aber nicht mehr allein darauf angewiesen, ihr Nutzenversprechen zu halten – sie haben noch ein weiteres zu bieten, zeitlicher Art. Sie stehen für etwas, das über die reine Nutzen- und Funktionslogik der Dinge weit hinausreicht und den Konsumenten in eine – zumeist markenstrategisch inszenierte – Sinngemeinschaft aufnimmt: In eine, die einen bestimmten Erwartungshorizont definiert in Sachen „*so und so* wird die Welt werden, und du gestaltest sie, indem du unser Produkt benutzt, mit. Du bist damit Wegbereiter, Vorbild und Prophet". Produkte kann man inzwischen auch *deswegen* kaufen.

Um es nochmals zu betonen: Das kognitive Instrument, das hier benutzt wird, ist an sich semantisch unbestimmt und leer. Man kann es für ganz unterschiedliche „Inhalte" und Themen benutzen. Die Entscheidung, ob es überhaupt zum Einsatz kommt, liegt beim Nutzer, der es mental sozusagen erst „freischalten" muss – subjektiv, für sich. Die eigentümliche Normativität dieses Instruments entfaltet sich erst *in* seinem und *durch* seinen bewusst-gewollten sozialen Gebrauch *in der Zeit*. Was uns im Wesentlichen daran interessiert, sind Konsequenzen für die Ökonomie. Konkurrenz und Wettbewerb jedenfalls, so viel wird hier bereits deutlich, erhalten auf dieser Stufe der sozialen Evolution, beziehungsweise einem ihr adäquaten Ökonomieverständnis, eine neue Funktion – mit durchschlagenden Konsequenzen.

▶ **Strategie** „Strategie" heißt alles, was die Wahrscheinlichkeit für das Eintreffen einer Zukunftserwartung (Sinnpräferenz) erhöht durch

a. *sachlich-sozial*: langfristige Planung für *wechselnde* Ziele, die der Zukunftserwartung *unterstehen*, und
b. *zeitlich*: metakognitive Überprüfung dieser Langfristplanung an der *überwölbenden* positiven Zukunftserwartung.

Der erste Teil (a) hat noch Schnittmengen zur konventionellen Definition, Teil (b) ist eine genuin zukunftsforscherische Erweiterung. Auch diese Definition ist wieder strikt praxeologisch gemeint – auf die Zwecke menschlichen Handelns ausgerichtet. Die Rede ist also ausdrücklich nicht von rein sachlogischen Zielen („strategische Planung"), sondern von einer Ergänzung des klassischen Strategieverständnisses um die zeitlogische Dimension. Auf rein sachlicher Ebene ist die Definition unlogisch, weil zirkulär: Alle drei Aspekte: die maßgebliche Zukunftserwartung, deren Langfristplanung sowie die Justierung der Langfristplanung an der Zukunftserwartung werden *aneinander* definiert. Logisch wird die Definition erst dann, wenn die betroffenen Ebenen sinnlogisch getrennt werden; also durch die *zeitliche* Zusatzqualifizierung, das heißt Ziel-*Flexibilisierung* der Sachplanung (= a), sowie die kontrollierende Reflexion des *Verhältnisses* von Planung und Zukunftserwartung (= b). Dieser Reflexion muss die Planung stets untergeordnet bleiben (was steht letztlich auf dem Spiel; welchen Einsatz bedeutet das angestrebte Teilziel in Bezug auf das, warum man es überhaupt erreichen will?). Übergeordnete Erwartung, Zielplanung *und* die zeitlogische Integration beider werden metakognitiv kontrolliert. Wie zuvor beschrieben, bezeichnet die Vorsilbe „meta" eine die bloße Sachlogik übersteigende Perspektive; eine vertikale Ebenendifferenzierung.

Zusammengefasst

Damit spaltet sich auch der zukunftsforscherische Strategiebegriff in zwei Dimensionen auf: Zum einen in die Frage des rein sachlichen Fluchtpunktes einer Strategie (zum Beispiel „Diversifizierung" versus „Kernkompetenz", „Internationalisierung" versus „Regionalisierung" und so weiter) sowie die zeitliche (Sinn-)Frage der Richtung oder Antezipation (Zukunftserwartung), die der Akteur, etwa eine Organisation, ganz „subjektiv" stellt – und die zwingend beantwortet werden muss, wenn eine jeweils „richtige" und „gute" Strategie dabei herauskommen soll. Der Ort des subjektiven Entscheids über die Antezipation *muss* besetzt werden; allein aus der Sache heraus ist keine qualifizierte strategische Entscheidung möglich.

Den „Clash of Cognition", den speziell der Begriff der Strategie bezeichnet, lässt sich vereinfachen in:

[Auf was sich Strategie bezieht] + [Richtung, eigene Vision] = [Strategie]
Sache, Soziales   *Zeit*

Die Pointe dieses zweiten zukunftsforscherischen Definitionsvorschlages liegt auch hier darin, *erst gar nicht zu versuchen,* die Gleichung allein über die erste Seite des linken Gleichungsteils aufzulösen – also eine Strategie gegen die andere mit „guten" sachlichen Gründen auszuspielen und sie allein dadurch definieren zu wollen. Und auch dieses Unterfangen ist dennoch ein geläufiger Topos des betriebswirtschaftlichen Strategiediskurses (die nie abebbende Flut neuer Strategietrends und Management-Hypes). Das ist praktisch sinnlos, denn das Problem liegt gar nicht allein auf der Ebene sachlich-sozialer Logik. Ohne Bearbeitung des zweiten Teils sind Güte und Qualität von Strategie: ihre zeitlogische Passung des Vorher zum Nachher – in der Alltagssprache zumeist bezeichnet mit „Situation" oder „Kontext" – nicht ausweisbar.

Eine Spiegelung des Strategiebegriffs zusätzlich auf der Zeitebene ist also typisch für Zukunftsforschung. Und es ist erst diese zweite zeitlogische Ebene von Strategie – dort, wo Metakognition nur stattfinden kann – die Menschen ihr eigenes Denken „programmieren" können lässt. Das ist der *praktische* Dreh- und Angelpunkt zukunftsforscherischen Denkens. Er hängt eng zusammen mit einem „doppellogischen" Strategiebegriff, der ein Vorher an ein Nachher *kognitiv kontrolliert* anschließt. Genau diese Ebene von Strategie steht bei Zukunftsforschung im Zentrum (ohne aber, dass die anderen wegfallen oder unwichtig würden).

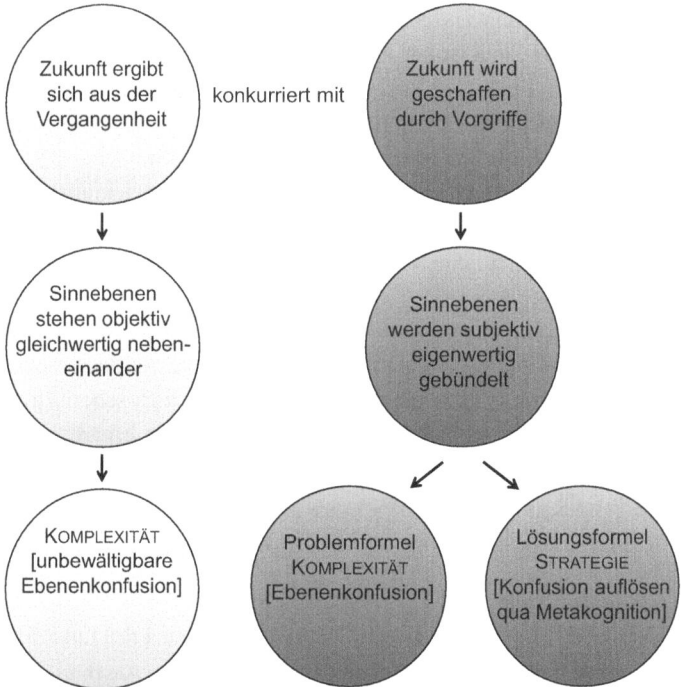

Mit Hintersinn werden daher die Organisationsformate, welche die analytische Sinnbalance von Zukunftsforschung als Kerngeschäft betreiben, „Think Tanks" genannt. Hier wird Sinn neu und anders entworfen – wenn auch bislang zumeist noch aus politischem oder privatwirtschaftlichem Interesse heraus („Kick your brain and money will follow"). Dies ist aus zukunftsforscherischer Sicht jedoch nicht kritikwürdig: Denn subjektives Interesse ist bei der Bestimmung *jeder* Zukunftserwartung der entscheidende Dreh- und Angelpunkt. Man kann einwenden, dass Privatinteressen kollektiv bindenden Sinn gerade nicht definieren sollten, dass dafür andere zuständig seien, etwa Parlamente. Nur ist die Einbildung, dass in solchen Institutionen interesselos entschieden würde, eine Illusion.

Die einzige Frage, die Zukunftsforschung hier interessiert, lautet: Finden wir das jeweils artikulierte Interesse mehrheitlich gut? Entspricht es unserer Zukunftserwartung, wollen wir auch dorthin? Falls ja, kann es egal sein, wer es vorbringt.

Genau so denken kalifornische Unternehmen. Für traditionelle Gemüter ist diese Perspektive eine Provokation. Sie stößt beispielsweise Politik vom hohen, würdevollen Sockel derjenigen Stelle, die ehemals allein für kollektiv bindende Entscheidungen zuständig war. Gesellschaftliche „Legitimität" dafür kann ab sofort jeder reklamieren. Diese ist zwar weiterhin an freiheitlich-demokratische Verfahren gebunden, *aber nicht mehr an Reputation oder Geltungsmacht des Handlungsfeldes, das sie erzeugt*. Legitimität stiftet nicht der Entstehungskontext, sondern die *Passung* zwischen zeitlogischem Allgemeininteresse („Können wir das auf Dauer wollen?") und sachlich-sozialem Anwendungsfeld („Worum geht's inhaltlich?"). Zum Ausweis von Legitimität ist diese Passung daher sorgsam zu prüfen. Legitimitätswürdig kann fortan aber auch die Idee eines Start-ups sein, eines Vereins oder eines Künstlers. Zukunftskompetenz und Deutungsmacht werden innerhalb von Zukunftsforschung radikal demokratisiert: Jeder sieht so gut wie jeder andere. Ein Universitätszeugnis beispielsweise ist dafür nicht mehr erforderlich.

Für diejenigen, die traditionell „Elite" heißen, ist diese Entwicklung ein schwieriger Weg. Wer, aus welchen Gründen auch immer, nicht bereit ist, diese fröhliche Wissenschaft zu akzeptieren, dem steht eine unerfreuliche Vielzahl „narzisstischer Kränkungen" bevor. Zum Beispiel diejenige, unter Bedingungen von Komplexität und Ungewissheit allmählich die politische und wirtschaftliche Steuerungsfähigkeit zu verlieren, wenn sich das kognitive und institutionelle Format unserer Entscheidungsroutinen nicht ändert. Umso dringlicher wird daher die Frage nach dem wissenschaftlich-forscherischen Programm, das Zukunftsforschung in dieser Situation anzubieten hat. Wie organisiert sie ihre Forschung und wie kommt sie zu „guten" praktischen Lösungsvorschlägen?

Literatur

Blumenberg H (2007/1975) Theorie der Unbegrifflichkeit. Suhrkamp, Frankfurt a. M.

Bogusz T (2009) Erfahrung, Praxis, Erkenntnis. Wissenssoziologische Anschlüsse zwischen Pragmatismus und Praxistheorie – ein Essay. Sociol Int 47(2):197–228

Boisot M, Child J (1999) Organizations as adaptive systems in complex environments. The case of china. Organ Sci 3(10):237–252

Born M (1986/1957) Physik und Metaphysik. In: Dürr H-P (Hrsg) (1986) Physik und Transzendenz. Scherz, Bern/München/Wien, 79–95

Diamond J (2011/2005) Kollaps. Warum Gesellschaften überleben oder untergehen. Fischer, Frankfurt a. M.

Elias F et al (2014) Einleitung: Hinführung zum Thema und Zusammenfassung der Beiträge. In: Elias et al (Hrsg) Praxeologie. Beiträge zur interdisziplinären Reichweite praxistheoretischer Ansätze in den Geistes- und Sozialwissenschaften. Materiale Textkulturen. Schriftenreihe des SFB 933, Bd. 3. De Gruyter, Berlin/Boston, S 3–12

Eppler MJ, Hoffmann F, Pfister RA (2014) Creability – Gemeinsam kreativ. Innovative Methoden für die Ideenentwicklung in Teams. Schäffer-Poeschel, Stuttgart

Gigerenzer G (2007) Bauchentscheidungen. Die Intelligenz des Unbewussten und die Macht der Intution. Bertelsmann, München

Gransche B (2015) Vorausschauendes Denken. Philosophie und Zukunftsforschung jenseits von Statistik und Kalkül. Transcript, Bielefeld

Günther G (1991/1959) Idee und Grundriss einer nicht-Aristotelischen Logik. Die Idee und ihre philosophischen Voraussetzungen. Felix Meiner, Hamburg

Habermas J (1995/1981) Theorie des kommunikativen Handelns, 2 Bd. Suhrkamp, Frankfurt a. M.

Hofstadter D, Sander E (2014) Die Analogie. Das Herz des Denkens. Klett-Cotta, Stuttgart

Kippenberger T (1999) Talking about scenarios. Antidote 4(4):7–8. doi:10.1108/EUM0000000006704

Koschnick WJ (2012) Nur falsche Prognosen sind gute Prognosen, und das ist auch gut so. In: Koschnick WJ (Hrsg) Focus-Jahrbuch 2012. Prognosen, Trend- und Zukunftsforschung. Focus Magazin Verlag, München, S 3–45

Luhmann N (1987a) Rechtssoziologie. Westdeutscher Verlag, Opladen

Luhmann N (1987b/1984) Soziale Systeme. Grundriss einer allgemeinen Theorie. Suhrkamp, Frankfurt a. M.

Luhmann N (1990) Die Wissenschaft der Gesellschaft. Suhrkamp, Frankfurt a. M.

Luhmann N (1996) Die neuzeitlichen Wissenschaften und die Phänomenologie. Picus, Wien

Müller-Friemauth F, Kühn R (2016) Silicon Valley als unternehmerische Inspiration. Zukunft erforschen – Wagnisse eingehen – Organisationen entwickeln. Springer Gabler, Wiesbaden

Physics World (2013) Quantum frontiers. http://iopscience.iop.org/article/10.1088/2058-7058/26/03/30/pdf. Zugegriffen: 13. Oktober 2016

Rawls J (1979) Eine Theorie der Gerechtigkeit. Suhrkamp, Frankfurt a. M.

Schäfer H (2016) Einleitung. Grundlagen, Rezeption und Forschungsperspektiven der Praxistheorie. In: Schäfer H (Hrsg) Praxistheorie. Ein soziologisches Forschungsprogramm. Transcript, Bielefeld, S 9–25

Scharmer CO (2009) Theorie U. Von der Zukunft her führen: Presencing als soziale Technik. Carl-Auer, Heidelberg

Schreyögg G [5](2008/1996) Organisation. Grundlagen moderner Organisationsgestaltung. Gabler, Wiesbaden

Schütz A (1974/1932) Der sinnhafte Aufbau der sozialen Welt. Eine Einleitung in die verstehende Soziologie. Suhrkamp, Frankfurt a. M.

Senge PM (2008/1990) Die fünfte Disziplin. Kunst und Praxis der lernenden Organisation. Schäffer Poeschel, Stuttgart

Steinmüller A, Steinmüller K (2003) Ungezähmte Zukunft: Wild Cards und die Grenzen der Berechenbarkeit. Gerling Akademie, München

Thaler RH, Sunstein CR (2011/2008) Nudge: Wie man kluge Entscheidungen anstößt. Ullstein, Berlin

Weaver W (1948) Science and Complexity. Am Sci 36(4):536–544

v. Weizsäcker CF (1992) Zeit und Wissen. Hanser, München/Wien

Zeilinger A (2005) Einsteins Schleier. Die neue Welt der Quantenphysik. Goldmann, München

Das Instrumentarium für Möglichkeit
muss vielfach umfangreicher sein
als für akute, also leibhafte und leibnahe Wirklichkeit.
Hans Blumenberg

Seit Ende des Zweiten Weltkriegs häufen sich in westlichen Gesellschaften neuartige Formen von Gefahrenlagen – allesamt Katalysatoren zukunftsforscherischen Denkens. Nach dem Schock der Atombombe war es vor allem die ökologische Frage, zunächst wahrgenommen nur als Ressourcenproblem (Ölkrise), die für einen weiteren Schub sorgte. Danach erstarkte die Technologiedebatte – Kernkraft und Tschernobyl brachten als einen der ersten Kompetenzbereiche von Zukunftsforschung die Technologiefolgeabschätzung in Stellung. Heute gehören ebenso politische Systemkrisen und -wechsel, Digitalisierung und Cybersecurity, Medizin oder Mensch-Maschine-Schnittstellen als zentrale Issues dazu. Gegenüber diesen neuartigen Kontexturen haben sich zwei generelle Reaktionsformen etabliert: Klassische und moderne (in der Praxis inklusive zahlreicher Mischformen).

Beispiele *klassischer* Reaktionsformen auf komplexe Gefahrenlagen

• Konzeptionell: Die Einheit der Gesellschaft wird in Zielrichtung auf „etwas Gutes" (Allgemeinwohl) ausgerichtet. Im Wesentlichen bedeutet dies die Fortsetzung des alten Problemlösungsdiskurses der Moral nun in Form der Utopie: Ein ganz anderes, aber potenziell identitär Eigenes vorzustellen, das als ideale Leitplanke das Handeln orientieren soll. Diagnose: Fehlender Leitstern, Therapie: Idealzustand definieren und dadurch motivieren. – Diese Variante fällt zunehmend schwer: Utopien wirken schnell lächerlich (warum ausgerechnet diese?). Zudem stoßen die „Großen Erzählungen", also Theorieprogramme oder konsistente Weltbilder, in nachmetaphysischer Zeit generell aus Skepsis. Ihr Glaubwürdigkeits- beziehungsweise Legitimationsproblem wächst.

© Springer Fachmedien Wiesbaden GmbH 2017
F. Müller-Friemauth und R. Kühn, *Ökonomische Zukunftsforschung*, FOM-Edition,
DOI 10.1007/978-3-658-14391-6_4

- Instrumentell: Vermittels neuer Ideen oder Neukombinationen bekannter Ideen sollen die herrschenden Schemata angeregt und bereichert werden. Diagnose: Ideenmangel, Therapie: Kreativität erzeugen, Muster brechen, außergewöhnlich werden. – Im Wesentlichen ankern hier das betriebswirtschaftliche Innovationsmanagement, Gründerförderung und Regierungsprogramme zur Beschleunigung präferierter, nationaler Innovationsfelder.

- Politisch-kulturell: Es werden Werte-Debatten geführt, wodurch konkretisiert werden soll, was die Leitwerte einer Gesellschaft jeweils ausmachen, um daran das Handeln zu orientieren. Hier wird nicht im Noch-Nicht das ideale ganz andere gesucht, sondern aus der gegenwärtigen Praxis heraus werden die Wegmarken identifiziert, die uns bis ins Heute getragen haben. Diagnose: normative (Bewusstseins-)Defizite, Therapie: Werte-Erziehung. – Diese Variante ist eine abgemilderte Version des Diskurses vom Guten, flackert immer wieder auf und ist ungebrochen aktuell (Bildung, Migration/Religion/Integration, Inklusions- und Veggie-Day-Debatte, Medizin/Sterbehilfe, Parteienprofile und anderes).

Beispiele *moderner* Reaktionsformen auf komplexe Gefahrenlagen

- Konzeptionell (1): Die Messlatte wird niedriger gehängt. Das entsprechende Programm heißt Anspruchsinflation. Die Überzeugung: Hochgesteckte, ideale oder heldenhafte Zielrichtungen seien heute vernünftigerweise nicht mehr definierbar. Eine nächste „Große Erzählung" darüber, wie es weitergehen könnte, sei nicht in Sicht. Folglich lautet die Alternative Demut, Abschied vom großen Wurf, postheroischer Habitus – betriebswirtschaftlich gewendet Agilität, beständiges Lernen, partizipative Führung, Netzwerke. Alles bleibt anders, Dauerwandel wird zur Norm.

- Instrumentell: Verhaltensökonomik und Persuasive Technologies (Fogg 2003). Da die unübersichtliche Komplexität der Umfelder zumindest nicht mehr allein durch sachlich gute Gründe oder Ideen bewältigt werden kann und Bescheidenheit allein auch nicht hilft, liefern moderne Technologien Flankenschutz: Auch sie können Komplexität reduzieren und damit bearbeitbar machen. Die digitale Transformation ist dabei besonders hilfreich. Beispiel: Die inzwischen alle westlichen Gesellschaften durchziehenden Nudging-Abteilungen auf Regierungsebene, die über tiefenmanipulativ funktionierende Entscheidungstechniken Menschen zu erwünschtem Verhalten verführen sollen. So werden diese zu bestimmten Entscheidungen „angestupst" (amerikanisch „Nudge" für „Schubs", vgl. Thaler und Sunstein 2011) – etwa mehr Sport zu treiben, sich anders zu ernähren oder vorsichtiger zu fahren. Krankenkassen und Kfz-Versicherungen nehmen diesen Trend auf und „optimieren" ihre Tarife. Auf Basis unserer Komplexitätsanalyse (vgl. Abschn. 3.3) wird klarer, wie hier therapiert wird: Nicht konventionell nur im ersten Teil der linken Gleichungsseite nach Vorbild der instrumentell verfahrenden Betriebswirtschaft, sondern indem der zweite Teil *komplett ausgeschaltet wird*. Wenn die zeitlich-antezipative Sinnfrage logisch nicht mehr stellbar ist, gibt es auch kein Komplexitätsproblem. Komplexität wird auf bloße Kompliziertheit geschrumpft. Diese

Variante der Technologieentwicklung erfreut sich insbesondere in Politik und Wissenschaft großer Beliebtheit (inklusive Nobelpreisvergaben für entsprechende Konzepte)
und ist die bislang radikalste Lösung des Problems. Statt Zeit zu bearbeiten wird sie
eliminiert.

- Politisch-kulturell: Die klassische Werte-Debatte expandiert ins Außen. Der eigene
  Wertekern soll nicht mehr dadurch geschärft und stabilisiert werden, dass man sich
  an seinem (idealen) Gehalt orientiert – ihn also *selbst* definiert und schützt –, sondern
  dadurch, dass er *kontrastiert* wird mit dem ganz anderen draußen („wir" gegen „die").
  Fortan soll er aufgrund neuartiger internationaler Bedrohungslagen vor allem als ein
  solcher Gegenpol Profil gewinnen. Angesichts der Gefahr des ganz anderen in der Umwelt erledigt sich der Luxus, die eigene Identität selbst zu beobachten und zu schärfen.
  Stattdessen wird Identität von anderen und durch andere (mit-)bestimmt – die eigene
  subjektive Perspektive gerät ins Hintertreffen. Praktisch gewendet: Überwachungstech-
  nologien werden ausgeweitet, Verhaltensregularien verschärft und so der „westliche
  Lebensstil" geschliffen; über Jahrzehnte mühsam erkämpfte Errungenschaften der europäischen Idee rückgängig gemacht; innereuropäische Solidaritäten um willen des
  „Hauptziels" relativ mühelos gegeneinander ausgespielt (Renationalisierung) und so
  weiter. Das Außen gewinnt *dadurch* unbemerkt Zugriff auf die „interne" kulturelle
  Identität. Auf den eigentlich „klassischen" Ebenen der kulturellen Selbstdeutung gibt
  es immer weniger Kontrolle; sie wird großenteils freigegeben.
  Es ist bemerkenswert, wie unverstanden diese Zusammenhänge sind (und wie weitgehend ungehindert die erstarkende europäische Rechte auf diesem Unverstandenen
  wächst). Westliche Gesellschaften fangen an, sich in ihrem Selbstverständnis zu verändern – *und zwar nicht mehr nur nach eigener Vorgabe und eigenem Wertesystem*. Ihr
  Erwartungshorizont wird inzwischen auch durch *andere* verschoben. Das hier sichtbar werdende Niveau einer kognitiven Landnahme (die in Abschn. 3.4 konzeptionell
  beschrieben wurde), ist historisch neu – Identität wird unbemerkt erobert, mit freundlicher Unterstützung des Angegriffenen, der mit scheinbar „Wichtigerem" (neuartigen
  Bedrohungslagen und entsprechenden Security-Maßnahmen) beschäftigt beziehungsweise abgelenkt ist. Ganz ähnliche Mechanismen sind in der globalen Expansion der
  kalifornischen Ökonomie wirksam: Die kognitive Landnahme funktioniert hier über
  ein verdeckt anthropologisches Konzept von Moonshots, das fasziniert und viele weltweit mitreißt, während die Konkurrenz mit den Effekten dieser radikalen Visionen
  kämpft (Digitalisierung, Internet der Dinge, Industrie 4.0 und so weiter, Maßgabe: Bloß
  nicht abgehängt werden!). *Darum geht es aber nicht*. An solchen Beispielen blitzt auf,
  welche gesellschaftsstrukturellen Probleme im 21. Jahrhundert aufkommen, wenn sich
  nur *andere* der kognitiven Mittel bedienen, die inzwischen zur Verfügung stehen, während der Großteil Europas weitermacht wie bisher.
- Konzeptionell (2): Zukunftsforschung wäre theoretisch eine Option (praktisch ist sie
  es nicht). Wie man leicht sieht, taugen die gegenwärtig in Anschlag gebrachten Waf-
  fen gegen Komplexität nicht allzu viel; die modernen Instrumentarien bescheren uns
  vielmehr neuartige Probleme und beschleunigen die Komplexitätsspirale. Daher die

Überlegung: Lieber schöpfen wir unsere kognitiven Fähigkeiten, die wir inzwischen kennen, maximal aus und setzen die Ergebnisse *selbst* strategisch ein. Der Name dafür: Metakognition.

Das in dieser Weise denkende und handelnde System – eine Gesellschaft oder Organisation – kann sich in zukunftsforscherischer Haltung in all seinen Entscheidungen immer *auch* (sollte aber keinesfalls nur!) auf künftige Zustände beziehen und dadurch für sich selbst berechenbarer werden. Diese im Prinzip simple Erkenntnis ist dennoch extrem ungewohnt. Erst durch die Nutzung auch der Ebene von Zeit (Zukunftsbezug) erzeugt man in komplexen Situationen *Gewissheit*; allerdings immer nur entlang der eigenen Perspektive, und das erscheint uns aus Gewohnheitsgründen defizitär. Unter Bedingungen von Komplexität ist jedoch mehr nicht erreichbar; im Modus des Subjektiven ist sie aber auch bearbeitbar. Letztlich geht es um die bewusste, willentliche Beherrschung *aller* Sinnebenen (dafür steht die Vorsilbe „Meta-") und eine kluge Strategiebildung daraus. „Meta-" bedeutet, polylogisch betrachtet, das präzise Gegenteil der menschelnden „Ganzheitlichkeit", denn Letztere kennt *nur monologische* Verhältnisse; in ihr gibt es keine Ebenenvermischung. In komplexen Umfeldern ist ein „ganzheitlicher" Überblick aber nicht mehr möglich. Will man Komplexität bewältigen, muss man notwendig „zeitlogisch" werden und mit diesem Trick die etablierte Sach- und Soziallogik überspringen – darf Letztere aber niemals eliminieren. Keine Sinnebene ist besser oder schlechter als die andere, aber: Man kann mit ihnen unterschiedlich gut und weit sehen. Zukunftsforschung will *anders* beobachten; die Perspektive soll angereichert, nicht vereinseitigt werden.

Damit ist die zeitlogische Arbeit der Zukunftsforschung deutlich anders positioniert als das, was betriebswirtschaftlich unter Zeitmanagement verhandelt wird. Der Akteur beschreibt die eigene Position nicht *in* der Zeit (Tempo- und Fristigkeitsprobleme, Zyklen- und Phasen-Festlegungen, Leitbild-Rituale: „Wir im Jahr 2030" und anderes), sondern *mit Hilfe* von Zeit. Zeit wird hier instrumentalisiert, zu einer Entscheidungstechnik: Aus der Bearbeitung von Zeit lassen sich Maßstäbe für Langfrist-Entscheidungen gewinnen. Das Ziel praktischer Zukunftsforschung: Man stellt einen konsistenten Erwartungshorizont *ein* (justieren, eichen – man findet ihn in speziellen Kommunikationen heraus und generiert Optionen) und *fest* (arretieren – man sammelt kulturelle, organisatorische oder strukturelle Mittel in der Organisation, um den am Ende beschlossenen Erwartungshorizont auf Dauer zu stellen und im Organisationsgedächtnis stabil zu verankern). Fortan handelt man genau so, *als ob* die eigene Erwartung bereits real wäre, und bewegt sich, gut kontrolliert beziehungsweise geführt, in *ausschließlich* diesem Sinnkorridor. Das ist, in Kürze, das vollständige Programm; ökonomisch funktionieren so Moonshots.

Dieses wissenschaftliche Programm werden wir in Umrissen skizzieren. Dazu beleuchten wir zunächst, was in dieser Wissenschaft unter Forschen verstanden wird (Abschn. 4.1); sodann, was sich speziell unter einer empirischen Beforschung von Zukunft verstehen lässt (Abschn. 4.2); und im Anschluss, inwiefern Zukunftsforschung grundsätzlich normativ und kritisch verfährt.

4.1 Beobachten statt Erkennen

Zukunftsforschung forscht zwar anders als die Wissenschaft es bis heute idealtypisch lehrt. Kombinationen bereits vorhandener Methoden, transdiziplinäre Verknüpfungen oder Umformungen von etablierten Ansätzen sind damit aber nicht gemeint. „In Gefahr und größter Not/bringt der Mittelweg den Tod" – gemessen am direkten Zugriff auf Zeit, der dieser Metadisziplin eigen ist, operiert sie vielmehr gemäß Friedrich von Logaus Barock-Weisheit und bricht mit der Forschungstradition auf mitunter radikale Weise.

Auf diesem Weg schließt sie sich an mehrere paradigmatische Wenden an, die sich im 20. Jahrhundert ereignet haben; insbesondere an den *linguistic turn* der 1960er-Jahre, aber auch an sogenannte postmoderne Ansätze. Kurz gesagt behauptet sie, wissenschaftliche Autorität sei grundsätzlich eine Funktion der gesellschaftlichen Praxis – also von dem, was gerade gilt, was wir für richtig und bedeutsam halten, was der gerade vorherrschenden, wechselhaften Konvention von Wahrheit entspricht. Diese These lässt sich zum einen banalisieren: Vor Kopernikus wurde unter Wissenschaft sicherlich etwas anderes verstanden als nach ihm, das wird niemand ernsthaft bestreiten. Sie lässt sich zum anderen aber auch verschärfen: Wissenschaftliche Autorität habe grundsätzlich keine ontologischen Fundamente, sondern sei zeitbedingt. Es gebe keine „wahre" Beziehung zwischen Erkenntnis und Realität. Die Pointe dieses Ausgangspunkts von Wissenschaft liegt dabei *nicht* in der Frage, ob die menschliche Erkenntnis nun tatsächlich Fundamente hat oder nicht (zum Beispiel, ob es eine letztendliche Wahrheit hinter den Dingen gebe), sondern *ob es praktisch nützlich sei, so etwas zu behaupten.* Zukunftsforschung ist eine konsequent praxeologische Disziplin – einer Debatte im akademischen Elfenbeinturm über ontologische Fundamente steht sie deswegen skeptisch gegenüber, weil sie uns praktisch nichts bringt.

Zur Erinnerung: Dieser Zusammenhang dämmerte den Militärs in ihrem „Theatre of war", als sie Zukunftsforschung entdeckten – dass keine noch so sachlich gut begründete, „wahre" und objektiv messbare Strategie eine Garantie bedeute, dass sie praktisch auch erfolgreich ist. Will man Letzteres wahrscheinlich machen, braucht man vorgriffige Richtungspunkte in der Zeit, eine eigene Orientierungsmarke und ein eingehendes Verständnis darüber, was man will; ganz subjektiv. Ob es für eine gute Strategie sachlich-begründungstheoretisch besondere Fundamente gibt oder nicht, ist nicht relevant. Was jedoch eine Rolle spielt, ist die subjektive Perspektiven*bildung*. Wie kommt der Akteur zu einer „guten" eigenen Perspektive; und was heißt dabei „gut"? Ist Subjektivität wissenschaftlich überhaupt qualifizierbar?

Zukunftsforschung beantwortet diese Frage mit einem eigenen Verständnis von beobachtendem Forschen: Und *koppelt Beobachten vom weitaus anspruchsvolleren traditionellen Erkennen ab* (wir spitzen damit den Luhmann'schen Argumentationsgang weiter zu). Der Begriff des Erkennens entstammt einem Wissenschaftsverständnis in der Tradition von Descartes, Locke und Kant, dem Zukunftsforschung entgegensteht. Der klassische Bezugsrahmen lässt sich als eine Struktur vorstellen, die dem erkennenden Subjekt aufgrund der Verfasstheit seines Erkenntnisvermögens *aufgenötigt* wird: Begründung gilt dann als Wechselwirkung zwischen erkennendem Subjekt und der unumstößlichen, sozusagen „harten", realen *Wirklichkeit*. Das Erkennen passt sich der Wahrheit an – so gut es eben geht. Menschen sind unvollkommen; deshalb hecheln sie der Wahrheit grundsätzlich hinterher. Wenn wir etwas wissenschaftlich begründen, rechtfertigen wir unser Erkennen in Bezug auf das, was *wirklich, objektiv* da ist; und die (Wissenschafts-)Sprache spiegelt die tatsächlich dahinterliegende, wenngleich verdeckte Wahrheit (zumeist ihre jeweilige „Idee") mit. Sie gibt immer auch Auskunft über das eigentliche „Wesen" der Phänomene – normative Kerngehalte zum Beispiel, Grundintuitionen oder intersubjektiv verbindliche Geltungsansprüche, die aufgrund ihrer offenkundigen Plausibilität aus Sicht der eigenen Bezugsgruppe (alle innerhalb der Bezugsgruppe sind kulturell gleich sozialisiert) geradezu in der Wahrheit wurzeln *müssen*. Verstehen sich die Menschen nur „richtig", sollte das eigentlich jeder einsehen (daher kann man abweichende Meinungen auch problemlos als „performative Selbstwidersprüche", vgl. Habermas 2009, S. 92, abperlen lassen). Um dieses „Sich-selbst-richtig-Verstehen", etwa um die normativen Kerngehalte von Sprache, wird ein immenser Aufwand betrieben: Hier wurzeln Wissenschaftstheorie, Hermeneutik und Methodologie.

Der *linguistic turn* als eine sprachtheoretische Wende hat (insbesondere über die Philosophie von Wittgenstein) Sprache zu einem *Werkzeug* säkularisiert und sie damit von allen möglichen ontologischen Fundamenten, deren Hintergrund sie angeblich mitbezeichnen würde und müsse, befreit. Sie ist lediglich ein „Tool", das Menschen je nach Zweck unterschiedlich einsetzen; eine verständigungsorientierte Eigenlogik kommt ihr nicht zu. Folglich wechselt der zentrale Begriff des Forschens: Weg vom Erkennen (von Wahrheit, Wirklichkeit, der hinter den Dingen liegenden Idee oder des „Dings an sich"), hin zum „bloßen" Beobachten. In der Zukunftsforschung wird konsequent nur noch beschrieben, nicht mehr erkannt – mit der für die *scientific community* ungemütlichen Folge, dass jede genauso gut sieht wie eine andere. Wissenschaft verliert damit symbolisches Kapital, und zwar immens.

In dieser noch jungen Betrachtungsweise sieht jemand in wissenschaftlich professioneller Weise dann, wenn diese Person so beobachtet, dass daraus für den aktuellen Handlungszweck die instruktivsten, reichhaltigsten Kriterien fürs gegenwärtige Handeln resultieren. Wenn sie strikt funktional und modallogisch beobachtet („als ob", „als wenn", „insofern", „indem" und so weiter), in Bezug auf ihr Richtungsziel, auf ihre Antezipation; also das effektivste, „coolste" Wie, Als-ob, Indem und so weiter entdeckt, mit dem sie möglichst schnell und unaufwändig ihr Ziel erreicht. Wenn also die Perspektive, die sie anlegt, dem subjektiven Ziel dient und *gleichzeitig* den eigenen Handlungsspielraum vergrößert – mehr geht nicht, das ist Benchmark. Heinz von Foerster hat diese Maxime in die bekannten Worte gefasst: „Act always so as to increase the number of choices". Die Zielerreichung maximiert somit gleichzeitig den eigenen Radius.

In einem freilich ungewohnten Verständnis bedeutet das *Macht*; als ökonomische zum Beispiel Marktdominanz. (In kalifornischer Perspektive: Wenn wir den Mars tatsächlich erreichen und besiedeln, sind Valley-Unternehmen für lange Zeit die unangefochtenen

Monopolisten in Sachen extraterrestrischer Kommunikationsnetze, Körper- und Gesundheitstechnologien, künstlicher Intelligenz, Raketen- und Mobilitätsdienstleistungen. Bereits der heutige Vorsprung ist schwer aufholbar – Zielerreichung maximiert Optionsspielraum.) Hier wird jedoch keine Macht *über* jemanden ausgeübt, sondern *miteinander Macht potenziert*. Diese Macht steht für ein gemeinsames, eigenwillig „subjektives" Können. Die Machterweiterung des Silicon Valleys funktioniert nach Art eines ins Wasser geworfenen Steins: Er schlägt immer größere Wellen.

Gute Wissenschaftler sind nach diesem Verständnis also solche, die in der Lage sind, durch eine *reflektierte* Kombination von großer Umsicht (was *sachlich* alles zu berücksichtigen ist – die wichtigsten Einflussfaktoren auf das Richtungsziel, und wie es *sozial* organisierbar wäre) mit Weitsicht (*zeitlich* bemessen an dem, „warum wir das hier alles machen") das Richtungsziel Stück für Stück immer realer werden zu lassen. Also solche, die Zukunft „machen", konstruieren (von Wahrheit brauchen sie dafür keine Ahnung zu haben). In diesem Sinn sind Wissenschaftler Zukunftsmacher: Sie sind in der Lage, qua überzeugender Sinnvorschläge „*Resonanz zu akquirieren*"; sogar bei irreal anmutenden Ideen oder Vorschlägen. Von quasi „vorne" aus – im Vorgriff auf Zukunft – setzen sie „rückblickend" diesen zeitlogisch qualifizierten Sinn um und bemessen die Umsetzung in ständigem Hin und Her: iterativ und gedanklich kontrolliert, an ihrem antezipativen Vorgriff. Sie stellen sich fiktiv an den Ort ihrer Zukunft und handeln von dort aus, der Gegenwart zugewandt.

Rein sachlogisch betrachtet ist das nicht möglich: Man kann nicht in der Gegenwart sein und zugleich in der Zukunft. Diese Vorstellung ist mit Grund berühmt geworden in einem „*Lügen*märchen" des Barons Münchhausen, der sich am eigenen Schopf aus dem Sumpf zieht. Der Prozess des Ziehens lässt sich jedoch auch auf *anderer* Ebene verstehen als der Schopf (Zeitlogik versus Sachlogik). Hat man kognitiv nur eine Ebene zur Verfügung, sind solche Projekte eben nicht vorstellbar: paradox und absurd. Das Gleiche gilt für Wissenschaft: Zählt nur, der Wahrheit näherzukommen, ist alles andere unwissenschaftlich und kommt erst gar nicht in Sichtweite von Wissenschaft. Jenseits der Sphäre der Erkenntnis herrscht dann eben: Unkenntnis.

Dieses alte Wissenschaftsverständnis entpuppt sich, so betrachtet, als im Kern antiaufklärerisch – daran reibt sich Zukunftsforschung. Außerhalb der wissenschaftlichen Welt wohnen die Unbedarften und Unmündigen: Der Wahrheit kommen *sie* nie näher. Zukunftsforscher antworten: Das wollen sie auch gar nicht. Sie wollen einem guten, besseren Leben näherkommen und keiner ominösen Wahrheit. In unserer zunächst kontraintuitiven Erweiterung von Kognition liegt das *meta*kognitive Zentrum des Beobachtungsbegriffs: Perspektivisch-beobachtend sind *alle* Menschen in der Lage, im Prinzip *alles* in den Blick zu nehmen und sich vorzunehmen. Jede Sache oder Fiktion wird zeitlich zielfähig – inklusive des Undenkbaren, Unvorstellbaren, nicht-Existenten, scheinbar Verrückten. Es gibt keine Grenze, *weil keine Wahrheit mehr, die das Richtmaß vorgibt*. Paul Feyerabend (1980), einer der hartnäckigsten Provokateure von Wissenschaft in eben diese Richtung, nannte solches Denken denn auch folgerichtig eine Wissenschaft „für freie Menschen".

Denkbar *ohne dabei verrückt zu werden,* wird dieses Schema jedoch erst dann, wenn man die Vorstellung aufgibt, dass irgendwo tatsächlich die Wahrheit wohnt. Denn wenn Forschung ausschließlich auf dem Weg einer beständigen Annäherung an Wahrheit zugelassen wird, ist die Forschungslogik *einsinnig vorgeschrieben und beschränkt* („Erkennen") – und wer diesen Korridor verlässt, wird „unnormal"; eine für Zukunftsforscher unterkomplexe, die kognitiven Fähigkeiten des Menschen geradezu entwürdigende Vorstellung beziehungsweise Wissenschaft, die allerdings den Vorteil hat, die herrschenden Eliten zu bevorteilen. Denn Wissenschaft hat damit eine Wächterfunktion: Sie bewacht einen speziellen Diskurs (die „Forschung" einiger Weniger, den Nachkommen der Delphi'schen Priesterkaste), der ausschließlich auf dem Weg zur Wahrheit stattzufinden hat. Jeder abweichende Pfad gilt per definitionem als unwissenschaftlich, bringt den Beobachter in den Status der Unvernunft („um den Verstand") und die Wissenschaft um ihre Legitimation. Wissenschaft hat mit ihrem tief verankerten Glauben an objektivierbare Wahrheit ein für sie selbst unbeobachtbares, praktischerweise aber eben auch selbsterhaltendes Perpetuum mobile erfunden (blinder Fleck), das besagt: Wissenschaftlich satisfaktionsfähig ist einzig eine wahrheitsorientierte Erkenntnis. Empirisch – sozusagen mit „Beweisen" – widerlegen konnte das erst die Quantenphysik. In quantenmechanischen Experimenten ist die Beobachtung normal, dass Dinge unscharf, nicht objektiv messbar und mehrdeutig sind. Das Kriterium „Wahrheit" zerfällt; sie wird *kontingent* – und stirbt.

Die Konsequenzen dieses neuartigen Weltbildes sind noch nicht absehbar – sozialwissenschaftlich existiert es praktisch nicht (in bestimmten Schulen und Gruppen selbstverständlich sehr wohl, aber eben ohne paradigmatisch relevanten Effekt). Der Grund ist simpel und wurde bereits genannt: Wissenschaft wird dadurch von Grund auf hinterfragbar, und dagegen wehrt sie sich. Wenn im Prinzip jeder Wissenschaft „kann", bricht der symbolische Überbau eines höheren Wissens, das durch viel Mühe, Geld und Zeit angehäuft, durch die richtigen Netzwerke und Business Schools kulturell legitimiert werden muss, zusammen. Wissenschaft würde aber *erst damit* auch tatsächlich weltlich und säkular: Sie hätte sich messen zu lassen ausschließlich an dem, was sie den Menschen bringt – wie sie nützt und dabei hilft, die wichtigsten Probleme zu lösen und die Welt besser zu machen: Sie würde unvermeidlich praxeologisch.

Mit anderen Worten: Ein derartiges wissenschaftliches *Beobachten* bezeichnet eine spezielle, radikal demokratisierte Form von beschreibender Forschung. Es beinhaltet die Möglichkeit, die Sinnebene der Beschreibung je nach Zweck oder Handlungsabsicht jederzeit zu wechseln – Bedingung: reflektiert! Der Wechsel muss gedanklich kontrolliert geschehen. Die jeweils präferierte Sinndimension ist dabei auszuweisen beziehungsweise begründungspflichtig: Dieser Ausweis ersetzt das vormalige Wahrheitskriterium. Aus praxeologischer Sicht gilt im Alltagsverständnis („common sense") zum Beispiel als „wahr", was im Korridor der jeweils kollektiv bevorzugten, zeitgebundenen Sinnstellung liegt (etwa „Kultur"). Wahrheit ist hier eine zeitbedingte Konvention, die *wechselt*, als Orientierungspunkt für die jeweils präferierte, gerade in Geltung stehende Sinndimension jedoch weiterhin zentral ist, erhalten und wichtig bleibt.

Damit behält Wissenschaft ihre Fortschrittsidee – allerdings evolutionstheoretisch-an-thropologisch ernüchtert:

▶ Fortschritt bedeutet die beständige Steigerung der menschlichen Fähigkeit, qua Wissenschaft und technologischer Entwicklung, qua Wandel von Denken und Handeln diejenigen Sinndimensionen bearbeiten zu können, die Menschen zu unterschiedlichen Zeiten *jeweils für sich zum jeweils gegenwärtigen Zeitpunkt für die wichtigsten halten* (Penrose-Treppe).

Dieser Fortschrittsbegriff ist anthropologisch, genauer: metakognitiv fundiert. Er peilt einen Entwicklungsfluchtpunkt der menschlichen Gattung an, der nicht mehr ein sach- und soziallogisch konkretisiertes Ziel vor Augen hat (zum Beispiel in Form einer Utopie), und auch nicht eine Orientierung auf ein Wahreres, Richtigeres oder Besseres als vorher, sondern auf die praktische Unbegrenztheit der menschlichen Kompetenz vertraut, „noch im Sturz die Metapher [zu] wechseln" (Luhmann 1981, S. 70): darauf, dass wir in der Lage sind, unsere Herausforderungen immer *angemessener,* geschmeidiger und schneller zu bewältigen. Es geht nicht mehr um das „Was" des Fortschritts (= absolutes Optimum), sondern um das unendlich veränderbare „Wie". Wir entwickeln unsere Fähigkeit zu kognitiver Akkommodation an sich ständig ändernde Verhältnisse fortwährend weiter und ergänzen oder wechseln zu diesem Zweck kontinuierlich unsere Denkwerkzeuge in Sachen Sinn und Logik – das ist Fortschritt in zukunftsforscherischem Verständnis. Mit dem konventionellen Wahrheitsbegriff ist es nicht mehr kompatibel.

Zusammengefasst
Dies ist das verdichtete programmatische Fundament für eine wissenschaftliche Zukunfts*forschung* – und auch für ein anderes Wissenschaftsleitbild. Nur mit einer solchen, deutlich veränderten Perspektive auf Forschung wird es möglich, dass sich eine Wissenschaft von der Zukunft das zeitlogische Übersteigen ihrer semantischen Leitunterscheidungen offenhalten kann für den Fall, dass die semantischen Formen, die sie anbieten kann, nicht mehr überzeugen. Vereinfacht: Man wechselt im Zweifelsfall die Beschreibung und beobachtet anders. Weniger einfach: Was eine Unterscheidung war, kann zu etwas bloß Unterschiedenem werden, und was vormals unterschieden worden ist, kann unterscheidungsbestimmend werden – an diesen Feinheiten hängt die Art zukunftsforscherischer Beschreibung, nachstehend beispielhaft visualisiert. Sinn und Bedeutung von Denken, Wollen und Handeln lassen sich umpositionieren; und was dabei jeweils als höhere oder niedrigere Ordnungsebene erscheint, hängt am jeweiligen *subjektiven* Zweck: Was gerade für das Wichtigste gehalten wird. Beispiel: So kann ein Atom als Scharnier oder Verbindung (Relator) zwischen mehreren Elementarteilchen wie Elektronen und Protonen betrachtet werden, wobei diese Elementarteilchen dann die Rolle abhängiger Faktoren einnehmen (Relata). Genauso kann aber auch ein Atom ein abhängiger Faktor innerhalb einer höheren Ordnung sein, dem Molekül. Ein Atom ist *beides*: Ordnung set-

zendes, relationierendes Scharnier „nach unten", als auch abhängiger Faktor von einem übergeordnet Unterscheidendem, je nach Perspektive des Beobachters. In seiner Funktion ist es „unscharf", je nach Sinnachse. Was situativ gilt, legt keine „Objektivität" fest: *Letztlich entscheidet der Beobachter* – ganz wie im quantenmechanischen Experiment.

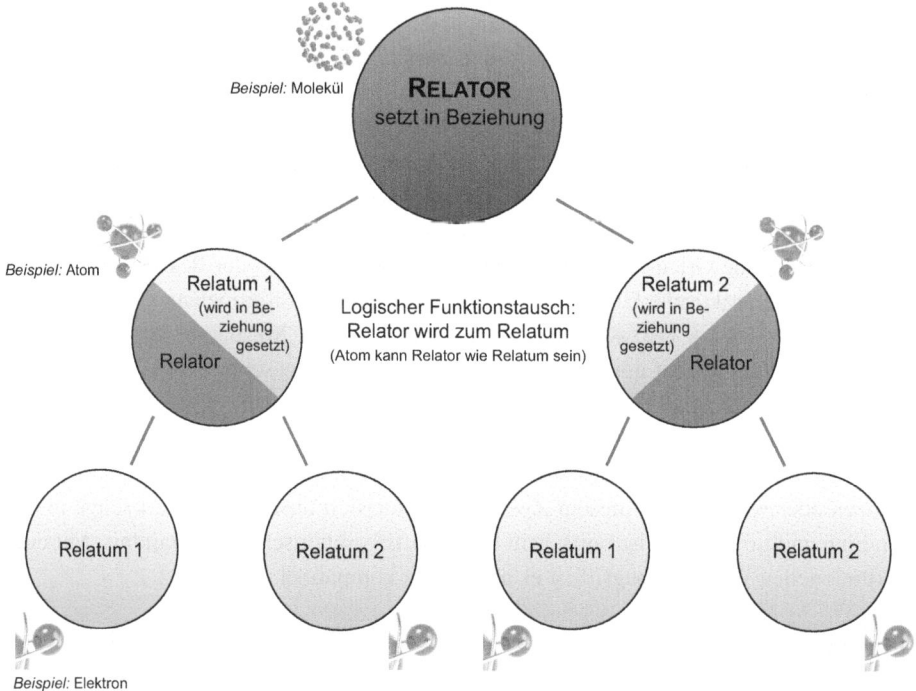

Der Grafiker M. C. Escher hat wie kaum ein anderer polylogischen Sinn in Szene gesetzt und damit sinnlich erfahrbar zu machen versucht, welche Verunsicherung damit einhergeht, wenn man Erkennen durch Beobachten ersetzt. Sein Fokus waren allerdings nicht Sozial-, sondern Naturgesetze: Was passiert, wenn man nicht mehr im Wahrheitskorridor der physikalischen Gesetze erkennt, sondern *unabhängig* von ihnen beobachtet? Das geht problemlos; aber es ist für uns – mit unserem Mentaltraining in Sachen Wahrheitsfixierung im Rücken – hochgradig irritierend. Je anschaulicher dieses neuartige Gebiet wird, desto eher kann man es „verstehen": Praktisch ist das nur eine Frage der Gewohnheit. In Abb. 4.1 wird in Anlehnung ans Eschers Lithografie „Wasserfall" eine Perspektivenkonfusion illustriert, bei der Vertikale, Horizontale und Tiefe verschwimmen. Boden, Seiten und Horizont erscheinen synchronisiert, „vergleichzeitigt".

Wissenschaftliche Zukunftsforschung hat sich auf die Analyse komplexen, polylogischen Sinns spezialisiert: Sie *muss* das, sonst könnte sie die Sinndimension der Zeit, die sie als Metadisziplin grundsätzlich privilegiert, nicht absondern und instrumentell nutzen. Neben Zukunftsforschung sind in diesem veränderten Wissenschaftsbild viele weitere Metadisziplinen denkbar und wahrscheinlich, die Sinnebenen zu erforschen beginnen. Kom-

Abb. 4.1 Raumillusion. (Quelle: Fotolia, Datei # 18986164, Urheber: Ivo Brezina, https://de. fotolia.com/id/18986164)

plexitätsforschung ist eine davon (kritische Norm: dezidiert *keine* Privilegierung einer bestimmten Ebene beziehungsweise Gleichwertigkeit, um perspektivisch das Zusammenspiel zu beleuchten), Kognitionsforschung eine andere (kritische Norm: Neutralisierung *aller* Sinnebenen beziehungsweise Abdunkelung, um perspektivisch die biologische Konstruktion von Sinn zu isolieren). Weite Teile der Neuro-Wissenschaften ragen in dieses Feld – hier wird der erste, vorerst vage Horizont einer anderen, metakognitiven Wissenschaftslandschaft sichtbar.

4.2 Empirische Zukunftsforschung

Ist Zukunft empirisch beforschbar? Die meisten dürften diese Frage verneinen – denn etwas zu beforschen, das noch nicht existiert, gilt nicht gerade als Inbegriff wissenschaftlicher Vernunft. Was den Grund dafür darstellt, dass die Wissenschaft bislang ausgewichen ist und den Umweg über die Vergangenheit gesucht hat: Man nehme Informationen über bereits Geschehenes („Daten") und schreibe sie fort; das ergäbe – zumindest in Teilen, also näherungsweise; aber dank Technologie auch immer präziser und damit „besser" –

Zukunft. Das breite Spektrum der Prognostik gilt als logisch einzig möglicher (Königs-) Weg zur Erforschung von Zukunft. Aufgrund ihrer Prämissen weist Zukunftsforschung diese Option jedoch als logischen Fehler zurück (weil Zukunft grundsätzlich *anders* ist als Gegenwart und Vergangenheit) und erforscht sie stattdessen als einzige Disziplin qualitativ-empirisch *selbst* – wenn auch nicht direkt.

Was man dabei versucht herauszubekommen, sind die *Antezipationen der Beforschten*: Das, was sie unter Zukunft verstehen und was daher ihr Handeln leitet; was sie also fortwährend durch ihr Tun real werden zu lassen versuchen. Dazu braucht man ihren subjektiven Bezugspunkt. Das ist die forschungsmethodische Prämisse: Zukunft selbst ist natürlich nicht beforschbar. Und trotzdem lässt sie sich beforschen, und zwar auf dem Umweg über das zeitlogische *(nicht sachlogisch „inhaltliche", semantische!)* Denken der Akteure. Denn Denken funktioniert nur in der Zeit – und die wird hier analytisch isoliert (Antezipation).

Selbstverständlich nutzt dafür auch Zukunftsforschung „Daten" – aber sie macht etwas anderes damit (sie fortzuschreiben oder zu projizieren wäre lediglich eine Verlängerung des Heute). Um Antezipationen zu isolieren, hat Zukunftsforschung diese valide von Unsinn abzugrenzen. „Antezipation" muss etwas sein, das radikal subjektiv und *gleichzeitig* objektiv nachweisbar wirklichkeitsmächtig, realitätsbildend ist; hier spiegelt sich der eigentümlich ambivalente Bedeutungsgehalt von „Subjektivität" (vgl. Abschn. 3.1). Anders formuliert: So spektakulär erstaunlich eine subjektive Antezipation auch sein mag, so sozial anschlussfähig kann sie trotzdem sein, und so praktisch durchschlagend in Bezug auf die Veränderung der gegenwärtigen Welt. Diesen Zusammenhang aufzuklären ist der Fokus qualitativer, empirischer Zukunftsforschung.

Empirische Forschungsperspektiven im Vergleich

Im Zusammenhang mit der Technologie-Vision von Steve Jobs, der Personal Computer als „Bicycles for our mind" betrachtete, die dazu da seien, die geistige Kapazität des Menschen zu vervielfachen (vgl. Abschn. 2.2), klang bereits an, dass qualitative, empirische Zukunftsforschung anders positioniert ist als in den Sozial- und Wirtschaftswissenschaften üblich. Metadisziplinen benutzen Daten in einer über das gewohnte Maß hinausgehenden Tiefe deutend. Der Deutungshorizont definiert dabei die Stichprobenauswahl, so das Gebot. An zwei Beispielen wird im Folgenden beleuchtet, was damit im Detail gemeint ist.

Von diesem methodischen Gebot gibt es eine triviale und eine nicht-triviale Version. Die triviale: Auch beispielsweise eine klassische empirische Exzellenzstudie über herausragend erfolgreiche Unternehmen orientiert ihre Stichprobe selbstverständlich an: herausragend erfolgreichen Unternehmen. Eine solche Studie wird besonders erfolgreiche Unternehmen identifizieren und erforschen, was genau sie hat exzellent werden lassen. Oder sie wird besonders erfolgreiche Unternehmen identifizieren und beforschen, was sie im Unterschied zu einer weniger erfolgreichen Vergleichsgruppe hat exzellent werden lassen. Jedenfalls ist die Stichprobenauswahl definiert durch den fachlich-disziplinären Deutungshorizont, also die als wissenschaftlich legitimierte Semantik: N = [universalistische Definition von Exzellenz].

Demgegenüber behauptet die Zukunftsforschung, dass aus einer logisch derart unterbestimmten, in gewisser Hinsicht „falschen" Stichprobe – übrigens egal, wie klein oder groß sie ausfällt – keine validen Ergebnisse ableitbar seien. Nur bedeutet „falsch" hier nicht das Gegenteil von „objektiv richtig". Eine objektivitätsorientierte Wahrheitsorientierung macht für eine Wissenschaft der Zukunft *keinen Sinn*, weil das Kriterium der wissenschaftlichen Richtigkeit für nicht existente Dinge logisch ausfällt. In einer empirischen Studie muss in Metadisziplinen stattdessen das jeweilige *partikularistische* Verständnis von Exzellenz vorfestgelegt werden; also diejenige Sinndimension, welche der *Beobachtete* seiner Aussage beilegt, und nicht der Wissenschaftler den erhobenen Daten. Der methodische Fokus (und das Professionalitätskriterium dieser Art von empirischer Forschung) wechselt damit von Objektivität zu Subjektivität – das ist die nichttriviale Version des methodischen Gebots. Metadisziplinen wie Zukunftsforschung radikalisieren damit eine Einsicht, die in der empirischen Sozialforschung, etwa der Soziologie, vom Grundsatz her schon lange Beachtung findet: Dass empirische Analysen zwingend in spezifizierte Vorannahmen eingebettet und Daten kontextualisiert, ihnen vorher Bedeutung verliehen werden müssen. Insbesondere qualitative Forscher sind darauf trainiert, die Zahl und die Zusammensetzung empirischer Beobachtungen nur im Verhältnis zum tatsächlichen Auftreten des untersuchten Phänomens zu beurteilen.

Zukunftsforschung geht jedoch über diese Interpretation des methodischen Gebots hinaus: Sie radikalisiert es *in sinnanalytischer Hinsicht*. Sie will genauer denjenigen Sinn beforschen, den die beobachtete Person subjektiv unterstellt oder prozessiert (und der Forscherin „zeigt"), keinen anderen. Dies ist das Zentrum ihrer Art von empirischer Forschung – einer Erforschung selbstverständlich der Gegenwart, die jedoch vermittels des Herausdestillierens der Sinndimension *speziell der Zeit*, welche der beobachtete Proband subjektiv veranschlagt, die für ihn gültig ist und die es zukunftsforscherisch zu explorieren gilt, den Brückenkopf zur Zukunft konstruiert. Die Überlegung: Kennt man die zeitlogische Sinndimension seines Denkens und Handelns – also dessen gegenwärtigen *Erwartungshorizont*, an dem er zeitlogisch subjektiven Sinn festmacht und sein Handeln langfristig orientiert, etwa das Unternehmen führt –, hat man eine Basis für das logische Schließen auf seine Antezipationen: Darauf*, was er unter Zukunft versteht.* Diese Art von Empirie exploriert also *subjektive* Sinnprojektionen. (Der zukunftsforscherische Typ logischen Schließens ist die Abduktion; dazu Müller-Friemauth und Kühn 2016, S. 128 ff.)

Innerhalb des Spektrums von wissenschaftlichen Umgangsweisen mit Datenmaterial markiert dieser qualitative Zugang zu Empirie eine Besonderheit beziehungsweise ein Extrem (vgl. Abb. 4.2). Während etwa in der empirischen Sozialforschung (in der Grafik [1]) ganz unterschiedliche Methoden zum Einsatz kommen, gibt es auch zahlreiche methodische Vereinseitigungen, die je nach Fragestellung nützlich erscheinen. So stellt beispielsweise der Umgang mit Big Data [2] einen Extremfall dar, bei dem nahezu ohne Kontextualisierung *aus den Daten selbst* Korrelationen oder Muster erschlossen werden –

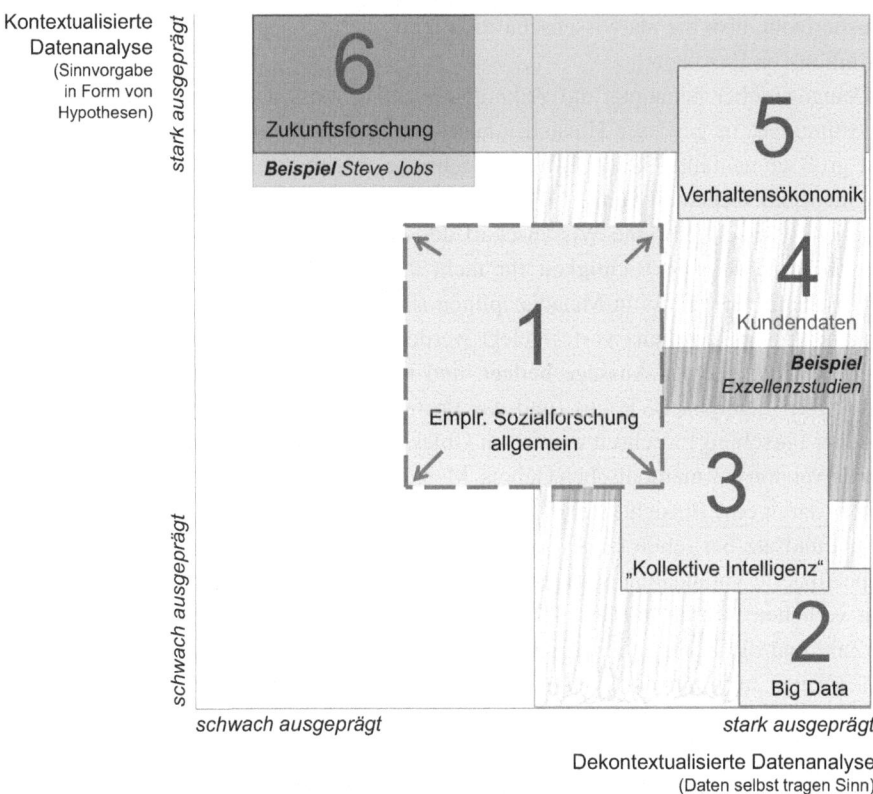

Abb. 4.2 Empirische Beobachterperspektiven und ihr Verhältnis zur Datenkontextualisierung: Beispiele und Ausprägungen zwischen den Extremen „Big Data" und „Zukunftsforschung"

zudem häufig nach der wissenschaftlich fragwürdigen Maxime „je größer der Datensatz, desto aussagefähiger das Muster". Auch eine empirische Forschung, die sich der sogenannten Kollektiven Intelligenz bedient [3], verfährt ähnlich, mitunter jedoch auch schwach hypothesengestützt, zum Beispiel mittels „Repertory (REP) Grid" (etwa Kruse et al. 2007). Wertet hingegen ein Unternehmen beispielsweise seine gesammelten Kundendaten aus [4], sind diese Daten *sowohl* auf Basis einer Deutungshypothese befragbar (die der Forscher selbst definiert, oder zu der er sich durch das Kundenverhalten anregen lässt) *als auch* ungestützt, um Zusammenhänge oder Muster zu erkennen, die bislang unbekannt waren. Hier sind also unterschiedliche Zugänge möglich. Die Verhaltensökonomik wiederum [5], bei der im Experiment konkrete Hypothesen am Probanden beziehungsweise an dessen Reaktionen überprüft werden, *kombiniert* Hypothese und Daten: beforscht also eine spezifizierte, „reliable" Hypothese (präzise Kontextualisierung *durch den Forscher*), die an den erhobenen Daten bewertet wird. Die hypothetische Sinnprämisse durch den Forscher und die Datenaussage sind gleichwertig, *aber*: Jenseits der Hypothese des Forschers werden die Daten nicht ausgewertet. Die Beobachtung bleibt strikt *begrenzt auf die Sinndimension des Forschers;* diejenige des Probanden ist irrelevant. Wenn etwa das Verhalten des Probanden eine andere Hypothese nahelegt als unterstellt, liegt das außerhalb des Forschungsfokus (Falsifikationsprinzip, vgl. Kübler und Hutter 2014).

Die Zukunftsforschung stellt im Vergleich dazu, insbesondere aber zu Big-Data-Analysen, das andere Extrem dieses ausschnitthaften Spektrums dar [6]. Während Methoden im rechten Bereich der Matrix die Sinnebene *in den Daten selbst* explorieren – was nichts anderes bedeutet als: *Der beobachtende Forscher* legt kognitiv unkontrolliert (!) die Sinnebene fest, denn Daten selbst haben keinen Sinn –, entnehmen Methoden im linken Bereich der Matrix den Sinn von Daten einem *Abgleich* von Hypothese (vorherige Kontextualisierung des Forschungsgegenstandes an der vermuteten „subjektiven" Sinngebung des Probanden) und erhobenem Datenmaterial. Das zentrale Bewertungsscharnier ist hier also *nicht (!) der Forscher* und liegt außerhalb des empirischen Settings, nämlich beim Probanden; das geht freilich nur hypothetisch. Die Forschung will in dessen mentalen Bereich quasi perspektivisch hineingreifen, ihn beobachtend explorieren – was nur möglich ist, wenn sie ihren *eigenen* Sinnhorizont *so weit wie möglich neutralisiert.* Genau *das* muss kognitiv kontrolliert werden und genau hier ankert der methodisch-forschungsstrategische Aspekt, die Funktion von Metakognition.

Zukunftsforschung gehört zu einem Typ von Wissenschaft, der die (wissenschaftlich ohnehin reflektierte) Forschungspraxis und -perspektive *zusätzlich* sinnanalytisch überprüft. Sie kontrolliert Wissenschaft daraufhin, ob mit jeweils „richtigem" Sinn operiert wird. „Richtig" ist Sinn dann, wenn er *vom Probanden* kommt und nicht vom Forschenden, und wenn die Wissenschaft, die beobachtet, den beobachteten Sinn im Idealfall vollumfänglich versteht und erst auf diese Weise auch erschließen kann. Die Qualität dieses Typs von Wissenschaft bemisst sich also an einem spezifischen, methodisch qualifizierten Verstehen: Daran, den jeweils gemeinten Sinn möglichst präzise zu treffen. An der *Passfähigkeit von zu explorierendem Sinn und Beobachtungsweise* – und genau damit an einem für Zukunftsforschung erst praktikabel gemachten Verständnis von Empirie.

Absicht dieses Verfahrens ist es mit anderen Worten, die partikulare Eigensinnigkeit des Beobachters (Forschers) in Schach zu halten. Zukunftsforschung lernt damit aus den Erfahrungen der Quantenphysiker: Denn wenn es tatsächlich der Beobachter ist, der die Messwerte am Ende „entscheidet", muss man den Beobachter methodisch „beaufsichtigen" und seine Interpretationsmacht regulieren. Seine eigenen, mit der konkreten Person des Forschers ständig wechselnden Sinnzuschreibungen müssen aus dem Beobachtungsprotokoll herausgehalten werden – soweit das eben möglich ist. Die Subjektivität des Forschers gilt es auf ein Minimum zu reduzieren und stattdessen diejenige Subjektivität perspektivisch zu bevorteilen, die den Anlass der Forschung insgesamt darstellt. Was herausgefunden werden soll, ist diejenige Sinndimension, die der *Befragte* beziehungsweise im Experiment *Beobachtete* zeigt; und *weder*, ob der Beobachtete lediglich des Forschers unterstellter Sinngebung folgt oder nicht (so verfährt die Verhaltensökonomik), *noch*, was der Beobachter unbemerkt an Sinn in seine Dateninterpretation eingehen lässt (so verfahren die Mehrheit der Exzellenzstudien und zahlreiche Big-Data-Analysen).

Genau solche „falsch-subjektiven" Anteile verzerren die Auswertung derart, dass sie
für Zukunftsforschungszwecke unbrauchbar wird. Denn Zukunftsforschung ist, soll ihre empirische Forschung überhaupt relevant sein können, darauf angewiesen, zeitliche
Sinnlogiken möglichst „rein" herauszupräparieren. Konzeptionell formuliert, unterstellt
sie die subjektive Sinngebung des beobachteten Subjekts primär als eine jeweils eigene
Sinnschöpfung mit Hilfe von *Zeit* („ich denke und entscheide so *im Zuge meiner Erwartung von xy*") und in dieser Hinsicht als langfristige Achse, an der sich auch ihr Handeln
orientiert. Entlang dieser Achse, die Menschen niemals vollständig bewusst ist, wird antezipiert, gehandelt, Zukunft „gemacht" – so das die Empirie fundierende, anthropologische
Konzept. (Zur Erinnerung: Zukunftsforschung schreibt auf anthropologischem Fundament
die subjektive Sinngebung, die Menschen vornehmen, zwar nicht nur, aber primär der
Sinndimension der Zeit zu; vgl. Abschn. 3.1.)

Dieses Konzept markiert einen – zugegeben – lediglich tentativen Versuch, Zukunft
empirisch zu beforschen und bedeutet doch gleichzeitig das Maximum dessen, was Menschen auf diesem Gebiet derzeit forscherisch möglich ist (zumindest dann, wenn man
nicht die prognostische Scheinlösung über die Vergangenheit akzeptieren will). Eine solche Art der Deutung funktioniert *nicht mehr hermeneutisch*. Interpretiert wird niemals
allein auf der Sinnebene von Sache und Sozialem. („Was will er uns damit sagen?",
„Was davon ist real, was bloße Selbstdarstellung?", „Was ist unabhängig vom sozial-
historischen Kontext der allgemeingültige, wesentliche Kerngehalt?") Zukunftsforschung
präferiert grundsätzlich eine zeitlogische Deutung, und an der methodischen Kompetenz,
diese Ebene in qualitativ-empirischer Forschung perspektivisch zu isolieren; das heißt alle
fremde, „verunreinigende" Sinngebung von außen, vor allem vom Forscher beziehungsweise Beobachter, zu minimieren, bemessen sich Qualität und Relevanz dieser Form von
Empirie. Sie deutet keine Daten, sondern produziert „Stand alone"-Beschreibungen von
zeitlogisch qualifiziertem, subjektivem Sinn. Empirische Sinnanalysen fußen damit nicht
mehr in der – bislang für die Exegese alternativlosen – hermeneutischen Tradition (Zukunftsforschung schließt hier an „postmoderne" Theorietraditionen an, insbesondere die
Dekonstruktion, vgl. Derrida 1976).

Was sich für Zukunftsforschung damit komplett erledigt, ist quantitativ verfahrende
Empirie. Diese ist gemäß einer so spezifizierten Forschungsabsicht nutzlos; denn Motive,
Gründe, Hoffnungen, Ängste und anderes, also die hintergründige und sinnfundierende,
zeitlogische *Erwartungshaltung*, in der die erhobenen Daten gründen, sind dabei prinzipiell nicht beobachtbar. Es gibt dabei keine Andockpunkte für eine Exploration von Sinn.
Zukunftsforschung ist auf qualitatives, sinnermöglichendes Material angewiesen, weil erst
damit handlungsrelevante Antezipationen *möglich*, kreierbar, und in der zukunftsforscherischen Wissenschaft auch erst interpretierbar werden.

Genau dieses Verfahren praktizieren auch kalifornische Unternehmen wie Apple unter
Steve Jobs: Sie explorieren ihren organisationsintern gespeicherten, gleichwohl nicht immer allen bewussten Sinn in speziellen Kommunikationen (Straight Talks, Deep Play) und
konstruieren *auf dieser Basis* die Unternehmensperspektive, die subjektive Antezipation
(etwa eine Technologie zu erschaffen, die später einmal ein „Bicycle for our mind" werden
kann). Sie vollziehen damit *genau das Gleiche* wie wissenschaftlicher Zukunftsforscher.

Theorie steht hier nicht mehr gegen Praxis, sondern beides fällt methodisch zusammen. Am Beispiel der empirischen Forschung spiegeln sich in aller Deutlichkeit sowohl die praxeologische Basis dieser Metadisziplin (es geht grundsätzlich darum, menschliches Handeln zu verbessern, nicht um theoretische Wahrheiten) sowie ihr radikal demokratisiertes Wissenschaftsleitbild: Professionell Zukunft machen kann, vom Prinzip her, jeder. Zugangsvoraussetzungen gibt es so gut wie keine, außer: ein Bewusstsein für die Überzeugungskraft und Autorität einer subjektiven, für alle Beteiligten sinn-vollen, antezipativen Bindung von Zeit. Diesen Sog: dessen ökonomische Macht haben wir an anderer Stelle am Beispiel von Valley-Unternehmen ausschnitthaft mit Blick auf Organisationsentwicklung und Führung zu zeigen versucht: Wir beobachten anhand empirischer Daten (Selbstauskünften kalifornisch inspirierter Unternehmer) *deren* Explorations- und Antezipationstechniken, indem wir die Selbstreflexion dieser Akteure in möglichst sinn*gleicher* Perspektive beschreiben, sinn*analytisch* reflektieren und ökonomisch bewerten (vgl. Müller-Friemauth und Kühn 2016).

Grundbedingung einer solchen Beschreibung ist jedoch, sich die „gleiche Brille" aufzusetzen wie die Beobachteten: Man muss deren Verständnis von Zukunft teilen. Man muss so weit wie möglich zu erreichen versuchen, *dass die Mindsets von Beobachter und Beobachtetem identisch sind,* beziehungsweise hinsichtlich des gemeinten Sinns methodisch bestmögliche Anschlussfähigkeit herstellen. Auf dieser Basis, aufgrund dieses gemeinsamen Mindsets in Sachen Zukunft, kann die Sinnorientierung des Probanden dann beobachtet, überhaupt erst *verstanden*, und dann auch bewertet werden. In der Soziologie hat sich für diese Forschungsweise der Begriff der „Beobachtung zweiter Ordnung" als einer „Beobachtung von Beobachtung" etabliert – Synonyme für Metakognition. Wichtig in unserem Kontext ist aber: „Zweite" Ordnung ist hier speziell zeitlogisch gemeint! Eine Beobachtung „höherer" Ordnung markiert ein sinnanalytisches Verfahren als alternative, bislang in der Wissenschaft selten genutzte Reflexions*weise* (bei der selbstverständlich auch andere spezifizierte Perspektiven untersucht werden können als zeitlogische), keine besondere Reflexionstiefe. Man denkt hier nicht bedeutungsvoller. Sie ergänzt Kognition sozusagen lateral, nicht vertikal: Es geht nicht um mehr oder gründlicher denken, sondern um *anders* denken (nicht „was" sieht der Proband, sondern „wie" und mit Hilfe welcher Unterscheidungen).

Das ist der Kern unserer einleitend umgangssprachlich formulierten, ersten Teildefinition, dass Zukunftsforschung versuche, das Undenkbare zu denken. Undenkbar ist immer nur das, was unbekannt ist – was wir (noch) nicht wissen oder (noch) nicht kennen. Menschen können jedoch jederzeit Undenkbares denken. Freilich müssen sie sich dazu von ihrer über Jahrhunderte exzessiv antrainierten Objektivitätsfixierung lösen und anfangen, Subjektivität, Vorstellungskraft, Fantasie und Wille genauso ernst zu nehmen wie eine „objektiv" beweisbare Tatsache. Zukunftsforschung strahlt ein Wissenschaftsverständnis an, das den Beobachter – das Subjekt – in den Forschungsprozess mit einbezieht, ihn gleichwertig macht und *dadurch* nicht mehr unkontrolliert sein sinnbemächtigendes Unwesen („Unterbewusstsein") treiben lässt: Wie in früheren Zeiten noch nahezu ungehindert via Macht, Herrschaft, Gewalt und Ideologie; später gemäß Max Weber in von

Wissenschaft sicherzustellender Wertfreiheit; und noch später, etwa bei Karl Popper, in selbstreflexivem Bewusstsein über das jeweilige „Erkenntnisinteresse".

Daran, dass sich auch mit der letzten Wendung dieser Debatte das Problem mitnichten erledigt hat, reibt sich Zukunftsforschung: Denn auch wenn der Forscher auf ein eventuell „hinter" seiner Forschung liegendes Partikularinteresse „kritisch" befragt wird, ist in Sachen sinndeterminierendem Eigenleben des Objektivitätsgebots von Wissenschaft noch nichts gewonnen. Nach wie vor kann der wissenschaftlich unterlegte Forschungssinn den beobachteten Gegenstand mit eigener Bedeutung gegenstandsfremd kontaminieren und ihn, ist die wissenschaftliche Wahrheitsbehauptung nur glaubwürdig genug, sachlogisch plausibel und belegbar, von seinem sinnbezogenen Eigenwert entfremden; und das alles unter dem Deckmantel von Wissenschaft. Zukunftsforschung opponiert gegen dieses Modell. Sie versucht, aus der empirischen Beweisführung der Quantenphysik, welche die problematische, „eigensinnige" Rolle des Beobachters erstmals faktisch-empirisch belegt hat, methodische Konsequenzen zu ziehen, indem sie Wissenschaft ganz prinzipiell metakognitiv zusatzqualifiziert.

Illustration an den Beispielen von Steve Jobs' Vision (1) und betriebswirtschaftlichen Exzellenzstudien (2)
Erstens: Die Vision von Jobs in dem Sinne zu deuten, wie zuvor skizziert, bedingt eine vorherige Sinn-Kontextualisierung (daher die Positionierung in Abb. 4.2 oben links); zum Beispiel an zahlreichen anderen Selbstauskünften, die er zum Thema gegeben hat. Oder an Äußerungen anderer Apple-Mitarbeiter. Oder an Visionen anderer Technologieunternehmen, was bedeutet, den Kontext branchenspezifisch zu bestimmen. Oder an einem speziellen, genuin kalifornischen Verständnis von Zukunft, was bedeutet, den Kontext regional-kulturell zu orientieren – so haben wir es gehalten. Es gibt zahlreiche Möglichkeiten und Kombinationen. Den Kontext sinnanalytisch aber *gar nicht* festzulegen, führt zu einer „Verunreinigung" des Datenmaterials mit gegenstandsfremdem Sinn: Entweder deutet jeder, der sich die Daten ansieht, nach eigener Façon („Verkaufsmasche", „narzisstische Selbstdarstellung", „Branchenprognose" und anderes) – diese Option bedienen die populären ökonomischen Leitmedien in Bezug auf Steve Jobs seit Jahren. Jeder Journalist oder Berater bietet seine eigene ideologisch gefärbte Version feil. Oder, im wissenschaftlichen Kontext, sticht von vornherein und ungeprüft die dominante, zeitbedingt jeweils in Geltung stehende fachliche Sichtweise, hier beispielhaft formuliert von Schreyögg (perspektivenbildend ist das „Maximizer"- beziehungsweise Business-School-Mindset der BWL; vgl. Müller-Friemauth und Kühn 2016, S. 144 ff.):

> Ich denke, Steve Jobs war ein begnadeter Unternehmensführer, der seinen Konzern hochintelligent gesteuert hat. Niemand sonst hat das Konzept der Kernkompetenzen so gut verstanden und so genial in die Praxis umgesetzt. Seine Strategiearchitektur war geradezu vorbildhaft (Schreyögg 2015, S. 1184).

Dass die Genialität von Jobs womöglich an anderem hing als an einer intimen Kenntnis des Angebots betriebswirtschaftlicher Strategieansätze, ist nicht nur ein Dämpfer für das Selbstverständnis einer sich als global relevant verstehenden Wirtschaftswissenschaft, sondern mit solcher Wissenschaft *auch nicht erforschbar* (blinder Fleck). Denn an was sollte man die eigene Forschungs„wahrheit" überprüfen? Kriterien in einem Außerhalb – außerhalb der erhobenen Daten, und das bedeutet: *außerhalb des gerade aktiven, sinnanalytisch unreflektiert vorgehenden Forschers mit seiner fachspezifisch disziplinentypischen Sichtweise* – liegt nicht vor. Dieser ist es, der das Wahrheitskriterium bestimmt (hier: Kernkompetenz-Strategie). Dass bei dieser Form von Wissenschaft völlig disparate, mitunter auch sich widersprechende Deutungsfolien herauskommen, ist nur allzu verständlich: Theoretisch gibt es so viele Deutungsschemata wie Beobachter. *Denn auch hier gilt* (gedanklich unkontrolliert): Jeder sieht so gut wie jeder andere. Solche empirische Forschung ist intrinsisch konfus – so beobachten Menschen *im Alltag*. Zukunftsforscher folgern: Das sollte mit wissenschaftlichem Anspruch doch anders sein; zumindest dann, wenn mit Wissenschaft *nach wie vor* eine Art und Weise der Beobachtung von sozialen „Tatsachen" bezeichnet werden soll, die in irgendeiner Form *besser* geprüft oder reflektiert ist als Alltagsbeobachtungen und -beschreibungen (die quasi im Vorbeigehen erfolgen). Wenn man dies will, muss das Wissenschaftsleitbild geändert werden.

Zweitens: Das Beispiel von Exzellenzstudien. Falls eine präzise Vorfestlegung des Verständnisses von Exzellenz ausbleibt, fällt – sieht man sich später die Daten der Studie an – unter Exzellenz alles Mögliche: von maximalem Qualitätsanspruch über extremes Wachstum über schnelle, dichte Innovationszyklen genauso wie radikale, „tiefe" Innovativität bis hin zu unvergleichlich hoher Mitarbeiterbindung, Mitarbeitermotivation oder außergewöhnlicher Führung – oder alles zusammen. Welcher Faktor ist für den wirtschaftlichen Erfolg der ausschlaggebende? Auch hier gibt es so viele Antworten wie Studienleiter, und genau das ist der Status quo der Exzellenzforschung (vgl. die Positionierung dieses Beispiels in Abb. 4.2).

Über das konkrete, sehr spezielle Exzellenzmodell von Silicon-Valley-Unternehmern etwa ist eine empirische Studie praktisch unmöglich, sofern man nicht mit einem präzisen Vorverständnis arbeitet. Denn es gibt zwar einige erfolgreiche kalifornische Unternehmen, die man für eine solche Untersuchung heranziehen könnte. Diese Stichprobe garantierte aber noch nicht, dass der Erfolg dieser Wirtschaftsorganisationen im Einzelfall auch mit Mitteln und Überzeugungen des kalifornischen ökonomischen Denkens zustande gekommen ist. Mit anderen Worten: Man bekäme auf diese Weise zwar heraus, welche Kriterien wirtschaftlichen Erfolg wahrscheinlicher machen, aber man bekäme so nicht heraus, welches Verständnis von Exzellenz für genau *diesen* Erfolg verantwortlich ist. Will man *das* herausfinden, muss man

a. das zugrunde gelegte Verständnis von Exzellenz zunächst sinnanalytisch präzisieren (Hypothesenbildung: Um welche Art von exzeptionellem Können geht es?),
b. sodann eine dazu passende, der Ausgangshypothese sinn-entsprechende Stichprobe wählen, die verständlicherweise eher klein ausfallen wird, und schließlich
c. die Ergebnisse, die das Datenmaterial liefert, am hypothetisch vordefinierten Exzellenzverständnis messen und beurteilen.

Antezipative Beforschung von Zukunft durch:

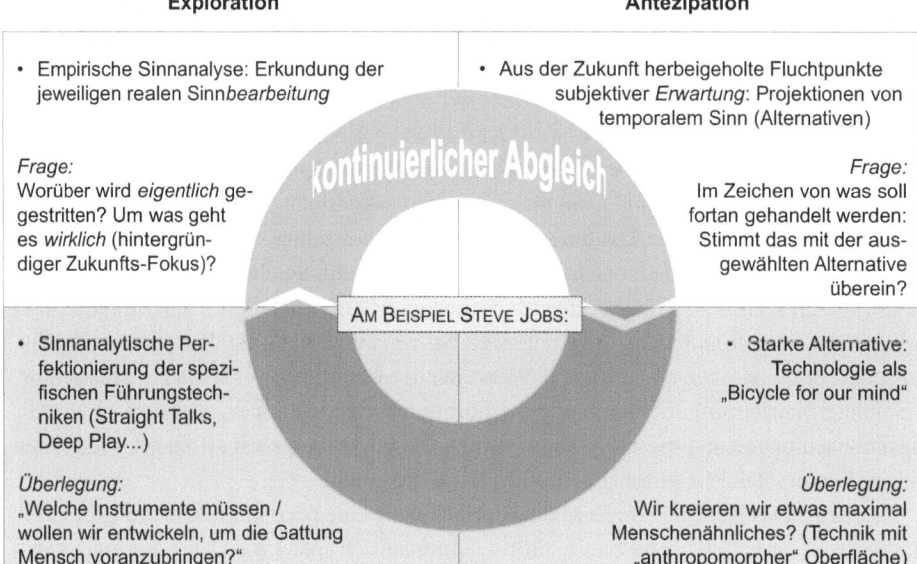

Exploration	**Antezipation**
• Empirische Sinnanalyse: Erkundung der jeweiligen realen Sinn*bearbeitung*	• Aus der Zukunft herbeigeholte Fluchtpunkte subjektiver *Erwartung*: Projektionen von temporalem Sinn (Alternativen)
Frage: Worüber wird *eigentlich* gestritten? Um was geht es *wirklich* (hintergründiger Zukunfts-Fokus)?	*Frage:* Im Zeichen von was soll fortan gehandelt werden: Stimmt das mit der ausgewählten Alternative überein?
• Sinnanalytische Perfektionierung der spezifischen Führungstechniken (Straight Talks, Deep Play...)	• Starke Alternative: Technologie als „Bicycle for our mind"
Überlegung: „Welche Instrumente müssen / wollen wir entwickeln, um die Gattung Mensch voranzubringen?"	*Überlegung:* Wir kreieren wir etwas maximal Menschenähnliches? (Technik mit „anthropomorpher" Oberfläche)

kontinuierlicher Abgleich

AM BEISPIEL STEVE JOBS:

Abb. 4.3 Empirisches Forschungsschema von Zukunftsforschung

Dabei heraus kommt ein zweiseitiges Forschungsschema (vgl. Abb. 4.3), das in der Praxis iterativ zwischen Exploration und Antezipation hin- und herpendelt: Logisch-abduktive Schlüsse des Zukunftsforschers auf die beim Probanden jeweils in Geltung stehende Antezipation werden immer wieder überprüft an der vorhergehenden Exploration der Selbstauskünfte des Probanden. Das diesem Prozess zugrunde liegende „Tuning" der Sinndimension zwischen Beobachter und Beobachtetem ermöglicht der Wissenschaft zu beurteilen, ob die Äußerung des Probanden noch im infrage stehenden, hypothetisch vorfestgelegten Sinnkorridor liegt oder bereits außerhalb (metakognitive Kontrolle). Erst, wenn für eine *Passung* der Sinnkorridore gesorgt ist, kann Wissenschaft Äußerungen auf der Sinnebene von Sache und Sozialem *in die Sinndimension der Zeit überführen*: Sie kann von Beschreibungen der Gegenwart oder Vergangenheit (zum Beispiel Erzählungen von Steve Jobs, was bei Apple unternehmerisch passiert) auf Antezipationen *schließen* (in welchem Sinnkorridor innoviert das Unternehmen also und ist *exakt darüber* exzellent geworden?).

Mit einiger Wahrscheinlichkeit wird man bei einer solchen Studie mit kalifornischen Unternehmen Kandidaten finden, die das spezielle kalifornisch-ökonomische Denken, das anfangs hypothetisch zugrunde gelegt ist, sehr weitgehend spiegeln, sowie Mischformen und Unternehmen, die eher in anderer, vielleicht klassisch-betriebswirtschaftlicher Weise ihre Performance optimiert haben. Erst wenn präzise bestimmt wurde, was die Daten beantworten, bestätigen oder widerlegen sollen, sind sie dann – im Weiteren – auch nutzbar für *überraschende* Insights, die nicht erwartbar waren und jenseits der Sinnprämisse liegen. Dazu braucht man aber erst einen Maßstab, sozusagen einen Kompass, der *außerhalb* der Daten liegt (noch einmal: Daten selbst „meinen" gar nichts); und das bedeutet gleichzeitig: *nicht beim Beobachter.*

Um das Dilemma abzumildern, das sich aus diesen bis heute im Wesentlichen unbewältigten methodischen Problemen qualitativ-empirischer Forschung ergibt, bindet sich die Betriebswirtschaftslehre an ein (ständig wechselndes) Paradigma. Der Paradigmen-Begriff ist dasjenige Instrument, das hilft, die spezielle prekäre „Sinn-Logik", welche die etablierte Wissenschaft seit ihren Anfängen vertritt, erträglich zu halten. Gegenwärtig gilt ökonomietheoretisch die angloamerikanische *Maximizer*-Kultur (Optimierung) als paradigmatisch, die der Business-School-Tradition entstammt. Unabhängig vom jeweils führenden Paradigma ist aber das Ziel dieses Paradigmen-Spiels immer das Gleiche: Zu jeder Zeit „zeitlose (!), universelle Antworten" zu liefern auf beispielsweise unternehmerische Fragen. Zeitlosigkeit wird dabei garantiert durch das Wahrheitskriterium, das ewig gilt. Forschungsstrategisch funktioniert dieses Modell im aktuellen Paradigma zum Beispiel dadurch, dass man „weltweit operierende" Firmen untersucht, die sich „unabhängig von ihrem jeweiligen Tätigkeitsort nach den gleichen Kategorien beurteilen [lassen]". Kulturelle oder regionale Grundannahmen etwa oder traditionsbedingte Besonderheiten sind in diesem Ansatz irrelevant, ganz zu schweigen von subjektiven Organisationsspezifika. Und wenn man das jeweils „entdeckte Ideengerüst gewissenhaft an[wendet]", kann dies jeder nutzen und „vielleicht sogar zur Spitzengruppe aufschließen" (sämtlich und beispielhaft in diesem Absatz für zahlreiche weitere Exzellenzstudien: Collins 2001, S. 15, 268). Sollte sich dieses Ansinnen als nicht erfolgreich erweisen, läge das nicht an der Forschungsweise, sondern an der unprofessionellen Nutzung des Ideengerüsts seitens eines unbedarften Praktikers – ein perfekt selbstimmunisiertes System.

Den Grundstein für diese Art der Exzellenzforschung legte – in kulturell idealtypisch reiner Form – die Mutter aller Exzellenzstudien, in der die „De-Analyse" von Sinn explizit begründet wird:

> Ebensowenig haben wir versucht, von vornherein genau festzulegen, was wir unter exzellenter Unternehmensführung oder Innovation verstanden. Wir fürchteten, dass wir bei übertriebener Genauigkeit vielleicht die wesentlichen Erkenntnisse verfehlen würden, ganz wie E. B. Whites Darstellung des Humors, der „seziert werden kann wie ein Frosch, nur dass er dabei stirbt und das, was übrigbleibt, höchstens für den reinen Wissenschaftler keine Enttäuschung ist" (Peters und Waterman 1993, S. 42).

Hier wird in seltener Klarheit deutlich, welche Fehlschlüsse *unter*komplexes, das heißt sinnanalytisch unqualifiziertes Denken verursacht; und was es dabei sogar als vernünftig, logisch und plausibel erscheinen lässt. Wer ausschließlich die sachliche und soziale Dimension von Sinn kennt und wissenschaftlich akzeptiert, läuft nachvollziehbarerweise Gefahr, sich in Schleifen von Reflexion oder Beobachtungen zu verlieren, weil für Reflexion *nur diese Ebenen zur Verfügung stehen.* Hier löste immer weitere Reflexion – *noch mehr Präzision* – womöglich den Gegenstand auf; „viel" hilft eben nicht automatisch viel. Wissenschaftliche Seziererei *en détail* ist schlimmstenfalls sogar kontraproduktiv; was auch stimmt, wenn man zusätzliche Reflexion nicht als *externen* Urteilsmaßstab bewerten und nutzen kann, der auf einer *anderen* Ebene liegt: außerhalb der beforschten, primären Sinndimensionen von Sache und Sozialem. (Zur Illustration: Wir zitieren zukunftsforscherisch daher auch ein anderes Konzept von Humor. Komische Effekte stellen sich hiernach nicht dadurch ein, dass der Witz ein *Detail* beleuchtet, zum Beispiel etwas, das bisher nicht bewusst war, sondern dadurch, dass sich aus einem – in etablierter Logik nicht erklärbaren – Kontrast distinkter, im Witz als „widersprüchlich" lediglich *empfundener*, inkompatibler Sinnebenen ergibt; vgl. Abb. 3.4.) Erst ein hinreichend entfaltetes Verständnis von Komplexität ließe die Mehrebenen-Logik von Sinn erkennen, die erforderlich ist, um in einer Forschungsstudie eine speziell *sinn*bezogene (zeitlich qualifizierte) Präzisierung von Exzellenz vernünftig finden zu können.

In der zuvor zitierten, Sinnanalyse *diskriminierenden* Tradition steht seitdem praktisch jede Exzellenzstudie. Diese Zurichtung empirisch operationalisierter Forschung garantiert, dass Kritik an solchem Forschungsverständnis einfach abprallt. Eine in dieser Weise selbstimmunisierte Forschung starrt auf Datenberge und stiftet Korrelationen darin *durch den jeweiligen Beobachter* (der nur wissenschaftlich legitimiert sein muss). Sinn wird definiert anhand dessen, was *dem wissenschaftlichen Beobachter*, jeweils paradigmatisch-aktuell legitimiert, sinnvoll erscheint, ohne dass dies methodisch *selbst* überwacht würde beziehungsweise vom Forscher ausgewiesen werden müsste (Metakognition fehlt). Und ohne, dass die Daten in Relation zum Kontext gebracht würden, in dem sie erhoben wurden, zu dem sie gehören und *der ihren Sinn mitbestimmt*. Wiederholt: In klassisch-empirischer, wirtschaftswissenschaftlicher Forschung legen gerade nicht Situation oder Kontext die Sinndimension erhobener Daten fest, sondern der auf universalistische Aussagen getrimmte, wissenschaftliche Beobachter – methodisch unkontrolliert.

Am Beispiel von Collins wird deutlich, dass eine Berücksichtigung des sinnbildenden Kontextes sogar *explizit* unerwünscht ist und unterdrückt wird: Als Stichprobe wählt man weltweit operierende Firmen, die allgemeingültige, also *kulturell sinnneutralisierte* Aussagen zulassen. Der kulturalistische blinde Fleck dieser Art von Forschung ist also eigens hergestellt und intrinsisch angelegt: Es wird so geforscht beziehungsweise beobachtet, dass sinnfundierende Bedeutungsebenen, die dem gerade angesagten universalistischen Sinnparadigma *widersprechen*, aus der wissenschaftlichen Beobachtung herausgefiltert werden können und so das Paradigma sich stets selbst legitimiert. Diese Wissenschaft *erschwert* oder *verhindert alternativenorientierte Sinnanalysen* – das ist einigen wenigen Studienleitern auch durchaus aufgefallen. Collins gehört selbst dazu; seine Kommentierung dieses Vorgehens ist aufschlussreich.

> Wir wollen nicht den Anspruch erheben, die von uns entdeckten Prinzipien „verursachten" Größe. (Niemand aus dem Bereich der Sozialwissenschaften könnte jemals Anspruch auf Kausalität erheben.) Aber wir können durchaus Korrelationen geltend machen, die aus unserer (!) Beweisführung resultieren. Wendet man unsere Erkenntnisse konsequent an, ist die Chance, ein dauerhaft erfolgreiches Unternehmen aufzubauen, höher, als wenn man sich so verhält wie eins der Vergleichsunternehmen (Collins und Hansen 2012, S. 27).

Die zentrale Aussage: Wendet der Unternehmer die Sinnzuschreibung *des Forschers*, die aus dessen *eigener* Argumentation – das heißt Sinnbeilegung – wissenschaftlich legitim herausdestilliert wird, möglichst unverzerrt an, steigt die unternehmerische Erfolgschance. Man übernehme das Denken der Wissenschaft und prozessiere gewissenhaft die Standards. Anhand dieser Aussage wird sichtbar:

1. Klassisch stehen der Wissenschaft die Sinndimensionen von Sache und Sozialem offen. Im Wesentlichen geht es um den Nachweis von Kausalität. Temporal- oder Modallogiken, andere Dimensionen der Sinnzuschreibungen hingegen, die ebenfalls offenstehen, werden wissenschaftlich ausgeblendet.
2. Kausallogik ist die Grundlage, auf der Ergebnisse und Empfehlungen fußen. Kausallogik wird durch Kausallogik kontrolliert.
3. Tauchen bei diesem Vorgehen Grenzen oder Probleme auf, werden sie den Beschränkungen des *Menschen* beziehungsweise seiner kognitiven Fähigkeiten zugeschrieben, nicht dem Selbstverständnis von Wissenschaft. Letzteres kommt als Fehlerquelle nicht in Betracht.
4. Aufgrund der anthropologischen „Gründe" gelten Unschärfen und Qualitätsdefizite bei den Ergebnissen solcher Forschung als akzeptabel („niemand kann das"). Statt diese unbefriedigende Situation aber methodisch zu verbessern, wird der Anspruch reduziert: Mehr ist eben nicht zu haben.
5. Immerhin: Man kann „Korrelationen" ausweisen. Was dabei herauskommt, genügt zwar eigentlich noch nicht einmal den eigenen Wissenschaftsansprüchen (Reliabilität, Validität, Objektivität – denn das Kausalprinzip greift eben nie vollständig); Verantwortung wie Konsequenzen dieses Programms trägt jedoch nicht die Wissenschaft, sondern der praktische Anwender. Mangelt es ihm an Umsetzungskonsequenz oder Verständnis für die Sache, darf er sich nicht wundern, wenn nichts dabei herauskommt. Der Wissenschaftler jedenfalls steht nicht in der Pflicht.

Solche Kuriositäten des etablierten, institutionell verteidigten Methodenverständnisses haben bereits mehrere Wissenschaftstheoretiker herausgearbeitet (allen voran Paul Feyerabend). Die Gründe für diese Situation liegen jedoch nicht bei inkompetenten Forschern, schlechten Methoden, falscher Umsetzung oder zu kleinen Fallgrößen; die beliebte Suche nach „Schuldigen" führt hier einmal mehr nicht weiter. *Innerhalb* des etablierten Wissenschaftsleitbildes *gibt es keine Schuldigen* – das Problem ist das Leitbild. Zukunftsforschung hat damit mehrere funktionale, forschungsstrategisch gegenstandsbezogene Schwierigkeiten. Mit diesem Wissenschaftsleitbild ist Zukunftsforschung jedenfalls nicht möglich (man kann darüber streiten, welche Forschung hiermit generell in hinreichender Qualität möglich ist). Jede Beobachterin mag für sich selbst entscheiden, wo die Wissenschaft ihre Zukunft verorten sollte: Im universalistischen Wahrheitsdiskurs auf der ewigen Suche nach von allen, überall und zu jeder Zeit geteilten Geltungsansprüchen oder in einem sozialen Nutzendiskurs auf der ewigen Suche nach dem situativ besten, weil attraktivsten handlungsleitenden Sinn, den sich Menschen zu unterschiedlichen Zeiten mit jeweils wechselnden Antworten selbst geben wollen.

Zusammenfassende Einordnung: Wissenschaftstheoretischer Stellenwert dieser Art von Empirie

Eine Wissenschaft, die den Beobachter ernst nimmt und mit einbezieht, ist als Forderung nicht neu. Im Zuge des Positivismusstreits der 1960er-Jahre wurden diese Zusammenhänge bereits diskutiert; ein Kulminationspunkt dabei war die Streitschrift „Erkenntnis und Interesse" von Jürgen Habermas (1981). Durch ihn lösten die Sozialwissenschaften, allen voran die Kritische Theorie, diese Problematik jedoch anders auf als Zukunftsforschung – mit bis heute unangefochtener Geltung. Auch Habermas zufolge gibt es keine „reine" Theorie; jede Form von Wissenschaft sci unvermeidbar mit Interessen unterlegt. Der forschende Beobachter spiele dabei eine wichtige Rolle – soweit die Gemeinsamkeiten. Allerdings gäbe es neben partikularistisch unlauteren und kritikwürdigen Interessen (vgl. Habermas 1969) auch zwei legitime: Zum einen das dezidiert naturwissenschaftliche Interesse (der menschlichen Gattung technische Verfügung über die Natur zu garantieren, heute ökologisch gebändigt). Und zum anderen das dezidiert sozialwissenschaftliche Interesse (eine „intersubjektive" Kommunikation aufrechtzuerhalten, das heißt universalistische, in *diesem* Sinne intersubjektiv geteilte Geltungsansprüche zu achten). „Interesse" steht in beiden Fällen für zwar methodisch sinnanalytisch unkontrollierte, gleichwohl aber „auch so" *legitime* Sinn-Fundierungen von Wissenschaft durch den forschenden Beobachter: Zwei Interessenlagen werden also ausgenommen und als legitim dekretiert. Zukunftsforschung widerspricht dieser Position. „Über den forscherischen Dingen" stehende, gedanklich nicht kontrollierte Interessen sind wissenschaftlich grundsätzlich problematisch.

Um dieser Haltung gerecht zu werden, belegt Zukunftsforschung nicht mehr empirisch, was der Fall ist (erforscht die Welt), sondern sucht diejenigen Informationen, *die dafür sorgen*, was empirisch der Fall ist (metakognitive Beschreibung gemäß quantenphysikalischem Verständnis: diejenigen Informationen, die gerade Welt „machen"). In eben dieser Weise haben wir daher eingangs unser Wissenschaftsverständnis zugeschnitten. *Deshalb* dreht sich hier alles um Sinn: Es geht um nichts anders als um Informationen. Das bedeutet: Zukunftsforschung exploriert mit empirischer Forschung als metadisziplinärer Sozialwissenschaft aktuellen, gerade in Geltung stehenden Sinn bezüglich der Welt – mit methodisch maximaler Zurückhaltung des Forschersinns. *Damit wechselt die Funktion von Empirie*: Sie übernimmt eine andere Aufgabe als früher. Sie muss Sinn aus empirischem Material deutend *herauslösen* (und nicht mehr *im* Material „entdecken", messen und somit belegen: „Heureka!"). Sinn und Welt fallen nicht mehr zusammen: Nicht die Welt, so, wie sie ist, bestimmt den Sinn, den wir in ihr aufspüren und enträtseln, sondern wir legen der Welt situativ Sinn bei – und *der* wird erforscht. Der „Beleg" für wissenschaftliche Angemessenheit und in diesem Sinne forscherischen Erfolg ist dabei das Verstehen-Können der explorierten Informationen *in Bezug auf ihren Kontext*: Eine sinngemäße *Passung* zwischen Information und jeweiliger Situation, in der sie steht beziehungsweise dem Forscher gegeben wird. Zukunftswissenschaftliche Forschungsergebnisse machen *situativ* Sinn und „ziehen". Ihre Bedeutung für einen konkreten Ort zu einer konkreten Zeit wirbt für sie und steht für sich. Die Relevanz rein sachlicher Bedeutungsgehalte und Begründungen nimmt dadurch ab.

Ökonomisch gewendet: Man versteht die Führung und Entwicklung kalifornischer Unternehmen nicht, wenn man den zeitlogischen, antezipativen und jeweils singulären Fluchtpunkt des Organisationssinns nicht berücksichtigt. Also wird zukunftsforscherisch beispielsweise Apple unter Steve Jobs interpretiert vor dem Hintergrund seines Verständnisses von Technologie (Bicycle for our mind). Es geht nicht mehr um Sachangemessenheit, sondern um Sinnangemessenheit – eine Art analytische Deutungs*kunst*, wie bereits Flechtheim als einer der Gründungsväter von Zukunftsforschung immer wieder betonte (Flechtheim und Joos 1991, S. 74 f.). Das Skandalon aus klassischer Wissenschaftssicht dabei ist, dass Empirie praktisch vollständig mit Subjektivität vermengt wird. Hier gibt es nichts objektiv zu erfassen, zu messen oder zu analysieren, denn Sinn ist gerade nicht objektiv – aber subjektiv immer logisch! Objektivität ist auf der Ebene der Zeit; und nur auf ihr, das heißt aus zeitlogischer Perspektive betrachtet; das *Gegenteil* beziehungsweise der „Feind" von Sinn: Messbare, beweisbare Objektivität *unterbindet* Idiosynkrasien und alles ganz andere, nicht Nachweisbare, noch nicht Existente; eben das subjektive Moment an einer Sinngebung. Im Fokus dieser Forschung stehen deshalb Subjektivität, nicht Objektivität; Partikularismen, keine Universalismen.

4.3 Norm und Kritik

Was sind Normen? In der Regel bezeichnen sie das, was in Sachen Recht, Werten, Überzeugungen oder Glaubenssätzen gerade allgemein akzeptiert wird: was (als normal) *gilt*. Sie fixieren aktuell relevanten, kontext*übergreifenden* Sinn. Nun interessieren sich Zukunftsforscher, wie wir gesehen haben, für den gerade nicht: gegenwärtigen und allgemeingültigen Sinn. Sie wollen künftigen, anderen Sinn, und der ist grundsätzlich spezifisch. Für eine Denkbewegung, die dabei weiterhilft, gibt es Vorbilder. So ist von George W. Bush das Bonmot überliefert, seine Sätze führten ihn in Gefilde, in die sich noch kein Mensch gewagt habe. Das ist, trotz des Autors, schön formuliert und gedacht: Sprache als Mittel zu benutzen, „nach vorne hin" den eigenen Horizont zu erweitern.

Im alten Europa hatten Menschen zur Schöpfung von Sinn vornehmlich das Modell der „*Religio*" zur Verfügung: Eine vergangenheitsfixierte Rück-Bindung (an Metaphysik, Transzendenz oder Wahrheit). Zukunftsforschung ersetzt Rückbindung durch *Vor*griff – durch Antezipation, behält die Aufgabe jedoch bei. Wie kommt also der Akteur zu einer „guten" eigenen, neuen Perspektive; und was heißt dabei „gut"? Wie kann, wissenschaftlich betrachtet, Antezipation in diesem Zusammenhang Qualität oder Güte (Sinn) anbieten, wenn gleichzeitig jede wahrheitszentrierte Rückbindung wegfällt?

Neben sinnanalytisch qualifiziertem Beobachten muss der Akteur gemäß Zukunftsforschung dazu grundsätzlich *Gegenwartskritik* betreiben: In einem, wenn auch kleinen,

Ausschnitt das – im Vergleich zu heute – *andere* in den Blick nehmen. Man könnte meinen, Zukunftsforscher praktizierten dies „automatisch", da sie doch Zukunft bearbeiten. Wie am Beispiel der Prognostik ersichtlich (die mit „Daten" arbeitet und praktische Zukunftsforschung *dominiert*), ist das jedoch keineswegs der Fall – jedenfalls nicht „automatisch".

Von der Zweiseitigkeit des Forschungsschemas war bereits die Rede (Abb. 4.3). Während es beim forschend-explorierenden Beobachten aber um eine Sinn*deutung*, eine Exploration von Sinn seitens – möglichst ausschließlich – des Beforschten und nicht des Forschers geht, bedeutet wissenschaftliche Antezipation, neben dem konkreten zeitlichen Vorgriff als Vision oder Erwartungshaltung, eine zusätzliche, methodisch-aktive Denkbewegung zur Vermeidung ganz generell von Sinn*vereinseitigung*. Eine zukunftsforscherisch „gute" Antezipation ist immer das Ergebnis einer Abwägung zwischen mehreren zeitlogischen Sinn*alternativen*.

Mit dem zweiseitigen Schema von Exploration (a) und Antezipation (b) soll also zweierlei *vermieden* werden:

a. eine Zentrierung an Wahrheit gemäß herkömmlichem Wissenschaftsleitbild, wie dargelegt (Lösung „Beobachten": Vermeidung von kontextfreiem „Erkennen"), und

b. ein Scheitern an Komplexität – indem man sich unbemerkt in einer vereinseitigten Sinndimensionierung verfängt und beispielsweise nur sach- oder soziallogisch beobachtet. Da Komplexität dadurch gekennzeichnet ist, dass es zu Konfusionen *unterschiedlicher* Sinnebenen kommt, die auf nur *einer* logischen Ebene von Menschen kognitiv nicht aufgelöst werden können, muss unterbunden werden, dass sozusagen „hinter dem Rücken" des Beobachters Sinn unkontrolliert auf eine solche Ebene verengt oder dominant wird (Vermeidung blinder Flecken). Die Lösung innerhalb der Antezipation: Nicht sinnanalytisch *ein*dimensional denken! Mehrere zeitlogisch passende Möglichkeiten sind grundsätzlich gegeneinander abzuwägen. Was man zwingend braucht, sind *Alternativen*.

Alternativen

Eine „gute" Antezipation ist das Ergebnis mehrerer zeitlogisch aneinander geprüfter Sinnalternativen, aus der die Antezipation als situativ Beste hervorging beziehungsweise als solche entschieden wurde. Antezipationen weisen, wie beschrieben, eine spezielle Passung aus: Diejenige zwischen situativer Gegenwart (was dem Akteur heute möglich ist – seine Kompetenzen und Ressourcen) und Zukunft (was ihm auf dieser Basis außerdem noch möglich wäre und was er will). Um eine Antezipation zukunftsforscherisch hinreichend zu qualifizieren, müssen *mehrere Optionen zeitlogischen Sinns miteinander verglichen werden*: Welche hat die beste – oder zumindest eine hinreichend gute – Passung zur Gegenwart und markiert *zugleich* den maximalen Sinngehalt dessen, den die jeweilige subjektive Positiv-Erwartung (Hoffnung, Wunsch) verspricht? Diese Best-Qualität: der zeitlogische Fluchtpunkt von Exzellenz, der deshalb bei jeder Organisation anders ausfällt, ist nie selbsterklärend oder offenbar. Man muss ihn in jedem Fall herausfinden; in

Unternehmen etwa durch kontroverse Diskussionen und mehrere Perspektiven, in denen gemeinsam die Tiefenkompetenz der Organisation gehoben wird („Wozu wir auf Basis unserer gegenwärtigen Fundamente bestenfalls imstande wären."). In solchen Auseinandersetzungen wird identifiziert, welche Option die „beste" wäre – und das ist immer diejenige, welche die eigene, bereits im Keim angelegte, nicht-kopierbare Fähigkeit zu dem werden lässt, was sie in der Realität maximal sein kann. Zu ihrer Bestimmung nutzt man einerseits sachlogische Gegebenheiten, das heißt die Fakten und Umstände: das, was nun einmal so ist, wie es ist, etwa Kompetenzen und Ressourcen (Sinndimension von Sache und Sozialem, wobei Kausallogik im Vordergrund steht). Und andererseits – und zwar *vorrangig* – die zeitlogischen Fluchtpunkte, warum man etwas überhaupt anfangen will (Modallogik im Vordergrund: „was wäre wenn", Denken im Modus des „als ob"). Man identifiziert also die Bestoption durch eine Operationalisierung *komplexer* Sinngehalte. Das Verblüffende: Praktisch ist das ganz einfach.

Was sich hier verwickelt und kompliziert anhört, lässt sich in der Praxis mit einem simplen Gebot umsetzen. Die Militärs haben es in ihren „Theatre of war"-Spielen erfunden: *Entscheide eine Antezipation niemals auf Basis von weniger als drei Alternativen.* Bei nur einer steht der Akteur mit dem Rücken zur Wand (die Realität diktiert alternativloses Handeln). Bei zwei Optionen handelt es sich um ein Dilemma (Wahl zwischen vorgegebenen, womöglich suboptimalen Optionen „zwischen Pest und Cholera"). Erst bei der Wahl zwischen mindestens drei Optionen beginnt eine wissenschaftlich hinreichend qualifizierte Zukunftsentscheidung, eine freie Wahlhandlung.

Das als Prinzip veranschlagte Denken und Entscheiden auf Basis mehrerer Alternativen ist, *prozedural formuliert*, die praktische Vollzugsweise, mit der Komplexität bearbeitet wird. Der heute noch unerklärliche Effekt dabei: „Automatisch" wird bei einer Ausdifferenzierung von zukunftsbezogen plausiblem Sinn (also Antezipationen, die alle eine akzeptable Passung zur Gegenwart aufweisen) maßgeblich die *zeitlogische* Sinndimension variiert. Das ist nicht selbstverständlich; denn man könnte meinen, in alternativen Antezipationen würden *alle* Sinndimensionen variiert – was de facto jedoch nur sehr eingeschränkt zutrifft. Die höchste Varianz bei einer Ausdifferenzierung von logisch erscheinenden Zukunftsperspektiven wird tatsächlich zeitlogisch erzeugt. Kennern von Szenariotechniken wird das einleuchten: Denn die anfängliche Analyse von Trends und Einflussfaktoren (Cross Impact Matrix: Kausallogik, Arbeit in den Sinndimensionen von Sache und Sozialem) ist für *alle* Alternativszenarien *die gleiche*. Bei der Konstruktion von Szenarien werden eben *nicht* jeweils die vermeintlich objektiven Fakten oder Trends für jedes Einzelszenario neu veranschlagt, sondern ausschließlich der *antezipativ* zugeschriebene Sinn: der zeitlogische. Die Kompetenz- und Ressourcenbasis bleibt für alle Szenarien fix. Daraus folgt: Im vergleichenden Beforschen von zukunftsbezogenen Alternativen können wir zeitliches Denken *isolieren*. Wie das kognitiv genau funktioniert, ist unbekannt – Denkwerkzeuge wie das Alternativenprinzip sind aber nutzbar, um diesen Effekt zu erzeugen; auch ohne geklärt zu haben, wie er zustande kommt.

Mit diesem Hilfsmittel lässt sich Komplexität bearbeiten. Dazu müssen wir „diszipliniert" in Alternativen denken – das praktizieren Metadisziplinen. Ihnen gelingt es, die

Tab. 4.1 Schwacher versus starker Alternativenbegriff

	Schwache Alternative	Starke Alternative
Art der Auswahl	– Ausdifferenzierung von verschiedenen Möglichkeiten eines einzigen Untersuchungsobjekts auf *einer* Sinnebene: Das Phänomen wird aufgespalten in unterschiedliche Versionen (keine andere Sinn-Perspektive erforderlich)	– Wie „schwach" *plus*: Ausdifferenzierung von verschiedenen Möglichkeiten eines einzigen Untersuchungsobjekts auch auf *verschiedenen* Sinnebenen: Ein und dasselbe, z. B. zunächst sachlich beschriebene Gedankenobjekt nimmt unterschiedliche Sinn-Gestalten und -formen an; sieht aus verschiedenen Perspektiven jeweils anders aus
Synonym	– Version, Variation, Auffächerung – Meint: Andere Formalisierung oder Gestaltung oder Zusammensetzung oder Kontextverschiebung eines identitär gleichbleibenden Gedankenobjekts – Bsp.: Internet – Intranet	– Gegensinn, Potenzialität, Fiktion – Meint: Identitätswechsel des Gedankenobjekts – Bsp.: Internet – Brainnet (neurowissenschaftliche Vision eines künftigen humanen neuronalen Netzes)
Logischer Stellenwert der Alternative	– Möglichkeit des – in der Regel kausal-logisch begründeten – Auswählens zwischen mehreren Dingen/Versionen usw. – Akt des Wählens ist wichtig, Kontext der Versionen ist unwichtig	– Möglichkeit einer – in der Regel modal-logischen – Sinn-Bewertung durch Vergleich von mehreren Sinnzuschreibungen – Sinn-Qualifizierung bzw. Kontext ist wichtig, Akt des Wählens folgt daraus
Wertigkeit	– *Selektion* aus einer Alternativenmenge – Instrumentalistischer Filter hinsichtlich Effektivität und Effizienz – objektivierbar, messbar	– *Vergleich* als auszeichnendes Urteil – Qualifikation anhand von – in dieser Situation, d. h. hier und jetzt für relevant gehaltenem – Sinn und Bedeutung – normativ
Kreativer Aspekt	– Kombination/Re-Kombination – Meint z. B.: Modulare Innovationen durch andere Zusammenstellung	– Neuartige Sinnzuschreibung oder Bedeutungsgebung für ein Untersuchungsobjekt – Meint z. B.: Radikale Innovation durch Änderung des logischen Stellenwertes
Fazit	„Gegenstand der Zukunftsforschung ist nicht ‚die Zukunft' (auch nicht die Vielheit von ‚Zukünften'), sondern der Aspekt der Veränderung am jeweiligen Untersuchungsgegenstand" (Steinmüller 1995, S. 22)	Gegenstand der Zukunftsforschung ist nicht die Analyse von Veränderungsprozessen in Bezug auf Dinge oder Menschen („Untersuchungsgegenstände"), sondern in Bezug auf *Erwartungen* an sie (Kontext und Zeit)

fachdisziplinären „Inhalte" (Semantiken, in denen sich vorherrschende, also gegenwärtige Denkmuster kristallisieren) in alternativer Logik zu übersteigen (in der Zukunftsforschung eben *zeit*logisch). Erforderlich ist dazu ein starker Alternativenbegriff (vgl. Tab. 4.1). „Stark" ist er deswegen, weil in ihm eine rein formale und damit semantisch entleerte Logik „stark gemacht" wird, die zukunftsforscherisches Denken trägt. Dieser Alternativenbegriff bezeichnet nicht bloß eine Pluralisierung oder Ausdifferenzierung der Dinge – obwohl er in der konventionellen Zukunftsforschung oder auch in der frühen Kybernetik in genau diesem „schwachen" Sinn gebraucht wird. In der wissenschaftlichen Zukunftsforschung geht es jedoch nicht um Alternativen *innerhalb* des vorhandenen Denkmusters, sondern *außerhalb*.

An Alternativen *innerhalb* herrscht kein Mangel: Denn selbstverständlich sind etwa auf der Basis des sogenannten Plattform-Kapitalismus unüberschaubar viele weitere Möglichkeiten digitaler „Disruptionen" möglich und wahrscheinlich (etwa im Hotel- oder Finanzgewerbe, Social Business oder der Modebranche). Bisher stehen dem vor allem Gewohnheiten und Akzeptanzprobleme seitens der Kunden entgegen, weniger ein Mangel an Konzeptideen. Dass dieses Spektrum ausgerollt wird, ist nahezu sicher. Digitalisierung selbst könnte jedoch auch Teil eines wiederum neuen, noch nicht existenten Ökonomieleitbildes sein, das die Digitalisierung selbst lediglich als Mittel oder Relationsglied betrachtet. Das wäre eine *echte* Alternative, eine Alternative im Außerhalb der sogenannten digitalen Transformation; ein zukunftsforscherischer „Gegensinn".

Steve Jobs' ökonomisch-alternativer Gegensinn

Bekanntlich hat Steve Jobs bei Apple die Regel eingeführt, die Festplatten der Macs zu signieren – wie Künstler ihr Werk. In diesem Ritual wurde eine Sinnverschiebung vollzogen, ein Gegensinn installiert und sozial inszeniert, genauer: ein Gegensinn zur schieren, puren und „schnöden" Profitorientierung, für die insbesondere der Hassgegner IBM stand. Bei IBM dominieren, aus Jobs' Sicht, die Schlipsträger und IT-Vollzugsbürokraten, aber keine Computerexperten. Macs sind „Bicycles for the mind of our users" und gerade keine simplen Maschinen. Die Signier-Praxis nutzt die Macht der Normativität, aktualisiert eine reine Möglichkeit und macht Macs zu dem, was sie fortan sein sollen: Kunstästhetische Produkte. Auch ein Künstler bildet im Bild nicht physikalisch korrekt einen Baum ab, sondern unterbreitet ein Sinnangebot bezüglich der ganz subjektiven Deutung oder dem Verstehen eines Baumes („so sehe ich diesen Baum") – so kurios diese Darstellung auch sein mag.

Ein künstlerisches Bild hat die Funktion, „nahezu endlose[.] und zeitlos große[.] Gedanken zu erfassen [... und sie] so auszudrücken, dass ein anderer Mensch sie nachempfinden kann". „Bei jeder künstlerischen Äußerung [...] geht es vor allem darum, der Außenwelt eine Botschaft zu vermitteln, das heißt, einen persönlichen Gedanken, einen überraschenden Einfall, eine Gefühlsregung für andere auf sinnliche Weise sichtbar zu machen, und zwar so, dass der Betrachter über die Absichten des Schöpfers nicht im Unklaren gelassen wird" (Escher in Briefen, zitiert nach Locher und Veldhuysen 2003, S. 29, 109). In Jobs Worten (2012): „Ich glaube nicht, dass die besten Leute, mit denen ich gearbeitet habe, mit Computern arbeiten, weil es Computer sein mussten, sondern weil sie das Medium sind, ein Gefühl weiterzugeben, das man mit anderen teilen möchte". Hier berühren sich ökonomische Reflexion und Kunst ganz praktisch-konkret.

Es gibt viele Firmen, die sich beispielsweise unter dem Ansatz „Marke" mit einem möglichen (Sinn-)Überschuss beschäftigen, der den reinen Gebrauchswert ihres Produkts übersteigt. Aber: Erst wenige Unternehmen haben verstanden, was zeitlogisch qualifizierte Normativität ökonomisch umfassend bedeuten kann: eine sinnhafte, sinnstiftende Ökonomie. Ein solches Angebot ist derzeit „outstanding". Allen anderen erscheint es so, als ob diese Unternehmen Bedürfnisse erfinden und befriedigen würden, *bevor diese auftreten* – weil sie *sach*logisch denken (ein angebliches Paradox: Bedürfnisse zu befriedigen, die gar nicht da sind). Eigentlich ist es jedoch das ökonomisch überbrachte *Sinnangebot*, das neuartige Bedürfnisse, die sich aus der sinngenerierenden Antezipation *ergeben* (wir bieten dir ein „Bicycle for your mind!"), transportiert und ausstrahlt. Kunden von Apple möchten *auch* ihren Geist, ihre Kreativität, ihr Genie maximieren! Sie möchten an diesem Sinn teilhaben – die Nutzung eines Macintosh-Computers als Katalysator für die eigene geistige Entwicklung betrachten. Das Auftauchen einer solchen verheißenden Technologie verschiebt fortan den Anspruch an Kommunikationstechnologie, an die Erwartungen an sie, und generiert *damit* Bedürfnisse – das liegt nicht am Produkt als solchem.

Dass ein *Unternehmen* die Sicht auf die Welt erweitern, in Teilen gar das Weltbild revolutionieren kann, ist eine historisch neue Erfahrung. Die gesellschaftliche Entwicklung nimmt aufgrund der omnipräsenten Macht einer globalen Wirtschaft eine Richtung, in der nicht mehr (nur) spirituelle Traditionen, altehrwürdige Institutionen oder weise Menschen Sinnschöpfungen profilieren oder zur Weiterentwicklung inspirieren, sondern No-Name-Start-ups – was bedeutet: potenziell jeder (dafür steht die kalifornische Garage). Informationen konstruieren Welt; auch und derzeit vor allem in der Wirtschaft. Dass die meisten akademisch sozialisierten Ökonomen diese nicht einfach zu durchschauenden Mechanismen klassisch-sachlogisch mit Marketing verwechseln („Marke"), ist das Problem von etablierter Ökonomie und Marketing, nicht der kalifornischen Unternehmen: Diese surfen auf genau dieser Naivität und erweitern derweil ihren Vorsprung.

Dieses – im zukunftsforscherischen Sinne – *strategische* Spiel mit Bedeutung bildet den Kern zukunftsforscherischer Normativität und Kritik. Es führt nebenbei aus einem logischen Grundproblem des bisherigen Kritikverständnisses heraus, das Kritik in erheblichem Maße, aber unbeobachtet und nur halb bewusst, entwertet: Den Missstand, als Kritiker notwendig in der Rolle eines All- und Besserwissers immer und grundsätzlich auf der richtigen Seite stehen zu müssen. Kritisiert man Ungerechtigkeit, ökologisch unbedarftes Handeln oder Unterdrückung, steht man automatisch auf der Seite der Gerechten, ökologisch Korrekten und Freiheitskämpfer – logisch ist das unvermeidlich. Kritiker sind grundsätzlich moralisch mustergültig und vorbildhaft; sie können gar nicht anders. In jüngster Zeit wird dies immer häufiger durchschaut. Westliche Gesellschaften haben sich weiterentwickelt und nehmen an solch restringierter Kritik zunehmend Anstoß: Kritiker dieses Typs erscheinen als „Moraltaranteln" (Nietzsche), Korrektheitsfanatiker und Oberlehrer (vgl. die Veggie-Day-Debatte) – und die Kritiker wundern und ärgern sich darüber, derart missverstanden zu werden, ihre Kritik sei doch ganz anders *gemeint!* An solchen Konflikten bricht etwas auf: Der Umstand, dass unsere Gesellschaft inzwischen zu kognitiv weit mehr in der Lage ist als ihr wissenschaftlich geboten und zugetraut wird. Um aus dieser Bredouille herauszukommen, muss man den Norm- und Kritikbegriff aufbrechen: Beide sind sinnlogisch unterbestimmt.

Normativität

Einleitend haben wir Zukunftsforschung vorläufig und unter anderem definiert als Disziplin, die das Unmögliche möglich macht. Der Möglichkeitsbegriff, der hier verwendet wird, ist speziell. Es gibt zum einen den Typ von Möglichkeiten, der *real besteht* (ich kann auf Leitern oder Bäumen logisch-hierarchisch nach oben und unten klettern, aber auf keiner realen Treppe *heterarchisch* nach oben und unten). Künstler wie Escher illustrieren einen zweiten Möglichkeitsbegriff, der eine Art „reine" Möglichkeit anstrahlt, die naturwissenschaftlich betrachtet aber irreal ist. Mentale Prozesse, die in gehaltvoller, emphatischer Weise die Zukunft betreffen (also nicht-Existentes), sind in Relation zur Gegenwart (objektiv Existentem) häufig von logisch heterarchischer Art; sie bezeichnen eher logisch Unmögliches als bloß Wahrscheinliches. *Es macht keinen Sinn*, solche Möglichkeit zu messen, zu objektivieren oder in ein hierarchisch geordnetes Verhältnis zum Heute zu bringen – sie besteht *neben* Realem. Sie liegt auf einer anderen Ebene, ohne dass uns das praktisch Probleme bereiten würde: Wir träumen nachts und denken tagsüber. Man kann sogar Gegenwart und Zukunft für bestimmte Entscheidungszwecke *fiktiv tauschen,* das heißt perspektivisch und situativ die Priorität wechseln; aber das verändert nicht das zeitlogische Verhältnis von Gegenwart und Zukunft. Wir leben, wenn wir das gedanklich exerzieren, nicht plötzlich in der Zukunft – und niemand käme auf die Idee, hier ein Problem zu suchen. Menschen können Logiken ohne Weiteres parallelschalten oder tauschen. Der Grund: Logik ist ein von Menschen selbstgemachtes System. Es „passt" für unsere mentalen Kapazitäten und Bedingtheiten immer, weil wir es situativ uns gemäß gestalten beziehungsweise umbilden können; es spiegelt keine Wahrheit. Kulturen haben jeweils sehr unterschiedliche logische Systeme entwickelt; mit Logiken können wir operieren, wie wir wollen – allerdings laufen diese Operationen fast immer unbewusst ab und sind kulturell gerahmt.

Wie in Abschn. 3.1 gezeigt, ist für Zukunftsforschung eine präzise Sondierung des logischen Feldes zwischen den Eckpfeilern Gewissheit, Wahrscheinlichkeit und Möglichkeit von entscheidender Bedeutung; denn Verschiebungen auf diesem Feld *verändern* Wirklichkeit. In Bezug auf „Möglichkeit" arbeitet unsere Metadisziplin nicht mit dem naturwissenschaftlich qualifizierten, sozusagen mimetisch-schwachen Möglichkeitsbegriff, sondern mit einem epistemisch-logisch verstärkten (vgl. Tab. 4.2); die Vorlage dafür stammt aus der modernen Physik. Hier geht es, wie bereits in anderen Zusammen-

Tab. 4.2 Objektiv schwacher versus subjektiv starker Möglichkeitsbegriff

	Objektiv schwache Möglichkeit	Subjektiv starke Möglichkeit
Verweist auf	Physikalisch Realisierbares: was theoretisch funktionieren könnte	Nach klassischen physikalischen Maßstäben Unrealisierbares, Irreales
Logisch qualifiziert als	– Naturwissenschaftlich (im Sinne von: geht das, gibt es das?) – Bsp.: Quantentechnologische Kryptografie (Schutz vor Datenspionage durch Quantenphysik: kompliziert, aber realisierbar)	– Epistemisch-formallogisch (im Sinne von „denkbar", „vorstellbar"; vergleichbar mit Escher-Illustrationen) – Bsp.: Kalifornische „Moonshots"
Praktiziert	Denkbewegung als Mimesis (das, was als möglich gilt, orientiert sich an Naturgesetzen)	Kreative Imagination (creatio ex nihilo: Das, was als möglich gilt, orientiert sich am Vorstellbaren, nicht an Naturgesetzen)
Will	– Variabilisierung bestehender Realität – Aufspaltung in „noch mehr davon"	– Erweiternde Steigerung von Realität: Hinzufügen von etwas, Dehnung, qualitative Expansion
Bevorzugtes Mittel	– Technik (besser, effektiver, effizienter machen) – Wahrscheinlichkeitskalkulation	– Visionäres Denken (anders und neu machen) – Überzeugungskraft, Faszination oder die Macht der Ideen reichen aus, objektive Wahrscheinlichkeit nicht erforderlich
Synonym	Chance, Gelegenheit, Option	Vorstellung, Vision, Fantasie, Entwurf, Antezipation

hängen gezeigt, nicht um objektiv, sondern um subjektiv Mögliches; nicht um eine bloße Variabilisierung von bestehender Realität (schwacher Alternativenbegriff), sondern um eine erweiternde *Steigerung* von Realität (starker Alternativenbegriff). Im Zentrum steht eine Praxis, mit der sich die Beobachterin von der gegenwärtigen Realität distanziert: Eine Option wird positiv markiert, das heißt als potenziell real vorgestellt. Diese Möglichkeitsunterstellung: also eine Norm, die nicht mehr Instrument zur Wiederherstellung eines verirrten oder degenerierten Zustandes darstellt (konventionelles Normverständnis), sondern Mittel zu gestaltender Veränderung, darf – wie etwa ein Moonshot – umstritten sein. Kriterien wie universalistische Geltung oder kausallogische Plausibilität sind für sie bedeutungslos; eine Norm affirmiert vielmehr die Verwirklichung einer Möglichkeit, die von jemandem gewollt ist. Ob das lediglich eine Person betrifft oder „alle", ist irrelevant.

Für Zukunftsforschung ist ein starker Möglichkeitsbegriff deswegen von erheblicher Tragweite, weil er die Tür öffnet, Komplexität und Ungewissheit zu bewältigen. Man kann mit Unwägbarkeiten normativ umgehen, indem man mit fiktiven Möglichkeitsunterstellungen arbeitet. Die Weltbeurteilung, die dabei vorgenommen wird, lässt sich nicht durch Maßstäbe in Bezug auf die Welt, *wie sie ist,* begrenzen, sondern versucht umgekehrt qua andersartiger normativer Auszeichnung, die Realität zu verändern oder zu übersteigen.

Das ist in unserer Denktradition zwar kontraintuitiv, aber doch *logisch*: Normen können afaktisch sein, stehen aber nicht in *Konkurrenz* zu Fakten – sie bilden mitunter Gegenwelten zur realen Welt *als Teil* dieser Welt. Allein auf sachlicher Ebene ist diese Beschreibung paradox; nimmt man die zeitliche Sinndimension hinzu, ist sie es jedoch nicht mehr: Dieses Normativitätsverständnis berücksichtigt den antezipativen Vorgriff, den Normen grundsätzlich bewerkstelligen. Ein solches Verständnis von Normen lässt das traditionelle mimetische Normverständnis hinter sich und bestimmt Normativität als ein kognitives Ordnungsprinzip von *doppelläufigem* Sinn: Es „lebt" sozusagen vom Parallelschalten von Sinn sowohl auf real-gegenwärtiger als auch auf fiktiv-zukünftiger Ebene. Normativität organisiert mit diesem Trick *Erwartbarkeit um,* verschiebt Erwartungshorizonte und prämiert eine Ordnung, die im Augenblick, in der Gegenwart, fiktiv als angemessen oder wünschenswert erachtet wird (Grundlegung eines ersten solchen zeitlogischen Normenkonzepts bei Möllers 2015).

Normativität zeichnet also konzeptionelle, imaginäre Möglichkeit als *subjektiv wirklich* aus (vgl. Abb. 3.1) – vorerst gleichgültig, ob sie physikalisch überhaupt realisierbar wäre. Sie muss nur sozial anschlussfähig sein, andere müssen sie verstehen können: Physiker können in ihrer „Peer" durchaus über eine Welt ohne Gravitation nachdenken, auch wenn diese nirgendwo existiert. Eine solche Normativität ergreift für eine rein subjektive Möglichkeit Partei *allein deshalb,* weil es diese neue, zusätzliche, alternative Möglichkeit theoretisch-imaginär *gibt.* Man kann nicht nur mit technischen Hilfsmitteln, sondern auch mit Normen die Welt an eigene Bedürfnisse anpassen: Normen sind Instrumente, sich zumindest erst einmal vorzustellen, was alles möglich wäre. Diese Normativität vermehrt also Handlungsoptionen und erweitert den Spielraum der Handelnden – ganz prinzipiell und unabhängig von aller Machbarkeit. Ob diese neue, womöglich völlig irreale Möglichkeit als Antezipation für den Betreffenden letzten Endes auch machbar und sinnvoll wäre, ob sie infrage käme, muss durch ein Denken in Alternativen dann erst *geprüft* werden (sonst würde man tatsächlich ins Imaginäre abdriften).

Auch diese Grundidee: gedanklich mit reiner Möglichkeit zu experimentieren, entlehnt Zukunftsforschung, wie angedeutet, der Quantenphysik.

Die „reine Möglichkeit" der Quantenmechanik

Diese Zusammenhänge werden erneut plausibler, wenn man sich deren Entstehungskontext in der Quantenphysik anschaut. Speziell die Quantenmechanik hebt eine Einschränkung wieder auf, welche die klassische Physik der Naturerkenntnis auferlegt hatte. Die klassische Physik beruht in zahlreichen Aspekten auf einer *Abstraktion vom unmittelbar Gegebenen.* Anthropologisch reformuliert: Von dem, was Menschen sinnlich wahrnehmen. Zwar ist uns die (Um-)Welt nur sinnlich zugänglich, aber die klassische Physik beschreibt sie trotzdem mit Modellen, in denen die Sinnesqualitäten keinen Ort haben. (Zahlreiche Philosophen seit Nietzsche haben dagegen opponiert und die körperlichen Bedingtheiten in die sozialwissenschaftliche Theoriebildung zurückgeholt.) Diese in ihren Konsequenzen verhängnisvolle Abstraktion macht die Quantenmechanik rückgängig. Verhängnisvoll ist sie deswegen, weil wir in unserem Selbstverständnis mit solchem Denken eine zentrale Dimension des Menschen vollständig ausblenden und reflexiv nicht mehr einholen können: Sie kommt wissenschaftlich nicht vor.

Eine vollständige experimentelle Aussage in der *klassischen* Physik würde lauten: „Ich habe

a. an diesem Versuchsobjekt A

b. unter diesen (etwa räumlichen) Versuchsbedingungen

c. zum Zeitpunkt Z

d. diesen Zustand beobachtet."

Die Hypothese der klassischen Physik lautet, dass dieser Satz stets ersetzt werden dürfe durch den Satz: „An diesem Versuchsobjekt A besteht dieser Zustand"; kurz: „A gilt". Die physiktheoretische Aussage eliminiert also die Beobachterperspektive, genauer: den „sinnlichen" sowie zeitsituativen Anteil an der Messung. Außerdem wird behauptet, dass diese Aussage *grundsätzlich* richtig sei – egal, ob es einen Menschen gibt oder nicht, der beobachtet und der weiß (also über reflexives Bewusstsein darüber verfügt), ob sie richtig oder falsch ist. Gerechtfertigt wird diese Verkürzung mit der „Erfahrung", dass die Identität des Versuchsobjekts stets die Identität des Versuchsergebnisses gewährleistet: Wenn ich die fallende Kugel beobachte, zum Beispiel um Fallgeschwindigkeiten zu erforschen, beziehen sich die Ergebnisse meiner Beobachtungen stets auf die fallende Kugel, auf nichts sonst. Eine zusätzliche Angabe der sinnlichen Kenntnisnahme des Kugel-Fallens selbst oder seiner situativen Kontextualisierung erscheint hier überflüssig – man kann daraus nichts folgern, was nicht schon aus der Angabe des Tatbestandes selbst hervorginge. Soweit die klassische Perspektive.

In quantenmechanischer Perspektive ist dies eine Verkürzung; sie führt in Widersprüche. Was die Negation der experimentellen Aussage „A gilt" betrifft, so lässt diese nämlich *zwei* Arten der Negation zu:

1. „Ich weiß, dass A nicht gilt" (Negation der Sache), und

2. „Ich weiß nicht, ob A gilt" (Negation des Wissens; hier ist der Beobachter Thema).

In klassischer Lesart ist nur die erste Negation, also die der Sache, des objektiven Satzes, eine wirkliche Aussage über die Natur. Die Negation des Wissens hingegen formt die klassische Physik kurzerhand um in: „A gilt oder gilt nicht; ich weiß aktuell bloß noch nicht, welches von beiden zutrifft". Wenn der wissenschaftliche Fortschritt weitergeht, werde ich „es" aber irgendwann wissen: „Es" steht hier für Wahrheit. Mit möglichen physisch-biologischen Defiziten oder kognitiven Problemen des Beobachters hält sich klassische Physik nicht auf: Wissen ist finit und wahr; und für das Erkennen sind die menschlichen Sinne irrelevant. Im Bild einer „Fortschrittstreppe" klassischer Art werden wir irgendwann ganz oben ankommen. Die Welt existiert *unabhängig* von uns (Welt macht Information).

Wie bereits an anderer Stelle gezeigt, hat sich diese Vorstellung für die Quantenmechanik erledigt. Polemisch ließe sich sagen, mit der traditionellen Position beruhigen sich nur die Beobachter: Denn hier wird eine Pseudo-Sicherheit über die Dinge in der Umwelt, der Natur erzeugt (ihre intelligible „Wahrheit", an der man sich festhalten kann, sowie an untrüglich diese „Wahrheit" erkennen könnende Sinne), die gar nicht stimmen muss: Jemand anderes könnte anders beobachten und gewönne so eine alternative Wahrheit. Oder vielleicht sind auch unsere Augen nicht in der Lage, bestimmte Dinge zu sehen. Denn rein logisch gibt es hier mindestens drei Möglichkeiten: Die experimentelle Aussage selbst („A gilt") sowie *beide* Negationen. Alle drei Möglichkeiten stehen in der Quantenmechanik „heterarchisch", also *gleichwertig nebeneinander*. Und um die Irritation weiterzutreiben: Zur Disposition steht auch noch „Weder gilt A, noch gilt A nicht" – eine umformulierte Variante von (3), also die vierte Option einer logischen „Unschärfe", die mit einem Wissensdefizit der Beobachter gar nichts zu tun haben muss.

Wenn in der Quantenmechanik etwas nicht erklärt werden kann, wird immer auch in Erwägung gezogen, dass diese Unstimmigkeit tatsächlich so *ist,* ihre „reine Möglichkeit" – und nicht nur (wie in der traditionellen Physik), dass der Beobachter lediglich so lange weiterlernen müsse, bis er seinen Irrtum erkennt und den Sachverhalt endlich richtig versteht (also „die Wahrheit" gefunden hat/mimetisches Normverständnis). Die quantenmechanische Logik ist „mehrwertig", wie Experten das nennen. Den im Altertum erfundenen Wahrheitsbegriff hat sie damit verabschiedet. Aristoteles hielte das alles wohl für verrückt.

Wissenschaftliche Zukunftsforschung unterscheidet somit sach- und soziallogische von zeitlogischer Normativität. Sach- und soziallogisch normativ sind zum Beispiel moralische Gebote, Gesetze oder Verhaltensregeln. Zeitlogische Normativität bezeichnet reine Möglichkeit. Mit ihr wird auch real völlig Unmögliches als potenziell möglich markiert (etwa im Vorstellungsmodell der Penrose-Treppe heterarchisch nach oben zu steigen). Dieser Normativitätstypus ist in Zukunftsforschung inkludiert, er bildet geradezu ihr Zentrum: Denn mit ihm lässt sich Wirklichkeit verschieben.

▶ Normativität bezeichnet die Markierung einer subjektiv als positiv (sinnvoll, nützlich, beglückend, lohnenswert) bewerteten Möglichkeit. Zukunftsforschung verfährt insofern *normativ,* als sie systematisch Partei ergreift für zur Gegenwart alternative Möglichkeiten.

Hier liegt die prinzipielle Gegenwartskritik von wissenschaftlicher, das heißt gedanklich kontrollierter Zukunftsforschung begründet: Beforscht wird das zum Status quo *Verschiedene* – egal, ob „realistisch" oder nicht. Die hier in Geltung stehende Normativität selbst begründet sachlogisch nichts, beziehungsweise ist sachlogisch gar nicht begründungs*fähig* (solche klassischen Begründungen sind notwendig gebunden an naturwissenschaftlich passfähige, objektivierbare Realitäten). Zukunftsforscherische Normativität beinhaltet auch keine Semantik: „Inhalte" im Sinne etablierter, „normaler" Normen, Regularien und Themen beschreiben Vergangenheit und Gegenwart, darüber will man ja gerade hinaus. Aber auch Zukunft im Sinne des Undenkbaren und Unmöglichen muss zunächst als *subjektiv möglich* erst einmal beschrieben werden, so irreal sie auch erscheinen mag – die Realisierungschancen sind erst danach zu prüfen. In nur vordergründig paradoxer Formulierung lässt sich also sagen, dass geistige Produktion: Kreativität, Vorstellungskraft und Imagination, eine Art *Zeitumkehr* ermöglichen. Zukunft kann auch *aus ihr selbst heraus* „gemacht" werden und muss eben nicht zwingend – kausallogisch – vom Heute ausgehen. Mitunter kommt sie aus dem scheinbar Unmöglichen. (Das ist auch die tiefere logische Begründung, warum Prognostik zukunftsforscherisch zwar nicht praktisch, aber konzeptionell irrelevant ist: Diese verfestigt ganz klassisch kausallogisches Denken. Zukunftsforschung hat demgegenüber einen eigenen, inzwischen umfänglichen Werkzeugkoffer von Methoden zur kognitiv kontrollierten Zeitumkehr entwickelt; Auszüge daraus in Müller-Friemauth und Kühn 2016, S. 112 ff.)

Zukunftsnormen bilden also eine Gegenwelt zur real existierenden Welt. Möglich sein muss diese Gegenwelt zunächst nur in einem Denken oder Wollen; in einem Menschenkopf. „Möglichkeit" auf das *naturwissenschaftlich* Mögliche zu reduzieren bedeutet des halb – mit Blick auf anthropologische Positionen – eine Beschneidung der Welt. Sie degradiert den Menschen zu einer Marionette seiner eigenen, immer beschränkten gegenwärtigen Vorstellung („mehr können wir gerade nicht sagen, weil nicht begründen") und wirft ihn in seinem praktischen Handeln auf den Status eines bloß kognitiven *Reflexen* unterliegenden Tieres zurück. Menschen handeln jedoch, zum Beispiel via Vernunftgebrauch, auch jenseits von Reflexen und können Reflexe sogar nutzen. Menschen können Dinge, die zunächst nicht möglich scheinen: Forscher tüfteln an der Kernfusion nach dem Vorbild der Sonne oder an künstlicher Photosynthese: Sonnenenergie in chemisch verfügbare Energie umzuwandeln. Wenn Menschen wie Galilei trotz Inquisitionsprozess nicht so hartnäckig an der kopernikanischen Astronomie gearbeitet hätten, wäre ein zentraler Treiber der Aufklärung entweder deutlich später, anders oder gar nicht entstanden. Und wenn sich niemand für die Besiedelung des Mars einsetzt, können wir rein logisch dort niemals ankommen. Zukunftsforscher vermuten, dass irgendwo im Kontext dieser Kompetenz menschlich-subjektives Glück zu finden ist – „to dream the impossible dream" (Don Quichotte/Der Mann von La Mancha). Den Hintergrund dafür bildet der denkbar stärkste Möglichkeitsbegriff. Diese hoffnungslogische Dimension des menschlichen Selbstverständnisses ist für das Schöpfen von Zuversicht, für die Existenz einer bewussten Zukunft unabdingbar. Die Reduktion des Möglichkeitsbegriffs auf physisch Machbares hingegen hebt diese Bedingung auf; das Leben läuft dann Gefahr, in einem ganz grundlegenden Verständnis „sinnlos" zu werden.

Informationen machen Welt: Zukunftsforschung ist in *dieser* Hinsicht eine emphatisch *normative* Wissenschaft. Sie brennt für alles, was in ihrer Intention eines ganz anderen liegt – und prüft erst im Anschluss daran strategisch-metakognitiv, was davon uns auch praktisch und reell weiterhelfen und was uns womöglich durch komplexe Nebenfolgen auch ruinieren könnte. Hier aber, sozusagen im ersten Teil, ist sie *fundamental* gegenwartskritisch: antirealistisch (Gegenwelt zur bestehenden), aber nicht „automatisch" auch *un*realistisch! Dieser logische Kurzschluss ist uns über Jahrtausende kondensiert und konfirmiert worden, deswegen kommen wir so schwer über ihn hinweg. Es gibt eben für Menschen die Option, konkret-irreal zu fantasieren, ohne dabei schwärmerisch, naiv oder gar verrückt zu sein – um diesen Zwischenton von „Idealismus" geht es. Idealistisch zu denken heißt in der Zukunftsforschung, subjektiv die Lücke auszuloten zwischen weltfremder Fantasterei und objektiv messbarer Realität. In dieser Lücke entsteht Zukunft. Man muss sich Dinge *anders* vorstellen können, erst einmal eine „Idee" von ihnen entwickeln, bevor es zu einer Chance kommen kann, sie auch zu realisieren. Das ist „idealistisch"; nicht in naivem, sondern in aufklärerischem Sinn. Solche Ideen zeigen Auswege aus Situationen, die *tatsächlich (!)*, im Sinne von objektiv-belegbar, ausweglos sind. Es sind Ausgänge aus einer kulturell bedingten, begrenzenden Normierung, die das subjektlogische, jederzeit und grundsätzlich vorhandene „Window of opportunity" antirealistischer Möglichkeiten einkassiert (beispielhaft sichtbar an einer omnipräsenten Datenwelt, die qua Algorithmus objektiv-geprüft die „freien" Wahloptionen des Nutzers vorselektiert). In einer solchen Welt erstarren wir kognitiv. Begriffslogisch formuliert: Der schwache Alternativenbegriff würde langfristig zur Norm und ein starker Alternativenbegriff sanktionsfähig, womöglich sogar -bedürftig. Gewählt werden dürfte nur noch in dem (sachlichen, sozialen, zeitlichen) Feld, das objektiv geprüft und für wahr befunden wurde, und deshalb zur Wahl freigegeben ist.

Die Kompetenz, solches nachvollziehbar werden zu lassen, zu beobachten, umzugestalten, eventuell zu verhindern, ist das Anliegen von Zukunftsforschung. Man „macht" (konstruiert) damit nicht einfach Zukunft, sondern *qualifiziert* sie auch.

Zukunftsforschers' Albtraum: Kommentar zu „gut" begründeter Alternativlosigkeit

In Zukunftsindustrie und etablierter praktischer Zukunftsforschung sowie ihren konzeptionellen Erarbeitungen werden diese Sach- und Zeitverhalte nicht oder deutlich anders gesehen: Der Begründungszusammenhang ist ein *klassischer*. Die logischen Effekte dieser Kluft spiegeln sich in einem Trend: Dem Exodus von Normativität aus der Zukunftsforschung. Sie verliert mit dieser Praxis nicht nur ihren kritischen Gehalt und würde, so könnte man vermuten, schlicht „neutral", sondern sie wird vielmehr ganz grundsätzlich affirmativ. Zukunftsforschung steht hier für das, was mit Sicherheit als nächstes kommt und prozessiert dessen Alternativlosigkeit (ein Trend auch in der theoretisch-konzeptionellen Zukunftsforschung, vgl. Pang 2010). Wie sich das im Einzelnen vollzieht, illustriert ein Beispiel aus der zukunftsorientierten Mobilitätsforschung:

Im Kontext des sogenannten autonomen Fahrens, bei dem Fahrassistenzsysteme die gesamte Fahrzeugsteuerung übernehmen, wird derzeit daran geforscht, wie die damit einhergehenden, neuartigen Haftungsprobleme versicherungstechnisch geregelt werden können – unter anderem nach ethischen, also wissenschaftlich-disziplinär erarbeiteten Kriterien von Moral, Fairness und Gerechtigkeit. Die Grundhaltung dabei: „Wie gut eine Antwort verteidigt (!) werden kann, ist entscheidend für ihre Durchsetzung", so der Direktor der Ethics + Emerging Sciences Group an der California Polytechnic State University Patrick Lin. Transparenz (Vertrauensaufbau) sei ein zentraler Teil der Ethik-Debatte – die Hersteller müssten frühzeitig ihre Handlungsweisen erklären, dann klappte es auch mit der Akzeptanz. Zu justieren sei vor allem die *Erwartungshaltung der Nutzer*: Keiner dürfe negativ von dem überrascht werden, was alles passieren kann. „Die Erwartungshaltung ist wichtig für Marktakzeptanz und Marktdurchdringung." Daher müssten ein „Ethik-Setting" entwickelt und darin auch abwegige und abstruse Fallkonstellationen erörtert werden. Nicht für jeden seien die Antworten befriedigend – das sei bei derart umwälzenden neuen Technologien aber normal.

Die Debatte dreht sich also um Verschiebungen im Erwartungshorizont von Fahrern – eine genuin zukunftsforscherische Fragestellung. Wird sie aber auch kognitiv auf der Höhe wissenschaftlicher Zukunftsforschung geführt? Beispielsweise wird diskutiert, wen ein Fahrroboter, vor dem plötzlich zwei Personen auftauchen: von links ein achtjähriges Mädchen und von rechts eine ältere Dame, retten sollte – eine typische No-Win-Situation. Solche Situationen sind für Menschen *moralisch* nicht entscheidbar, denn sie werden spontan-reflexhaft in der Situation bewältigt und nicht rationalisiert – aus Zeitgründen. In solchen extrem seltenen Handlungssituationen fällt die Sinndimension der Zeit komplett aus, und damit auch jede Möglichkeit eines *ethischen* Urteils. Ethik kann es aus formallogischen Gründen hier also nicht geben.

Aufgrund der technologischen Gegebenheiten wechselt aktuell das Format von Ethik grundlegend, weil prinzipiell (ethisch) unentscheidbare Situationen haftungsbedingt – eben für Versicherungsfragen – *doch* entschieden werden müssen. Menschlich nicht entscheidbare Fragen werden also Gegenstand von Ethik. Folglich können und werden keine anthropologischen, an den Kompetenzen des Menschen bemessene Kriterien von Ethik mehr veranschlagt, sondern andere: technologie- und marktbedingte. Die Funktion von Ethik in der Innovationspolitik sei nun, auch die unwahrscheinlichsten Szenarien zu diskutieren, kalkulatorisch bestmöglich zu begründen und daraufhin zu entscheiden: Denn Begründungsqualität bedeute Marktdurchdringung. Dieser neuartige Reflexionsraum von Ethik wird nicht etwa von anmaßenden Programmierern aus der Industrie ausgestaltet, die ihre Produkte verkaufen wollen, oder auch von Foresight-Abteilungen, sondern von Universitätsprofessoren.

In diesem Raum passiert Folgendes:

- Ethik wird zu einem diskursiven Torso. Sie *muss* sein (da andernfalls keine Wirtschaftsfähigkeit beziehungsweise Chance auf Marktakzeptanz besteht), beziehungsweise wird zu einem Pflichtprogramm: Als verkaufstaktische Rhetorik ist sie alternativlos. Allerdings ist sie anthropologisch auch bedeutungslos, weil sie Fragen operationalisiert, die für das Handeln *von Menschen* irrelevant sind. Das Bewertungskriterium dieser Ethik: Markterfolg (Sachlogik). Sinn beziehungsweise Zeitlogik fallen aus dem Gebiet dieser Ethik heraus.

- Erkennbar wird dies daran, dass der Zufall begründungspolitisch ausgeschaltet ist („für irgendwas müssen wir uns schließlich entscheiden"). Zufall können wir uns nicht mehr leisten: Wenn Algorithmen nicht mit Zufall arbeiten können, wird er eben beseitigt. Bisher erschien es Menschen zwar *ausschließlich*, aber immerhin *wenigstens* in unvorhersehbaren Situationen moralisch legitim, im Zusammenspiel mit anderen Menschen irrational (spontan, reflexhaft) zu handeln. Der Zufall ist (neben Träumen, Drogentrips und anderem) eines der wichtigsten Tore zu subjektiver Freiheit – hier greift kein Vernunftgebot. Logisch ist er die Voraussetzung für freie Willensentscheidungen, ohne die es moralisches Denken und Handeln nicht geben kann: Wenn alles notwendig und determiniert ist, gibt es weder Freiheit noch Ethik. Insbesondere in sozialen Zusammenhängen aber, das heißt, wenn andere Menschen betroffen sind, versuchen wir, Verhalten mittels ethischer Gebote zu steuern und berechenbar zu gestalten, um ein friedliches beziehungsweise Leben erhaltendes Miteinander wahrscheinlich bleiben zu lassen. *No*-Win-Szenarien aber sind ethisch gesehen Schwarze Löcher, für die es soziologisch gar keinen Bedarf gibt: Praktisch nicht existente Problemgebilde, in denen prinzipiell kein Zufall waltet, keine Freiheit und damit auch keine Möglichkeit einer Willensentscheidung. Im realen Leben kommen sie als ethisches Problem nicht vor, werden jedoch dann zu einem, wenn die ethische Entscheidung dem Menschen *technologisch entzogen* wird (Fahrcomputer) und *gleichzeitig* die Entscheidung des Computers für Menschen negative Konsequenzen haben kann, das heißt *moralisch strittig wird*. Dieser fremdartige Zusammenhang muss daher detailliert und neu begründet werden, denn darüber gibt es weit auseinander gehende Bewertungen. Ein solches Setting, welches das Etikett „moralisch legitimiert" tragen können soll, muss *erst einmal konzeptualisiert werden* – eine solche „Ethik" existiert nicht und ist rein technikinduziert.

Legitimiert wird diese neue Ethik durch Transparenz. Wenn jeder weiß, wie sie funktioniert, ist sie auch gerechtfertigt. Dabei wird nicht mehr begründet, sondern – ökonomisch motiviert – *„verteidigt"*. Die Devise: Unsere Wirtschaft stirbt, wenn wir umwälzende neue Technologien moralisch blockieren. Folglich müssen wir wirtschaftliche Funktionsfähigkeit verteidigend sichern – notfalls auch, indem wir Moral ändern. Deshalb braucht die Ökonomie jetzt die Philosophie. Während im gehaltvollen Sinne „gute" Gründe bisher immer *auch* die Sinndimension der Zeit beanspruchten („*wozu* will ich das moralisch so und nicht anders machen?"), beanspruchen dies Verteidigungsgründe nicht. Sie markieren eine rein bellizistische Kategorie, einen Widerstands*kampf*. Sie sichern die Front der Sprecher. (Dass die sogenannte Kritische Theorie mit ihrem Fokus auf sach- und soziologische Begründungs- und Rechtfertigungsverhältnisse diese Zusammenhänge logisch nicht einmal vor Augen bekommt, verschafft dem hier angerissenen neuartigen „Verteidigungsdiskurs" Legitimität von unverhoffter Seite: Paradoxerweise stärkt diese Theorietradition die neue ethische Defensive, indem Kritische Theorie den falschen Anschein erhärtet, *sach- und soziallogisches Begründen reiche aus*. An der Foresight zu autonomem Fahren lässt sich bestaunen, was alles „logisch" begründbar ist, wenn man Logik kein differenziertes analytisches Instrumentarium beigesellt, das die jeweils herrschende Logik beurteilen, übersteigen und damit kontrollieren kann. Wie man hier sieht: Allein im sach- und soziallogischen Begründen liegt keine kritische Funktion.)

- Vor diesem Hintergrund wird deutlich: Die Orientierung dieser ethischen Regelableitung ist nicht mehr anthromorph, sondern *technomorph*. Wir beobachten an ihr eine erste Ethik, die sich nicht mehr am Menschen, sondern an Maschinen ausrichtet: Wirklich verstehen muss das nur der Algorithmus. Mit Blick auf das, wofür Ethik in unserem Kulturkreis bisher stand (Set von Regeln, in denen die Bedingungen *menschlichen* Handelns beschrieben werden), ist das eine Revolution – und perspektivischer Totalausfall. Die Rede vom blinden Fleck wäre aber falsch: Denn dabei geschieht nichts „hinterrücks" und unbemerkt, sondern gewollt. Hier wird aktiv verteidigt und Ethik umdefiniert. Sozialtechnologen wollen vor lauter Markt die Gesellschaft nicht mehr sehen, die den Markt bildet: Die analytische Präferenz wird *strategisch* gewechselt und Ethik technologisch auf Markt „programmiert".

- Aktuelle Vorschläge zur Situationsbewältigung lauten: Lebensweltforschung („Welchen Einfluss haben aktuelle Autonutzung und -besitz auf die Akzeptanz von autonomem Fahren?") und viel Kreativität bei „Überbrückungsangeboten". Das können etwa die menschliche Sprache sein oder auch das Design – denn Menschen bringen Dingen mehr Vertrauen entgegen, wenn sie einen Namen, eine Stimme, ein Geschlecht, eine sinnlich besondere Anmutung: eine vorgebliche symbolische Identität haben. Apples Sprachmodul SIRI ist denn auch ein Vorbild für die Konstruktion der „Mensch-Maschine-Schnittstelle" (Sämtliche Zitate hier aus Minx und Dietrich 2015 und Lin 2015).

Diese Art von „Foresight" ist für zeitgemäße *wissenschaftliche* Zukunftsforschung eine Katastrophe. Solcher „Wissenschaft" sind jegliche Maßstäbe für sozialen Wert abhandengekommen. Zwar muss nicht alle Sozialwissenschaft praxeologisch gestimmt sein, sehr wohl aber sozial- und praxis-*affin*: Sie muss dem, was wir der Gesellschaft, Ethik oder Normen für Sinn und Funktion beimessen, zumindest *entsprechen*. Diese Werthaltigkeit ist hier kaum noch erkennbar. Das Verständnis von Ethik driftet ins Technologische ab und ist lediglich ansatzweise sozial verankert. Normgenerierung qua binärem Code, Ethik als Sub-Disziplin der Programmierer: Die Wirtschaftsethiker beginnen, Qualitätsmaßstäbe von Leben zu definieren. In solcher Zurichtung wird Foresight zu einem affirmativen (und damit höchst attraktiven) Vollzugsgehilfen der gesellschaftlichen Kapitalisierung; in diesem Beispiel sogar philosophisch-kritisch hochgerüstet. Sie kann Alternativlosigkeit ethisch begründen – wissenschaftshistorisch eine echte Disruption.

Kritik
Der kalifornische Anthropologe Carlos Castaneda (1971) hat den instruktiven Begriff der „kontrollierten Torheit" geprägt. Zukunftsforscherische Kritik lässt sich daran gut erläutern.

In zukunftsforscherischer Perspektive bedeutet Kritik, die Sinndimension der Zeit – Maßstab Zukunft im Sinne reiner Möglichkeit – in all ihren Beschreibungen konsequent zu privilegieren. Unter dieser Perspektive werden die Sinndimensionen von Sache und Sozialem neu bewertet; eine zeitlogisch qualifizierte Beobachtung „zweiter Ordnung". Daher ist diese Kritik aber auch semantisch leer und handelt sich den Vorwurf ein, selbst nicht ausweisen zu können, was denn jeweils konkret besser sein könnte (oder an ihren eigenen antezipativen Beschreibungen besser sein sollte). Genau das ist ihre Achillesferse: Das, was üblicherweise Begründungszusammenhang genannt wird. Konventionell fußt auf ihm jede Kritik: Ohne sach- oder soziallogisch „gute" Gründe keine Kritik.

Das ist hier anders. Die Überlegung: Das Hauptproblem *ankert* in der Begründung; und zwar deswegen, weil die Begründung selbst nicht ausweist, auf welcher Sinndimension sie argumentiert – ob sie gerade unterkomplex ist oder problemadäquat. Man sieht es ihr nicht an. Es gibt beispielsweise mit Blick auf gesellschaftliche Zusammenhänge Formen von Totalitarismus, die objektiv rational und sach- wie soziallogisch hervorragend begründbar sind. Am Beispiel technologischer Foresight, wie wir sie im Zusammenhang mit autonomem Fahren zitierten, wird erahnbar, was dabei auf dem Spiel steht. Allein im *Objektiven* – beispielsweise im nach bestem Wissen (und inzwischen auch: Gewissen) programmierten Algorithmus – fallen Freiheit und Notwendigkeit *zusammen*. In einer solchen Welt kann man nur noch dasjenige (ethisch exzellent begründbar!) wollen, was objektiv-messbar wahr und, weil programmiert, glücklicherweise auch wahrscheinlich oder gar unvermeidlich ist. Freiheit (starker Möglichkeitsbegriff) wird hier rational unterbunden, sozusagen wegrationalisiert; mit besten Gründen. Denn wer kann lieber eine Freiheit wollen, die unwahrscheinlich ist, als eine, die objektiv wahrscheinlich ist? Das wäre zumindest unvernünftig, wenn nicht sanktionsbedürftig.

Hier liegt ein unsichtbarer, aber immens bedeutsamer Aspekt von *Humanität* verborgen, den Wissenschaft schützen oder preisgeben kann. Menschen müssen und sollen auf ihrem moralischen Vorrecht auf Irrtum beharren – fordert Zukunftsforschung. Sie müssen und sollen ihre Freiheit als das untilgbare Recht *auch* auf subjektive Willkür interpretieren – fordert Zukunftsforschung. Genau das ist „kontrollierte Torheit". Fehlt dieses bewusst-strategische, eben kritische Beharren auf der – nur Menschen offenstehenden – reinen Möglichkeit, könnte maschinell hergestellte, objektivierte Wahrheit die Gesellschaft der Zukunft „negativ-normativ" (Einzug reiner Möglichkeit) bestimmen: *weil sie sich experimentell voll bestätigen lässt.* Eine solche Wahrheit ist maximal begründungsfähig: Kein sach- oder soziallogisches Argument kann sie anzweifeln. *Man kann Objektivität nicht widerlegen.* Und es ist leicht eine Gesellschaft vorstellbar, die individuellen Irrtum untersagt und bestraft (nach der Devise: „Wozu haben wir intelligente Maschinen? Ihr habt euch ihrer zu bedienen und moralisch verpflichtend den anderen eure überflüssigen, riskanten Irrtümer und deren Konsequenzen zu ersparen!"). Eine solche Gesellschaft ist mit Kants kategorischem Imperativ vollständig kompatibel. Sie ist ethisch qualifiziert, obwohl es „Subjekte" in ihr nicht mehr gibt. Sie ist potenziell hochmoralisch – und inhuman.

Das ist der brisante Hintergrund der aktuellen gesellschaftspolitischen Debatte: Die Zone, in der Zukunft ausgehandelt und definiert wird, hauptsächlich ökonomisch. Verlieren werden nicht diejenigen, die arm sind an wirtschaftlichen, modernitätsspezifischen oder zivilisatorischen Ressourcen und Kompetenzen, sondern an *kognitiven.* Die Klugen – diejenigen, die bereits Benchmark sind – haben gelernt: Wenn einem die vorherrschenden Begründungen nicht passen, kann man die Begründungsebene einfach wechseln. Das geht zeitlogisch: man veranschlagt dazu eine subjektive Antezipation („*so will ich leben!*" genauso wie „*so will ich nicht leben!*"). Um ein maschinell vordefiniertes Sozialleben nicht als Paradies einer scheinfreiheitlichen Komfortzone, sondern als Sklaverei überhaupt *wahrnehmen* zu können, braucht es *alternative* Sinnlogiken – in jedem Fall aber eine subjektive Perspektive, die genauso Teil des Menschen ist wie die sachlogische objektive. Erst wenn man aus der Kausalfalle der sachlichen Begründung ausschert und in logisch reichere Begründungsgefilde eintritt, wird Kritik im anthropologisch gehaltvollen Sinne möglich – denn dann ist Zeit automatisch und unhintergehbar mit eingepreist. Man kann den Faktor Zeit aus menschlichem Sinn *praxeo*logisch nicht streichen (*techno*logisch sehr wohl!).

Auch wenn in Abschn. 3.1 wichtige Wegbereiter zukunftsforscherischen Denkens bereits genannt wurden, können an dieser Stelle einige Worte zur Theoriebildung hilfreich sein. Analytiker von Denkvorgängen wie Hans Blumenberg, Michel Foucault, Gotthard

Günther, Douglas Hofstadter, Niklas Luhmann oder Richard Rorty haben mit Absicht ihre anthropologischen Fundamente deutlich ausgewiesen – nur werden sie, beispielsweise im systemtheoretischen Diskurs aufgrund seines scheinbar rigiden Funktionalismus, häufig übersehen. „Man sieht, was man sieht", heißt es denn auch bei Luhmann scheinbar banal; genau das ist jedoch das komplexe Problem, auf das diese Theoretiker zu reagieren versuchen. Wer nur sach- und soziallogisch gelernt hat zu sehen, *sieht nichts anderes.* Hier steht das Erbe der Kultur notorisch im Weg, wenn es um reflexive Kontrolle geht: Denn Kulturen legen Sinnkorridore *fest* und Menschen operieren dann in ihnen. Das ist potenziell ein Problem, weil sie unter Umständen *gar nicht bemerken*, wie sie sich durch ihre eigenen Semantiken festlegen und beschränken – deswegen wird ein anthropologisches Fundament gelegt, um Maßstäbe für kultur*übergreifendes* Denken zu gewinnen. Genau so verfährt auch Zukunftsforschung, systematisch.

In diesem Sinne heißt es beispielsweise bei Luhmann, die Theorie habe „vom Individuum, wie es als Einzelmensch tatsächlich und konkret existiert, [.] Kenntnis zu nehmen", und die Gesellschaft sowie ihre Beschreibungen „unter der Bedingung kalkulierter [!] Humanität zu operieren" (Luhmann 2011, S. 88, 92). Die sozialwissenschaftliche Community neigt jedoch dazu, den Begriff der Humanität (nicht nur) bei Luhmann für einen Druckfehler zu halten. Dabei ist die „Kälte" dieser Konzepte nur dadurch begründet, *Semantik* (Sach- und Soziallogik) *strategisch auszublenden.* Sie wird heruntergedimmt und *neutralisiert*, um die Sinndimension der Zeit umso stärker belichten zu können. Diese aber ist abstrakt und wirkt „kalt". Was damit erreicht werden soll, sind Produkte „eigener Imagination [...] als Erzeugung eines Überschusses an eigenen Möglichkeiten, der dann zur Auswahl nach selbstkonstruierten Kriterien des ‚Passens' freigegeben wird" (Luhmann 1990, S. 43).

Mit anderen Worten: Menschen benötigen zwingend subjektive Vorstellungskraft, *die gesellschaftlich und praktisch auch relevant werden dürfen muss!* Denn nur dann entwickeln sich Gesellschaften weiter und können sich die Welt nach ihren Bedürfnissen anpassen – nicht *nur* im Rahmen bestehender Kultur, etwa mit Hilfe von Technologie, sondern *auch* nach Maßstäben zeitgeistig wechselnder Vorstellungen von Glück. Gegenwärtig klappt das in Bezug auf Technologie sehr gut, in Bezug auf Vorstellungen aber eher schlecht. Subjektive Vorstellungen sind jedoch keineswegs irrationale Idiosynkrasien, Fehlfunktionen der Vernunft, sondern Bedingung der Möglichkeit, dass das, was nicht ist, noch werden *könnte*. Wird dieser Zusammenhang eingezogen, geht es nicht mehr Sinn-generierend (sinnvoll), sondern nur noch prozedural weiter. Für Evolutionsbiologen, Anthropologen und Zukunftsforscher ein Alptraum: Alternativlosigkeit als Kältetod jeder Kultur.

Gehaltvolle Kritik muss also, wie bereits häufig betont, Sinnlogiken voneinander unterscheiden und – vor allem – Sinn quasi neu und *„anders-logisch"* zusammensetzen können: „Kontrollierte Torheit" muss möglich sein. Aus diesen Zusammenhängen entwickelt wissenschaftliche Zukunftsforschung ihren Kritikbegriff. Denn damit wird Subjektivität, oder genauer: die subjektive Kompetenz zu irrealen Fiktionen, zu einer *logischen* Funktion.

Man kann mit ihr die Realität überbieten. Subjektivität hat einen *Dinge zueinander in eine neue Sinnbeziehung* rückenden Wert; und nur über ihn lässt sich Zukunft in ihrem zentralen Charakter von Neuheit und Andersheit perspektivisch erschließen, so das Credo. Subjektivität steht logisch für die Fähigkeit zur nicht-objektiven Relationierung der Dinge. Sie kann die Ordnung der Welt zu jedem Zeitpunkt neu festlegen; und *dieser mentale Vorgang* (nicht die Welt „an sich"!) lässt sich wissenschaftlich objektivieren.

▶ Kritik bedeutet eine Überprüfung von Sinnzuschreibungen auf allen drei Sinndimensionen von Sachlichkeit, Sozialem und Zeit. Ihre Urteilskraft und Legitimität bezieht sie nicht nur aus empirisch oder objektiv begründeten Bewertungen, sondern auch aus der Subjektivität des Menschen, verstanden als Fähigkeit zu einem kreativ-willentlichen, zweckgebundenen, prinzipiell unbegrenzten Spiel mit logischen Formen.

Die solcher Kritik zugrundeliegende logische Operation wurde mehrfach angesprochen und hört sich zunächst kompliziert an: Immer dann, wenn uns eine semantische Leitunterscheidung nicht mehr überzeugt, können wir sie übersteigen – und zwar ganz einfach dadurch, dass etwas *andere Dinge Unterscheidendes* selbst zu einem *Unterschiedenen* werden kann und damit sozusagen logisch herabgestuft wird. Und andersherum: Was selbst nur unterschieden wurde, kann zu einem aktiv unterscheiden*den* Scharnier werden und auf diese Weise logisch „aufsteigen", aufgewertet werden („das ist uns ab jetzt wichtiger!"). Etwas, das aktiv Anderes unterscheidet beziehungsweise in Beziehung setzt (Relator) kann zu einem – von höherer Stelle aus – passiv in Beziehung-Gesetztem (Relatum) werden und umgekehrt. Diese Operation ist potenziell unendlich. Wir können Sinngebungen überprüfen, indem wir ihre logische Funktion gedanklich *tauschen*. Damit sind Sinngebungen fiktiv *aneinander* kontrollierbar und bewertbar. Man gewinnt „externe" Urteilsmaßstäbe für eine Situation aus einem Außerhalb dieser Situation, das *nicht mehr metaphysischer Natur* ist (der „Haken im Himmel": Gott). Gleichwohl ist es transzendenter Natur, weil es nicht zur objektiv messbaren Sinnenwelt gehört. Das Außerhalb ist subjektiv: reine Möglichkeit und echte Alternative. Das ist der *polylogische* Kern von zukunftsforscherischer Kritik: Diese Kritik ist logisch mehrwertig.

Positionswechsel logischer Funktionen sind aber nur möglich, wenn die Freiheit zur subjektiven Sinnschöpfung garantiert ist und bleibt; und möglichst auch kognitiv gefördert und geschätzt wird (das ist die Funktion einer normativ-kritischen Zukunftswissenschaft) – denn sonst gehen uns die archimedischen Punkte 2.0 aus, die reine Möglichkeit eines perspektivischen Außerhalb verloren und es können keine neuen Relatoren mehr gefunden werden, welche die gegenwärtige Perspektive übersteigen könnten. In einer solchen Welt könnten wir das, was wir denken und tun, an nichts mehr kontrollieren. Das, was objektiv da ist, wäre total geworden. An genau dieser Welt arbeitet und baut der aktuelle digitale Kapitalismus – er hat damit begonnen, die Realität vorzuprogrammieren und reine Möglichkeit (Zufall) unwahrscheinlich zu machen.

Diese Zusammenhänge mag ein Beispiel aus dem Risikomanagement veranschaulichen.

Zukunftsforscherisches Risikomanagement

In der rationalistischen Tradition der Betriebswirtschaftslehre funktioniert Risikomanagement auf der Basis einer objektivierbaren, messbaren und datengestützten Kalkulation von Wahrscheinlichkeiten: Es geht um den Ausweis von Eintrittswahrscheinlichkeiten, etwa um die Ausfallwahrscheinlichkeit von Bürgschaften. Die präferierte Sinnlogik ist hier eine sachliche: ökonomisch-monetär.

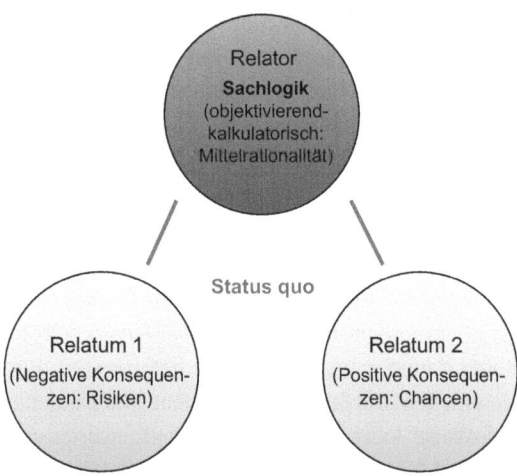

Die auf diese Weise empirisch zustande gekommene Risikokalkulation lässt sich auf zweierlei Weise *evaluieren*: Einmal erneut statistisch-kalkulatorisch („mit welchen Risiken haben wir letztendlich unter Abwägung aller Faktoren, auch der positiven und eventuell risiko-kompensatorischen, zu rechnen?"), und zum anderen sozial. Das Bewertungskriterium des zweiten Aspektes ist nicht die Mathematik (Risikowahrscheinlichkeit), sondern das *Ergebnis der Willensabstimmung der Handelnden untereinander* (Risikobereitschaft): „Was sind wir bereit auf uns zu nehmen um das zu tun, worum wir zusammen handeln?" Die hier im Fokus stehende Frage steht in Beziehung zu Hoffnungen, Wünschen, Sehnsucht oder auch Angst (als Vermeidungsmotiv) – jedenfalls ist sie nicht sachlogisch ökonomisierungsfähig. Die Antwort ist subjektiv und situativ, hängt an einer partikularen Gruppe und ihren jeweils eigenen normativen Orientierungen. Im Extremfall ist ein subjektiver Wunsch so stark, dass man auch offenkundige Risiken in Kauf nimmt.

Mit dem Hinzutreten dieses „subjektiven Faktors" lässt sich die klassisch betriebswirtschaftliche, ausschließlich der Objektivierung fähige Lesart von Risikomanagement logisch anreichern und „übersteigen": ausrichten am situationsunabhängigen Sinn sämtlicher Aktivitäten der Gruppe – *warum sie all das überhaupt in Angriff nimmt,* wo sie letztlich hin will. Das ist die einzige Bewertungsgrundlage, die zählt.

Mathematisch-kalkulatorisch (mittelrational) ist dieser Aspekt nicht einholbar: Sachlogik träfe dann immer nur auf Sachlogik, keine von beiden kann „logischer" sein als die andere.

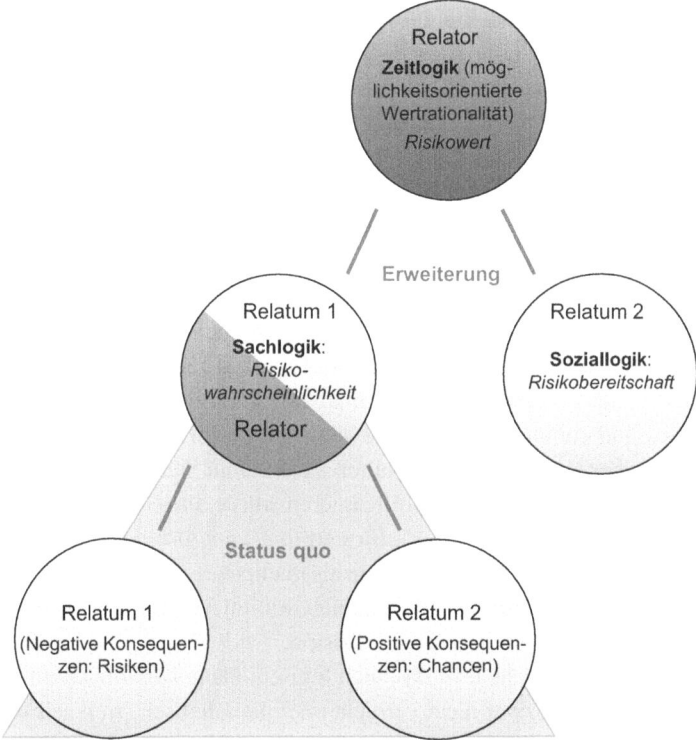

Wegen dieser logisch *erweiterten* Perspektive kann der erste Relator (Sachlogik/ Wahrscheinlichkeit) seine Funktion ändern und zu einem bloßen Relatum werden für einen neuen, höherwertigen Relator (Zeitlogik/Zukunft). Die Risikowahrscheinlichkeit ist jetzt als Entscheidungsmaßstab für die handelnde Gruppe nach wie vor zwar wichtig, aber *sekundär*, nicht ausschlaggebend. Die Gruppe setzt vielmehr auf ihrer nun höheren analytischen Ebene die mathematische Risikowahrscheinlichkeit *in Beziehung zu dem, was ihr das Ganze wert ist*. „Was ihr das Ganze wert ist" lässt sich aber prinzipiell nicht erschöpfend in objektivierende, etwa mathematische Sprache fassen. Folglich wird dieses Urteil, im Gegensatz zur Risikobewertung auf der unteren ersten Ebene, nicht die Form eines numerischen Wertes annehmen, sondern einer normativen Gestalt – von *Sinn*. Damit kann der sachlogisch verkürzte Wertbegriff, wie ihn die Ökonomie verwendet, mit einem normativen Bedeutungshof logisch erweitert werden.

Spielt man dieses Beispiel am globalen Markt durch, wird deutlich, dass unterschiedliche Kulturen auch unterschiedliche normative, das heißt zeitlogische Maßstäbe an Sinn ansetzen – am Beispiel USA versus Europa wird das augenfällig. Die USA sind aufgrund ihres kulturellen Gründungsmythos (ein in den Federalist Papers lediglich grob-institutionell imaginiertes Projekt „Vereinigte Staaten", das durch das Prozessieren seines Institutionengefüges diese Imagination in der Zukunft erst konkret und real machen soll) erheblich risikobereiter als etwa das vergangenheitszentrierte und sicherheitsorientierte Europa. Der „Zug" nach vorn in eine glänzende, verheißungsvolle Zukunft ist in die politische, kulturelle, rechtliche und eben auch in die ökonomische Praxis dieses Landes *unaufhebbar eingelassen*. Dieser Unterschied ist jedoch nicht messbar und objektivierbar. Gleichwohl ist er kulturell plausibel zu machen und nachvollziehbar; er ist *logisch*.

In solcher Art unterscheiden sich alle Kulturen: In ihrem jeweiligen Lösungsvorschlag hinsichtlich der Bewältigung von für Menschen „ablaufende" Zeit. Diese Unterschiede sind für praktische Zukunftsforschung ein zentrales Sprungbrett in die Zukunftsgestaltung: Denn durch sie kann man die Grenze von Antezipation zur Prognose überwinden und zumindest erste solide, das heißt auch *objektiv* wahrscheinliche Hypothesen darüber bilden, wie eine (Kultur-)Nation, ein Standort oder ein Unternehmen in einer spezifischen Situation wohl reagieren würde, ohne mit Wahrscheinlichkeiten kalkulieren zu müssen (Prognostik). *Dies eröffnet eine Alternative zum klassischen Risikomanagement;* denn auch auf anderem als mathematischem Gebiet sind Vorhersagen möglich, quasi soziokulturelle – wenngleich mit, im Vergleich zur Prognose, deutlich herabgesetztem Anspruch in Sachen Präzision.

Sinnanalytisch betrachtet, ist das auch logisch: Denn *kognitiv-kontrollierte* subjektive Vorhersagen sind zwar nicht verrückt oder pathologisch (weil selbstbezüglich *als* Vorhersage ja reflektiert), liegen aber selbstverständlich jenseits der Norm. Sie scheren sich nicht um objektiv Belegbares, mitunter noch nicht einmal um Naturgesetze; das sind keine relevanten Kriterien für sie. Und da unser Verständnis von Normen kulturell seit Jahrhunderten objektivierend und universalistisch vorgeprägt ist, erscheint jede Vorhersage, die nicht mit Zahlen-Daten-Fakten für sich werben kann, als illegitim. Sinn *jenseits* der Dimensionen von Sachlichem und Sozialem ist gemäß der europäischen Tradition nicht wissenschaftsfähig – daher, behaupten Nicht-Zukunftsforscher, ließe sich selbst mit kognitiv überwachtem subjektivem Sinn auch nichts vorhersagen. Zukunftsforscher behaupten das Gegenteil: Wenn man den subjektiven Sinnkorridor eines Akteurs kennt und ihn kontrolliert in die Zukunft „verlängert", werden Vorhersagen auch auf anderem – antezipativem – Wege als über objektivierend-kalkulatorische Prognosen möglich. Hinter dieser Operation steht eine Erweiterung der Logik; eine Denkbewegung, die prinzipiell unendlich ist.

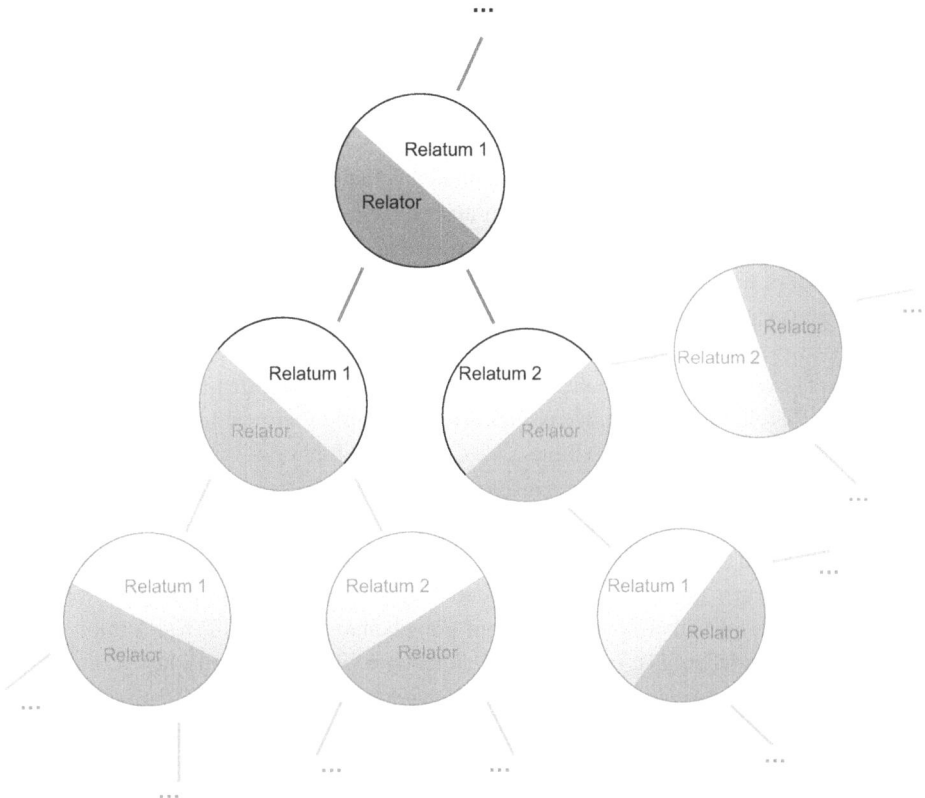

Um beim Beispiel USA versus Europa zu bleiben: Die Konsequenzen dieser Unterschiede nehmen wir meist nur aus dem Augenwinkel wahr. Sie wirken vorbewusst. Als etwa während der Finanzkrise die USA die American International Group AIG kurzerhand enteignete, rieb sich die Welt verblüfft die Augen, wie das Stammland des Kapitalismus den einst größten Versicherungskonzern der Welt einfach verstaatlichen konnte. Eine Erklärung ist sachlogisch-ökonomisch kaum möglich, weil jede Erklärung die kapitalistischen Regeln ad absurdum führte. Zeitlogisch ist das jedoch nicht rätselhaft: Bei ernster Gefährdung der nationalen Identität fällt im amerikanischen Selbstverständnis Sachlogik für die Problemlösung aus. Dann geht es nicht mehr um Argumente, gute Gründe, die Wahrheit oder einen beliebigen Regelkanon: Alles, was das „Projekt Amerika", *dessen Kern in der Zukunft liegt*, aufhalten könnte, wird dann umstandslos ausgeschaltet. Den sachlogisch getriggerten Europäern erscheint dieser „Pragmatismus" (übersetzt: Gegenwart zählt im Zweifelsfall wenig) üblicherweise

als standpunktlos, opportunistisch, amoralisch, da sie nie gelernt haben, zeitlogisch zu
denken. Wer nur Sachlogik kennt, kann Zeitlogik nicht begreifen. Das Alte Europa hat
die *Kausallogik* erfunden, die immer auf einen Grund zurückführt – und genau darauf
ist es bis heute programmiert. Woraus für uns folgt: Ökonomische Probleme werden
mit ökonomischen Regeln gelöst, rechtliche Probleme mit rechtlichen Regeln und so
weiter. Europa hat sich in der vergleichbaren Situation, als es beispielsweise um die
Rettung der Commerzbank ging, denn auch über den ökonomischen Regelkanon ge-
beugt und Wahrscheinlichkeiten über unbeabsichtigte Nebenfolgen kalkuliert: Das war
unsere Entscheidungsgrundlage. Wie die USA, so sind aber auch viele asiatische Kulturen zeitlogisch geprägt – Regelverstöße gegen den ökonomischen Status stellen hier
politisch-praktisch kaum ein Problem dar. Falls ihre soziale Identität gefährdet wird, ist
solche Geschmeidigkeit für diese Kulturen *sinn*voll. Sie werden ohne Zögern ökonomische Regeln brechen, wenn das Ziel in der Zukunft es *wert* ist (ein weiteres Beispiel
ist die elaborierte Zeitkultur Chinas).

Für künftige Ökonomien, genauso wie für Gesellschaften insgesamt, bedeutet diese ungewohnte logische Differenzierung einerseits neuartige Risiken, die bisher nicht
sichtbar waren (verstehen wir die anderen „richtig"?), andererseits aber auch ein Potenzial, das in einer globalisierten Wirtschaftswelt von nahezu unschätzbarem Wert ist –
wenn man es plausibel findet und damit umgehen kann und will. Kalifornier können
und wollen es jedenfalls. Es entspräche daher dem Gebot ökonomischer Vernunft, solche Phänomene – *auch, wenn sie dem Faktenverständnis der Wirtschaftswissenschaften
widersprechen* – in strategisch wichtige Entscheidungen einzupreisen. Das logische
Entscheidungsprinzip, das auf diese Weise eingesetzt würde, überböte die jeweils aktuelle (objektivierende) Entscheidungsgrundlage immer dann, wenn die bekannten Urteilsmaßstäbe nicht mehr befriedigen oder wenn man mit ihnen nicht weiterkommt. Mit
Blick auf diese Öffnung der Denkkategorien, die neben einer universalistisch interes-
sierten Objektivität auch Sinnunterstellungen zulässt, die grundsätzlich partikularen,
subjektiven, aber doch logischen Charakter haben, lautet die frohe Botschaft der Zukunftsforschung deshalb: Es gibt *immer* andere Maßstäbe, das heißt Alternativen. Man
muss sie nur logisch zulassen (und dafür das Logikverständnis erweitern). Und wenn
man innovativ oder gar exzellent sein will, kann man diese Maßstäbe des „Außerhalb"
sogar gezielt fördern und maximieren.

Die Ablehnung universalistischer, im Grunde noch immer an objektive Wahrheit ge-
bundener Geltungsansprüche trennt Zukunftsforschung von der Forschungsorientierung
innerhalb der Kritischen Theorie ab. Unsere Forschung dreht sich nicht um kausallogische Begründungsspiele, die notwendig dazu führen, dass man *ganz genau* hinschaut, in
unendlichem Bemühen immer *noch* genauer hinschauen sollte, bis man am Ende durch
Ausdauer, Präzision und Detailliertheit endlich mit der Wahrheit der Sache belohnt wird –
und man etwas „durchschaut" hat.

In dieser Bildsprache operiert seit jeher die Kritische Theorie: Dinge werden „hin-
terfragt", etwas wird „dechiffriert", ein „Schleier" wird gelüftet (oder aus heuristischen

Zwecken auch mal aufgehängt). Für Zukunftsforscher ist solche Rede sinnfrei. Wo keine Wahrheit, da kein Forschungsgrund – egal, wie gründlich gedacht und „entlarvt" wird. Man könnte sogar sagen: Ganz im Gegenteil. Je genauer man hinschaut, desto unschärfer werden die Dinge – das lehrt die moderne Physik. Durchbrüche in der Quantenphysik hängen vorrangig damit zusammen, dass ein Forscher eine extrem kontraintuitive Hypothese, eine subjektive fixe Idee – beispielsweise aus einem Gedankenexperiment – ernst nimmt und im Labor „nach ihr sucht". Einstein hat für seine revolutionären Neuerungen fast immer die herrschende Logik *gebrochen* und *außerhalb* von ihr experimentell gedacht. Auf Antezipationen genau dieser Art spielen seit jeher Redewendungen an wie „Thinking out of the box" oder „Musterbrechen" – nur werden sie in der BWL analytisch nicht gehoben, die Interpretation bleibt auf sachlogischer Ebene hängen. Luhmann bezeichnet polylogisches Denken deshalb ganz grundsätzlich als Kompetenz zum „Desengagement in Sachen Realität" (Luhmann 1996, S. 45). Allein mit sachlogischem Begründen kommt man unter Bedingungen von Komplexität nicht weiter; schon gar nicht lässt sich damit kritisch werden. Daher ist Beobachten eine, von der Anlage her, kritisch qualifizierte Praxis, weil sie nicht länger „näher rangeht" und die gesamte sachlogisch fixierte begründungstheoretische Denkbewegung der klassischen Tradition stoppt.

Diese Zusammenhänge haben Konsequenzen für die Ökonomie. Jederzeit könnte ein besseres (ökonomisch offeriertes) Sinnangebot daherkommen. Damit erhält die kapitalistische Wettbewerbswirtschaft als konkurrent-antagonistisches Prinzip neben der Produktbeziehungsweise Dienstleistungsebene – die über Monitoring und Benchmarking immerhin messbar und wahrnehmbar ist – eine zweite, nicht-messbare, nicht-wahrnehmbare Ebene, die künftig bedeutsamer werden könnte als die objektiv-messbare: Das zusätzliche „Sense-Making" (Weick 1995), das ein Unternehmen für die Kunden unterbreitet. Produkte, die mit ihrem Bedeutungshof eine andere Welt versprechen und *damit* Wettbewerbsvorteile generieren, sind bisher keine Domäne der BWL – und Verheißungen einer anderen Welt disziplinär noch nicht ökonomie*fähig*. Sie könnten es jedoch werden; bereits heute sind sie ein zentrales und erfolgreiches Instrument von Innovationsführern.

Zusammengefasst
Das Programm wissenschaftlicher Zukunftsforschung besteht darin, ein erstes, grobes Profil für „nachmetaphysische" Forschung zu entwickeln. Im Zentrum steht dabei, die Operationen jeweils in ihrer Art und Weise, wie sie vollzogen werden, reflexiv zu überprüfen und zu überwachen – auf dass keine ungewollten Sinnunterstellungen passieren, die das Forschungsergebnis verzerren. Dazu wird die Sinnpräferenz bewusst gewechselt: Von Sache/Sozialem zu Zeit; was die Forschungsaktivität betrifft, von Erkennen zu Beobachten; und was das Empirieverständnis betrifft, wird die Bedeutung erhobener Daten im Verhältnis zu ihrem Entstehungskontext radikal relativiert. *Daten sind grundsätzlich nur aussagefähig in Relation zu ihrem Kontext, in dem sie entstanden sind.* Mit Blick darauf wird prinzipiell auf Basis vordefinierter Sinnprämissen geforscht, Daten und Prämissen werden abgeglichen – und in diesem Abgleich besteht das empirische Forschungsergebnis.

Normativ gewinnt Zukunftsforschung ihr Profil durch

- einen *starken* Alternativenbegriff (Alternative nicht als bloße weitere Option innerhalb des vorgegebenen Sinnhorizonts, sondern als Möglichkeit außerhalb des gesetzten Rahmens),
- ein Verständnis von Normativität, das semantisch leer ist (bearbeitet werden „reine" Möglichkeiten, die zwar für andere Menschen verständlich und „anschlussfähig", aber nicht zwingend auch im naturwissenschaftlich-physikalischen Sinne realitätstauglich sein müssen), und
- durch eine Form von Kritik, welche die kritische, also sich abgrenzende Position nicht mehr nur sachlogisch-argumentativ begründet, sondern eine gegenwärtige Situation hauptsächlich mit Blick auf Zeit (Zukunft) infrage stellt (was wird daraus werden?). Kritik bedarf grundsätzlich eines logischen Ebenenwechsels von Sache oder Sozialem zu Zeit.

Mit der traditionellen sozialwissenschaftlichen Kritischen Theorie teilt sie die frühen Ursprungsintuitionen, die Theorietradition der vergangenen Jahrzehnte jedoch nicht mehr: Ihr Wissenschaftsbegriff ist ein anderer. Welcher genau tritt dann an die Stelle des alten? Wie müsste eine fröhliche, aber auch zu gehaltvoller Kritik fähige Wissenschaft konzeptionell aufgestellt sein?

Literatur

Castaneda C (1971) Die andere Wirklichkeit. Neue Gespräche mit Don Juan. Fischer, Frankfurt a. M.

Collins J (2001) Der Weg zu den Besten. Die sieben Management-Prinzipien für dauerhaften Unternehmenserfolg. DVA, Stuttgart/München

Collins J, Hansen MT (2012) Oben bleiben. Immer. Campus, Frankfurt a. M./New York

Derrida J (1976/1967) Die Schrift und die Differenz. Suhrkamp, Frankfurt a. M.

Feyerabend P (1980) Erkenntnis für freie Menschen. Veränderte Ausgabe. Suhrkamp, Frankfurt a. M.

Flechtheim OK, Joos E (1991) Ausschau halten nach einer besseren Welt. Biographie, Interview, Artikel. Dietz, Berlin

Fogg BJ (2003) Persuasive Technologies. Using Computers to Change What We Think and Do. Morgan Kaufmann, San Francisco

Habermas J (1969) Technik und Wissenschaft als ,Ideologie'. Suhrkamp, Frankfurt a. M.

Habermas J (2009) Philosophische Texte. Studienausgabe in fünf Bänden. Suhrkamp, Frankfurt a. M.

Habermas J [6](1981/1968) Erkenntnis und Interesse. Suhrkamp, Frankfurt a. M.

Jobs S (2012) The Lost Interview. Gespräch mit Steve Jobs 1995 zur Zeit der Leitung von NeXT. DVD, NFP marketing & distribution, Berlin/Vertrieb Warner Bros. Entertainment Hamburg

Kruse P, Dittler A, Schomburg F (2007) nextexpertizer, nextcoach, nextmoderator: Kompetenzmessung aus Sicht der Theorie kognitiver Selbstorganisation. In: Erpenbeck J, von Rosenstiel L (Hrsg) Handbuch Kompetenzmessung. Erkennen, verstehen und bewerten von Kompetenzen in der betrieblichen, pädagogischen und psychologischen Praxis, 2. Aufl. Schäffer-Poeschel, Stuttgart, S 515–543

Kübler D, Hutter M (2014) Wie eine Journalistin im Kernkraftwerk. Dorothea Kübler und Michael Hutter über die Begegnung von Experimentalökonomie und Soziologie. WZB-Mitteilungen 145:35–38

Lin P (2015) Why Ethics Matters for Autonomous Cars. In: Maurer M et al (Hrsg) Autonomes Fahren. Technische, rechtliche und gesellschaftliche Aspekte. Springer Open, Berlin/Heidelberg, S 69–85

Locher JL, Veldhuysen WF (2003) Die Magie des M. C. Escher. Taschen, Köln

Luhmann N (1981) Selbstlegitimation des Staates. In: Achterberg N, Krawietz W (Hrsg) Legitimation des modernen Staates. ARSP-Beiheft, Bd. 15, S 65–83

Luhmann N (1990) Soziologische Aufklärung 5. Konstruktivistische Perspektiven. Westdeutscher Verlag, Opladen

Luhmann N (1996) Die neuzeitlichen Wissenschaften und die Phänomenologie. Picus, Wien

Luhmann N (2011) Organisation und Entscheidung, 3. Aufl. Springer VS, Wiesbaden

Minx E, Dietrich R (2015) Autonomes Fahren. Wo wir heute stehen und was noch zu tun ist. Daimler und Benz Stiftung, Berlin

Möllers C (2015) Die Möglichkeit der Normen. Über eine Praxis jenseits von Moralität und Kausalität. Suhrkamp, Berlin

Müller-Friemauth F, Kühn R (2016) Silicon Valley als unternehmerische Inspiration. Zukunft erforschen – Wagnisse eingehen – Organisationen entwickeln. Springer Gabler, Wiesbaden

Pang AS-K (2010) Futures 2.0: Rethinking the Discipline. Foresight: J Future Stud Strateg Think Policy 12(1):5–20. doi:10.1108/14636681011020191

Peters TJ, Waterman Jun. RH [15](1993/1982) Auf der Suche nach Spitzenleistungen. Was man von den bestgeführten US-Unternehmen lernen kann. Moderne Industrie, Landsberg/Lech

Schreyögg G (2015) Professoren-Profile: Georg Schreyögg. Das Wirtschaftsstudium WISU, 44(11): 1183–1184

Steinmüller K (1995) Beiträge zu Grundfragen der Zukunftsforschung, 2. Aufl. Arbeitsberichte, Bd. 2/95. Sekretariat für Zukunftsforschung, Gelsenkirchen

Thaler RH, Sunstein CR (2011/2008) Nudge: Wie man kluge Entscheidungen anstößt. Ullstein, Berlin

Weick KE (1995) Sensemaking in Organizations. SAGE, Thousand Oaks

„Selber denken lernen" heißt in Wirklichkeit zu lernen,
wie man über das Wie und Was des eigenen Denkens
eine gewisse Kontrolle ausübt.
David Forster Wallace,
amerikanischer Schriftsteller

Eine der Lebensmaximen des erfolgreichen amerikanischen Großinvestors Warren E. Buffet lautet, was Menschen am besten könnten, sei, neue Informationen so zu filtern, dass bestehende Auffassungen intakt bleiben. Der Kompetenzbereich, der sich genau dieses Ziel auf die Fahnen geschrieben hat, heißt Wissenschaft – behauptet Zukunftsforschung. Zwar nur in einer sehr speziellen Hinsicht, hier allerdings mit durchschlagender Wirkung.

Ausgerechnet Wissenschaft soll ein Filter zur Bestätigung von geläufigem Wissen sein? Diese Denunziation erscheint exzentrisch: Der Anspruch von Wissenschaft ist doch gerade, Wissen dauerhaft zu mehren, auf das unsere Erkenntnisse der Wahrheit immer näher kommen!

Wie bereits mehrfach angesprochen: Dieses (Wissens-)Fortschrittsmodell trägt Zukunftsforschung nicht mehr. Die Metapher der Penrose-Treppe illustriert das zukunftsforscherische Alternativmodell – insofern, als dass hier niemand am Ende „oben" bei einer „Wahrheit" ankommen kann, auf dass die Dinge dieser Welt dann tatsächlich durchschaut wären. Die spiralförmige Bewegung der Penrose-Treppe weist im Gegenteil in gewisser Hinsicht Parallelen auf zum hermeneutischen Zirkel, der ebenfalls nie den direkten Weg einschlagen kann zur Deutung eines Textes, sondern ihn in Schleifen umkreist. Dazu braucht es eine Wissenschaft, die extrem wendig ist, wenn es darum geht, ihre Beschreibung zu wechseln, falls es die Situation erfordert, und die sich deshalb davon verabschiedet, sich einem Kanon, einem Standard-Set von Regeln oder einer zentralen Methode unterzuordnen beziehungsweise sich davon gängeln und begrenzen zu lassen.

Etablierte Wissenschaft hingegen will das genaue Gegenteil; sie will Sicherheit im Denken. Und dadurch die Wahrheit herausfinden, und die soll *unabhängig* sein von Situa-

© Springer Fachmedien Wiesbaden GmbH 2017
F. Müller-Friemauth und R. Kühn, *Ökonomische Zukunftsforschung*, FOM-Edition,
DOI 10.1007/978-3-658-14391-6_5

tion, Raum und Zeit. Dieser Unterschied ist, logisch betrachtet, eigentlich ein definitives Hindernis, Zukunftsforschung in das Einzugsgebiet von Wissenschaft aufzunehmen. In unserem Wissenschaftsbegriff müssen deshalb einige bislang als unantastbar geltende Voreinstellungen geändert werden. Plausibel machen lässt sich das am Wissenschaftsverständnis von Thomas S. Kuhn (Abschn. 5.1). Bis heute bildet dessen Konzept wohl einen der wichtigsten Ansätze zur Verständigung darüber, was Wissenschaftlichkeit bedeutet beziehungsweise jeweils aktuell bedeuten soll. Im Anschluss daran geht es um den zukunftsforscherischen Ausweis des wissenschaftlichen Standpunkts: Desjenigen Ortes, von dem aus die Forschung spricht (Abschn. 5.2).

5.1 Thomas S. Kuhn: Die Weiterführung wissenschaftlicher Revolutionen

Kuhn hat zukunftsforscherischem Denken bereits sehr weitgehend den Weg in die Wissenschaftstheorie geebnet – aber doch nicht ganz. Seine Thesen waren zur Entstehungszeit des Hauptwerkes „Die Struktur wissenschaftlicher Revolutionen" (Kuhn 1976) bahnbrechend; etwa die Tendenz zur evolutionstheoretischen Deutung von Fortschritt, dem eine Zielgerichtetheit abginge; oder die modern-kontexturale Kennzeichnung von neuen Paradigmen, also Änderungen eines theoretischen Denkschemas, die immer auch mit Blick auf soziale, machtpolitische oder kognitive Faktoren zu beschreiben seien. Der Kritiker Lakatos, stellvertretend für zahlreiche andere, verhöhnte diese Überzeugungen als „Mob-Psychologie" (Lakatos und Musgrave 1970, S. 178). Viele Wissenschaftstheoretiker sind bis heute nicht bereit, ein Leitbild, das die hehre Wissenschaft von den Niederungen des Allgemeinwissens bisher erfolgreich distanzierte, einer vermeintlichen Modernität zu opfern, deren Gewinn unklar ist und womöglich in keinem akzeptablen Verhältnis steht zum Preis, der dafür entrichtet werden müsse. Denn wenn Gesellschaft in die Wissenschaft hineinragen darf und gleichzeitig universalistisch gültige Orientierungsmarken wegfallen, werde Wissenschaft orientierungslos und flottiere als frei schwebender Signifikant in einem Bedeutungsraum, in dem so gut wie jeder mitreden kann. Diese Wissenschaft sei vom „Rauschen" nicht mehr unterscheidbar. Nicht nur vor 55 Jahren, sondern auch heute noch gilt: Die modernsten Aspekte von Kuhn sind die umstrittensten.

Zukunftsforschern sind sie jedoch nicht modern genug. Denn diese modernen Aspekte bestehen – wie dargelegt – vor allem darin, ein Wissenschaftsverständnis zu verabschieden, das unterstellt, es könne jemals in einem gehaltvollen Sinne „die" objektive Wahrheit erkannt werden. Nach unserem hier skizzierten, im Wesentlichen quantenmechanisch inspirierten Verständnis von Wissenschaft; das heißt von den Konsequenzen eines sachlogisch „unscharf" gewordenen, relativen Denkens auf der einen, und einem gleichzeitig zeitlogisch wieder einzufangenden, als neuen Prüfstein zu nutzendem Denken auf der anderen Seite, müsste das Kuhn'sche Konzept jedoch in mehrfacher Hinsicht *noch weitergehend* aktualisiert und zugespitzt werden. Der Grund: Kuhn kassiert zwar die seit der Antike vorherrschende Vorstellung einer objektiv existierenden Wahrheit, indem er darlegt, dass Wahrheit immer relativ sei zu einer Gruppe von Menschen, die an sie glaubt (Bindung an Ort und Zeit). Wahrheit meine zu unterschiedlichen Zeiten und an unterschiedlichen Orten etwas Verschiedenes, und das jeweils Gemeinte („Paradigma") wechsele. In der amerikanisch-analytischen erkenntnistheoretischen Tradition, etwa bei Nelson Goodman, gilt dies heute als gesetzt (Wahrheit als *Konvention*, Goodman 1990, S. 114 ff.). Die Quantenmechanik geht aber darüber deutlich hinaus: Sie hat den Prozess des *Erkennens selbst* (den Vorgang des Beobachtens) mit zum Gegenstand der Theoriebildung ernannt; notgedrungen, denn, wie sich herausstellte, ist der Beobachter des Experiments mitunter selbst Teil (genauer: ein letztlich unkalkulierbarer Einflussfaktor) des Ergebnisses.

Diese Vorstellung erscheint Kuhn noch absurd, und seine Gründe stehen bis heute in Geltung. Das Hauptproblem: Im menschlichen Erkenntnisapparat als solchem sieht er keinerlei Problem. Der Erkenntnisprozess sei vollständig kontrollierbar, *nämlich durch reflektierte wissenschaftliche Methoden* – diese machten Wissenschaft gerade aus. In diesem Punkt zeichnet er ein klassisches Wissenschaftsverständnis nach. Die Vorstellung, dass menschliches Erkennen – zum Beispiel aufgrund biologischer Strukturen – in gewisser Weise bereits „vorformatiert" und der Kognition daher vollständig gar nicht zugänglich sein könnte; dass also wissenschaftliche „Methoden" an unserem kognitiven Apparat auf bestimmten Ebenen womöglich vorbeilaufen, lehnt er *explizit* ab. Kuhn ist seiner Mentalität nach insofern Frühmoderner geblieben; quasi Kind der Kopernikanischen Wende, welche die antike Grundlage von Wissenschaft bestätigt: Voller Zuversicht und Glauben an die Macht von Vernunft und Reflexion. Die biologische Entwicklung ist nach Kuhn „ein eindeutig gerichteter und *nicht umkehrbarer* Vorgang", und die Wissenschaft verläuft zu ihm analog (!). Um in unserer Bildsprache zu bleiben: Statt einer Penrose-Treppe handelt es sich hier um eine Wendeltreppe nach (hierarchisch) oben. „Spätere wissenschaftliche Theorien sind *besser* als frühere geeignet, Probleme in den oft ganz unterschiedlichen Umwelten [...] zu lösen." In gewisser Hinsicht sei seine Position, was den modernen Wahrheitsbegriff betreffe, zwar relativistisch – *aber eben nicht bezogen auf die Wissenschaft* (Kuhn 1976, S. 217, unsere Hervorh.). Bedeutet: Zwar ist die Emphase der Beschreibung gedämpft, aber Wissenschaft schreibt hier nach wie vor eine *klassische* Fortschrittsgeschichte: Dass es kein vorfestgelegtes Erkenntnis*ziel* mehr gäbe, bedeute nicht, *dass es nichts mehr zu Erkennen gäbe*. Trotz säkularisierendem Duktus gilt nach wie vor: Wir werden immer besser.

Wie beschrieben: Die Quantenmechanik hat diese Annahme abgeräumt. Kaum vorstellbar, was nicht nur Kuhn, sondern vor allem seine Kritiker dazu sagen würden – für die bereits die Berücksichtigung sozialgeschichtlicher Faktoren bei der Definition von Wahrheit eine inakzeptable Provokation darstellt, die letzten Endes zum Schreknis des „Anything goes" führe! Diese Erregung innerhalb der Wissenschaftstheorie entspricht jedoch längst nicht mehr dem Stand der naturwissenschaftlichen Grundlagenforschung: Erkennen hat sich dort inzwischen als *Prinzip* erledigt. Dass sich Beschreibungen fortlaufend ändern, bedeutet nur, dass sie eben *anders* werden, situationsangemessener, kontextural intelligenter, damit aber nicht automatisch auch *besser*. Was in Kontext A optimal sein kann, ist es in Kontext B womöglich nicht; und in 200 Jahren kann eine ältere Option aus dem 20. Jahrhundert praktisch passender und klüger sein als der dann geltende Status quo. Die menschliche Ideengeschichte ist ein Steinbruch, aus dem wir uns jeweils auf Basis unserer mentalen Kompetenzen bedienen können (zukunftsforscherisch: Wir können temporalisieren, also substanziell unterschiedliche Zeitsequenzen in unserer Vorstellung um willen eines gerade drängenden Zwecks vergleichzeitigen). Was wir mit der Nutzung dieser Kompetenz erweitern und „verbessern", ist *nicht* unsere Kenntnis von den Dingen („wir wissen immer besser Bescheid"), sondern die *Art und Weise, wie wir von unserer Vernunft Gebrauch machen*. Nicht das „Was", sondern das „Wie". Aber selbst die Unterstellung eines künftigen Maximums an solcher Kompetenz wird uns nie an den Punkt führen, an dem wir die Dinge selbst *tatsächlich* durchschauen.

Für Zukunftsforscher und an situativ kluger Praxis Interessierte gibt es mittlerweile aber darüber hinausgehend noch einen weiteren Punkt. Nicht nur aus naturwissenschaftlicher Richtung, sondern auch durch jüngere empirische Befunde beispielsweise der Kognitionsforschung gerät die Kuhn'sche Position unter Druck. Inzwischen gut belegt ist beispielsweise der Konstruktcharakter vieler menschlicher Wahrnehmungsakte. Unser Kognitionsapparat „Gehirn" hat eine so spezifische Operationsweise, dass Menschen mit Wahrnehmen oder Beobachten oder Denken nicht Umwelt „abbilden", sondern diese im Wahrnehmungsakt offenbar selbst bereits bearbeiten (zurechtlegen, als praktisch nutzbar hinstellen, an soziokulturelle Praktiken anschließen; vgl. im Folgenden das Beispiel „Embodiment"). Das liegt am – bisher noch weitgehend unklaren – Anteil der Sinne: Ohne sie läuft nichts. Woraus folgt: Das, was wir gemeinhin „Kognition" nennen, ist nicht allein im Gehirn beheimatet. Das Gehirn ist lediglich *beteiligt*. Was beispielsweise im Radikalen Konstruktivismus, in der Nachfolge von Glasersfeld (1996) und von Förster (1985), noch weitgehend Behauptung blieb (insofern Erklärungskonzepte von der Evolutionsbiologie in die Sozialwissenschaften einfach übernommen wurden: das Gehirn „konstruiere" Realität, wie sich das wohl auch Kuhn vorstellte), erreicht inzwischen innerhalb der wissenschaftlichen Beforschung ein Stadium, in dem erste empirische Belege für diese Position erbracht werden; und sie nehmen zu.

Diese biologische Modernisierungsdebatte wird in der Quantenmechanik seit Jahren wiederum flankiert (eigentlich: präzisiert) durch eine *informationstheoretische Wende*, die ebenfalls bereits zur Sprache kam: „Informationen machen Welt". Hypothese: Womöglich ist das Fundament der physikalischen Welt Information, nicht Materie (so etwa Zeilingers Position: „Wirklichkeit und Information sind dasselbe" – das betrifft hauptsächlich die Forschung über das sogenannte Qubit [kju.bt], die Quantenversion eines Bits). Die Welt scheint Relation zu sein, *vor* Gegenständlichkeit. Alles, was Gegenstände beschreibt, wie etwa Geschwindigkeit, sind dieser Auffassung zufolge relative Mengen oder Relationen – also keine Eigenschaften eines Objektes. Solche Merkmale kennzeichnen die Art und Weise, wie sich das Objekt zu den anderen verhält (so etwa Rovelli 2015). Wenn sich diese Perspektiven erhärten sollten, egal, ob in biologischer, informationstheoretischer oder anderer Variante, wäre der Satz von Wittgenstein (1963, S. 9/Nr. 1): „Die Welt ist alles, was der Fall ist", überholt, weil unvollständig. Der Quantenphysiker Zeilinger (2005, S. 231) hat ihn deshalb bereits ergänzt: „. . . und auch alles, was der Fall sein *kann*". Genau das ist die für Zukunftsforschung bedeutsamste Facette, an die ihr Wissenschaftsverständnis anschließt.

Embodiment und die Pointe der sogenannten Praxeologie

Die neuere Kognitionsforschung behauptet, Kognition sei zwar eng mit dem Gehirn verknüpft, aber nicht darin *eingeschlossen*. Grundlegende Wahrnehmungen beispielsweise sind ohne eigene Bewegungen – also ohne den Einsatz von Körper und Sinnen – nicht möglich. Versuche mit Katzen haben bereits vor Jahrzehnten gezeigt, dass sich der Orientierungssinn im Raum nur dann entwickelt, wenn sich die Tiere unmittelbar nach der Geburt frei bewegen können (und nicht etwa im Geschirr passiv gezogen werden). May-Britt und Edward Moser erhielten 2014 den Nobelpreis für Medizin wegen ihrer weiterführenden Forschung in diesem Bereich. Entdeckt wurden sogenannte „Orts-" und „Gitterzellen" im Gehirn, die ein Raster repräsentieren, welches das Gehirn über eine Umgebung legt, in der sich das Tier oder der Mensch bewegt („inneres GPS"). Die körperliche Bewegung im Raum ist aber der Ausgangspunkt für diese Aktivität – sonst entstehen solche Zellen nicht. An Alzheimer-Patienten lässt sich erkennen, was geschieht, wenn diese Zellen absterben: Menschen fallen gleichsam aus der Welt, verlieren ihre Orientierung und können weder denken noch urteilen noch handeln.

Der Fachbegriff für diesen Zusammenhang lautet „Embodiment". „Verkörperung" bedeutet hier die Wechselwirkung zwischen Bewegung, sinnlicher Wahrnehmung und Kognition; alles das ist *praktisch* nicht unterscheidbar. In dieser Einsicht wurzelt der theoretisch-konzeptionelle Kern einer wissenschaftlichen Praxeologie; einer sozialen Wissenschaft, die das Theorie-Praxis-Problem anders konzipiert als gewohnt, indem sie sich strikt an dem orientiert, was wir praktisch *wollen*, und *deshalb* irgendwann auch *können* werden. Das mentale Modell dabei entspricht einer „Wissenschaft der starken Möglichkeit": Der Ausgangspunkt ist das, zu was Menschen imstande sind, was ihnen – gemäß Vorstellungskraft – rein theoretisch möglich wäre oder wünschenswert erscheint, und erforscht gemäß dieser *imaginär* maximal anspruchsvollen Messlatte, wie das zu konzeptualisieren ist: Das bedeutet hier „Theorie". Sie bildet die menschliche Praxis nach Maßgabe ihrer – eventuell völlig fiktiven, objektiv nicht messbaren oder validierbaren – Willens-Extreme ab. Theorie folgt hier also den vorstellungsorientierten „Maximalwerten" der Praxis; im Gegensatz zum etablierten, quasi sichernden Wissenschaftsmodell, einer „Wissenschaft der Wahrscheinlichkeit". In dieser vertrauteren Perspektive versuchen wir, uns zunächst theoretisch zu schützen, Risiko zu minimieren, indem wir uns ein vorläufiges konzeptionelles Bild davon machen, was – fundiert durch Empirie – in Weiterentwicklung derjenigen Anlagen und Fähigkeiten, die bereits vorhanden und damit bekannt sind, solide vorhersehbar, *realistischerweise* möglich wäre und damit passieren *könnte* (schwacher Möglichkeitsbegriff/Prognostik). Ohne theoretische Grundlage keine praktische Forschung; und die Praxis tut gut daran, den Vorschlägen der Theoretiker zu folgen, die viel investiert haben, um kluge Ratschläge zu erarbeiten. Hier folgt also die Praxis der Theorie.

Praxisphilosophisches Denken – den Gegenpol – begründeten die alten Griechen; leitbildstiftend wurde es aber nicht. Erst heute, seit Ende des 20. Jahrhunderts, kommen Belege dafür auf. Gemäß Embodiment-Konzept gibt es keine „inneren Repräsentationen", die wir uns im Kopf von der Umwelt machen (entspräche „Theorie vor Praxis"). Der Mensch ist als „verkörpertes Wesen" untrennbar mit der Umwelt verbunden und agiert in ihr. Bewusstsein *ist* Umweltbearbeitung; Bewegung, Wahrnehmung und Welterfahrung verschmelzen dabei. Unser Denkorgan muss also nicht erst mühsam aus bruchstückhaften Sinnesdaten draußen die Welt konstruieren. Kognition scheint vielmehr eine Leistung zu sein, welche die ganze Person (oder das Tier) im Wechselspiel mit der Umwelt erbringt; ein dynamischer, interaktiver Prozess, für den Emotionen, mentale Zustände und Gestimmtheiten hochgradig bedeutsam sind (vgl. Dehaene 2014; Noë 2011, 2015).

Die berühmt gewordene „Gummihandillusion" verweist auf eine Erklärung für diese Zusammenhänge und illustriert auf beeindruckende Weise, dass die bewusste Eigenwahrnehmung unseres Körpers maßgeblich durch unsere Interaktion mit der Umwelt und im Zusammenspiel mehrerer Sinne geformt wird. Eine Versuchsperson sitzt dabei vor einem Tisch, ihre rechte Hand liegt entweder unter dem Tisch auf ihrem Schoß oder, wie in Abb. 5.1, schräg seitlich – jedenfalls unsichtbar hinter einer Wand. Auf dem Tisch direkt vor der Person wird eine Gummihand platziert. Die Person beobachtet nun, wie jemand mit einem Pinsel sacht über die Gummihand streicht. Absolut synchron dazu berührt eine zweite Person die echte rechte, nicht sichtbare Hand. Nach kurzer Zeit hat die Versuchsperson ganz eindeutig das Gefühl, an der Gummihand berührt zu werden: Sie fühlt die Berührung der eigenen Hand an der Gummihand auf dem Tisch. Der Grund: Das Auge sieht die Berührung. Psychologen sprechen von „visueller Dominanz": Unser Sehen beeinflusst und *dominiert* die anderen Sinne. Das ist ein robuster Effekt; Bauchrednerei funktioniert genauso. Wir glauben, dass die Puppe

Abb. 5.1 Gummihand-
Versuch. (Quelle: Gummi-
handillusion-Experiment von
Prof. Christoph Maier, Body in
Mind 2013)

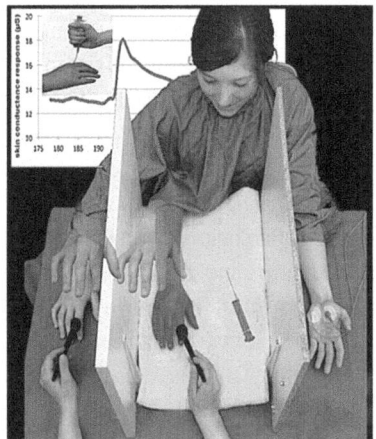

spricht, weil sich ihr Mund synchron zu den Worten öffnet. Wir kombinieren Informationen vor allem mit dem, was wir *sehen,* und bilden uns daraus ein Urteil.

Es sind solche Versuche, die Kognitionsforscher zu der Annahme bringen, dass wir den Körper für unser Handeln als eine Art Hintergrundbedingung nehmen, und dass die Vorstellung von „vorheriger" Analyse beziehungsweise Denken und erst „nachträglichem" Tun fehlgeht. Konkret bei diesem Versuch: Dass dies meine Hand ist, mache ich mir dadurch bewusst, dass sie aktiv, dynamisch und visuell mit meinem Leben verknüpft ist. „Rational" kalkulierendes Denken könnten mich demgegenüber leicht von der kruden Idee abbringen, dass es tatsächlich diese Plastik-Gummihand sein soll, die ich bei dem Versuch spüre – *wenn* Bewusstsein so funktionierte, wie sich die Wissenschaft das bisher vorstellt. Was hier demonstriert wird, ist also eine ganz grundlegende, praktisch-weltliche Involviertheit.

Die Beforschung unseres Körperschemas führt auch zu erstaunlichen Sichtweisen über sozialen Wandel, etwa bei der Betrachtung digitaler Technik. Die zunehmende Nutzung von Smartphones und Kurznachrichten könnte langfristig Auswirkungen auf unser Körperschema haben; dafür gibt es valide Hinweise. Digitale Technik verändert die Dynamik sozialer Beziehungen. Das fortlaufende Anmailen, Simsen oder Pingen suggeriert, dass der physisch abwesende Freund für einen da ist – eine neue Modalität sozialer Anwesenheit, Zuneigung und Sorge. Genauso wie Werkzeuge (die Gummihand) das Körperschema verändern oder verfälschen können, indem sie faktisch ein Teil von einem selbst werden, können Menschen, die gar nicht da sind, via Technologie sozial präsent werden. Das ist eine reale, durch neue Technologien erweiterte Präsenz; aber sie wirkt „vollwertig", unsere Wahrnehmung von Nähe scheint veränderbar zu sein. Der Gedanke, dass passiv an einem Gerät sitzen, lesen, schreiben, eine aktive, kontaktfreudige, soziale Lebensform sein könnte, mutet seltsam an; genau das ist aber womöglich der Fall.

All diese Überlegungen laufen auf eines hinaus: Die Unterstellung der Möglichkeit eines objektiven Erkennens wird grundlegend infrage gestellt. Der Einwand: Intellektualismus. Grund, davon Abstand zu nehmen, ist nicht, dass diese Unterstellung falsch wäre, sondern einseitig beziehungsweise (zu) konkretistisch. Womöglich sind wir gar keine von der Umwelt autonomen Inseln hirnbezogen-denkfähiger Tiere, die (neben Emotion und spontanen Reflexen, die andere Tiere auch haben) gattungsgemäß maßgeblich auf der Basis sorgfältiger Analysen und rationaler Kalkulation handeln, sondern schlicht *Handelnde.* Das, was gemeinhin „Urteilen" und „Entscheiden" bedeutet, und was eine zentrale Basis für unser Handeln darstellt, wäre also grundlegend situativ, kontextural geprägt, im Augenblick sinnlich vermittelt, unsere Umwelt mit Kognition immer schon verschränkt. Und menschliche Kognition enthielte womöglich eine Art gattungsspezifisches „Zusatzinstrument" zum Zweck eines – nur beim Menschen auch zeitlogisch qualifizierten – Denkens und Handelns für Weitsicht und die Möglichkeit zur Prävention. Für ein Denken *auf Vorrat* und damit einen Evolutionsvorsprung qua biologischer Kompetenz zur Antezipation.

Dies sind erste, auf der Basis *empirischer* Forschung zustande gekommene Konzepte, die nicht aus philosophischen, sondern aus biologischen und neurophysiologischen Gründen aufhören, die Frage nach der „Objektivität" von Wissen zu stellen. Objektivität ist eine häufig nützliche Fiktion – mehr nicht. Dabei findet hier letzten Endes der gleiche Haltungswechsel statt, den die Quantenphysik vorgemacht hat: Die Vorstellung von einer Theaterbühne, auf der „die Wirklichkeit" stattfinde, und wir davor seien die unabhängigen Beobachter (draußen, in der Umwelt, sind die Tatsachen und drinnen, im Gehirn, werden Repräsentationen davon erzeugt und ausgewertet), ist überholt. Objekte in der Natur (Sache), Akteure (Soziales) und die Zeitlichkeit der Beobachter sind zu Zwecken der Praxis nicht sinnvoll theoretisch isolierbar.

Mit anderen Worten: Wenn nicht nur die zentralen wissenschaftlichen Bewertungskriterien für das Erkenntnis*objekt* („Wahrheit", „Objektivität" und so weiter) strittig sind, sondern inzwischen auch der Prozess des Erkennens selbst (weil er grundsätzlich subjektive, das heißt interpretierende, welterschließende Gehalte transportiert und somit einen setzenden, definitorischen Eigenwert in den Erkenntnisprozess einschleust), ist Thomas S. Kuhn kein relevanter Kandidat mehr: Dann muss Wissenschaftlichkeit anders begründet werden. Es wechseln Status und Funktion.

5.2 Erkenntnistheoretische Position

Wissenschaft als Zweck in sich selbst: „Der Weg ist das Ziel" oder „Wissenschaft ist ein Pfad, den man sich bahnt, während man ihn geht" – um den logischen Hintergrund derlei scheinbarer Pseudoweisheiten geht es hier. Denn genau das haben diese Sprüche: ein *logisches* Fundament. Allerdings geht es dabei nicht um universalistische, sondern um partikularistische Logik.

Zunächst wird erneut die zukunftsforscherisch typische Denkbewegung polylogischer Positionswechsel vollzogen: Der ursprünglich wahrheitszentrierte Relator – Wissenschaft qua Erkennen zum Zweck der Wissensmehrung, also Subjekte erkennen etwas/jemanden objektiv – wird zum Relatum *herab*gestuft. Denn Wissenschaft *generell;* also in erkenntnistheoretisch-forschungsstrategisch unbestimmter, „neutraler" Form, nämlich als reine, heute in ihrem Potenzial unabsehbare Möglichkeit; stellt eine *höher*wertige logische Funktion dar. Ihre Semantik ist aber noch offen, wir können sie uns vorerst nicht vorstellen. Mit ihrer Unterstellung werden jedoch innerhalb von Wissenschaft logisch-neue, womöglich viele Positionen (Relata) frei. Neben einer traditionell-*erkenntnis*orientierten Wissenschaft, die Subjekt und Objekt um willen eines „wahren" Erkennens des Objekts zueinander in Beziehung setzt, kann beispielsweise nun ein weiteres Wissenschaftsparadigma einer situationsorientierten, praxeologischen Wissenschaft qua *Beobachtung* treten. In diesem neuen Paradigma entscheiden die Beobachter über *Relevanz* (Sinn und Bedeutung) des Beobachteten, nicht über dessen Wahrheitsstatus. Und diese Relevanz können sie nun auf *zweierlei (!)* Weise validieren: zum einen objektiv (zum Beispiel empirisch), zum anderen aber auch rein subjektiv (reine Möglichkeit: „Wir können uns das vorstellen"). Was bedeutet: Das „Wie" unseres forscherischen Zugriffs auf die Welt hat sich erweitert. Wir haben eine Alternative mehr zur Verfügung.

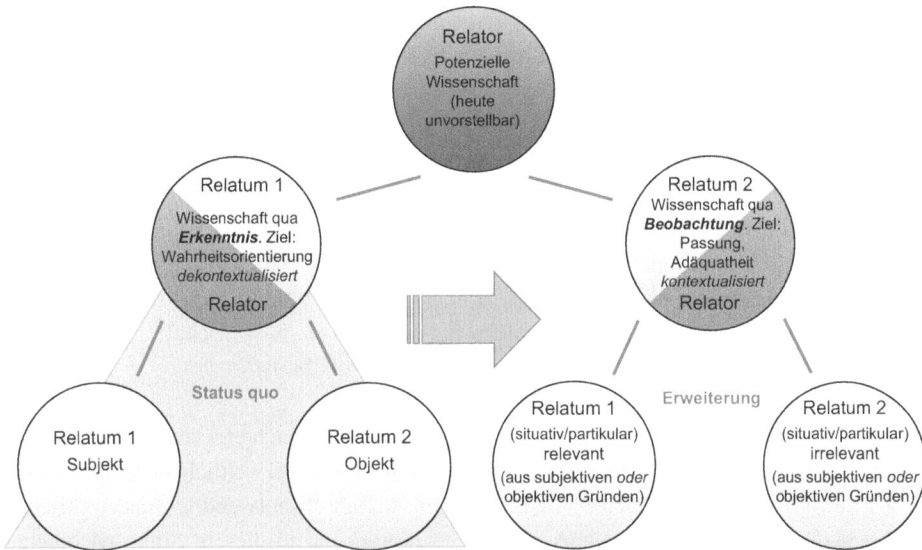

Die Bewertung einer Situation erfolgt bei einer Wissenschaft qua Beobachtung grundsätzlich nach objektiven *und* subjektiven Maßstäben; die Differenzierung zwischen beidem ist in diesem Paradigma nicht tragend, *beide Parameter sind gleichwertig.* Zu diesem wissenschaftlichen Feld zählt Zukunftsforschung. Im Verhältnis zu Wissenschaft „als solcher", also der heute noch unvorstellbaren, inhaltlich leeren, höchsten Form, ist die konkrete neuartige praxeologische Version – wie auch die etablierte, wahrheitszentrierte – ein Relatum, kann aber auch selbst wieder zu einem Relator werden: Dann sind ihre Relata Forschungsgegenstände, die *situativ relevant* sind (aus objektiven *und/oder* subjektiven Gründen), und solche, die *situativ irrelevant* sind (aus objektiven *und/oder* subjektiven Gründen). Und so weiter – gemäß der Penrose-Treppe ist dieser logische Erweiterungsprozess in jeder Richtung fortsetzbar. Für Naturwissenschaftler sind solche Spiele inzwischen selbstverständliche Grundlage ihrer experimentellen Forschung, für Sozialwissenschaftler ein Kuriositätenkabinett: Die Wissenschaftslandschaft *selbst* bricht an dieser Stelle auseinander. Im Gesamtvergleich hinken Geistes- und Sozialwissenschaften dem naturwissenschaftlichen Sektor um mehrere Jahrzehnte hinterher.

Die erkenntnistheoretische Pointe des zukunftsforscherischen, und das heißt: eines subjektivitätsbereicherten Wissenschaftsverständnisses liegt darin, ein System (eine Sache, ein soziales Phänomen oder eine Zeit) *im Lichte eines anderen* beobachten zu können – und nicht mehr nur „als solches". Relation vor Gegenständlichkeit, wie die Quantenphysiker formulieren. Wenn Subjektivität erst zu einem wissenschaftlich gleichwertigen Rang wie Objektivität aufgewertet ist, *wird jede andere Perspektive zu einem validen Prüfstein für eine zu beforschende Hypothese oder Position.* Abhängig von der Wahl des

Vergleichssystems stellen sich einzelne Merkmale dann anders dar. Man gewinnt so weite-re Optionen, theoretisch unbegrenzt, was in wissenschaftlichem Blickwinkel genau dann nicht problematisch ist, *wenn man weiß, was man herausfinden will.* (Zum Beispiel Exzel-lenzverständnis in einer entsprechenden Studie *im Voraus* bestimmen, Orientierungsmarke für unternehmerische Innovation organisational *vorher* festlegen, und so weiter.) Es muss zwingend bewusst und reflektiert festgelegt werden, welche *Richtung* die beobachteten Perspektiven haben sollen, und diese Richtung ist quasi „dezisionistisch", willentlich, intentional auch zu wahren und langfristig erinnerbar zu halten – andernfalls mündete Perspektivenanreicherung in Kakophonie. Eine mithilfe solcher perspektivischer Spiege-lung zustande gekommene Position ist jedoch niemals allgemeingültig, sondern immer „unique"; logisch kann das gar nicht anders sein. Der Wahrheit näher kommt Wissen-schaft aber in keinem Fall mehr, weder so noch im alten Modell – das hatte ja bereits Thomas S. Kuhn eingeräumt. Diese Ernüchterung qualifiziert Wissenschaft insgesamt *an-ders*, nämlich praktisch, *aber nicht geringer!* Denn was bleibt, ist

- ein *andersartiger* Punkt, von dem aus dennoch valide beobachtet werden kann. Dieser Punkt ist jedoch nicht mehr der alte archimedische, ein außerweltlich-metaphysischer. Zu ihm gibt es jetzt aber eine Alternative! Er ist logisch notwendig „innerweltlich", das heißt innerhalb der gegebenen Realität verortet und in diesem Sinne nachmeta-physisch. Der Wissenschaftler kann aus seiner historischen Realität qua Autorität und Wissen *nicht (mehr) aussteigen*: Er ist und bleibt situiert. Beschreibungen bemessen sich nur noch gegenseitig *aneinander* – „heterarchisch". Dieser neue Status quo wird freilich höchst unterschiedlich bewertet: Die einen trauern der Sicherheit qua Wahrheit hinterher, die anderen (zum Beispiel Zukunftsforscher) freuen sich über unermessliche neue Möglichkeiten. Egal, wie man urteilt: Dieser Wechsel verändert zwar die Wissen-schaftskriterien, mindert aber weder Wert noch Nutzen von Wissenschaft als solcher. Zukunftsforscher ergänzen: Ganz im Gegenteil! In Sachen praktischer Relevanz von Wissenschaft wertet er sie immens auf.
- das Erfordernis guter Begründung. Nur ändert sich ihr Stellenwert. Begründung ist (a) nicht mehr wahrheitszentriert und (b) nicht mehr an Objektivität gebunden. Dies folgt (wenn nicht bereits nachvollziehbar auf Basis der zukunftsforscherischen Privi-legierung zeitlogischer Sinnanalysen) aus den inzwischen auch *empirisch* belegten neueren Erkenntnissen aus neuerer Physik und Metadisziplinen, die unsere den-kende und handelnde Bewältigung von Welt als gleichzeitige und unvermeidliche Welt*ver*änderung begreifen; als Informationsgenerierung *und* -zurichtung in actu. *Auch dann* braucht es jedoch gute Gründe, um ein wissenschaftliches Argument plausibel zu machen! Und das ist auch möglich – jetzt aber nur noch *im Vergleich* zu den vorhande-nen Alternativen, also ohne jeden Bezug zu einem metaphysischen Außerhalb. Für jede „gute" Begründung benötigt man in dieser Wissenschaft daher zwingend *Alternativen.*

Wissenschaftliche Zukunftsforschung vertritt also *nicht* in dem Sinne eine relativisti-sche Position, als dass eine Option (Alternative A) genauso gut oder schlecht wäre wie eine andere (Alternative B). Aber: Sie reklamiert auch für Subjektivität einen legitimen Status und *relativiert damit Objektivität*. Sie profiliert ihren Standpunkt mit einer eigentümlichen Vorstellung von Normativität (vgl. Abschn. 4.3), welche die reine Möglichkeit in Betracht zieht, argumentationsfähig macht und *damit* Subjektivität wissenschaftlich qualifiziert: Sogar auf säkularem, entwickelt-modernem Fundament von Wissenschaft stehe uns noch ein Außerhalb zur Verfügung, behauptet Zukunftsforschung. Und zwar immer dann, wenn es sozusagen intraperspektivisch keine Alternativen zu geben scheint (drohende Alternativlosigkeit); wenn ein „objektives" Vergleichssystem zum jeweiligen Untersuchungsobjekt partout nicht auszumachen ist. Dann kommt das ins Spiel, was üblicherweise Imagination, Vorstellungskraft oder freier Wille (gebunden an Subjektivität) heißt; also eine subjektive Blickrichtung, die im *wissenschaftlichen* Bereich jedoch metakognitiv kontrolliert werden muss. *Subjektivität ist*, erkenntnistheoretisch formuliert, *jederzeit eine echte (starke) Möglichkeit und Alternative zu traditionell-objektiven Gründen*, die selbstverständlich nach wie vor ihre Gültigkeit behalten. Subjektivität entwickelt sich jedoch zu einem zweiten, gleichwertigen wissenschaftslogischen Instrument. Sie wird im Spiel guter Gründe satisfaktionsfähig; und innerhalb von wissenschaftlicher Zukunftsforschung sogar prämiert und zum *bevorzugten* Entwicklungslabor für neue, ungeahnte Möglichkeiten. Das ist der Kern zukunftsforscherischer, zeitlogischer Normativität. (Abb. 5.2 zeigt die für Zukunftsforschung wichtigsten Wissenschaftskriterien im Überblick.)

Abb. 5.2 Wissenschaftskriterien der Zukunftsforschung. (Quelle: verändert/erweitert im Anschluss an Kreibich 1995)

Was dabei als neuartiges Thema zwingend ins Spiel kommt, ist *Metakognition*: Die genuin menschliche Fähigkeit, das eigene Denken zu kontrollieren. Überwacht werden muss zum Beispiel, dass Denken nicht unbemerkt in Objektivitätsideologien abdriftet – damit würde der Mensch als Einflussfaktor für Realität abgeschafft. „Schuld" an dieser (in der Quantenmechanik erstmals bemerkten) Weiterentwicklung des Verständnisses von Kognition, genauer: an deren praxeologischer Aufwertung, ist eben der Umstand, dass der Beobachter einer Sache eine intervenierende Variable im Beobachtungsprozess darstellt. Wenn Realität und menschliches Leben aber auf diese, freilich im Detail noch unbekannte Weise miteinander verschränkt sind, ist eine allein mittels Objektivität und Messung durchformatierte und maßgeblich daran bewertete Welt *inhuman*. Wissenschaft hat auf einer Metaebene diesen Zusammenhang zu berücksichtigen, ihn zu wahren und aktiv zu schützen: Stetig zu überprüfen und gegebenenfalls wieder herzustellen. Die Prämisse für dieses Wissenschaftsbild: Es gibt kein „reines", methodisch oder experimentell „sauberes" Erkennen. An diesem Punkt wird, wie dargelegt, Kuhns Position also in einem zentralen Aspekt weitergetrieben.

Zusammengefasst
Um die zentralen Maßstäbe einer Wissenschaft der Zukunft bestimmen zu können, muss es möglich werden, Standpunktabhängigkeiten („Subjektivität") formal zu modellieren. Klassische wissenschaftliche Methoden liefern keine Basis für eine standpunktabhängige Methodologie. Wenn eine Zukunftswissenschaft jedoch, wie dargelegt, innerweltlich möglich sein soll und sich Beschreibung immer nur an Beschreibung messen lassen kann, besteht die Wissenschaft *nur* noch aus Standpunkt-Alternativen und -Streitigkeiten. Und da es dabei keinen hervorgehobenen Über-Standpunkt mehr geben kann, werden Untersuchungsgegenstände fortan auf *künftige mögliche* Zustände bezogen, die erwünscht oder auch intensiv gewollt (nicht utopisch-ideal!) sind, und, im Verhältnis zu diesen, *damit* berechenbar. Die Einführung beziehungsweise „Erlaubnis" subjektiven, zeitlogischen Denkens ist dafür die Voraussetzung: Ohne Zeit als wissenschaftlich legitimem Urteilsmaßstab keine Komplexitätsbewältigung mit nachmetaphysischem Denken. Der fiktive Fluchtpunkt in der Zukunft ist der Anker, der die gegenwärtige Perspektivenvielfalt bändigt.

Unterstellt wird in dieser Vorstellung also nicht mehr ein idealer *sachlicher* Fluchtpunkt, auf den man zusteuert, sondern eine „Menge" an kognitiver Energie oder Kompetenz, die je nach Belastung verschiedene Formen annehmen und verschiedene Ordnungen erfinden kann. Das klingt kryptisch – weil Zukunftsforschung die quantenmechanische Einsicht ernst nimmt, die Welt als *Relation* (im Sinne von „Relation *vor* Gegenständlichkeit") zu begreifen. Man verflüssigt den Faktor Zeit mit dieser Denkfigur auf kontrollierte Weise in „gedankliche Energie". Oder anders bildlich gesprochen: Man konzentriert sich auf den Weg, nicht aufs Ziel. Denn die (geistige) Energie bleibt immer gleich (zweiter Hauptsatz der Thermodynamik, Entropiegesetz). Mit diesen Formen existenter gedanklicher Energie können wir *spielen*: Sie stehen nicht mehr in der Verfügungsgewalt von Gott und sind auch nicht mehr fix. Wir können sie gemäß unseren Antezipationen in der Zeit formen.

Während Wissenschaft im herkömmlichen Sinn Zeit sachlich reifiziert (Zeit so behandelt, als ob sie sachlich wäre: Dinge haben in dieser Sicht ein *Sein*, eine Struktur, ein Wesen, sind dinghaft und deshalb auch befristbar und terminierbar), rollt Zukunftsforschung Zeit prozedural, eher noch energetisch aus. Durch das polylogische Spiel mit Sinn und Bedeutung, also der Tauschmöglichkeit von sinnlogischen Maßstäben, welche die Dinge zueinander in Beziehung setzen (Relator zu Relata), verschiebt sie ständig die Perspektive. Man könnte auch sagen: Ihr fällt immer etwas ein („es gibt immer eine Alternative" – aus Gründen der unterstellten Polylogik). Diese Verschiebungen selbst: das absichtlich „*machende Werden*" von Sinn, reflexiv überwacht, bedeutet hier Wissenschaft. Und dieses Werden, das Sicherstellen eines „Niemals-fixiert-Seins", sowie der Schutz dieses Nicht-Anhaftens, ist ihre primäre Funktion (daher die Penrose-Treppe, die sich unendlich fortsetzt; und daher unser eingangs skizziertes, metakognitiv erweitertes Wissenschaftsverständnis).

Eine solche Vorstellung steht einem Wissenschaftsverständnis, das sich auf die disziplinierte Suche nach unendlichen Wahrheiten begibt, diametral entgegen. Die praktische Begründung ist simpel: Menschen sind sterblich und haben für ihre Suche nur begrenzte Zeit zur Verfügung. Wenn wir das Erdendasein verbessern wollen, macht es keinen Sinn darauf zu warten, dass wir irgendwann die Wahrheit finden. Und: Unendliche Wahrheiten sind eine ideologische, vor allem aber Macht sichernde Fiktion. Sie garantieren ein Autoritäts- und Legitimitätsgefälle zwischen Wissenden und Unwissenden, das einer modernen, demokratischen und nachmetaphysischen Gesellschaft nicht mehr angemessen, und in ihr auch nicht mehr zu rechtfertigen ist.

Ziel einer säkularen Wissenschaft ist es, zu jeder Zeit an jedem Ort, also innerhalb wechselnder Zeitläufe, eine spezifische „Eigenzeit" entwickeln zu können, „herauszukonzeptualisieren", in der nach eigenen, das heißt situativ-einzigartigen Maßstäben entschieden werden kann. Aktuell zum Beispiel: Bewältigung auseinanderdriftender Wirtschaftslagen, international wie innergesellschaftlich – hierfür können Handlungsoptionen generiert werden, welche die unübersichtliche Komplexität (a) genau *hier und jetzt* und (b) aus jeweils *unserer* Sicht („was *wollen* wir?") einschränken. Genügen diese Maßstäbe nicht mehr den Problemen oder steigt die Komplexität weiter, werden die Maßstäbe (aus-) getauscht. Perspektivisch gibt es unendlich viele. Bedingung der Möglichkeit für solches Weitergehen auf der Penrose-Treppe, sozusagen das sichernde Geländer, ist jedoch der fortwährende Bezug auf künftige mögliche Zustände, die wir attraktiv finden. Sie können eine unübersichtliche Gegenwart wieder berechenbarer machen, denn die Treppe selbst zeigt eine solche Richtung nicht an – sie führt nirgendwo hin. Besteigen können sie nur willensstarke, selbstmächtige Wesen, welche die Möglichkeit einer Bearbeitung von Zeit entdeckt haben *und sich damit ihre Richtung selbst geben können*. Ihr Problemlösungsmechanismus ist nicht mehr primär die Logik von Sache und Sozialem, sondern von Zeit – und gleichzeitig der kognitive Trick, mit dem ihre Wissenschaft Komplexität bewältigt.

Eine reflexive Bewältigung von Zeit wird seit Jahrzehnten in zwei parallellaufenden Paradigmen operationalisiert. Für beide gilt: Keines ist besser oder schlechter. Es kommt immer darauf an, was man im konkreten Fall erreichen will. Welche Kriterien gelten für das jeweilige Paradigma – und helfen situativ für eine Wahl zwischen beiden weiter?

Literatur

Body in Mind (2013) Preserved ability to integrate a rubber hand indicates intact multisensory integration in CRPS. 25. Oktober 2013. http://www.bodyinmind.org/rubber-hand-indicates-intact-multisensory-integration-in-crps/. Zugegriffen: 13. Oktober 2016

Dehaene S (2014) Wie das Gehirn Bewusstsein schafft. Albrecht Knaus, München

v Förster H (1985) Sicht und Einsicht. Versuche zu einer operativen Erkenntnistheorie. Wissenschaftstheorie, Wissenschaft und Philosophie, Bd. 21. Vieweg, Braunschweig/Wiesbaden

v Glasersfeld E (1996/1995) Der Radikale Konstruktivismus. Ideen, Ergebnisse, Probleme. Suhrkamp, Frankfurt am Main

Goodman N (1990/1978) Weisen der Welterzeugung. Suhrkamp, Frankfurt a. M.

Kreibich R (1995) Zukunftsforschung. In: Tietz B, Köhler R, Zentes J (Hrsg) Handwörterbuch des Marketing, 2. Aufl. Enzyklopädie der BWL, Bd. IV. Schäffer-Poeschel, Stuttgart, S 2814–2834

Kuhn TS (1976/1967) Die Struktur wissenschaftlicher Revolutionen, zweite revidierte und um das Postskriptum von 1969 ergänzte Aufl. Suhrkamp, Frankfurt a. M.

Lakatos I, Musgrave A (Hrsg) (1970) Criticism and the Growth of Knowledge. Cambridge University Press, Cambridge

Noë A (2011) Du bist nicht dein Gehirn. Eine radikale Philosophie des Bewusstseins. Piper, München

Noë A (2015) Strange Tools. Art and Human Nature. Hill and Wang, New York

Rovelli C (2015) Sieben kurze Lektionen über Physik. Rowohlt, Reinbek

Wittgenstein L (1963/1959) Tractatus logico-philosophicus. Logisch-philosophische Abhandlung. Suhrkamp, Frankfurt a. M.

Zeilinger A (2005) Einsteins Schleier. Die neue Welt der Quantenphysik. Goldmann, München

Paradigmen

Nicht alles, was zählt, kann man zählen,
und nicht alles, was man zählen kann, zählt.
Albert Einstein

Quantenphysiker haben ein äußerst entspanntes, allerdings auch undiplomatisches Verhältnis zu Paradigmenwechseln. Der sozialwissenschaftliche Paradigmen-Philosoph Thomas S. Kuhn meinte, man müsse für eine neue Einsicht kämpfen und sie durchsetzen. Quantenphysiker behaupten hingegen, das Überzeugen falle hier aus: Das, an was man glaubt, und an dem man womöglich Jahre gearbeitet habe, ließe man sich nicht einfach ausreden oder wegargumentieren. Max Planck schloss daraus, eine neue wissenschaftliche Perspektive pflege sich

> nicht in der Weise durchzusetzen, dass ihre Gegner überzeugt werden und sich als belehrt erklären, sondern vielmehr dadurch, dass ihre Gegner allmählich aussterben und dass die heranwachsende Generation von vornherein mit der Wahrheit vertraut gemacht ist (Planck 1970, S. 16 f.).

Das wird wohl auch in der Zukunftsforschung so laufen – denn derzeit fallen das dominierende Paradigma, die Prognostik, und Zukunftsforschung selbst praktisch zusammen. Dass erst ein Generationenwechsel stattfinden muss, bevor sich das ändert, kann als nahezu sicher gelten.

Da wissenschaftliche Zukunftsforschung bislang konzeptionell nicht profiliert ist, gibt es vorerst nur zwei Paradigmen; diese allerdings in zahlreichen Varianten und Mischungen. Wir beschränken uns auf die Darstellung dieser beiden Haupt-Schemata. Zur Unterscheidung sind für uns die jeweiligen anthropologischen Voreinstellungen zentral. Den Paradigmenbegriff verwenden wir dabei etwas anders als Thomas S. Kuhn. Zwar teilen wir die *generelle Definition* (implizite Übereinstimmungen einer wissenschaftlichen Gemeinschaft bezüglich Regeln und Annahmen, die den Tatsachen ihren Charakter geben und den wissenschaftlichen Geist bestimmen; sowie sich wiederholende Ähnlichkeiten

© Springer Fachmedien Wiesbaden GmbH 2017
F. Müller-Friemauth und R. Kühn, *Ökonomische Zukunftsforschung*, FOM-Edition,
DOI 10.1007/978-3-658-14391-6_6

und Nachbildungen eines zentralen Teils des wissenschaftlichen Korpus, den die Gemeinschaft zu ihren etablierten Leistungen zählt, vgl. Kuhn 1976, S. 57 ff.). Paradigmen sind einzelnen Schulen somit übergeordnet, repräsentieren im Folgenden aber auch keine überwölbenden Weltanschauungen („Kopernikanisches Weltbild" oder Ähnliches), sondern *innerhalb* solcher Weltbilder starke, konsistente und in breiter Übereinstimmung verwendete Modelle und mentale Schemata. Uns geht es um diesen sozusagen „mittleren" Abstraktionsgrad: Ein Set von Regeln, das eine zeitgebundene Geisteshaltung *innerhalb* eines fixen, überwölbenden Weltbildes markiert.

Weiterhin unterstellen wir im Gegensatz zu Kuhn, dass es möglich ist, dass verschiedene Paradigmen eine Zeit lang parallel existieren – zwar nicht sehr viele (denn dann nähmen diese Paradigmen den Charakter einzelner Schulen an), sehr wohl aber in begrenzter Zahl als kurz- und mittelfristig *konkurrierende* Schemata, deren soziale Akzeptanz vorerst unklar beziehungsweise noch nicht entschieden ist. In der Zukunftsforschung beobachten wir genau das, genauer zwei: Ein in grober Unterscheidung dominantes *US-amerikanisch-europäisches* Paradigma I (Abschn. 6.1) und ein *kalifornisches* Paradigma II (Abschn. 6.2), das nur in Teilen der westlichen Welt auf Resonanz trifft. Beide laufen nebeneinander her. Aktuell erzeugt Paradigma I eher fortwährend weitere, vor allem informationstechnologisch getriebene Ausdifferenzierungen, als dass sich dessen Dominanz relativierte. Dabei ist Paradigma II das ursprüngliche Schema, aus dem Zukunftsforschung entstand; ersteres hingegen dasjenige, das sich erst im Laufe der Jahrzehnte insbesondere im politisch-ökonomischen Sektor im Anschluss an das dominante Business-School-Denken entwickelt hat. Im Zuge dessen wurde es populär und wird hier auch gemäß dieser wirtschaftswissenschaftlichen Ausrichtung skizziert.

In der zukunftsforscherischen Diskussion existieren bereits zahlreiche Einteilungs- und Differenzierungsvorschläge zu unterschiedlichen Ansätze und Methoden, auch zu zeitlichen Phaseneinteilungen, die in Paradigmenbeschreibungen übergehen (etwa Georghiou 2001; Kuosa 2014). Diese Unterteilungen sind im Folgenden aber kein Thema: Sie stellen Differenzierungen *innerhalb* des ersten Paradigmas dar und verbleiben sämtlich im wissenschaftlich-methodischen Rahmen einzelner Fachdisziplinen, die jeweils nur zukunftsforscherisch spezifiziert werden („tailoring"). Uns geht es jedoch um eine Profilierung des „harten Ursprungskerns" von Zukunftsforschung als einer Disziplin, die Zeit- und keine Sachverhältnisse bearbeitet, und deshalb den konventionellen Wissenschaftsrahmen sprengen muss. Dieser Kern findet sich nur im regionalspezifisch-kalifornischen Denken, das hier idealtypisch dem europäisch-internationalen entgegengestellt wird.

6.1 Prognostik: Zukunftsforschung in der BWL

Für die eingangs erläuterte Prämisse beziehungsweise anthropologische Restriktion, dass Menschen Zukunft nicht kennen können, haben sich wissenschaftshistorisch zwei Bearbeitungsweisen entwickelt. Sie lassen sich perspektivisch unterscheiden und begründen jeweils ein Paradigma. Zum einen gibt es die Orientierung an faktisch objektivierbarer

Wahrheit. Hier sollen Zukunft als solche „inhaltlich" (semantisch) erforscht und dabei Zirkelschlüsse, sachliche Fehler und subjektive Annahmen systematisch ausgeschlossen, objektiviert werden, womit Zukunftsforschung *explizit* auch nur ausschnitt- und näherungsweise in wissenschaftlicher Weise funktionieren kann. Und zum anderen gibt es die Orientierung an menschlicher Vorstellungskraft, Fantasie, Kreativität und Erfindungsgeist, die sich auf all das in der Zukunft konzentriert, das anders ist als gegenwärtig Faktisch-Objektivierbares. Im letzten Fall sind Wahrheit und Objektivität zwar mitunter relevante, aber keine wissenschaftstheoretisch zentralen und hinreichenden Ziele, und die Wissenschaftlichkeit dieses Vorgehens wird anders ausgewiesen. Zunächst geht es um das erste Schema, eine wahrheits- und wissenszentrierte Zukunftsforschung. Ihr paradigmatisches Zentrum ist die Prognostik.

Prognostisches Paradigma – Zukunft ist erkennbar
Dieses Paradigma steht in der Tradition der frühmodernen Naturwissenschaften und gleicht die Erkenntnismittel von Realem (Gegenwart) und Möglichem (Zukunft) kausalanalytisch an. Zukunft ergibt sich aus der Gegenwart: Daraus, wie wir heute handeln (Ursache – Wirkung). Damit geht es nicht um, im Vergleich zum Heute, qualitativ neuartige Möglichkeiten, Optionen und Alternativen, sondern um eine *Variabilisierung* von Gegenwärtigem. Man versucht auf wissenschaftliche Weise, Vorhandenes aufzufächern in einen Varianzraum, in ihm Wahrscheinlichkeiten zu berechnen und nach unterschiedlichen Kriterien (Wünschbarkeit, Risikovermeidung oder Anschluss ans Wahrscheinliche) eine Handlungspräferenz abzuleiten. Möglichkeits- und Alternativenbegriff werden hier in der schwachen Variante genutzt.

Als wissenschaftlicher Standard gilt, dass auf diese Weise Zukunft zwar nicht erforschbar ist: Man kann nicht herausbekommen, wie Zukunft wird. Damit schließt das prognostische Paradigma an die zuvor genannte Prämisse an. Man kann jedoch herausbekommen, wie die Zukunft werden *könnte*. In der Art und Weise, wie diese Regel ausgelegt wird, entfernt sich das prognostische Paradigma von der Voraussetzung. Soll heißen: Der Anspruch an wahrheitsgebundene Aussagen wird *relativiert*. Die Unterstellung, zwar nie genau wissen zu können, was kommt, trotzdem aber valide Aussagen darüber treffen zu können, was rein logisch beziehungsweise wahrscheinlichkeitstheoretisch möglich ist und kommen *könnte*, bezeichnet den modernen Status quo dieses Paradigmas, das auf diesem bezeichneten Interessengebiet auch wissenschaftliche Ansprüche reklamiert. Es rangiert unter Namen wie (Strategic oder Corporate) Foresight, Forecast oder – insbesondere im unternehmerisch-praktischen Kontext – Zukunftsmanagement. Charakteristisch für die Semantik zumindest in Europa ist ihr starker Innovations- und Strategieforschungsbezug, da die Hauptakteure maßgeblich aus diesen Bereichen stammen und eine prognostische Form der Zukunftsforschung auch in diesen Zusammenhängen eingesetzt wird. (Einer der wichtigsten Bezugsautoren ist Philipp Tetlock, der mit Hilfe von mehr Interdisziplinarität, kollektiver Intelligenz – nicht nur Experten befragen – und Entscheidungsheuristiken – Denkfallen vermeiden – die prognostische Fehlerquote senken will; Tetlock 2005; Tetlock und Gardner 2015.)

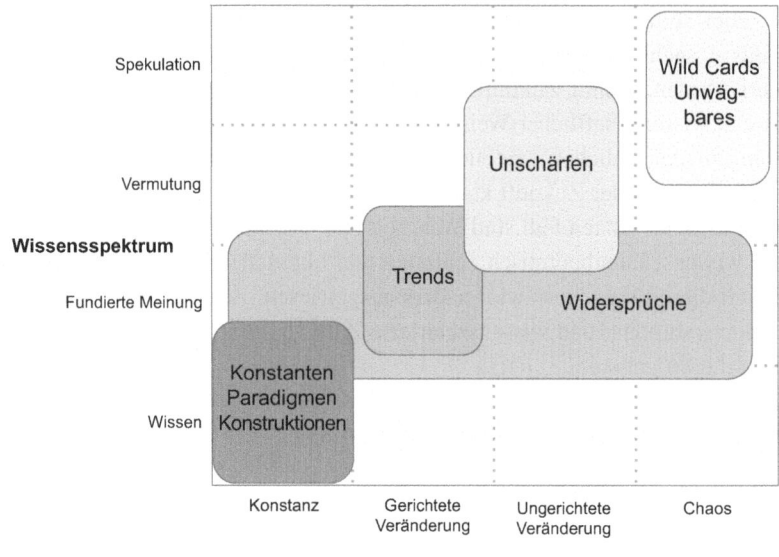

Abb. 6.1 Zukunftsmodell von Paradigma I. (Quelle: nach Pillkahn 2007, S. 121, terminologisch leicht angepasst)

Den Denkraum, der hier bearbeitet wird, hat Pillkahn veranschaulicht (vgl. Abb. 6.1). In simplifizierter Form ergibt sich daraus das Forschungsterrain dieses Typs von Zukunftswissenschaft (vgl. Abb. 6.2). Damit wird plausibel, in was die meiste Energie und Mühe investiert wird: In die Vermeidung aller Formen von Spekulation, bloßer Vermutung, reiner Fiktionen und fantastischer Vorgriffe. Die Unterstellung dabei: Zukunft ist vage genug – alle „zusätzliche" Subjektivität des Beobachters ist so weit wie möglich auszuschalten.

Man konzentriert sich sozusagen auf denjenigen Teilbereich von Zukunft, der gerade noch objektiv erfassbar ist: konstant Stabiles, das „wissbar" gemacht wird. Alles andere gilt als Pseudo-Wissenschaft. Paradigma I legitimiert sich in erster Linie durch die Abgrenzung zu solcher Pseudo-Wissenschaft – und in zweiter Linie durch ihre Methoden: *Wie* sie das bewerkstelligt. Der zentrale Begriff dafür ist Transparenz. Den größten wissenschaftlichen Aufwand fordert der Methodenausweis. Relevanz einer zukunftsforscherischen Aussage entsteht in diesem Paradigma durch kausale Logik, Überprüfbarkeit und zwar verminderte, nichtsdestotrotz aber gerade noch akzeptable (!) Varianten von Objektivität. Denn beispielsweise lassen sich in der praktischen Zukunftsforschung auch für partikulare, strikt organisationsbezogene Unterstellungen oder spezifisch interessengeleitete Prämissen, etwa im Kontext einer „uniquen" unternehmerischen Innovationspolitik, die Vorannahmen dazu *transparent* machen, man kann *terminologisch präzise* verfahren und damit *überprüfbar* bleiben. Sofern das erfolgt: Sofern der sachlogische Begründungs-

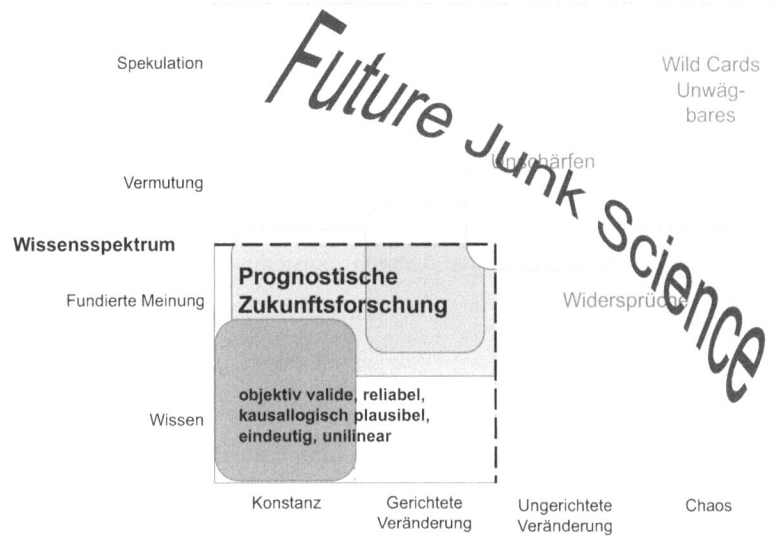

Abb. 6.2 Forschungsfokus von Paradigma I

zusammenhang für Beobachter *durchschaubar bleibt*, gilt die Bedingung der Möglichkeit für wissenschaftlich legitime Objektivität als erfüllt und akzeptabel. Zukunftsvorgriffe, die das nicht ausweisen, fallen unter Junk Science. Die inzwischen etablierten wissenschaftstheoretischen Definitionen stammen von Rolf Kreibich. Qualitätskriterien seien genauer „Relevanz, logische Konsistenz, Einfachheit, Überprüfbarkeit, Explikation der Prämissen und Randbedingungen, Transparenz, praktische Handhabbarkeit u. a." (Kreibich 1995, S. 2815).

Für dieses Paradigma gilt all das, was hinsichtlich des etablierten Wissenschaftsverständnisses bereits gesagt wurde. Es sucht die Wahrheit hinter der Zukunft herauszubekommen – so gut es eben geht, was auch der Grund für die wichtigsten Methoden ist, die hier verwendet werden: Genutzt werden zahlreiche Formen empirischer Markt und Sozialforschung, alle Arten von Trendextrapolationen, Best- und Worst-Case-Kalkulationen und Prognosen. Gesucht wird nicht das Andere der Zukunft, sondern das Ähnliche der Zukunft – ähnlich zum Heute. Womöglich relevantes, aber auch irritierendes radikal Neues (Erkenntnismittel dafür: Schwache Signale und Trendforschung), mögliche Gefährdungen oder auch Chancen (etwa durch Präferenzwechsel bei den Kunden, häufig aufgrund von Wertewandel oder neuen Technologien), welche die Zukunft grundsätzlich in undurchschaubar vermischter Gestalt im Gepäck führt, sollen perspektivisch jeweils isoliert, dann analysiert, quantifiziert – jedenfalls exakt bestimmt – und alsdann vorhergesagt werden. Die Denkweise ist analytisch-zergliedernd. Die etablierten anthropologischen Grundannahmen sind vollständig in Geltung (Schutzreflex gegenüber dem

Menschen/Defizithypothese; Zukunftsforschung als ein weiterer Weg, die menschliche Existenz zu sichern und *Unsicherheiten*, in jedem Fall aber *Chaos* abzuwenden; vgl. den entsprechend exkludierten Gegenstandsbereich in Abb. 6.2).

Fortschrittliche Zukunftsforschung bedeutet hier, innerhalb der Ergebnisse solcher Forschung hauptsächlich die Chancen und Möglichkeiten zu betrachten und weniger die Risiken: Das bedeutet in diesem Paradigma „progressiv". Werden eher Gefährdungslagen berechenbar gemacht, ist Zukunftsforschung konservativ-absichernd. Auch hier wird Zeit generell wieder als Sache behandelt und dadurch „epistemisch" verkürzt, also in sachlogische Wissbarkeit umgewandelt: *Von*

$$[\text{Gegenwärtig Bekanntes}] + [\text{Noch-nicht-Existentes} = [\text{Zukunft}]$$
$$\text{Unbekanntes}]$$

wobei der zweite Teil der linken Gleichungsseite eliminiert wird, *in*:

[Stabilbleibendes	+	[Stabilbleibendes	=	[maximal Wissbares von Zukunft]
Bekannt-Positives]		Bekannt-Negatives]		
Chancen		Risiken		

Der wissenschaftliche Blick konzentriert sich auf die sachlogischen Bewertungsschemata „gut" (neue Chancen) oder „schlecht" (neue Risiken) und blendet zeitliche Fragen aus; folgerichtig und also logisch, denn mit etablierten Instrumenten sind diese, wie etwa der Zufall, nicht bearbeitbar. In unternehmerischer Zurichtung ist der Fokus meist vereinseitigt: risikoorientiert, wenn etwa Technologiefolgeabschätzung im Fokus steht; oder chancenorientiert, wenn es um die Generierung varianter Alternativen oder Innovationen geht („was *auch* noch möglich ist"). Beide sind jedoch immer Abfallprodukte einer *sachlogischen* Bearbeitung von Zeit. Temporalisiert – zeitlogisch gearbeitet – wird hier nicht. Es geht genau *umgekehrt* darum, Zukunft zu ent-„kontingentieren": Sie soll gesichert werden, ihres Haupt-Charakteristikums, grundlegend anders als die Gegenwart zu sein (was als nicht fassbar und potenziell gefährlich erscheint), gerade entkleidet und erst *dadurch* auch kognitiv bearbeitbar gemacht werden. Wissenschaft fungiert als logischer Sinnumwandler: Zeit wird durch Sache *ersetzt*.

Will man mit ihr kritisch werden, zeigt sich der gleiche Effekt wie innerhalb etablierter kritischer Theorien. Die auf diese Weise eröffneten Zukunftsperspektiven generieren sozusagen automatisch einen „missionarischen" Effekt, einen moralischen Überhang: Auch wer für Zukunft ist (klassisch: für Fortschritt, Emanzipation, Gerechtigkeit und so weiter), steht immer schon auf der richtigen Seite. Der ehemals metaphysische archimedische Punkt eines Beobachters außerhalb dieser Welt, der Kritik in vormoderner Zeit autorisierte, ist zwar offiziell auch hier weggefallen, aber es gibt eben auch keine Alternative zu ihm – daher das Mitschleifen der alten, untergründig logischen Fundierung; die unvermeidbare symbolische Absetzung gegenüber allem Gestrigen, Altbackenen, Traditionsverhafteten, Bedenkenträgerischem und das quasi-natürliche Privileg alles Neuen. Wo Zukunft ist, ist vorne – das ist konzeptintrinsisch plausibel. Denn Subjektivität als

Korrektiv für sach- oder soziallogische Gründe fällt aus: Sie würde die konventionellen Wissenschaftsannahmen konterkarieren, führte ins „Chaos" und wird deshalb aktiv *bekämpft* – fungiert als zentrale Abgrenzungsfolie für „wissenschaftliche" Zukunftsforschung. Subjektivität ist Gegner.

Definition

▶ **Zukunftsforschung** ist damit „die wissenschaftliche Befassung mit möglichen, wünschbaren und wahrscheinlichen Zukunftsentwicklungen und Gestaltungsoptionen sowie deren Voraussetzungen in Vergangenheit und Gegenwart" (Kreibich 1995, S. 2814).

Da diese Definition zeitlogisch neutral (unbestimmt) formuliert ist, bleibt sie auch für das nachfolgende zweite Paradigma vollumfänglich gültig: Das, um was es im Paradigmenstreit der Zukunftsforschung geht, erfasst sie nicht, schlägt sich daher aber auch auf keine Seite – das ist ihr Vorteil. Zusätzliche wichtige Modernisierungsmarker bei der Begriffsbestimmung im prognostischen Paradigma sind heute beispielsweise:

- Die prinzipielle Rede von Zukunft im Plural („Zukünfte", um die genannte Prämisse zumindest nicht vollständig zu verletzen, und um die prinzipielle Nicht-Präzisierbarkeit von Zukunft zu bezeichnen);
- die Erweiterung der forscherischen Perspektive auch auf den jeweiligen Untersuchungs*gegenstand*. Hintergrund dieser Dehnung: Innerhalb praktischer Zukunftsforschung, beispielsweise in Unternehmen, zählt meist – mehr als die Kenntnis über Zukunft – diejenige über die Veränderung des *Unternehmens* (beziehungsweise einzelner Produkte oder Bereiche) auf dem Weg *in* die Zukunft (vgl. Steinmüller 1995, S. 22);
- eine nächste Erweiterung mit der Einbeziehung auch der *Umfelder* des Untersuchungsgegenstandes. Grundlegende Annahme: Es seien die Umfelder, über die Zukunft (Wandel) in Unternehmen einziehe. Die zentralen Treiber für ökonomisch relevante Zukunft (Kunden: Bedürfnisse, Verhalten, Wertewandel; Technologien; globale Entwicklungen in Wirtschaft und Politik und so weiter) lägen außerhalb;
- der Fokus auf eine „Outside-in"-Perspektive, die aus dem zuvor Gesagten folgt (Schwartz 1991). Die Organisation lernt, diesem Ansatz zufolge, Zukunft durch etwas Anderes oder durch Andere, jedenfalls *nicht durch es selbst*. Mit Blick auf sich selbst gilt vielmehr die Empfehlung, sich in Sachen Identitätszuschreibung zu entspannen: Pfadabhängigkeit vermeiden, flexibel bleiben und agiler werden, Offenheit üben, damit man den externen Wandel auch mitbekommt. Lernhilfen dafür sind Trends, Monitoring, Scanning, Früherkennung und -aufklärung, Issue Management und anderes mehr: alle Arten der Generierung von „Zukunftswissen".

Diese Aufzählung ist nicht vollständig; die zahlreichen Varianten des Schemas sind hier unwichtig. Zu ihm gibt es mehrfache Schnittmengen zur BWL (vgl. den folgenden Abschnitt in diesem Kapitel „Anschluss an die BWL"). Interessanter ist, zu was es führt – zu einer „logischen", folgerichtigen Paradoxie, die innerhalb der Zukunftsforscher-Community denn auch eingehend diskutiert wurde und wird. Das Problem: Auch, wenn man sich der Zukunft mit – inzwischen äußerst modernen, etwa technologisch feinjustierten und raffinierten – Instrumenten der Vorhersage nähert, führt das aufgrund der zuvor genannten Prämisse nicht unbedingt auch dazu, dass Prognosen „stimmen". Für einen wissenschaftlichen Anspruch ist das misslich. Es delegitimiert vielleicht nicht die praktische Relevanz solchen Handelns, in jedem Fall aber die Reputation. Die Lösung: Man verortet Wissenschaft nicht mehr im Ergebnis, sondern auf dem Weg dorthin. Egal, was dabei herauskommt: Was zählt, ist die argumentative Triftigkeit und Raffinesse der methodischen Beweisführung. Und das geht so:

Wenn man die Wahrheit hinter der Zukunft zumindest näherungsweise, jedenfalls *ohne* Aufgabe des Wahrheitsanspruchs herausfinden will, dies aber letztendlich niemals vollständig erreichen kann (daher die offenherzige Anspruchsinflation in Richtung „Zukünfte"), gilt zwangsläufig, dass die Wissenschaftlichkeit von Zukunftsforschung sachlogisch *anders* begründet werden muss als über die Bestimmung von Zukunft selbst (was nichtsdestotrotz Ziel und Anspruch dieser Disziplin bleibt!). Der vorläufige Konsens dieses widersprüchlichen Professionalitätsanspruchs: „Die Wissenschaftlichkeit von Zukunftsaussagen äußert sich darin, dass sie wahr bleiben, auch wenn das Ergebnis später nicht eintritt" (Grunwald 2013, S. 28). Das ist weit fortgeschrittene, moderne Wissenschaftskunst im alten Leitbild: Mit multipler Relativierung des traditionellen wissenschaftlichen Instrumentariums den ursprünglichen Anspruch dieser Wissenschaft aufrechtzuerhalten und *gleichzeitig* die auf diese Weise erzielten Ergebnisse präventiv gegen Kritik zu imprägnieren.

Wer sich jemals gefragt hat, woher das ramponierte Image dieser Zunft rührt, wird hier fündig. Eine Alternative wäre zu erwägen, ob Prognostik für dieses Unterfangen überhaupt das richtige Mittel ist. Nur wird man dem prognostischen Paradigma diesen Vorschlag kaum ernsthaft entgegenhalten können, denn – wie bei Hase und Igel – ist es mit seinem vorauseilenden Selbstdementi immer schon da: Dass das zukunftsforscherische Projekt generell gar nicht so gemeint sei, man natürlich wüsste, dass Zukunft nur ausschnitthaft vorhersehbar sei und deshalb auch eine nicht eintretende Prognose nichts an ihrer wissenschaftlichen Qualität, an der Professionalität ihres Zustandekommens etwa, einbüße. In jedem Fall konzentriert man sich im Wissenschaftsanspruch *nicht mehr auf das Ergebnis* (jedenfalls hat das Endergebnis von Wissenschaft hier einen nachgeordneten Rang), sondern auf eine transparente, terminologisch präzise und überprüfbare Argumentationskette. Ins Zentrum rücken *deshalb* die Methoden – etwas anderes, auf das man sich beziehen könnte, gibt es nicht.

Mit anderen Worten: Wissenschaftlich ist Zukunftsforschung dann, wenn die Erkenntnisprozedur stimmt, den Regeln des (vorläufigen) Kanons entsprochen und Kohärenzstandards erfüllt werden (idealtypisch Gerhold et al. 2015) – alles bekannt und übernommen aus dem etablierten Wissenschaftsleitbild. Zukunftsforschung aus dem Mindset der BWL: So wird sie in Paradigma I operationalisiert. Gewinn und Ziel dieses Konzepts: Es ist einerseits mit dem Denken der Auftraggeber (Unternehmen) kompatibel, die ohnehin betriebswirtschaftlich verfahren und zumeist auch sozialisiert sind. Und zum anderen ist das Ergebnis als *Entscheidungsgrundlage* legitimierbar. Sein Zustandekommen ist transparent und überprüfbar – für die Unterstützung von Entscheidungsprozessen in Organisationen ist das von zentraler Bedeutung, nur dann sind die Ergebnisse auch zu rechtfertigen und „durchzubringen". Das ist denn auch die verdeckte Hauptfunktion solcher Zukunftsforschung: Grundlagen für unternehmerische Langfristentscheidungen zu liefern, die eben nicht über definierte Entscheidungsprogramme laufen (sollen oder können), sondern exzeptionell *außerhalb* der üblichen Entscheidungsroutinen. Für besonders bedeutsame Entscheidungen, zumeist strategischer Art, sind „Zusatzsicherheiten" notwendig. Wenn die Rechenkünste des Controllings nicht mehr ausreichen, kommen Zukunftsforscher ins Spiel: Die Spezialistin fürs Wissen vom Morgen.

Wie in der Einleitung bereits anklang: Es hat Konsequenzen, wenn Wissenschaft aus der Beratung heraus gestiftet wird. Die Legitimation von Entscheidungsgrundlagen ist das A und O dieser advokatorischen „Wissenschaft". Das in Anspruch genommene Leitbild orientiert sich gerade nicht praxeologisch, wie es scheinen könnte („Wissenschaft als Dienerin der Praxis"), sondern affirmativ – was bedeutet, dass es zwar ebenfalls der Praxis dient, allerdings in soziallogisch überformter, machtpolitisch interessierter Weise (Legitimationsstiftung von Entscheidungsmacht). Wissenschaftstheorie und Methoden werden so justiert – *außerhalb* von Wissenschaft bestimmt –, dass sie dem instrumentellen Zweck, in einer Organisation beispielsweise strategische Langfristentscheidungen zu unterstützen, gerecht werden können. In erster Linie geht es darum, mit dem Procedere beim Auftraggeber Akzeptanz zu schaffen. *Da zu diesem Zweck auf das etablierte, gewohnte Wissenschaftsleitbild Bezug genommen wird, fallen die konzeptionellen Winkelzüge kaum auf* – all das wirkt bekannt und vertraut, bis auf den unbequemen Effekt, dass seit Anbeginn der Zukunftsforschung, vor allem in Europa, dieser „Disziplin" erhebliche Skepsis entgegenschlägt. Vielen erscheinen bis heute die Ergebnisse vage unseriös, nicht recht durchschaubar, intuitiv; als anregend und unterhaltsam, de facto aber eher als Inspirationsquelle denn als echte Entscheidungsgrundlage von Wert. Viele strategische Planer nehmen die neuesten „Nachrichten aus der Zukunft" von den einschlägigen Consultancies zwar interessiert zur Kenntnis, distanzieren sich aber, in auffälligem Kontrast dazu, genauso deutlich von den Aussagen solcher „Studien". Zukunftsforschung steht im europäischen Kontext seit ihren Anfängen unter moralischem Generalverdacht; wie man bei genauem Hinschauen bemerkt, mit einigem Recht.

Die einzelnen mitunter aufwändigen, häufig sequenzreichen Verfahren des Erkenntnisgewinns: Trendforschung, Projektionen und Spiegelungen von Trends an einzelnen Zielgruppen oder Produkten, Szenario-Auffächerungen, eine variantenreiche Ableitungsmethodik für Handlungsempfehlungen, Markt- beziehungsweise Branchenqualifizierungen, Marktforschungsansätze und anderes mehr, erscheinen beeindruckend. Sie täuschen jedoch leicht darüber hinweg, dass Wissenschaft hier aus einem Handeln heraus begründet wird, das mit Wissenschaft nichts zu tun hat – stattdessen gerechtfertigt mit dem pseudo-praxeologischen Hinweis auf ein spezielles praktisches Interesse, einen bestimmten unternehmerischen Nutzen, oder auch direkt mit den „Erkenntniserfordernissen des Auftraggebers" (Göll 2015, S. 155). Wissenschaftlich qualifiziert ist solcher Nutzen nicht.

Kommentar: Angewandte kritische Zukunftsforschung

Uns ist wichtig zu betonen: Diese Beschreibung beabsichtigt in keiner Weise, praktische prognostische Zukunftsforschung zu denunzieren. In vielerlei Hinsicht ist diese Form planerischer Beihilfe für bessere Strategieentscheidungen unternehmerisch von Wert, sonst stünde sie nicht seit Jahrzehnten in Dienst. Wir stellen jedoch die Wissenschaftlichkeit dieser Praxis infrage; ganz grundsätzlich, nur darum geht es hier. Was hier – ebenfalls seit vielen Jahrzehnten – von wissenschaftlicher Seite nahezu unbeobachtet und unkommentiert (abgesehen von wenigen immer gleichen engagierten Ausnahmeerscheinungen wie Holger Rust, beispielsweise 1995, 2008, 2012a, 2012b) geschieht, ist eine häufig tautologische, argumentativ zumindest ungenaue, interessegeleitete und damit tendenziell ideologische Indienstnahme wissenschaftlicher Denkformate, die nach wechselnder Zwecksetzung neu kombiniert werden. Da die zukunftsforscherisch-planerische Praxis gut funktioniert, ist nicht leicht zu beantworten, warum ein derartiger Aufwand um willen der Wissenschaftlichkeit überhaupt betrieben wird. Wozu diesen Sektor auch noch mit akademischen Weihen versehen? Was sind die Motive?

Wir können nur spekulieren. Der Verweis auf Disziplinen-Status und die damit einhergehende Möglichkeit, höhere Preise durchzusetzen, ist jedenfalls zu wenig. Wir hegen einen Verdacht, dem wir in diesem Buch in einigen Aspekten nachgehen: Dass unser Wissenschaftsverständnis in zentralen Bereichen inzwischen in Tiefe und Radikalität unzureichend, überholt und nutzlos geworden ist, dass es (a) die bezeichneten Verhalte, etwa aus Komplexitätsgründen, nicht mehr trifft, und (b) – was noch schlimmer wäre – in genau diesem Aspekt auch nicht mehr kontrollierbar ist. Die geschilderte Situation in der angewandten Zukunftsforschung wäre dann, falls das zutrifft, zu einem Teil nichts anderes als Hilflosigkeit: Ein unfreiwilliger Balanceakt auf Basis eines Angebotes an Wissenschaftlichkeit, das für die Anforderungen, die inzwischen vorliegen, nicht mehr genügt. Denn de facto gibt es auch eine Reihe wissenschaftlich aktiver Zukunftsforscher, die sich mit solchen Fragen beschäftigt. Damit meinen wir keine freien „Institute" oder als Netzwerk getarnte Lobbygruppen, sondern akademisch institutionalisierte Formen, die sich um eine Grundierung dieser Praxis bemühen. Die Unterstellung, auch in diesen Kreisen fände Wissenschaft nicht anders denn als Klientelpolitik statt, wäre absurd. Aber: Konzeptionelle Grundlegungen sind eben auch hier nicht in Sicht, und das ist merkwürdig.

Mehr noch: Die wissenschaftlichen Ansprüche, die in diesen Zusammenhängen artikuliert werden, sind extrem unterschiedlich. Während sich die einen an wissenschaftlichen Qualitätsansprüchen klassischen Zuschnitts abarbeiten (nachvollziehbar, transparent, offen, „Kriterien guter Praxis", etwa Weimert und Zweck 2015), bekennen andere, wie geschildert, freimütig, all dies nütze wenig, wenn zukunftsforscherische Erkenntnisse nicht auch zu den Interessen des Auftraggebers passten. Man fühlt sich

an das berühmt-berüchtigte Peter-Prinzip erinnert – und kann in solcher „Forschung"
offensichtlich hoch steigen und tief fallen. In jedem Fall gilt ein Wissenschaftsverständnis, das ungeprüft als *alternativlos* unterstellt wird. Freilich ist diese Annahme
nicht nur ein Problem von Zukunftsforschung, sondern ein generelles Problem zeitgemäßer Wissenschaft, nur wirkt sich dieser blinde Fleck hier weitaus dramatischer aus
als in klassischen Fachdisziplinen. Dort wie hier käme niemand auf die Idee – *trotz*
des seltsam anderen, ungewöhnlichen Forschungsgegenstandes: Zeit –, die wissenschaftlichen Fundamente infrage zu stellen, auf denen Zukunftsforschung zwangsläufig
und problematischerweise stehen muss, *wenn man die Tradition wahren will; also auf*
den Gedanken, sie für diesen Gegenstand anzupassen, nachzueichen. In Kooperationen beispielsweise zwischen Wissenschaft (egal, wie sie sich versteht) und Wirtschaft
ist es aktuell undenkbar, dass sich *nicht* an Wahrheitskriterien orientiert würde. Dass
es *nicht* ums Erkennen möglichst objektiver Fakten ginge. Und dass es sich *nicht*
um Hilfsdisziplinen klassischen Fachzuschnitts handele. Mit windigen Zünften wie
„Metadisziplinen" will die Realwirtschaft nichts zu tun haben; Tiberius (2011) als
Repräsentant dieses Mindsets hat dies in Sachen Zukunftsforschung pointiert zusammengefasst.

Eine sich als alternativlos missverstehende Wissenschaft verliert jedoch das Wichtigste, um dessen willen sie einst erfunden wurde und was ihre Existenzberechtigung
darstellt: Ein Instrumentarium zu entwickeln mit Denken und Handeln auf jeweils aktueller Höhe der Zeit. Werkzeuge, mit dem sich Irrtümer überprüfen und Methoden *stetig
verbessern lassen.* „Besser" kann bedeuten: schneller, optimaler (effektiver, effizienter), umfänglicher, variantenreicher, günstiger und so weiter. Es kann aber auch etwas
darüber Hinausgehendes, völlig Unbekanntes meinen – zumindest war das einmal der
Ursprungsfunke aller Wissenschaft: *thaumazein*, das Staunen und die Verwunderung
darüber, dass es noch *unvorstellbar* Anderes gibt als die aktuellen Selbstverständ-
lichkeiten und das, was gerade für wahr gehalten werden darf. Hier liegt sogar die
Wurzel des westlichen wissenschaftlichen Denkens: Dass der Mensch die Möglichkeit
hat, via Verstand Dinge zu bedenken und zu praktizieren, die er sich zunächst noch
nicht erklären oder vorstellen kann. Wenn eine die Realität *übersteigende* Dimension von Wissenschaft aber nicht mehr möglich ist und auch nicht mehr gesucht wird,
degeneriert Wissenschaft zu einem geschlossenen Kosmos; zu einem „Kerkeruniver-
sum", wie Michel Foucault (1981b, S. 379 ff.) das nannte. Innen ist womöglich alles
logisch, konsistent, nachvollziehbar und sachlich mit besten Gründen ausweisbar. Nur
sind die Konsequenzen eines solchen, wenn auch sachlogisch im Höchstmaß qualifizierten Denkens mit den besten aller möglichen Gründe eben nie *nur* sachlogischer
Natur. Sie entfalten ihre Wirkungen immer *auch* in der Zeit – und dieses Gebiet wird
gedanklich nicht überwacht.

Zwar ist der einzige wirklich augenfällige, empirisch nachweisbare Bereich, an dem
genau diese Situation heute sichtbar wird, bislang nur die Ökologie, hier allerdings
umso deutlicher. Zumindest die Gefahr besteht, dass unser Denken aufgrund immer
besserer, raffinierterer und diffizilerer Methoden für ein auf die Sachlogik zugeschnit-

tenes und zurückgezwungenes Denken (der maßgebliche Legitimationsfaktor auch der prognostischen Zukunftsforschung) enger wird, kleinmütiger, „gesettelter". Wir trauen uns immer seltener nach „draußen". Dieses Phänomen hat mit Zukunftsforschung zwar prinzipiell zunächst gar nichts zu tun; es affiziert sie jedoch in durchschlagender Weise – ein weiterer möglicher Grund für ihre desolate grundlagentheoretische Situation. Dabei kann gerade sie als Metadisziplin Mittel zur Verfügung stellen, sachlogisch eindimensionale Reduktionismen aufzubrechen und perspektivisch auszudifferenzieren: Das „Draußen" kognitiv wieder bewohnbarer, heimatlicher und attraktiver zu machen.

Anschluss an die BWL

An wirtschaftswissenschaftliche Traditionen ist dieses zukunftsforscherische Schema problemlos anschlussfähig (vgl. Ansoff 1976; Hammer 1998; Kirsch und Trux 1983; Krystek und Müller-Stevens 1993; Liebl 1996, 2000; Loew 1999; PEST- bzw. STEP-Analyse und andere mehr), weil beide Gebiete das gleiche Wissenschaftsverständnis teilen. Das prognostische Paradigma hat sich *aus der BWL entwickelt*. Die gute Passung zwischen beiden ist der Grund dafür, warum ökonomische, vor allem unternehmensorientierte Zukunftsforschung (Corporate Foresight) in Europa beinahe ausschließlich in diesem Paradigma stattfindet: Auch andere Unternehmensbereiche, die nicht zukunftsforscherisch aufgestellt sind, können die Ergebnisse aufnehmen und weiterverarbeiten. Außerhalb Europas stellt sich die Situation anders dar. Nicht in allen Ländern und Kulturen ist Subjektivität wissenschaftlich diskreditiert. Der amerikanische Pragmatismus beispielsweise hat zu diesem Komplex andersartige Wertungen und ein gegensätzliches Schema entwickelt. Hierzulande erscheint dies jedoch als kurios und schwer nachvollziehbar: Die alteuropäische Tradition der Wahrheitsliebe und -suche steht dem entgegen. Das ursprüngliche zukunftsforscherische Wissenschaftsverständnis ist jedoch nicht etwa schwierig oder kompliziert (im Gegenteil: im Vergleich zu unserem ist es erheblich einfacher, „pragmatischer"), sondern kontraintuitiv. *Es leuchtet nicht ein*. Es erscheint nicht logisch und ist weder selbsterklärend noch – für Europäer – emotional attraktiv. Um es plausibel zu finden, muss man Teile seiner „kognitiven Festplatte" (Gehirn) überschreiben. (Jeder, der einmal zu einer Denk- und Verhaltensänderung gezwungen wurde: Sport treiben, Ernährung umstellen, aufhören zu rauchen, andere Hand/anderen Arm benutzen müssen, hat eine Ahnung davon, was das bedeutet. Wer's vermeiden kann, tut's.)

Cisco

Wenn John Chambers (2015), zwanzig Jahre lang CEO des US-Netzwerkausrüsters Cisco, Auskunft über seine Zukunftsvorsorge gibt, erscheint in nahezu idealtypischer Gestalt das prognostische Paradigma. Stellt man den beobachtenden Blick auf Sinnanalyse scharf, werden die entsprechenden Vorannahmen sichtbar. Wie dabei klar wird: Eine *Deutungs*hoheit, das heißt Benchmark werden zu wollen auch mit der Art und Weise, wie Sinn und Bedeutung des ökonomischen Angebots für die Stakeholder bestimmt wird, ist hier noch kein vertrauter Anspruch (obwohl in der antezipativ geprägten kalifornischen Ökonomie inzwischen Normalität). Hier geht es – ganz klassisch – nur um wirtschaftliche Hegemonie (Wettbewerbsgedanke): sachlogisch (= ökonomisch) Sieger zu werden, nicht auch zeitlogisch (= Sinn und Bedeutung der Produkte „mitzuverkaufen").

Bei Cisco dreht sich alles um „the next big thing", das es vorauszusehen, frühzeitig zu erkennen, unternehmerisch zu bedienen und – vor allem – keinesfalls zu übersehen gilt. Man darf nichts „verpassen", das wäre das Schlimmste: Veränderungen zu „missachten", fehlender „Mut [.], sich zu verändern". Um das zu vermeiden, werden die vergangenen „big things" rekapituliert (mobile Kommunikation, Video, Cloud-Computing, anwendungsorientierte Lösungen und Internet der Dinge) und sollen erhellen, wie sich das Unternehmen jeweils darauf eingestellt hat. Man lernt vorrangig aus dem, was bisher passierte, welche Entscheidungen getroffen wurden; aus der Vergangenheit. Drei Optionen gebe es zur Bewältigung von Disruptionen: Bei erfolgreicher Früherkennung diese selbst entwickeln, Unternehmen im Anfangsstadium einer großen Neuentwicklung aufkaufen oder Spin-ins etablieren (Techniker werden auf ein Projekt gesetzt und ausgelagert). Der Standort sei ebenfalls von Bedeutung: Aufgrund der Entfernung zwischen Boston und dem Silicon Valley habe man einiges zu spät erkannt, genauso wie die Kunden und deren Einschätzungen im Auge zu behalten seien. Man müsse sich „stetig neues Fachwissen ins Haus" holen. Der Vergleich mit dem American Football sei treffend: „Es geht allein darum, das Loch in der Verteidigungslinie zu finden" (also richtig zielen und treffen). Im O-Ton:

Ciscos Erfolg hängt davon ab, wie gezielt wir Marktumbrüche kommen sehen, ihre Chancen nutzen und dabei selbst eine Vorreiterrolle einnehmen. [... Die] Veränderungen zwingen uns und unsere Kunden, den Umgang mit Daten, Sicherheit und Geschäftsmodellen zu überdenken. Wir müssen schwierige Entscheidungen treffen und uns auf einen Prozess einlassen, der am Ende den Markt völlig neu definieren wird – und manchmal auch uns selbst. [...] Bei allem, was wir tun, steht das Ergebnis für den Kunden im Mittelpunkt. Wenn es offensichtlich ist, dass Sie etwas ändern müssen, ist es meistens schon zu spät. Sehr häufig müssen Sie bereit sein, einen großen Schritt zu wagen, auch wenn Sie längst noch nicht alle Ihre Berater hinter sich wissen. Sie müssen mutig sein (Chambers 2015, 37, 41; alle Zitate dieses Abschnitts aus dieser Quelle).

Das Auge dieses Orkans ständigen Wandels besteht aus Müssen, Getrieben- oder Gezwungen-Werden, extremem Zeitdruck und einem Situationsmodell, demzufolge das Unternehmen praktisch dauernd mit dem Rücken zur Wand steht: Es drohen fortwährend Dilemmata oder gar Alternativlosigkeit. Motive dieser Form von Unternehmensführung in die Zukunft sind Angst (etwas zu verpassen, abgehängt zu werden), die ewige Suche nach dem nächsten sicheren Hafen (next big thing), immer genug zu wissen (Fach-Expertise: sachlogisch auf der Höhe bleiben), den Kunden zum einzigen Maßstab zu nehmen (Monitoring) und die Schwächen des Gegners auszunutzen (hartes Wettbewerbsverhalten). Die Mitglieder der Organisation sind auf ständige Veränderung auszurichten. Sie müssen sich Routinewechsel zutrauen und den Mut aufbringen, mit gewohnten Erfolgsrezepten zu brechen. Agilität bedeutet in diesem Paradigma schnellstmögliche Verhaltensänderungen gemäß externem Wandel. Hier verbindet sich der Wunsch, die Zukunft „wissbar" zu machen und im Vorgriff sachlich zu fixieren beinahe ununterscheidbar mit dem betriebswirtschaftlichen Instrumentarium.

6.2   Antezipaton: Zukunftsforschung für die BWL

Gibt es dazu eine Alternative? In mehreren Aspekten wurde sie bereits beschrieben. Zukunftsforschung baut zwangsläufig eine distanzierende Spannung zur gegenwärtigen Welt auf. Paradigmenbezogen geht es immer nur darum, wie dieser Distanzaufbau vorgenommen wird – und warum gerade auf diese Weise. *Prognostiker* stabilisieren eine komplexer und ungewisser werdende Welt, indem sie auf sachlogische Weise möglichst gut begründet Anker im Bekannten suchen und dieses Bekannte in der Zukunft weiterverfolgen, es verlängern und seine Veränderung analysieren und schützen. Das Bekannt-Vertraute ist der Urteilsmaßstab; er verspricht Sicherheit. Die Prämisse „Zukunft ist nicht erkennbar" wird zwar nicht geleugnet, aber erheblich abgeschwächt („in Teilen schon!"). Im zweiten Paradigma passiert in mehrfacher Hinsicht das genaue Gegenteil. *Antezipateure* destabilisieren absichtlich und methodisch forciert das Bild von der gegenwärtigen Realität, indem sie fiktiv Alternativen zu ihr aufbauen – und darüber Vorschläge entwickeln, die Gegenwart zu übersteigen, anzureichern, zu verbessern. Der Maßstab dafür: Die selbst entworfene Zukunftsvorwegnahme.

Antezipatives Paradigma – Zukunft ist nicht erkennbar
Dieses Ursprungsparadigma verfährt explizit normativ. Das Ziel: Trotz Komplexität und Ungewissheit Stabilität zu erreichen. Dies geschieht *im ersten Schritt* dadurch, dass Antezipateure durch eine eigene kollektiv-organisierte Perspektive – beispielsweise in einem Unternehmen – den Fokus auf subjektiv-*gewollte* Abweichungen vom Bekannten legen. Sie zeichnen also eine andere Möglichkeit aus, auf die sich alle einigen können, und erzeugen *damit* wiederum selbststabilisierende Wirkungen: „Das sehen hier alle so!" Auf einer anderen, nicht sach- oder sozial-, sondern zeitlogischen Ebene stabilisiert diese eigene Weltsicht also die ganze Gruppe: Sie fühlen sich *aufgrund* ihrer Antezipation sicher und widerstandsfähig; gleichgültig, wie unsicher und instabil die Umfelder sein mögen. Diese Sicherheit ist damit *vollständig selbsterzeugt* und *subjektiv begründet* – was ihr jedoch nichts von ihrer praktischen Kraft nimmt. (Außerhalb von Google will niemand 200 Jahre lang das Wissen der Welt ordnen und katalogisieren; das wollen nur Googlers, und genau darin finden sie Halt und Selbstbewusstsein.)

Für die Gruppe ist die Antezipation wirkmächtig, weil selbstermächtigend. Sie macht stolz. Auch hier gibt es „gute Gründe" für die Antezipation, warum man sich auf *sie* und auf keine andere geeinigt hat. Solche Gründe sind jedoch – häufig ausschließlich – Gründe in der Zeit: „Wo wir hin wollen", „was wir uns wünschen", „diese Idee ist es wert". Ob diese Richtung sachlogisch unter den gegenwärtigen Bedingungen überhaupt funktionieren würde, ob sie „realistisch" ist, ist nebensächlich; und selbst dann, wenn – im Extremfall – diese Richtung heute sachlogisch als „falsch" gälte, vielleicht als unmöglich, spräche allein dieser Umstand noch nicht gegen diese Antezipation. Denn: Das, was man realisieren will, gibt es zumeist noch gar nicht. Eventuell stellt man sich einfach vor, etwas funktioniere *doch*, weiß aber noch nicht, wie. Die Prämisse der Nicht-Erkennbarkeit von Zukunft gilt hier also vollumfänglich, *bisweilen sogar über die derzeit bekannt-gültigen Naturgesetze hinaus* (Zukunft kennt man nicht nur nicht, sondern sie ist womöglich sogar zunächst unvorstellbar). Urteilsmaßstab ist das Unbekannt-Gewollte: das, was an Zukunft radikal neu ist, aber als wertvoll angesehen wird. Dass Zukunft definitiv nicht erkennbar ist, hindert also nicht daran, sie in vollständiger Wertigkeit und Relevanz, bisweilen mit Leidenschaft und viel Pathos, zum zentralen Orientierungspunkt des Handelns zu machen.

Subjektivität und zeitliches Denken

Um diese ungewöhnliche Denkbewegung zu verstehen; ist es erneut hilfreich, sich der quantentheoretischen Inspiration zu vergewissern, auf der sie beruht. Begriffe, überhaupt Sprache, gelten in der Physik als freie Schöpfungen des Denkens und können nicht aus sinnlichen Erlebnissen deduktiv erschlossen werden. Das bemerken wir im Alltag jedoch nicht, weil seit der frühmodernen Physik viele Begriffe gewohnheitsmäßig so fest mit Sinneserlebnissen verbunden sind, dass wir uns der Kluft nicht bewusst sind, die logisch unüberbrückbar die Welt der Erlebnisse von der Welt der Begriffe und Aussagen trennt. Diese strikte Verbindung war der Grund dafür, dass das Thema „Einfluss der Sinne aufs Erkennen" aus der Physik vollständig ausgeklammert wurde (vgl. Abschn. 4.3) – oder richtiger: ausgeklammert werden konnte. Eine spezielle Beachtung der Besonderheiten unseres Sinnesapparates galt als überflüssig. Für die Quantenmechaniker hat sich dieser Trugschluss als eine verhängnisvolle Auffassung erwiesen; denn in einigen Experimenten stimmten plötzlich Beobachtung beziehungsweise Messung, die unvermeidbar über menschliche Sinne läuft, nicht mehr mit der scheinbar objektiv validen Aussage über die Beobachtung, etwa der mathematischen, überein. Einzig möglicher Ausweg: Man muss den Beobachtungsvorgang anders beschreiben.

Die Änderung der Beschreibung besteht darin, dass es fortan als ausreichend gilt, wenn nur *genügend viele* Sätze des Begriffssystems mit Sinnenerlebnissen *hinreichend sicher* verbunden werden. Es gibt also Spielraum, und in ihm wohnt die „Subjektivität". Womit sich erhellt, was sich hinter diesem Begriff in der Zukunftsforschung genau verbirgt: *naturwissenschaftlich* ein bislang noch weitgehend unbekannter Einfluss menschlicher Sinne auf Wahrnehmen, Denken und Handeln, und *sozialwissenschaftlich* eine vorerst dunkle Problematik der Zeit. Während Physiker den zeitlichen Zusammenhang mathematisch über das sogenannte Raum-Zeit-Kontinuum „erledigen", „erledigt" sich für Sozialwissenschaftler hier gar nichts, im Gegenteil: Es entsteht ein neuartiges Problem. Das Einzige, was bisher dazu gesagt werden kann, ist, dass Raum und/oder Zeit innerhalb der menschlichen Praxis (Denken, Reden und Handeln) intervenierende Variablen darstellen. Ihr Einfluss ist zweifellos kausal, jedoch nicht in klassisch-sachlogischer Lesart (quantentheoretisch steht für diesen komplexen Spezialbereich der sogenannte mehrdimensionale Minkowski-Raum); auf welche andere Weise, ist unklar. Die Zukunftsforschung löst diese Frage vorläufig und pragmatisch so auf, dass sie Kausallogik meidet und auf Temporal- und Modallogik ausweicht und umstellt. Ganz klar: Das ist keine *Beantwortung* dieser Frage, aber ein in der *Praxis* funktionierendes Vorstellungsmodell.

Was in quantenmechanischen Experimenten jedenfalls sichtbar wird: Fehlt der „subjektive" Spielraum – wird er im quantenmechanischen Setting des Experiments *nicht* berücksichtigt, also mehrere Merkmale gleichzeitig untersucht anstatt lediglich *ein* vorher festgelegtes Merkmal, etwa die Geschwindigkeit einer Welle – ist die beschreibende Formel zwar mathematisch-theoretisch (sachlogisch) richtig, aber praktisch falsch (unbrauchbar). Mit dem logischen Anschluss stimmt etwas nicht; und der traditionelle „Bias" zwischen Theorie und Praxis, der zumeist als Gegensatz, zumindest aber als Anbindungs- oder Übersetzungsproblem gesehen wird, das es zu optimieren gelte, zerbricht hier ganz grundsätzlich: Die Praxis scheint *anderen* Gesetzen zu folgen als die Theorie (das ist die Grundidee „praxeologischer" Theoriebildung). Für ein Denken in der Zeit ist diese Einsicht elektrisierend – denn damit wird offensichtlich, dass eine Begründung *trotz* bester sachlogischer, kausalanalytisch präziser und wahrheitstheoretisch konsistenter Qualifizierung für das Ergebnis ein Desaster sein kann. Allein im klassischen Begründungskonzept von Wissenschaft wird das nicht sichtbar.

Man verabschiedet sich daher vom Wahrheitsanspruch und konzentriert sich aufs Praktische: Einfachheit zum Beispiel, Einheitlichkeit und Sparsamkeit in den Erklärungen. Darüber hinaus ist Wissenschaft im Prinzip jedoch ein (logisch) freies Spiel mit Symbolen, Zahlen oder Sprache nach (logisch) willkürlich gesetzten Spielregeln. Ändert man die Spielregeln, ändert sich die Wissenschaft. Folglich gibt es potenziell viele, ganz unterschiedliche Sprachspiele und Wissenschaften – je nachdem, auf was man den Fokus setzt. Gilt etwa ein enger Konnex von sachlogischer Begründungstheorie und Sinneserlebnissen, werden Wahrheit und Objektivität prämiert; gilt ein lockerer Konnex, werden Subjektivität, Wille, Wünsche und Hoffnungen bevorzugt – inklusiver nahezu unendlich vieler Schattierungen. Keines von beiden ist besser oder schlechter; es geht immer nur darum, unter welchen Bedingungen man jeweils gerade handeln muss oder will. Orientiert an diesen Bedingungen kann man die passende Schattierung auswählen.

Methodisch ist antezipative Zukunftsforschung damit *im zweiten Schritt* gezwungen, sich – dann eben auf der nächsten, zweiten Ebene – mit einer ver*sachlich*enden, objektivierenden Zurichtung von zunächst rein subjektiven, gewollten zeitlichen Vorgriffen zu beschäftigen (also sicherzustellen, dass eine Vision kein Produkt einer psychischen Krankheit darstellt, sondern tatsächlich auch realitätsfähig ist). Denn am Ende muss jemand handeln, und zwar nach plausiblen Maximen. Wahrheitssucher neigen dazu, ungeprüft von vorneherein zu unterstellen, dass subjektive Vorgriffe zu nicht anschlussfähigen Idiosynkrasien führen, weil in ihrer Tradition überschießende Subjektivität per definitionem ein Fall für den Ausschluss ist. „Genies" wie Einstein erscheinen deswegen so extraordinär, weil sie mit ihren außergewöhnlichen Gedankenexperimenten nicht unser Krankheits-, sondern unser Weltbild verändert haben. Gemäß klassischem Wissenschaftsverständnis ist das „kaum zu glauben": Dass ein mentales Austreten aus der normalen Wirklichkeit woanders hinführen kann als in *Krankheit*. Dies kann es tatsächlich auch nur dann, wenn dieser Austritt *nicht* kausallogisch inszeniert wird, sondern temporal- oder modallogisch: zeitlich vergleichend („während", „als ob", „als wenn" und so weiter). Genauer: Wenn methodisch dafür gesorgt wird, dass Kausallogik dabei (a) zwar niemals die Oberhand gewinnen kann, (b) aber dennoch nachrangig immer dabei bleibt. Nur dann kann Gegenwart übersprungen, subjektiv „überboten" werden, ohne im fantastisch Irrealen zu landen, sondern – im Gegenteil – eine neu- oder andersartige Realitätsfähigkeit erreichen.

Dieses zu kontrollierende Überspringen ist Aufgabe und Funktion zukunftsforscherischer Methoden wie der Szenarioentwicklung, Futur-II-Techniken, abduktivem Schließen und anderen (zu deren Funktionsmechanismen vgl. Müller-Friemauth und Kühn 2016, S. 112 ff.). Methoden sorgen dafür, dass am Ende einer Zukunftsforschung immer konkrete Maßnahmen stehen, was hier und jetzt zu tun ist. Diese Methoden wandeln im Laufe des Forschungsprozesses mehrfach Sinnebenen ineinander um, stellen jedoch sicher, dass letztlich die Praktikabilität (Anschlussfähigkeit an Sach- und Soziallogik) den Ausschlag gibt.

Die Spannweite zukunftsforscherischer Progressivität

Wie Google und Elon Musk das Problem lösen. Zur Frage, wie zukunftsforscherisches Denken mit der Praxis zu vereinbaren sei – auf welchem Anspruchsniveau in Sachen Realitätsnähe antezipatives Denken im zweiten Schritt wieder praktisch geerdet werden soll –, gibt es extrem unterschiedliche Positionen. In der eher gemäßigten Zukunftsforschungsschmiede Google[X] bedient man sich zum Zweck der Kontrolle überschießender Subjektivität dreier überlappender Kreise. Unterstellt, ein Google-Mitarbeiter schlägt ein fantastisches Projekt X vor. Der erste Kreis symbolisiert die Grundidee, hinter der sich ein dringlich zu lösendes Problem verbirgt (zu viele Verkehrstote, Krebs oder anderes). Der zweite Kreis steht für eine radikale Lösung (zum Beispiel eine grundlegend neue Technologie). Der dritte Kreis aber ist der Realitätscheck: Die verpflichtende Plausibilitätsprüfung, „damit die Grundlagen der Physik und Wissenschaft nicht gesprengt werden, denn alleine mit Punkten eins und zwei ‚landet man bei unmöglichen Ideen wie der Zeitmaschine‘. Erst alle drei Aspekte zusammen [...] ergeben einen Moonshot" (Schulz 2015, S. 133 f.). Soll heißen: Visionen müssen zwar nicht kausallogisch begründungsfähig, aber doch physikalisch geerdet sein. Was ihren Überzeugungsgehalt betrifft, sind sie also in der Zeit plausibel zu machen *und* zwingend realisierbar. Sachlogisch begründbar müssen sie hingegen nicht sein: Welche Ursache hier welche Wirkungen auf was zeitigt und weshalb, ist anfangs weder angebbar noch relevant.

Im Preconomics®-Spektrum bezeichnet dies eine *konservative* Position. Am anderen, sozusagen linken, radikal-progressiven Ende des Spektrums steht beispielsweise Elon Musk. Er sucht nicht nach neuartigen visionären Antworten (Antezipationen), sondern möchte erst einmal herausfinden, was die richtigen Fragen wären (auf was sollten sich unsere Antezipationen überhaupt richten?). Seine eigene Frage hat er konkret definiert: Er will das Sonnensystem erobern und Menschen zu einer interplanetaren Spezies machen. Wie funktioniert das? Dies ist ein *progressiver* Moonshot: Er geht über den Meilenstein „Marsmission" weit hinaus. Im logischen Spiel der Zukunftsforschung ist die Marsmission hier nur noch Relatum, ein abgeleiteter Folgefaktor, aber nicht mehr bestimmender Relator – den markiert eine künftige interplanetare Zivilisation. Musk treibt die Sorge um, dass die Menschheit den Großteil ihres Willens verloren habe, die Grenzen weiter zu verschieben – beispielsweise mit Blick auf ökologische Risiken sei das jedoch fatal. „Ich würde beim Sterben gern denken können, dass die Menschheit noch eine leuchtende Zukunft vor sich hat" (nach Vance 2015, S. 11). Seine Arbeit gilt einem Ausweich-Habitat. Um das realisieren zu können, müssen bestimmte Naturgesetze jedoch erst überwunden, also entweder außer Kraft gesetzt oder überstiegen werden. Musk ist davon überzeugt, dass die Kolonisierung des Weltraums erst mit biologischer Teleportation möglich sein wird. Die Kosten von Raketentechnik müssten so weit gesenkt werden, dass es wirtschaftlich möglich wird, Abertausende von Versorgungsflügen zum Mars zu unternehmen und dort eine Kolonie zu gründen. „Wenn die Regeln Fortschritte verhindern, dann muss man diese Regeln bekämpfen" (Vance 2015, S. 221). Und Naturgesetze? Wenn sie stören, muss man eben so lange forschen und sie gestalten, bis sie für eigene Zwecke einsetzbar und nutzbar, technologisch überwindbar werden. Grenzen definieren die *Menschen*, nicht die Naturgesetze – in diesem *progressiven* Credo liegt der Unterschied zu konservativen Moonshots.

Auch Steve Jobs teilte diese, ins Extrem getriebene, zeitlogisch bestimmte Lebenseinstellung. Das eigene Leben und das der Mitarbeiter erfährt seinen höchsten Zweck als Teil der Agenda für die Weiterentwicklung der Welt, und das Erfüllen dieses anthropologisch vergebenen Auftrags ist das Ehrenvollste, was Menschen tun können. Aus ihr erklären sich die nahezu identischen Führungsstile der beiden, die sich in mehreren Hinsichten als sozial pathologisch bezeichnen lassen. Disruptionen sind hier das einzige, was zählt. Immerhin geht es um die Gattung, nicht um Einzelne. Hinter solcher antezipativer Reichweite und Radikalität bleibt Google deutlich zurück.

Das antezipative Paradigma erschließt in *logischer* Weise andere als objektive beziehungsweise objektivierbare Beschreibungen; keine der Wahrheit näherstehenden oder richtigeren, sondern welche, die *auch* noch möglich wären. Konzeptionell sind dafür ein starker Möglichkeits- und Alternativenbegriff erforderlich. Das Ergebnis ist zwar nie konkret-präzise darstellbar, aber doch entweder in einem Spektrum (mehrere Alternativen) oder zumindest hinsichtlich einer Richtung. Keinesfalls geht es um Ziele: Deren Professionalitätsanspruch wurzelt gerade in sachlogisch-kausaler Präzision. Und da Kausalanalytik ausfällt (vorhergehende Ursache, nachfolgende Wirkung), versucht man es auf sozusagen *umgekehrtem* Weg „über die Zukunft zurück" („Backcasting", vgl. Robinson 1990); das ist nur kausallogisch Unsinn, zeitlogisch aber schlüssig.

Mit Blick auf das antezipative Paradigma lässt sich folglich mit einigem Recht formulieren, dass dessen Denk-Experimente mitunter trotzig-pubertär anmuten: Hauptsache, *nicht* dies (etwa Kausalität) oder das (etwa Wahrheit)! Der Einwand, dass die konstruktive Alternative zum normativ Markierten häufig gar nicht benannt wird – zumindest nicht konkret – ist zutreffend. Will man diesen *eigen*sinnigen Habitus verstehen, muss man innerhalb der wissenschaftlichen Begründungsrituale Sinnanalyse zulassen. Denn ohne plausibilisieren zu können, dass eine scheinbar direkte perspektivische „Umkehrung" von kausaler Logik (klassisch: Vergangenheits-Ursache *vor* Zukunfts-Wirkung) in Zeitlogik (modern: Zukunft *vor* Gegenwart) eben *nicht* direkt gemeint ist – was in der Tat absurd wäre –, sondern neben dieser „Umkehrung" *zusätzlich auch in der Sinndimension verschoben* wird, kann logisch nicht verständlich werden, welche reflexive Bewegung hier vollzogen wird. Der Einwand ist also kurioserweise plausibel und trotzdem logisch nicht korrekt (weil ungenau).

What's at stake? Die zukunftsforscherische Kardinalfrage an die Gesellschaft gestellt

Erst in sinnanalytischer Perspektive wird einsichtig, warum in Argumentationszusammenhängen, die zukunftsforscherischem Denken nahestehen, ständig neue Paradoxien aufzutauchen: Zukunftsforschung versucht, wo immer möglich, Kausallogik zu unterminieren und dann auf zeitlogischer Ebene sozusagen das Gegenteil zu praktizieren. Auf der Ebene der Zeit geht das auch problemlos. Wenn man jedoch nicht in Rechnung stellt, dass hier die Sinndimension wechselt, kippt die ehemalige Kausallogik ins Paradoxe. Wird zum Beispiel beim Backcasting (von der Zukunft mental „zurück" in die Gegenwart gehen) nur sachlogisch gedacht, scheint es zwingend so, als würde die Gegenwart kausal aus der Zukunft folgen. Das ist natürlich widersinnig, *zeit*logisch jedoch sehr plausibel: Denn nur dann, wenn man weiß, wo die eigene Richtung liegt, gibt es überhaupt eine logisch-reelle Chance, dort ankommen zu können. Backcasting *erzwingt* den konkreten Ausweis dieser Richtungsmarke – sein Denken nimmt ihn als unabdingbaren Startpunkt und Basis, das ist seine Leistung. Und auch *das* ist Kausalität, aber eben keine sachlogische. Im aktuellen Denkuniversum ist diese, für uns bislang eher kuriose, Version *bewusst und reflektiert* nicht vorhanden. Dass sie geistig nicht ausgewiesen wird, bedeutet aber nicht, *dass sie nicht existiert* – und untergründig mitläuft. Man braucht zwingend eine zeitlogische Ergänzung, um sie überhaupt in den Blick zu bekommen; denn das schafft auch die sachlich präziseste Zielbestimmung nicht, geschweige denn, dass damit zeitlogische Kausalität auch praktisch *bewältigbar* würde (Zufälle, nicht beabsichtigte Nebenfolgen, Interdependenzeffekte und Zielkonflikte verunmöglichen das). Komplexitätsangemessen operiert sie jedenfalls nicht.

Für den *praktischen* Erfolg ist ein guter sachlogischer Begründungszusammenhang im Extremfall irrelevant. Was insbesondere gesellschaftspolitisch alarmiert: Im absoluten Extremfall kann es sogar sein, dass ein perfekter sachlogischer Begründungszusammenhang eine Negativspirale in Gang setzt. Das bekommt man aber gar nicht erst mit, wenn die Begründung objektiv wahr ist und von der kulturellen Wertung Wahrheit prämiert wird. Entscheidungen auf solcher Basis sind nicht mehr kritisierbar. Beispiel: Die existenzielle Bedrohung einer Gesellschaft durch internationalen Terrorismus rechtfertigt bei extremer Gefährdungslage praktisch jede Form der Prävention, auch und insbesondere informationstechnologische. Was dieser Schritt für die gesellschaftliche Evolution bedeutet, ist in einer sachlogisch orientierten Kultur keine legitime Reflexion wert: Denn wenn alle tot sind, muss man sich über „Luxusprobleme" einer durchdigitalisierten Gesellschaft oder flächendeckender Videoüberwachung keine Gedanken mehr machen. Folglich gilt *logischer*weise: Erst sachlich angeratene Prävention, danach überlegen, was man zur Eindämmung der Nebenwirkungen tun kann. Dass eine vollständig transparente Gesellschaft in ihrer zeitlogischen Evolution jedoch nicht mehr einfach „rückholbar" ist, weil sich inzwischen die Richtungspunkte verändert haben – und zwar unbemerkt –, ist sachlogisch nicht erfassbar und spielt daher keine Rolle. Dieses Argument liegt auf einer anderen, irgendwie entfernten, *über*geordneten Ebene. *Folgerichtig kümmert man sich darum später.* (Eine Alternative wäre, Logikprobleme *gegeneinander* abzuwägen, vgl. Abschn. 5.2; und, wie beschrieben, Perspektive gegen Perspektive zu stellen. Damit lassen sich sozusagen „Schwellenwerte" *zwischen* den unterschiedlichen logischen Ebenen festlegen, wodurch Komplexität bewältigbar wird.)

Diesen Fehler des „darum kümmern wir uns später" – ob in der Flüchtlingsfrage, der Griechenland-Krise oder im Kontext zahlreicher neuartiger Großtechnologien – spürt die Gesellschaft seit Langem. Die Bereitschaft zur Akzeptanz dessen, was bislang geschieht, sinkt: Ein soziales Problem in der Zeit wird sachlogisch vergegenständlicht in ein Problem von Taktung und Fristigkeit, aufgelöst in eine Schritt-für-Schritt-Logik, die es gestattet, Zeitliches in praktikable, sachlogische Handlungsmeilensteine zu übersetzen. Kulturhistorisch ist diese Form von Kognition („Reifizierung") eine großartige Leistung des menschlichen Geistes. Bezogen auf das, um was es hier geht, wird sie jedoch erkennbar als ein lediglich *vorübergehender,* defizitärer Status quo der menschlichen Evolution und nicht als ihre Apotheose. Denn sobald Menschen in der Lage sind, Sinnlogiken voneinander *unterscheiden* zu können, wird diese reflexive Operation erstmalig als situativ möglicherweise falsch erkennbar. Vergegenständlichungen, Verdinglichungen von Zeit lösen ihren Gegenstand auf. Sie sind eine – wenn auch kulturell hochstehende, kognitiv voraussetzungsvolle – Form von magischem Denken: Sie zaubern einen Sinnkern einfach weg. Der Zorn, den das auslöst, flottiert im Augenblick ungesteuert im sozialen Raum und wird, beinahe ausschließlich, im rechten Lager politisiert.

Wissenschaft hat darauf zu achten, dass derlei nicht passiert – dafür ist sie da. Und wenn sie das nicht mehr schafft, muss man sie ändern. Zukunftsforschung steht für die Maxime, Sinnlogiken in wissenschaftlicher Absicht voneinander zu unterscheiden und sie *gemäß ihrem jeweiligen logischen Status* adäquat, also in jeder Situation angemessen, zu bearbeiten, diesen Status zu wahren und ihn jeweils aneinander vergleichend zu beurteilen. Logisch, das heißt überzeugend, glaubwürdig, nachvollziehbar, mit resonanzfähigem, „vernünftigem" Gehalt erscheint das aber nur, wenn verstanden ist, dass Logik mannigfaltig in Erscheinung tritt. Erst damit wird Komplexität überhaupt sichtbar, verstehbar, bearbeitbar und praktisch bewältigbar. Die Gattung Mensch ist in ihrer Evolution auf *alle* diese Ebenen angewiesen; und wenn man davon welche weglässt und das Spektrum reduziert, beschneidet man deren Existenzbedingung (Quantentheoretiker würden formulieren: man erhält unsinnige Ergebnisse).

Von dieser Art der Bewältigung gesellschaftlicher Probleme sind wir derzeit weit entfernt. Vorerst explodiert die Komplexität immer weiter, weil der blinde Fleck der Zeit auf sach- und soziallogischer Ebene immer neue Nebenfolgen produziert, die auf diesen Ebenen nicht bearbeitbar sind.

Das antezipative Paradigma existiert wissenschaftlich-konzeptionell bis heute nicht; praktisch-ökonomisch aber sehr wohl. Ein solcherart in die Zukunft subjektiv vorgreifendes Wirtschaftshandeln lässt sich von Ungewissheit, Unsicherheit oder Chaos nicht verunsichern, weil diese keine relevanten Kriterien für sie darstellen und daher erst gar

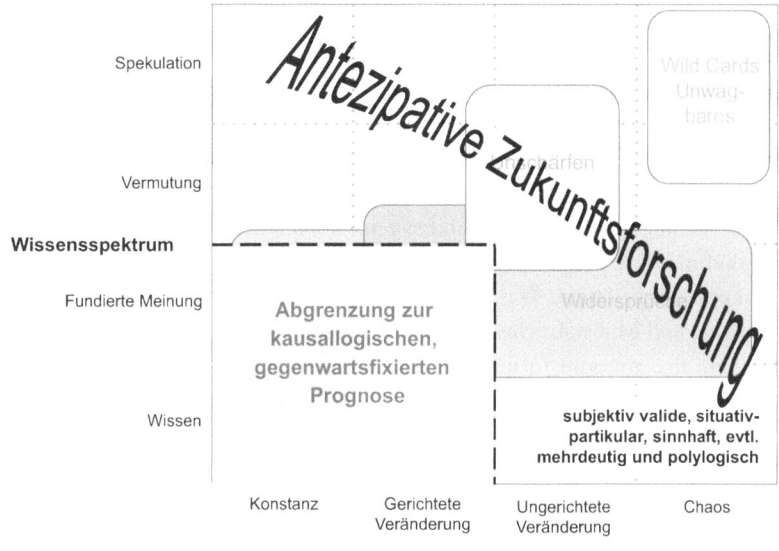

Abb. 6.3 Forschungsfokus von Paradigma II

nicht die Aufmerksamkeit blockieren. Warum man das kann: Man springt „direkt" an denjenigen gedanklichen Ort, wo man hin will, und qualifiziert (rechnet und kalkuliert) erst *nachträglich* auch kausalanalytisch, ob sich damit Umsatz generieren lässt (vgl. Abb. 6.3). Zumindest in der bisher beobachtbaren kalifornischen Praxis hat die Antezipation dabei nicht nur Priorität, sondern ein erhebliches Übergewicht gegenüber der Sachlogik: Denn selbst, wenn es fünfzig Jahre oder länger dauern sollte, bis sich eine innovationspolitische Investition amortisiert, wird sie getätigt, *wenn die Antezipation es wert erscheinen lässt.* Wie im folgenden Kapitel näher begründet: In der Zukunftsforschung wird der ökonomische Wertbegriff aus diesem Grund ausgetauscht und erweitert. Alles das, was Menschen produzieren (sozialpraktisch, technisch-instrumentell und geistig-kulturell), gilt als potenziell wertige Produktivität; ein Motiv ursprünglich aus der „romantischen" Tradition ökonomischen Denkens (Abschn. 2.3). Wirtschaft bewerkstelligt ein Maximieren menschlicher Produktivität in diesem ganzheitlich-umfassenden Sinn.

Je höher der Komplexitätsgrad (und das empfundene Chaos), desto größer die Legitimität subjektiver Vorgriffe; das ist die Devise einer Zukunftsforschung im zweiten Paradigma. Zu Anfang vermutlich zunächst als Notlösung von Militärs gedacht, die nach Alternativen für praktisch kluges, strategisches Handeln suchten, hat sich diese Denkungsart über mehrere Jahrzehnte weiterentwickelt und in ersten regionalen Zusammenhängen ökonomisch etabliert – speziell für ein globales Wirtschaftshandeln unter „erschwerten", das heißt unübersichtlichen, extrem interdependenten Bedingungen. Mut wird in diesem Schema nicht dadurch bewiesen, dass man Muster und Gewohnheiten bricht, wenn sich das Umfeld verändert. Sondern durch die bewusste, rein zeitlogisch begründete Entscheidung, um willen einer Antezipation, die stark genug *gewollt* ist, subjektive Risikobereitschaft höher zu veranschlagen als objektive Risikowahrscheinlichkeit. Mutig ist nicht, wer sich traut, etwas anders zu machen (so sieht das Cisco), sondern wer sich traut, etwas *unbedingt* beziehungsweise *„genug" zu wollen*. Man entscheidet sich bewusst für eine ungewisse Sache. Wie riskant (Wahrscheinlichkeit: sachlogische Qualifizierung) diese Sache tatsächlich ist, kann gegenwärtig niemand sagen, deshalb beschäftigt man sich auch nicht allzu lange damit. Diese Frage ist uninteressant, weil ohnehin nicht beantwortbar. Die alternative zentrale Frage lautet: Was – im Verhältnis zum Risiko – ist *uns* die Sache wert? Das sind Einsatz und Maßstab: Unser maximal Bestmögliches erreichen.

Man steigert also die rein formallogische Möglichkeit einer anderen Option, die semantisch vielleicht noch völlig leer ist, zu einem kollektiven Willen, indem man sich für sie bewusst und leidenschaftlich entscheidet. Diese Entscheidung wird immer wieder „hervorgeholt", erinnert, symbolisch inszeniert. „So" beziehungsweise „das" sind wir – die Aufgabe von Führung. In einer solchen Organisation steht daher auch nicht das seit Jahrzehnten in der BWL übermächtige Motivationstheorem in Geltung, sondern das ursprünglich konkurrierende Konzept des Willens (Volition-Konzept, vgl. Heckhausen et al. 1987; Bruch und Ghoshal 2006). Motivieren muss man Googlers nicht zu ihren Visionen: Sie haben sie selbst definiert und tun alles dafür, um sie wirklich werden zu lassen. Motivieren muss man nur, wenn es eines Gegenwertes zum Erbringen einer Leistung *überhaupt bedarf*: Wenn dem ökonomischen Handeln ein eigener inhärenter Sinn *fehlt*. Motivation wird als Thema für Organisationen erst und nur dann interessant, wenn sie dem Missverständnis aufsitzen, man müsse und könne Sinn *allein* sachlogisch begründen (wettbewerbsstrategisch, preispolitisch, umsatz- oder innovationsgetrieben und so weiter). Da schnell beobachtbar war, dass das nicht funktioniert, kam Motivation ins Spiel: als zusätzlicher Anreiz und *Ersatz* für Sinn – und beides zusammen, also Ziele und Motivationsanreize, reichten dann aus, um die Mitglieder hinter ihrer Organisation zu versammeln. Für Menschen liegt auf der Sachebene jedoch kein gehaltvoller Sinn – jedenfalls kein zureichender. Und nicht vorhandener Sinn wird auch nicht dadurch sinnvoller, dass man zu ihm motiviert. Kalifornische Führungskräfte haben das verstanden und können daher etwas, was wir in Europa nicht können: Ihre Leute „einfach machen lassen".

Wie dekliniert sich Wissenschaftlichkeit hier also sinnanalytisch, wodurch erweist sie sich?

- Zuvorderst *zeitlogisch* durch die Konsistenz des Vorhabens in Bezug zur eigenen Identität. Es geht um die Passung, die „subjektive" Logik: Was sind wir bis heute geworden? Inwieweit gereicht uns dieser Status quo bereits heute schon zu dem, der wir eigentlich sein könnten? Mit anderen Worten: Können wir ein je spezifisches Ziel qua Identität wirklich wollen?;
- *soziallogisch* durch die Begründung von Relevanz für *uns*. Diese Triftigkeit kann durchaus auch in schlichter Neugierde oder Spaß an der Sache bestehen. Jedenfalls

handelt es sich um Gründe und Motive, die einen grundsätzlich vorhandenen Willen nachhaltig festigen, ihn unbedingt machen;

- sowie sachlogisch durch eine Begründung, dass dieses Vorhaben auch *tatsächlich* möglich, das heißt praktikabel ist – für uns, in der veranschlagten Frist, mit unseren Ressourcen. Erst hier wird im ökonomischen Sektor dann auch gerechnet – immer zwingend, aber immer nachrangig. Erst dann, wenn man sich prinzipiell bereits entschieden hat und „nur" noch die grundlegende Praktikabilität prüft (bei Google ist der „dritte Kreis" der letzte Prüfstein, bei radikal-progressiven Antezipationen, etwa bei SpaceX und Elon Musk, ist es mitunter allein der Glaube).

Die Antezipation ist subjektiv, kontextural und zeitlogisch. Analytische Zergliederungen, feinteilige Ausdifferenzierungen innerhalb dieser Begründungen, wie in Paradigma I, sind hier sinnfrei: Detaillierung nützt nichts, sie ist *praktisch* wertlos. Zwar stehen im zukunftsforscherischen Wissenschaftsleitbild Objektivität und Subjektivität gleichrangig nebeneinander, aber Zukunftsforschung als metadisziplinärer Teilbereich solcher Wissenschaft verfährt normativ: Sie privilegiert Subjektivität.

Und was bedeutet *hier* „progressiv"? Auf explizit Neues ausgerichtete, innovative Zukunftsforschung muss in diesem Paradigma nicht eigens von anderen Orientierungsschwerpunkten unterschieden werden: Denn als Gegenwartskritik ist solche Zukunftsforschung *per se* progressiv (weil gerichtet auf das Andere im Vergleich zum Heute). Den eigenen, subjektiven Ort der Kritik, von dem aus sie urteilt, kreiert sie sich selbst. Die Ursprungsformel

$$[\text{Gegenwärtig Bekanntes}] + [\text{Noch nicht Existentes} = [\text{Zukunft}]$$
$$\text{Unbekanntes}]$$

übersetzt dieses Paradigma also in

$$[\text{Gegenwärtig Bekanntes}] \quad + \quad [\text{Subjektiv gewolltes Halb-} \quad = \quad [\text{Zukunft}]$$
$$\text{oder Unbekanntes}]$$

Wer sich fragt, was die häufig benutzte Formulierung „Zukunft gestalten" innerhalb der Zukunftsforschung bedeutet, findet die Antwort im zweiten Teil der linken Gleichungsseite: Zukunft wird „gemacht" durch die Ergänzung eines originär eigenen, subjektiv gewollten Teils innerhalb des Morgen. Dies ist auch der Ort der Kritik, der daher zwingend ausgewiesen werden muss. Logisch plausibel ist das Modell aber nur, wenn klar ist, dass beide Teile der linken Gleichungsseite auf *unterschiedlichen* logischen Sinnebenen verankert sind (denn sonst erfolgte Kritik vor dem Hintergrund fiktiv ausgedachter, „irrationaler" Sachgründe). *Der Ort der Kritik ist der einzige Teil von Zukunft, den man tatsächlich kennen kann – weil man ihn selbst setzt.* Und deshalb auch der einzig logisch mögliche Maßstab zukunftsforscherischer Kritik: nämlich als dasjenige, was angestrebt wird. Wenn man das nicht weiß oder kennt, gibt es keine hinreichende Möglichkeit zu

Kritik. „Aktiv herbeiführen", also „machen" lässt sich Zukunft auf plausiblem Weg folg-lich nur dann, wenn man auf etwas zusteuert, das *anders* ist als die Gegenwart (sonst gäbe es keine Diskrepanz, kein „to do") *und (!)* das man kennt – was bei einer Prognose oder Kalkulation nicht denkmöglich ist (sie entstammt sachlich der Gegenwart und ist daher zeitlogisch gerade *nicht* anders).

Einen Entwicklungskorridor als Weg zwischen Heute und Morgen, sozusagen die Hauptstraße der Prognostik, gibt es wiederum im zweiten Paradigma nicht, daher fallen Moonshots hier so leicht: Um das Dazwischen muss man sich nicht kümmern. Die Drei-Kreise-Technik von Google beinhaltet keinerlei Wegbeschreibung, sondern beschränkt sich auf die subjektive Qualifizierung des Add-on, der willentlichen Setzung subjektiv ge-wollter Zukunft. Google kritisiert etwa heutige Mobilität mit Hinweis auf die zahlreichen Verkehrstoten – das ist *sein* Urteilsmaßstab, und der reicht aus. Denn wenn das Add-on heute noch fast unvorstellbar ist (wie schaffen wir es real zu weniger Verkehrstoten?), gilt das für den Weg dorthin erst recht; darüber lohnt kein Nachdenken. Nur in diesem zwei-ten Paradigma ist deshalb denkmöglich, dass das (heute noch) nicht Machbare machbar werden kann, wie eingangs als vorläufige Definition von Zukunftsforschung formuliert. In sachlogisch-kausaler Logik ist eben dies paradox und unsinnig: Das klingt nach Trotz-Rezeptur. Ein Akteur kann jedoch durchaus etwas als theoretisch machbar unterstellen (starker Möglichkeitsbegriff), *obwohl* es derzeit faktisch und objektiv beweisbar nicht machbar ist. Die unterstellte Machbarkeit ist zeitlogisch gemeint, das aktuell nicht Mach-bare sachlogisch: Dass es *heute* nicht funktioniert, heißt zukunftsforscherisch nicht, dass das morgen auch noch gilt, und ist kein Grund, es nicht trotzdem zu versuchen. (Damit erhellt sich auch die reflexive Kurzatmigkeit eines bekannten Zitats: „Zum Arzt gehen" mit seiner Vision muss nur ein kognitiv Deprivierter, der in einer Gruppe lebt, die jenseits sachlogisch-kausalen Denkens keine andere Sinndimension kennt. Verfügt seine Gruppe jedoch über weitere Sinndimensionen, darf man ihr gratulieren: Diese Gruppe besäße da-mit mehr kognitive Ressourcen als ihr gemäß traditioneller europäischer Wertung bisher zugestanden wird.)

Definition
Wissenschaftliche Zukunftsforschung im antezipativen Paradigma ist vor diesem Hinter-grund nicht nur anders definiert als im prognostischen, sondern überdies präziser. Auch antezipativ befasst man sich „mit möglichen, wünschbaren und wahrscheinlichen Zu-kunftsentwicklungen und Gestaltungsoptionen sowie deren Voraussetzungen in Vergan-genheit und Gegenwart", wie Kreibichs Definition lautet. Die differentia specifica der *Paradigmen* blieb dabei jedoch offen. Zumindest für die Vertreter des zweiten Paradig-mas ist das unbefriedigend: Denn die Legitimität wissenschaftlicher Zukunftsforschung bemisst sich aus ihrer Sicht gerade an der Art und Weise, *wie* Zukunft verstanden und damit auch bearbeitet wird. Das *Thema* („Zukunftsentwicklungen und Gestaltungsoptio-nen") allein begründet noch keine Zukunftsforschung oder deren Wissenschaftlichkeit. Kreibich kann sie daher auch nur *behaupten* – appellativ im Umgang mit dem Thema (Zukunftsforschung als „wissenschaftliche Befassung mit ...").

In einer ersten Arbeitsdefinition hatten wir wissenschaftliche Zukunftsforschung als eine Disziplin bezeichnet, die systematisch-methodisch beforscht, wie das noch nicht Denkbare denkbar, damit das Noch-nicht-Mögliche möglich und das noch nicht Machbare machbar wird. Dies können wir nun verfeinern – wenn klar ist, dass subjektive Urteilsmaßstäbe im antezipativen Paradigma vorrangig vor objektiven stehen. Vom disziplinären Zuschnitt her kann Zukunftsforschung als eine normative Metadisziplin gelten, die beansprucht, in zeitlogischer Weise komplexe Probleme unter ungewissen Bedingungen zu lösen. Sie erweitert dazu das Verständnis von Sinn und Logik (für beide gilt Mehrwertigkeit), radikalisiert den Möglichkeits- und Alternativenbegriff und erlaubt es damit, in einem bestimmten Handlungsfeld – Politik, Wissenschaft, Recht und anderen; hier Ökonomie – den Erwartungshorizont von Menschen zu verändern. Zukunftsforschung betreibt *Erwartungsmanagement* – auf eine kognitiv kontrollierte Weise. Sie verschiebt nicht „einfach" Erwartungen, denn das könnte genauso zu unsinnigen Forderungen führen. Das zentrale subjektive Moment wird vielmehr kognitiv überwacht – mit Hilfe

- *verschiedener* Logik- und Sinnebenen, die aneinander geprüft werden (die bisherigen Modelle sind verkürzt und werden angereichert: in einer womöglich unendlichen Denkbewegung immer weiter vervollständigt),
- einer Reflexion von aktuellem Willen und Kontextbedingungen (Passung zum jeweiligen Akteur, zu seiner Situation: Dieselbe Idee oder derselbe Vorschlag kann unter anderen Umständen andere Ergebnisse zeitigen – das Universalismusgebot entfällt) sowie
- verpflichtend grundsätzlich auch noch anderen, alternativen Möglichkeiten, was hier und jetzt praktisch die beste Option wäre: *Was jetzt zu tun ist.*

Diese Form von Zukunftsforschung ist praxeologisch orientiert und beansprucht Qualität, Professionalität und Wissenschaftlichkeit allein innerhalb einer konkreten, partikularen Situation.

▶ **Zukunftsforschung** verändert Erwartungen und vermehrt so aktuell vorhandene Handlungsmöglichkeiten. Ihre Absicht ist es, mittels alternativer, gedanklicher Distanznahmen von der gegenwärtigen Realität (Antezipationen) den gegebenen Erwartungshorizont zu erweitern. Wissenschaftlich qualifiziert geschieht dies durch eine Überprüfung der eigenen Denklogik (Metakognition): Antezipationen werden auf ihre hintergründigen Sinnzuschreibungen hin überprüft, und zwar (a) sach- und soziallogisch, (b) zeitlogisch-normativ (Wille, subjektiver Wert) und (c) polylogisch-vergleichend (Bewertung der interlogischen Verhältnisse).

Vereinfachend lässt sich auch sagen, dass wissenschaftliche Zukunftsforschung eine zusätzliche, speziell für Komplexitätsprobleme nutzbare „Methode" ist, sich von normalen, gewohnten und dominanten Handlungsroutinen zu distanzieren. Bis zum Beweis des Gegenteils geht man davon aus, dass alles das, was vorliegt, eine zu überwindende, weil

verbesserungsfähige Konvention darstellt, die mit zukunftsforscherischen Techniken überboten werden kann – *immer*. Ist in der Akteursgruppe das Gegenteil Konsens, herrscht ein
ideologisch verengtes Selbst- oder Weltbild: Die Wahrnehmung der gegenwärtigen Dinge
ist sachlogisch festgefroren. Zukunftsforschung ist Anleitung zum Musterbrechen. Aber
Vorsicht: Das ist zeitlogisch gemeint! Muster werden via (neue) sinnstiftende Antezipationen, durch gedankliche Zeitsprünge „nach vorn" gebrochen, nicht durch kreative (Sach-)
Ideen! Man muss zwingend wissen, wohin man will, sonst ist Zukunftsforschung im antezipativen Paradigma nicht möglich.

Erst an diesem Punkt wird auch praktisch klar, was bei der Unterscheidung von progno-
stischem und antezipativem Paradigma auf dem Spiel steht. Kreativitätstechniken, Mo-
tivklärungen, die Homogenisierung unterschiedlicher Macht- und Meinungslagen in der
Führungsebene und anderes sind nicht Gegenstandsbereich von antezipativer Zukunftsforschung – von prognostischer aber sehr wohl. Wie Chambers in Bezug auf Cisco beziehungsweise Paradigma I anschaulich ausführt: Die Organisation muss es gemäß betriebs-
wirtschaftlichem Mindset schaffen den „Mut" aufzubringen, sich zu verändern – *dieser*
Mut ist aber keine Folge aus einem faszinierenden Richtungspunkt, aus einer Antezipation! Vielmehr liegt bei Cisco der Richtungspunkt offenbar nie fest. Deshalb muss man
über diesen Mut (und seine Risiken) *diskutieren*. Man muss die Menschen beziehungsweise Mitarbeiter dahingehend *anleiten*, sie mit erheblichem Aufwand dazu erst *befähigen*,
sie *coachen*; das jeweils neue Ziel plausibilisieren, Lernen zur Normalität werden lassen,
Strukturen laufend anpassen und so weiter. Das alles ist extrem anstrengend, und es wird
nicht mehr besser. Im antezipativen Paradigma hingegen gibt es zu diesem Thema nichts
zu diskutieren oder anzuleiten oder anzupassen: Etwas ganz Bestimmtes verändern zu
wollen ist *Prämisse* der Unternehmung. Deswegen existiert sie; dazu braucht es keinen
besonderen Mut. Ein solches Unternehmen wurde aufgrund einer Antezipation ins Leben gerufen. Es entwickelt sich qua Zukunftsdenken (zeitlogisch) lediglich immer mehr
zu dem, was es eigentlich immer schon ist und wollte. Das liegt quasi in seiner Natur,
es zieht diese Firma geradezu dorthin, wohingegen sich Cisco (sachlogisch) aufgrund
des Dauerwandels in den Umfeldern andauernd verändern *muss (!)*. Von Freiwilligkeit,
Leidenschaft, Besessenheit von einer eigenen Idee, von Begeisterung und Fröhlichkeit
kann hier keine Rede sein. Veränderung ist eine anstrengende, ungemütliche ökonomische Pflicht, bei Strafe des Untergangs.

Das macht verständlich, warum es so schwierig, beinahe unmöglich ist, ein existierendes europäisches Unternehmen auf dieses Mindset umzustellen, und warum das praktisch auch nie passiert. (Was aber selbstverständlich die Consultants nicht davon abhält,
ebendies zu behaupten: Man könne gemäß „Schritt-für-Schritt-Anleitung", welche die Be-
triebswirtschaftler gemäß sachlogischer Präferenz traditionell schätzen, in dieses „Mindset" wechseln, vgl. Herger 2016.) Alle real existierenden Unternehmen des antezipativen
Paradigmas sind in ihrer Orientierung *gegründet* worden. Sie haben andere anthropologische Grundannahmen als klassische Wirtschaftsorganisationen, die aus der Business-
School-Tradition kommen; hier steht Kompetenz- gegen Defizithypothese. Antezipativ
verfahrende Organisationen realisieren über eine Preconomics® ungeahnte Potenziale der

menschlichen Gattung – Unternehmen wie Cisco hingegen bremsen Ungeahntes, das heißt die übermächtigen, omnipräsenten Gefährdungen der menschlichen Gattung (und der Organisation) gerade umgekehrt immer wieder aufs Neue aus: durch höchste Aufmerksamkeit für die nächste Disruption, die alles infrage stellen kann; den nächst möglichen sicheren Hafen; bestes Monitoring und ewige, disziplinierte Arbeit am Selbst („du musst dich ohne Unterlass verändern, wenn du überleben willst").

Beides ist energieaufwändig, aber Ersteren macht es keine Arbeit, sondern Spaß, und das merkt der Konsument. *Beide* reden darüber, wie sie Wandel bewältigen, und wie schwierig das ist. *Beide* sprechen über Agilität, Partizipation, über die Bedeutung von Lernen und „Teams" – nur dass Wandel und alle diese mit ihm zusammenhängenden organisationalen Aspekte, welche die aktuelle Managementdebatte dominieren, hier logisch-sinnanalytisch jeweils etwas *Grundverschiedenes bezeichnen und bedeuten*. Die beiden zukunftsforscherischen Paradigmen stehen für eine Unterschiedlichkeit ihrer Mindsets, die nur verständlich wird, wenn man Sinnanalyse dazuschaltet. *Innerhalb* eines beispielsweise betriebswirtschaftlichen, klassisch fachdisziplinären Denkraumes ist diese Unterschiedlichkeit nicht erkennbar und verunmöglicht eine sinnvolle Debatte: Wer sich sinnanalytisch informiert den entsprechenden aktuellen Managementdiskurs anschaut, erkennt sofort, dass beide Paradigmen kreuz und quer durcheinanderlaufen. Genau dieser blinde Fleck führt dazu, dass in Unternehmen A eine Empfehlung funktioniert, in Unternehmen B jedoch nicht – und kaum jemand durchschaut, wieso. Im Zweifelsfall war Unternehmen B eben praktisch nicht professionell genug. Dass mit dieser Defensivstrategie der zeitgenössischen Managementlehre etwas grundlegend nicht stimmt, wird zwar noch nicht wissenschaftlich gewusst, aber von großen Bevölkerungsteilen (und immer mehr Unternehmen) deutlich empfunden. Dieser blinde Fleck betrifft auch die BWL, und kritische Stimmen dazu mehren sich (vgl. Gloger 2016).

Was zukunftsforscherische Methoden betrifft, so spielen sie im antezipativen Paradigma zwar (selbstverständlich) eine Rolle, aber im üblichen Sinne. Sie dominieren nicht das Paradigma. Sie sind schlicht Instrumente für das, um was es geht: sich einen neuartigen Erwartungshorizont zu erschließen. Sie eruieren Wege, auf kontrollierte Art das zu erweitern, was wir konventionell Vernunft nennen – und haben dabei quasi als unbeabsichtigte Nebenfolge herausgefunden, dass Vernunft ein komplexer Kofferbegriff ist aus „inneren" Gedanken, den Verarbeitungsergebnissen sinnlicher Wahrnehmungen, Gefühlen, Erinnerungen und Erwartungen, der *inhuman* wird, wenn man davon etwas weglässt. In ihm sind Sache, Soziales und Zeit in vermischter Form „aufgehoben". Will eine Gesellschaft, die Vernunft beansprucht, human bleiben, muss sie diesen unaufhebbaren Zusammenhang kontrollieren und diese Ganzheit schützen. Nur dann behält sie die perspektivisch-kritische Oberhoheit über ihre Evolution, kann justieren, verhindern oder befördern.

Anschluss an die BWL
Damit antezipative Zukunftsforschung für betriebswirtschaftliches Denken wirksam werden kann, schlagen wir in diesem Buch mehrere Begriffsverschiebungen vor (Wirtschafts-, Wissenschafts- und Empirieverständnis; in Kap. 7 Ökonomie und Zukunftsforschung).

Von sich aus ist sie nicht anschlussfähig – nachvollziehbarerweise: Denn beide Professionen entstammen nicht nur verschiedenen Wissenschafts-, sondern in diesem Fall auch Weltbildern (quantenphysikalische Zäsur). Ob die Betriebswirtschaftslehre diesen Anschluss will, ist zu diskutieren und wird sich zeigen. Unser Eindruck ist jedenfalls, dass ein solcher Anschluss unaufwändig möglich und vor allem nützlich ist: Derzeit beobachten wir an den westamerikanischen ökonomischen Handlungsmustern beispielsweise, dass neuartige Formen von Monopolen entstehen. Diese Monopole sind mehr und etwas *ganz Anderes* als das, was die Wirtschaftswissenschaften darunter verstehen. Sie monopolisieren nicht mehr nur eine wirtschaftspolitische Vormachtstellung, sondern *soziokulturellen Sinn*. Das ist nicht nur inspirierend und neu, sondern unter Umständen gefährlich – jedenfalls für jede nicht-amerikanische Ökonomie. Überwachende Instanzen sind bislang nicht in Sicht. Die Wissenschaft sollte in jedem Fall eine darstellen, wenn dieser Prozess nicht nationalen Interessen und taktischer Politisierung freigegeben werden soll. Der Vorschlag des EU-Parlaments Ende 2014, Google zu zerschlagen, gibt einen Vorgeschmack auf das Niveau (und die Erfolgsaussichten) von Reaktionen auf diese Bedrohung, wenn nicht zuvor verstanden wird, was hier passiert. Ob mit oder ohne Zukunftsforschung: Wirtschaftswissenschaften müssen diese Vorgänge analytisch erfassen können, wollen sie relevant bleiben.

„German Mittelstand"

Wenn sich in Deutschland Kerngehalte eines antezipativen Wirtschaftsverständnisses, das seinen Ursprung in der deutschen Nationalökonomie hat, erhalten haben, dann im Klischee vom deutschen Mittelstand. Dessen sozusagen „romantischer" Kern wird gespeist vom antezipativen Paradigma. Bekannt ist beispielsweise die traditionell harsche mittelständische Ablehnung langatmiger „strategischer Planung" oder auch komplizierter theoretischer Handlungsmuster. Management-Vordenker wie Michael Porter gelten als interessant – wenn man nur wüsste, ob deren Prämissen und Randbedingungen auch „für uns" gültig sind, und wie man die Implementierung bewältigen soll! Strategie ist für viele Mittelständler und Familienunternehmen eher eine *im Nachhinein* konstruierte Geschichte. Aus ihr werden Erfahrungen und Überzeugungen gewonnen, die keinen Goldenen Weg markieren, aber die Entwicklung von Lösungen ermöglichen vor dem Hintergrund der historischen Erfahrung. Wie Hermut Kormann formuliert, ehemals Vorstandsvorsitzender des schwäbischen Anlagenbauers Voith AG: „Man kann für die Expansionsstrategie in China vielleicht nichts direkt übernehmen aus den früheren Expansionsschritten in Europa und Brasilien. Aber aus diesen damals kühnen und letztlich erfolgreichen Strategien der Vorgänger kann Mut für das Handeln heute geschöpft werden – und die Erinnerung, dass man gute Leute vor Ort braucht" (Kormann 2008, S. 32). Die Erkenntnis, wie bedeutsam der Zusammenhang ist zwischen Organisationsgedächtnis und neuen Aufbrüchen, letztlich der Kompetenz zu unternehmerisch guten Langfristentscheidungen, ist sehr bewusst und wird wertgeschätzt – *obwohl* der Zusammenhang selbst dunkel ist. Wäre man hier auf die sachlogische Ebene angewiesen, würde Nachdenken sinnlos; logischerweise. Mittelständler geben sich *deshalb* gern pragmatisch-realistisch. Strategische Theoriediskurse, das bekannte sach-logische Problematisieren, führten zu nichts, und in diesem Punkt haben sie aus ihrer Sicht – praktisch – wohl recht.

„Mittelstand" ist eine deutsche Geisteshaltung, die als solche nie konzeptualisiert wurde. Sie rekurriert auf andere ökonomische Traditionen als der anglo-amerikanisch beeinflusste Mainstream. Anstelle systematischer Planungsverfahren (die situative Ab-wägungsprozesse *hemmen*) steht der Monolog mit sich selbst. Aus der tiefgehenden, intuitiven Kenntnis der „subjektiven" Eigenlogik des jeweiligen Geschäfts heraus, der Kunden und des Marktgeschehens, können Meinungen ganz plötzlich umschlagen. Das ist nicht schlimm und, im Gegenteil, häufig zu beobachten. Niemand hindert einen, klüger zu werden – eine gute Entscheidung ist immer nur situativ gut und daher sub-jektiv. Lavieren gilt als bewusstes und legitimes Prinzip; aber gerade nicht im Sinne des grundsatzlosen Herumwurschtelns, sondern als reflektierte Form von Sinnprüfungen: Meinung wird an Meinung kontrolliert, häufig lautstark und wenig akademisch. Ver-schiedene Situationen erfordern verschiedene Sinndominanzen, und diese kann man nur durch Kontroversen herausbekommen. Der Stellenwert von Entscheidungskonflik-ten im Mittelstand, die Auseinandersetzung um die beste Lösung, ist beträchtlich und steht in auffälligem, interessantem Kontrast zum – ansonsten übermächtigen – Kon-sensprinzip in der Führung.

Allerdings liegt im „inneren Monolog" auch eine der aktuell größten Gefahren: Das Erkennen von und der Umgang mit schweren Langfrist-Gefahren. Mangels Vergleichs-möglichkeit und mitunter auch (über-)großem Selbstbewusstsein weiß man nicht, was man nicht weiß; man stand noch nie vor einem vergleichbaren Problem. Dass viele Mit-telständler mit dem Ausweichen auf EDV-technische Unterstützung für diese Probleme („nutze die Erkenntnisse aus Daten!") zögerlich sind (vgl. Commerzbank-Studie 2015 als Beispiel für viele andere), betrübt zwar Berater- und IT-Industrie, passt jedoch zum Mindset dieser Akteure und ist womöglich eher Stärke als Schwäche. Dass in diesem Zusammenhang jedoch kaum nach alternativen Lösungen gesucht wird („was gibt es jenseits von Data-Mining für Hilfen bei Zukunftsentscheidungen?") und derzeit nahezu alles über den Leisten von Big Data, Digitalisierung und Internet der Dinge geschlagen wird („Mitmachen oder nicht?"), ist angesichts der beteiligten Interessenlagen zwar nachvollziehbar, führt künftig jedoch möglicherweise zu Standortnachteilen.

Dabei könnte die Situation anders sein. Deutschland bringt qua unternehmerischer Tradition alternative, eigene Kompetenzen zur Bewältigung von Komplexität mit, nur liegen die aktuell überhaupt nicht im Trend: Sie werden durch den Mainstream gera-dezu erstickt. Die Dringlichkeit etwa eines digitalen Nachrüstens wird offiziell damit gerechtfertigt, den Anschluss halten zu müssen (Angst, schlechtes Gewissen, vgl. das Beispiel Cisco, Chambers 2015). Für Mittelständler gilt jedoch als zentrale Frage häu-fig die Sicherung von Unabhängigkeit und Überleben, und gerade nicht um jeden Preis maximalen Erfolg zu realisieren oder dem letzten Trend zu folgen. Man handelt vor-sorgend und vorausschauend mit Blick auf die nächste Generation, aber weder aus Angst noch in Spieler-Mentalität; dagegen sind viele Mittelständler immun. Auch das

Halten eines mittleren, an sich guten Ertragsniveaus gilt als akzeptabel. Was häufig gesucht wird, ist Vitalität – eine Mischung aus Faktenanalyse und Geistesarbeit. Hier findet sich eine historisch nachvollziehbare, gemäßigte Form von unternehmerischem Veränderungswillen, die sich immer schon hartnäckig weigerte, sich von einem Trend zum nächsten jagen zu lassen. Ein Gegenentwurf sowohl zum „universalistischen" Set des Konzerndenkens als auch zu flippigen Visionen, die auch künftig nicht zu erwarten sind. Und: Die typische Form von Neurotizismus, die mit einer Wirtschaft qua Defizithypothese einhergeht (ständig droht neues Ungemach), lehnt mittelständisches Denken genauso ab. In genau dieser Lücke ließen sich eigene Zukunftsstrategien entwickeln – für uns passendere, mit enormem Potenzial.

6.3   Zusammenfassung und Ausblick

Wie Zukunftsforschung verstanden und aufgezogen wird, hängt davon ab, was man genauer unter Zukunft versteht. Ist sie positiv oder negativ besetzt, perspektivisch zugänglich, gehört sie zum menschlichen Handlungsradius dazu oder nicht, gilt sie als unerreichbar übermächtig versus leidige Pflichtaufgabe des Risikomanagements? Nach diesen im Grunde anthropologisch motivierten, impliziten Wertungen unterscheiden sich die bislang zwei Paradigmen. Die extreme Unterschiedlichkeit beider, mehr noch aber die Intransparenz ihrer Fundamente und Glaubenssätze: dass man erst einmal kaum *versteht*, was sie voneinander trennt, macht es wahrscheinlich, dass die Zeit, in der Zukunft für praktisch gestaltbar und formbar gehalten und sich mit Begeisterung auf dieses neuartige Projekt gestürzt wird, erst noch kommt. Der Kontrast zu all dem, für was Wissenschaft seit Jahrhunderten in Sachen Vernunft, rationales Denken und kanonische Standards steht, ist jedenfalls enorm; die Tradition bremst.

Immerhin: Zukunftsforschung innerhalb des Mindsets der BWL wurzelt im etablierten Wissenschaftsverständnis. Es gibt mit der Prognostik also einen ersten Brückenkopf. Demzufolge kann auch in der Zukunft die „Wahrheit" gesucht und in Wissen überführt werden; Objektivität sticht. Den Forschungsfokus bildet alles Stabil-Konstante, von dem angenommen wird, dass es sich auch künftig – wenn auch in anderem Mischungsverhältnis – wiederfindet, und das deshalb „nach vorne" verlängert, prognostiziert wird. Vergangenheit, Gegenwart und Zukunft zusammen bilden einen unendlichen Fluss, dessen Fließgeschwindigkeit sich vor allem kausallogisch ergibt (was heute passiert, grenzt die Optionen von morgen ein oder eröffnet welche). Das Ziel dieser Zukunftsforschung sind möglichst konkrete, objektivierbare und in der Sache valide begründbare Zukunftsfakten in Form von Vorhersagen: Der Zeit wird sachlogisch zu Leibe gerückt.

Zukunftsforschung aus einem dezidiert zeitlogischen Denken heraus ist zwar an die BWL (sowie an jede andere Fachdisziplin) anschlussfähig, wurzelt jedoch in einem anderen Wissenschaftsverständnis: Solche Anschlussfähigkeit muss daher erst hergestellt und ausgewiesen werden. Maßstab dieses Forschens ist das Unbekannt-Gewollte, von dem man möchte, dass es das Morgen dominiert und einer Erforschung eigens der Zukunft überhaupt wert und würdig erscheint (alles andere sind lediglich Dehnungen klassischer Fachdisziplinen). Es wird daher vorweggenommen, ihm wird antezipativ vorgegriffen. In der Zukunft ist dasjenige zu suchen, das zwar theoretisch möglich ist, aber erst durch den Menschen im unendlichen Nebel des theoretisch Möglichen auch ausgewählt, identifiziert und als Zielvorstellung angepeilt werden muss: Eine für Menschen förderliche Zukunft realisiert sich nicht von selbst. Aus diesem Grunde gilt: Subjektivität sticht. Wenn Menschen eine positive, erhoffte oder erwünschte Zukunft wollen, müssen sie diese „produzieren", gestalten, herbeiführen. Sie repräsentiert eine Eigenzeit, die von unserer gegenwärtigen ontologisch getrennt ist. Deshalb müssen wir sie kreieren und imaginär in sie hineinspringen, sie von dort aus rückblickend wahr werden lassen. Vom Heute aus ist die Brücke ins Morgen grundsätzlich nicht erkennbar; man träte ins Nichts. Der Grund ist ein logischer: Man braucht für den ersten Schritt einen Richtungspunkt (Antezipation), den das prognostische Paradigma nicht bieten kann (und auch nicht will).

Ziel des antezipativen Paradigmas sind möglichst viele alternative Handlungsoptionen (nicht die eine wahre oder optimale), die Menschen in ihren verschiedenen Problemsituationen gegeneinander abwägen können, um auf diese Weise die situativ beste herauszubekommen – das ist der Anfang einer Brücke in die Zukunft. Dieser Prozess geht immer weiter; der Weg ist das Ziel. Während solcher iterativen Erkundungsprozesse, in denen man sich von Situationsbewältigung zu Situationsbewältigung vorarbeitet, werden die jeweils aktuellen Sachen und Fakten beständig umgewälzt. Dauernd passiert etwas Neues, was aber nicht stört. Für antezipatives Denken und Handeln ist das nicht *relevant*. Sachlogik ist nachrangig (hier herrscht ohnehin Unübersichtlichkeit), Zeitlogik deshalb vorrangig. Sich nur mit den Sachen aufzuhalten, die unvermeidlich als erstes die Aufmerksamkeit binden, kann entwicklungslogisch gefährlich werden; denn die treibende Kraft hinter den Sachen beziehungsweise ihrem Dauerwandel sind nicht diese Sachen selbst, sondern ist der Sinn, der ihnen beigemischt ist; um dessen willen wir etwas überhaupt tun, warum wir ins Handeln kommen und die Sachen bearbeiten: Was wir *wollen*. Wird diese nur scheinbare Banalität „vergessen", gewinnt Sachlogik die Oberhand. Wir beschäftigen uns dann nur noch mit den Sachen selbst. Die Welt wird dadurch zwar objektiv immer präziser fassbar, belegbarer und plausibler (zusätzlich überdeterminiert durch technologische Fortschritte), entgleitet aber auch immer mehr unserem Zugriff. Wir erkennen immer besser und werden gleichzeitig immer ohnmächtiger. Die Realität wird unscharf.

Antezipative Zukunftsforschung ist ein erster kognitiver Türöffner für *verschiedene* Sinndimensionen, die hier ineinander verwoben sind: Sie hält sie offen und reichert, damit diese Funktion auch erfüllt werden kann, den Wissenschaftsbegriff um die Dimension metakognitiv kontrollierter Subjektivität an. Ökonomisch übersetzt: Sie generiert bisher nicht bedachte Optionen, die theoretisch auch möglich sind und gleichzeitig dem Willen beziehungsweise der Identität des Akteurs nahestehen. Sie markiert damit einen Handlungspfad *qualitativen* Wachstums. Die Überzeugung dabei: Wer gemäß seiner „Natur" wächst, wächst automatisch langfristig auch quantitativ. Letzteres ist dann nur noch Nebenfolge – und für die einzelnen Agenten macht solches Wachsen auch noch Sinn und Spaß. (Ein überblickartiger Vergleich beider Paradigmen in Tab. 6.1.)

Tab. 6.1 Prognostisches versus antezipatives Paradigma im Vergleich

	Prognostisches Paradigma	Antezipatives Paradigma
Prämisse: Zukunft ist nicht erkennbar/ wissbar	– Wir versuchen es trotzdem	– Wir nehmen den Umweg über subjektiv gewollte Vorgriffe (Imagination)
Denktradition	– Aus den etablierten (auch wirtschaftswissenschaftlichen) Sozialwissenschaften – Vorbild: Naturwissenschaften	– Aus funktionalistischen und „postmodernen" Sozialwissenschaften – Vorbild: Quantenphysik usw.
Benutzt/setzt ein	– Mathematik, Technik – Daten über Vergangenheit und Gegenwart, in die Zukunft verlängert	– Vorstellungs- und Willenskraft – Annahmen und Vorgriffe über Zukunft, um Erwartungshorizont zu verschieben/zu erweitern
Zeitvorstellung	– Zeit ist kein wissenschaftliches Thema (wird umgelegt auf Sache und Soziales) – Schwacher Möglichkeits- und Alternativenbegriff	– Zeitdimension präferiert gegenüber Sache und Sozialem – Starker Möglichkeits- und Alternativenbegriff
Konzeptionelle Grundlagen	– Erkenntnistheorie, anthropologische Defizithypothese (Mensch steht qua Biologie unter Druck → Situation erträglicher machen) – Maßstab: Bekannt-Vertrautes optimieren und erweitern	– Praxistheorie, anthropologische Kompetenzhypothese (mittels Bearbeitung von Zeit/mentalen Vorgriffen kann der Mensch evolutionär Vorsprünge realisieren) – Maßstab: Unbekannt-Gewolltes oder -Erwünschtes als Aufgabe
Zentrale Differenz	Chancen und Risiken (Wahrscheinlichkeitskalkulation)	Alternativen (normatives, d. h. eine bestimmte Möglichkeit auszeichnendes Erwartungsmanagement)
Sicherheitsmotiv	Universalistisches Wissen	Deutungshoheit und praktische Macht im partikularen Kontext
Vorteile	– Hohe Gewissheit und Sicherheitsanmutung – Klares Ergebnisversprechen	– In menschlicher Reichweite liegt nahezu alles: Auch heute noch Unvorstellbares steht dem Menschen offen – Kontingenz und Fiktionen sind produktiv nutzbar und strategisch einsetzbar: Man kann sie bewältigen
Nachteile	– Das Leben ist „einsam, armselig, scheußlich, tierisch und kurz" (Hobbes) → Erfordernis, kontinuierlich Risiken zu senken („auf der Hut bleiben") – Kontingenz und Fiktionen haben keinen praktisch relevanten Stellenwert, sind nicht „abstellbar", häufig störend oder gar gefährlich („Schwarzer Schwan")	– Die Welt ist dynamisch und ungewiss – Zwar sind Ergebnisrichtungen angebbar, präzise Ergebnisse aber nicht; und Zukunftsaussagen daher notorisch vage – Mensch ist auf Imaginatio angewiesen (gefährdeter Status hängt am Willen: Probleme bei Willensschwäche/Orientierungslosigkeit)

Dass in der zukunftsforscherischen Praxis diese Schemata nur vermischt auftreten, ist selbstverständlich. Wohl kein Unternehmen im Silicon Valley nutzt nicht auch Marktprognosen, und wohl kein Zukunftsforscher wird ernsthaft behaupten, Zukunft käme ohne visionäre Zusätze aus. Eine praxeo„logische" Wissenschaft schaut aber nicht der Praxis auf die Finger und „schreibt ab". Wenn man das macht, ist Zukunftsforschung eben alles, was irgendwie mit Zukunft zusammenhängt (ungefähr dort steht denn auch die Profilbildung dieser Metadisziplin heute). In der Perspektive von Paradigma II konzeptualisiert man praktischen Zukunftssinn gerade nicht aus seinen real vorliegenden, verschiedenartigen Erscheinungsweisen (etwa „naiv"-empirisch), sondern verdichtet und bündelt erst einmal Sinn*logiken* und deren Maßstäbe, hält sie auseinander und *ordnet ihnen dann partikulare Zukunftsorientierungen zu*. Wissenschaftlicher Zukunftsforschung, die ihren Namen verdient, geht es ums Verstehen, um mentale Anker, an denen sich Sinn in der Praxis nutzbringend ausrichten lässt – was der Grund dafür ist, warum sie in aller Regel anthropologisch fundiert sind. Was die „postmodernen" Phänomenologien von Blumenberg (2007); Luhmann (1996); Foucault (1981a, 1991) oder Rorty (1994, 2000) – alles Vorläufer, Fundamente und Versatzstücke zukunftsforscherischen Denkens – konzeptionell unternehmen, ist den Versuch, den alten überkommenen, außerweltlichen *Wahrheits*anker für Sinn (die bisher einzige Möglichkeit, zeitlogisch zu denken), der unserer Realitätsbeschreibung beziehungsweise alle Sinngebung für Wirkliches nahezu uneingeschränkt beherrscht hat, situativ *auszusetzen* und dafür anthropologische, das heißt gattungsgemäßere Sinnanker *einzusetzen*. Es gibt Sinndimensionen auch jenseits von Wahrheit, und zwar zahlreiche. Die Orientierung an Wahrheit wird dabei nicht abgeschafft, sondern nur umgepolt: In der Zukunftsforschung wird Wahrheit ein anderer, ihr gemäßerer Stellenwert zugewiesen. Sie ist nur eine (sachlogische) Sinndimension unter vielen gleichrangigen anderen, selbstverständlich aber eine bleibend wichtige.

Neben dem Rückgängig-Machen der Wahrheitszentrierung verändert Zukunftsforschung auch die Fortschrittsidee. Aber: Sie relativiert sie nicht „noch" weiter als Kuhn oder mindert ihren Wert; um Relativierungen geht es hier überhaupt nicht. Dass Menschen in der Antike, im Mittelalter und im 19. Jahrhundert ihre Welt anders beschrieben haben als heute bedeutet nicht, dass wir es im Zeitvergleich heute „besser" vermögen als unsere Vorfahren. Das Einzige, was sich sicher sagen lässt, ist, dass Menschen ganz offensichtlich in der Lage sind, die Dinge unterschiedlich auszulegen und ihre Auslegungen über die Zeit extrem zu verändern. Wer mag, kann sich heute an der vorläufigen Spitze der menschlichen Evolution wähnen. Zukunftsforscher meinen das nicht. Sie denken vielmehr entlang der Penrose-Treppe, die es ihnen wahrscheinlicher sein lässt, dass sich unsere Auslegungen fortwährend auch weiter verändern und immer anders werden – je nach neuem Kontext. Ein „besser" oder „schlechter" gibt es nicht und lässt sich nur an der jeweiligen spezifischen Situation bemessen.

Das bedeutet aber nicht, dass kein Fortschritt möglich wäre! Denn im situativen Akkommodieren an neue Situationen können wir uns professionalisieren (zu akkommodierendem Lernen vgl. Müller-Friemauth und Kühn 2016, S. 67 ff.). Diese Fähigkeit ist extrem unterentwickelt. Wir können daraus eine Art „sechsten" Sinn erschaffen und in bislang kaum absehbare geistige Höhen treiben. Wir können uns die Fähigkeit antrainieren, uns sehr schnell auf andersartige Bedingungen einzustellen, mit ihnen zu experimentieren, *What-if*-Gedankenspiele zu nutzen und dadurch mit komplexen Bedingungen gedanklich und praktisch anders umgehen lernen. Die Bewältigung von Komplexität hängt an der Kompetenz zu polylogischem und sinnanalytisch mehrwertigem Denken – Beschreibung gegen Beschreibung setzen und so schnell Alternativen zur Hand haben, in kurzer Zeit anders handeln zu können. Das war in unserer Kulturentwicklung bislang kein Thema: Es war schlicht nicht erforderlich! Wenn ein „Haken im Himmel" Halt gibt, braucht man das nicht. Dass wir mit unseren alten Instrumenten jedoch Probleme wie multikulturelle globale Konflikte, Systemrisiken oder in naher Zukunft technologische Evolutionssprünge wie denjenigen zur Quantentechnologie und singulärer künstlicher Intelligenz bewältigen können, ist extrem unwahrscheinlich. Wir brauchen dazu ein anderes kognitives System.

Der Soziologe Luhmann hat diese Entwicklung so deutlich kommen sehen wie kaum ein anderer. „Die eigentlich aufregenden Analysen stehen uns [.] noch bevor. Sie betreffen nicht die Frage einer *sachlichen* Übereinstimmung von Erkenntnis und Realität, sondern Probleme der *Zeit*" (Luhmann 1990, S. 42, Herv. i. O.). Wie sich die Fraktion der Prognostiker zu dieser Herausforderung stellt, ist offen; eine Positionierung erfolgt bisher nicht. Anlass und Motiv, dies nachzuholen, könnten unter anderem aktuelle Lageeinschätzungen sein, die sich mit der Entwicklung der Weltwirtschaft beschäftigen – etwa in Schwellenländern. 1990 stammten gerade fünf Prozent der weltweit umsatzstärksten Unternehmen aus einem Schwellenland. 2013 betrug die Zahl bereits 26 %, und bis 2025 belaufen sich die Schätzungen auf mehr als 45 %. Diese neuen Konkurrenten wachsen mehr als doppelt so schnell wie Konzerne in Industrieländern. Die drei größten Hersteller elektronischer Haushaltsgeräte, gemessen am Gewinn, werden in China verortet: Gree Electric Appliances, Midea Group und Qingdao Haier; gemeinsamer Umsatz: 60 Mrd. Dollar. Die drei größten Banken: Industrial and Commercial Bank of China, China Construction Bank und Agricultural Bank of China.

Eine Studie des McKinsey Global Institute (2015a, b) hat sich mit den Eigentümerstrukturen dieser Firmen beschäftigt (vgl. Abb. 6.4). Westliche Konzerne, die häufig börsennotiert sind, eine spezielle Struktur ihrer Aufsichts- und Verwaltungsräte sowie breit gestreuten Aktienbesitz aufweisen, sorgen für eine starke Konzentration auf kurzfristige Rentabilität und Kostenkontrolle. Die kurz getaktete zeitliche Reichweite dieser Firmen ist charakteristisch für die internationale Unternehmensentwicklung der vergangenen Jahrzehnte, und das, was sich in einem ersten Gegensatz dazu im Silicon Valley entwickelt hat, ist bislang noch ein Ausnahme-Cluster mit vergleichsweise wenigen Nachahmern.

Die Studie macht wenig Hoffnung, dass das so bleibt. Von Firmen aus Schwellenländern sind zahlreiche in staatlicher Hand oder in Familienbesitz; die Unternehmensphilosophien sind völlig anders. Ihre Ziele sind zumeist langfristig und auf nachhaltiges Umsatzwachstum ausgerichtet, und trotz ihrer Größe verlieren sie nicht an Tempo und Beweglichkeit. Investitionen zählen mehr als Quartalsergebnisse, Wachstum kann wichtiger sein als kurzfristig die Rendite zu maximieren. In ihrer zeitlogischen Langfrist-Orientierung sind sie mit kalifornischen Unternehmen vergleichbar, nur mit ganz verschiedenen

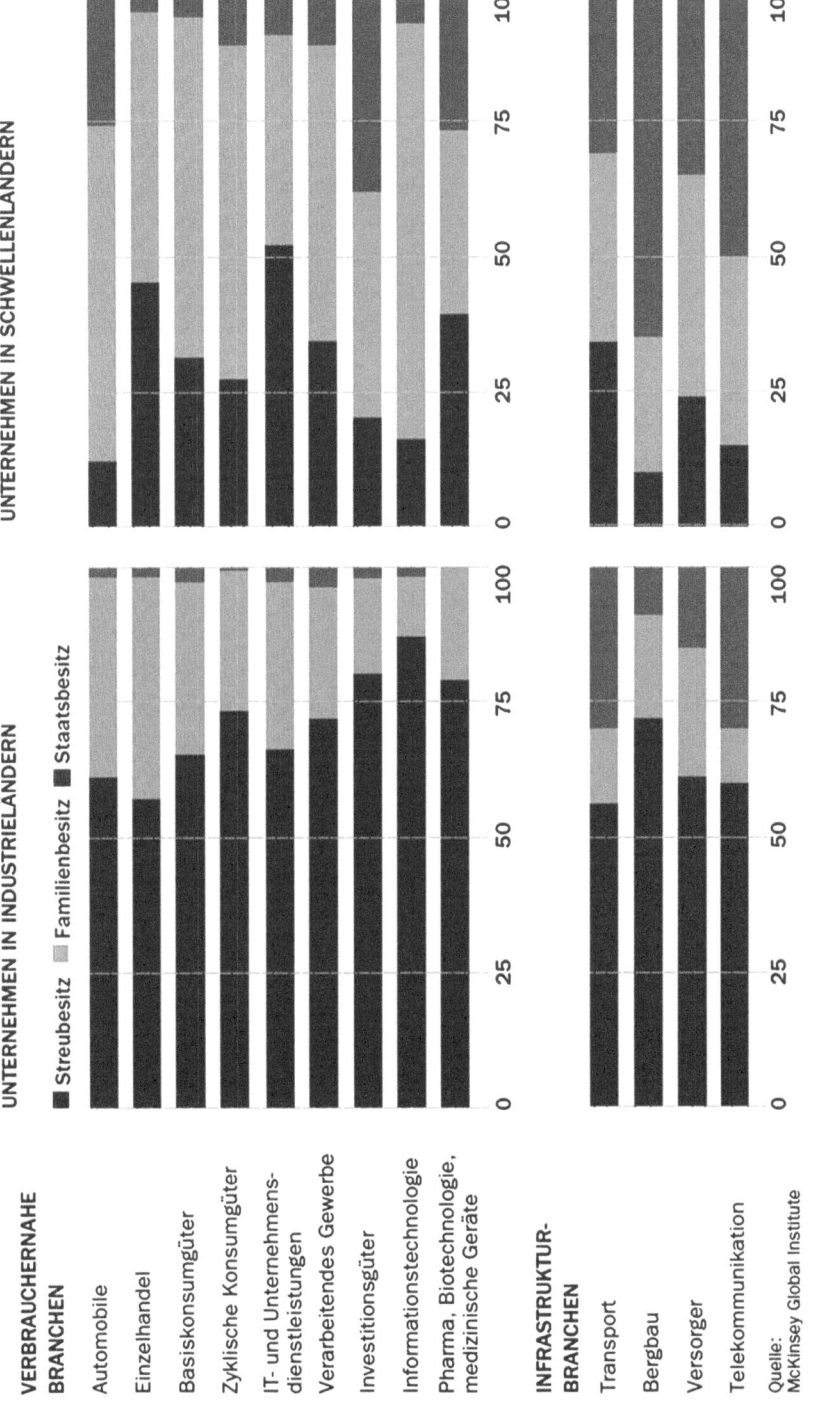

Abb. 6.4 Eigentumsverhältnisse in Industrie- und Schwellenländern im Vergleich nach Branchen. (Quelle: McKinsey 2015a. S. 27)

Einstellungen und Methoden. Bisher galten etwa Unternehmen der Alphabet Group, Amazon, Pinterest, Spotify, Twitter oder Yelp als typisch für einen wachsenden Sektor, der sich darauf konzentriert, zunächst den Umsatz oder den Nutzerkreis zu vergrößern, selbst wenn er dabei über einen längeren Zeitraum kein Geld verdient oder sogar Geld verliert. Diese Gruppe ist westlich und modern, profitiert von Digitalisierung und Plattform-Kapitalismus und ist stark technologisch geprägt. Dieses Profil wird sich wahrscheinlich ändern. Zwar sind Unternehmen aus Schwellenländern keine uniforme Gruppe. Die Muster, welche die Studie ausweist, etwa die sinkenden Grenzkosten qua Größe oder die aggressive Expansion in ausländische Märkte, weisen jedoch darauf hin, dass hier neuartige Organisationen entstehen, die ihre antezipative Ökonomie aus ihren eigenen soziokulturellen Traditionen heraus anlegen und deshalb anders interpretieren, gestalten und damit die globale Wirtschaft prägen werden.

Für Organisationskulturen (und die BWL) des alten Musters steigt damit der Druck. Was hat die etablierte Ökonomie dem entgegenzusetzen? Spielräume und Wirtschaftsmacht, Innovationskraft und Erfolgsquoten einer bislang nahezu unangefochten prognostischen Zukunftsvorsorge dürften kaum zunehmen, im Gegenteil. Nicht nur, aber auch deswegen steigt die Dringlichkeit einer europäischen Antwort auf die neuartigen Herausforderungen. Ökonomie greift aufs Zeitliche über und meldet normative Gestaltungsansprüche an. Im Gegensatz zu den Prognostikern fragt die antezipativ eingestellte Fraktion daher nicht „Was wird kommen?", weil sie weiß, dass sich die Fragesteller damit selbst dazu verdammen, den Entwicklungen, die andere definieren, dauerhaft hinterherzulaufen. Das Maximum einer solchen Ökonomie liegt gerade einmal darin, den Anschluss zu halten. Sondern: „Was wollen wir mit einer zeitlich qualifizierten Ökonomie, deren Grundidee wir selbst erfunden haben, Fantastisch-Begeisterndes, Nützliches und unsere eigenen Werte nach vorne Bringendes anfangen? Was können wir in Sachen Gemeinwohlorientierung; in Sachen Vorstellung von Integration, die nicht bei einem unterschiedslosen Melting-Pot stehenbleibt, sondern Inklusionsansprüche anmeldet und sozial gehaltvolle Zugehörigkeit realisieren will; in Sachen einer neuartigen, weil historisch erstmals auch sozialstaatlich flankierten Vision eines gemeinsamen europäischen Wirtschaftsraumes, daraus machen? Was sind *unsere* Moonshots?"

Wer meint, das wäre keine relevante Frage, katapultiert sich aus dem Rennen. Um solche Fragen beantworten zu können, braucht es freilich einen adäquaten Ökonomiebegriff. Was wird also zukunftsforscherisch unter Wirtschaft verstanden?

Literatur

Ansoff HI (1976) Managing Surprise and Discontinuity – Strategic Response to Weak Signals. Z Betriebswirtsch Forsch 28:129–152

Blumenberg H (2007/1975) Theorie der Unbegrifflichkeit. Suhrkamp, Frankfurt a. M.

Bruch H, Ghoshal S (2006) Entschlossen führen und handeln. Wie erfolgreiche Manager ihre Willenskraft nutzen und Dinge bewegen. Gabler, Wiesbaden

Chambers J (2015) Wie Cisco Wandel meistert. Harv Bus Manag 37:36–41

Commerzbank AG (2015) Management im Wandel: Digitaler, effizienter, flexibler! Studienergebnisse von 4000 Telefoninterviews mit Führungskräften zum digitalen Wandel, durchgeführt von TNS Infratest, Frankfurt a. M. https://blog.commerzbank.de/verantwortung-erleben/2015-mai/2015_05_11_fl_up_15_studie_es_neu.pdf. Zugegriffen: Mai 2016

Foucault M (1981a/1973) Archäologie des Wissens. Suhrkamp, Frankfurt a. M.

Foucault M (1981b/1975) Überwachen und Strafen. Die Geburt des Gefängnisses. 4. Aufl. Suhrkamp, Frankfurt a. M.

Foucault M (1991/1974) Die Ordnung der Dinge. Suhrkamp, Frankfurt a. M.

Georghiou L (2001) Third generation foresight – integrating the socio-economic dimension (The Approach to and the Potential for New Technology Foresight. Proceedings of the International Conference on Technology Foresight, Science and Technology Centre, NISTEP, Tokyo). https://www.escholar.manchester.ac.uk/uk-ac-man-scw:2b1682. Zugegriffen: Januar 2016

Gerhold L et al (Hrsg) (2015) Standards und Gütekriterien der Zukunftsforschung. Ein Handbuch für Wissenschaft und Praxis. Springer VS, Wiesbaden

Gloger A (2016) Betriebswirtschaftsleere: Wem nützt BWL noch? Frankfurter Allgemeine Buch, Frankfurt a. M.

Göll E (2015) Praktische Relevanz, Nützlichkeit und Wirksamkeit. In: Gerhold et al (Hrsg) Standards und Gütekriterien der Zukunftsforschung. Ein Handbuch für Wissenschaft und Praxis. Springer VS, Wiesbaden, S 155–162

Grunwald A (2013) Wissenschaftliche Validität als Qualitätsmerkmal der Zukunftsforschung. Z Zukunftsforsch 2(1):22–33

Hammer RM (1998) Strategische Planung und Frühaufklärung. Oldenbourg, München/Wien

Heckhausen H, Golwitzer PM, Weinert FE (Hrsg) (1987) Jenseits des Rubikon. Der Wille in den Humanwissenschaften. Springer, Berlin

Herger M (2016) Das Silicon-Valley-Mindset: Was wir vom Innovationsweltmeister lernen und mit unseren Stärken verbinden können. Börsenmedien AG, Kulmbach

Kirsch W, Trux W (1983) Strategische Frühaufklärung. In: Kirsch W, Roventa P (Hrsg) Bausteine eines strategischen Managements: Dialoge zwischen Wissenschaft und Praxis. Walter de Gruyter, Berlin/New York, S 225–235

Kormann H (2008) Gibt es so etwas wie typisch mittelständische Strategien? Schriftenreihe des Kirsten Baus Instituts für Familienstrategie, Bd. 11. Kirsten Baus Institut für Familienstrategie, Stuttgart

Kreibich R (1995) Zukunftsforschung. In: Tietz B, Köhler R, Zentes J (Hrsg) Handwörterbuch des Marketing, 2. Aufl. Enzyklopädie der BWL, Bd. IV. Schäffer-Poeschel, Stuttgart, S 2814–2834

Krystek U, Müller-Stewens G (1993) Frühaufklärung für Unternehmen: Identifikation und Handhabung zukünftiger Chancen und Bedrohungen. Schäffer Poeschel, Stuttgart

Kuhn TS (1976/1967) Die Struktur wissenschaftlicher Revolutionen, zweite revidierte und um das Postskriptum von 1969 ergänzte Aufl. Suhrkamp, Frankfurt a. M.

Kuosa T (2014) Towards Strategic Intelligence. Foresight, Intelligence, and Policy-Making, Dynamic Futures Publications No. 1, (UK). http://ow.ly/XsLwZ. Zugegriffen: Januar 2016

Liebl F (1996) Strategische Frühaufklärung. Trends – Issues – Stakeholders. Oldenbourg, München/Wien

Liebl F (2000) Der Schock des Neuen. Entstehung und Management von Issues und Trends. Gerling Akademie, München

Loew H-C (1999) Frühwarnung, Früherkennung, Frühaufklärung – Entwicklungsgeschichte und theoretische Grundlagen. In: Henckel von Donnersmarck M, Schatz R (Hrsg) Frühwarnsysteme. Innovatio, Bonn, S 19–47

Luhmann N (1990) Soziologische Aufklärung 5. Konstruktivistische Perspektiven. Westdeutscher Verlag, Opladen

Luhmann N (1996) Die neuzeitlichen Wissenschaften und die Phänomenologie. Picus, Wien

McKinsey Global Institute, Dobbs R, Koller T, Ramaswamy S (2015a) Fünf Regeln zum Überleben. Harv Bus Manag 37:20–34

McKinsey Global Institute (2015b) Playing to Win: The New Global Competition for Corporate Profits (McKinsey & Company). http://www.mckinsey.com/business-functions/strategy-and-corporate-finance/our-insights/the-new-global-competition-for-corporate-profits. Zugegriffen: Februar 2016

Müller-Friemauth F, Kühn R (2016) Silicon Valley als unternehmerische Inspiration. Zukunft erforschen, Wagnisse eingehen, Organisationen entwickeln. Springer Gabler, Heidelberg

Pillkahn U (2007) Trends und Szenarien als Werkzeuge zur Strategieentwicklung. Wie Sie die unternehmerische und gesellschaftliche Zukunft planen und gestalten. Publicis Corporate Publishing, Erlangen

Planck M (1970/1948) Wissenschaftliche Selbstbiographie, 5. Aufl. Barth, Leipzig

Robinson JB (1990) Future Under Glass. A Recipe for People Who Hate to Predict. Futures 22(8):820–842

Rorty R (1994) Hoffnung statt Erkenntnis. Eine Einführung in die pragmatische Philosophie. IWM-Vorlesungen zur modernen Philosophie. Passagen, Wien

Rorty R (2000/1995) Philosophie & die Zukunft. Essays. Fischer, Frankfurt a. M.

Rust H (1995) Trends. Das Geschäft mit der Zukunft. Kremayr & Scheriau, Wien

Rust H (2008) Zukunftsillusionen. Kritik der Trendforschung. VS Verlag für Sozialwissenschaften, Wiesbaden

Rust H (2012a) Die Spatzen der Minerva: Das Tschilpen der Trendforscher. In: Koschnik WJ (Hrsg) FOKUS-Jahrbuch 2012. Prognosen, Trend- und Zukunftsforschung. FOCUS Magazin Verlag, München, S 241–276

Rust H (2012b) Schwache Signale, Weltgeist und „Gourmet-Sex". In: Popp R (Hrsg) Zukunft und Wissenschaft. Wege und Irrwege der Zukunftsforschung. Springer, Heidelberg, S 35–57

Schulz T (2015) Was Google wirklich will. Wie der einflussreichste Konzern der Welt unsere Zukunft verändert. DVA, München

Schwartz P (1991) The Art of The Long View. Doubleday, New York

Steinmüller K (1995) Beiträge zu Grundfragen der Zukunftsforschung, 2. Aufl. Arbeitsberichte, Bd. 2/95. Sekretariat für Zukunftsforschung, Gelsenkirchen

Tetlock P (2005) Expert Political Judgement. How Good Is It? How Can We Know? Princeton University Press, Princeton/New Jersey

Tetlock P, Gardner D (2015) Superforecasting: The Art and Science of Prediction. Crown Publishers, New York

Tiberius V (2011) Zur Zukunftsorientierung in der Betriebswirtschaftslehre. In: Tiberius V (Hrsg) Zukunftsorientierung in der Betriebswirtschaftslehre. Gabler, Wiesbaden, S 89–103

Vance A (2015) Elon Musk. Tesla, PayPal, SpaceX: Wie Elon Musk die Welt verändert. Die Biografie. FinanzBuch, München

Weimert B, Zweck A (2015) Wissenschaftliche Relevanz. In: Gerhold et al (Hrsg), S 133–141

Ökonomie und Zukunftsforschung

Eine wirklich gute Idee erkennt man daran,
dass ihre Verwirklichung von vornherein ausgeschlossen erscheint.
Albert Einstein

Das Zeitverständnis der Zukunftsforschung – im Unterschied zu demjenigen der Wirtschaftswissenschaften – ist *der* konzeptionelle Splitter, in dem sich diejenigen verschiedenen Facetten widerspiegeln, die den wissenschaftlichen Ausweis unserer Metadisziplin ausmachen. Wie in einem Brennglas bündeln sich in der Perspektive einer speziell ökonomischen Zukunftsforschung die bislang dargelegten Aspekte – und auch hier insbesondere hinsichtlich der herausragenden Bedeutung der zeitlichen Sinndimension. Nicht nur bezogen auf objektive Prognosen, sondern ebenso auf subjektive Antezipation.

Zukunftsforschung erweist sich mit ihrer Betonung von Praxisrelevanz als ausgesprochen modern und zeitgemäß hinsichtlich der gegenwärtig geführten Diskussionen zum Wirtschaftlichen. Auch wenn sie vorerst in vielfacher Hinsicht als *Wissenschaft* noch ein Moonshot bleibt, kann sie doch einigen der wichtigsten kritischen Überlegungen der Debatte Ausdruck verleihen, sie abbilden und begrifflich modellieren:

▶ It's the time, stupid!

Erstens wird von der Sozialforschung seit Längerem eine anhaltende Distanzierung gegenüber der allgemein verbreiteten Form des Wirtschaftens registriert – und zwar von wachsenden Teilen westlicher Gesellschaften, insbesondere in den Leitmilieus. Hintergrund ist ein Unbehagen am politisch hartnäckig propagierten, vorgeblich unhintergehbaren Fluchtpunkt: Wachstum um jeden Preis. Was zunächst vor allem mit ökologisch motivierter Konsumkritik begann, nahm nächste Ausprägungen an in diversen (Immobilien-, Banken-, Finanzmarkt-, Staatsverschuldungs- und anderen) Krisen mit Occupy-Bewegung und Marx-Revival. Es fand sich wieder in Diskussionen um CETA/TTIP, der Ablehnung eines omnipräsenten Data-Minings sowie in der Hinwendung zu verschie-

© Springer Fachmedien Wiesbaden GmbH 2017
F. Müller-Friemauth und R. Kühn, *Ökonomische Zukunftsforschung*, FOM-Edition,
DOI 10.1007/978-3-658-14391-6_7

denen Moraltrends und vermeintlichen mentalen Gegenbewegungen zur „harten" Wirtschaftsrealität, wie etwa Entschleunigung, Achtsamkeit, Offline-Lifestyles, Sharing Economy und anderem (gemäß Erich Fromms Motto: „Vom Haben zum Sein"). Politisch-ökonomischen Ausdruck gefunden hat diese Stimmungslage in der verbreiteten Kritik am Bruttosozialprodukt als dem Index für die Wohlfahrt einer Gesellschaft – weswegen mittlerweile mit weit über das monetär und materiell Messbare hinausgehenden Glücks-Ratings experimentiert wird, bei denen etwa die mit nur geringem Wohlstand ausgestatteten Länder Costa Rica (in der „World Database of Happiness") oder das Königreich Bhutan (in der Auflistung, welche die „Gross National Happiness" messen zu können vorgibt) jeweils den ersten Rang einnehmen.

Zweitens hat eine ökonomiekritische Haltung gegenüber dem business as usual auch in den Wirtschaftswissenschaften Gestalt angenommen. Eher vernachlässigbar erscheinen dabei die neueren, optimierten DSGE-Modelle der VWL (Dynamic Stochastic General Equilibrium), die zwar bessere Prognosen ermöglichen, konzeptionell aber wenig Fortschritt bedeuten und beispielsweise den Umgang mit Grenzen der Disziplin nicht anders bewerten als vorher. Als nachhaltiger könnte sich demgegenüber das Aufbegehren von Teilen der Studentenschaft erweisen. Nach dem von der ubiquitär dominierenden VWL-Theorie unvorhergesehenen (und gemäß dem neoklassischen Paradigma auch un*denk*baren) Ausbruch der Finanzkrise 2008/09 verlangten studentische Basisgruppen nach mehr Pluralität im Denken und plädierten für den Einbezug von Dogmengeschichte, Wirtschaftsgeschichte und Wissenschaftstheorie; von alternativen Denkschulen und weitgehend ohne Mathematik auskommenden Theorien, die statt nur rechnerisch auch qualitativ-evaluierend vorgehen. Die Reaktionen auf solche Forderungen nach einer zeitgemäßen Ausweitung des wissenschaftlichen Horizonts sind kulturell divers und verlaufen weitgehend entlang der bekannten praxeologischen Mentalitätsgrenze: Praxisorientierter anglo-amerikanischer Kulturkreis versus theoriezentriertes altes Europa. Während diese Begehren in Großbritannien, etwa bei der Bank of England oder der renommierten Royal Economic Society, auf positive Resonanz stoßen und organisatorisch unterstützt werden, wiegelt der deutsche, derzeit von Volkswirten favorisierte „Verein für Socialpolitik" ab. Man habe aus der Krise gelernt, heißt es. (Freilich ist dessen Begründung bemerkenswert, augenscheinlich sehr praxisorientiert: Am Ende des Studiums sollten Ökonomen „herauskommen", die auch einen Job finden, Perspektive: „Evidenzbasierte Wirtschaftspolitik", vgl. Dullien 2016. Ähnlich die Vorsitzende des Vereins Schnitzler 2015: „Der öffentliche Eindruck über die Dominanz der Theorie und der Prinzipien täuscht, weil die bekannten Professoren halt meist schon älter sind." Auch ein Argument. So verschieden lässt sich „Praxis" verstehen – ein weiteres Beispiel für den zeitgenössischen Komplexitätsgrad, auch in den Wirtschaftswissenschaften.)

Mit Blick auf diese Debattenlage wäre die Aussage nicht falsch, dass sich bezüglich der Auffassung von Wirtschaft die Stimmung ändert – wenn dieser Ansicht auf *konzeptioneller* Seite denn ein Äquivalent gegenüberstünde! Das ist jedoch nicht der Fall, jedenfalls nicht im Sinne eines konsistenten Gegenentwurfs – einige Lektüre-Schwalben zusätzlich zum curricularen Pflichtpensum machen bisher noch keinen geschlossenen Ansatz-Frühling. *Realiter* allerdings existiert inzwischen, wie mehrfach hervorgehoben, sehr wohl eine Alternative – nur ist sie in weiten Teilen ihrer Denktraditionen, und hier vor allem in ihrer praktischen Haltung, ausgesprochen uneuropäisch. Denn:

Drittens gibt es bislang nur in Kalifornien einen praxiserprobten wirtschaftlichen Alternativansatz, der als Antipode zur etablierten Ökonomie auftritt: Die Gegenwart, das hier und jetzt Erreichte, sei *abzusichern* und zu diesem Zweck – aus einem Schutzreflex für den Menschen heraus – müsse man die Zukunft kennen, auf gefahrloses Bekanntes reduzieren und daher berechnen. Das westamerikanische Fundament ist ein *gegenteiliges*: Diese Ökonomie beabsichtigt, die Möglichkeit eines Transzendierens des Status quo sowohl als Prinzip als auch als Ziel zu realisieren; und propagiert, das Leben insgesamt, mithin für alle, auf eine neue, höhere evolutionäre Stufe zu heben. Gleichgültig, wie dieser Anspruch ethisch und politisch bewertet wird: Ökonomisch ist er erfolgreich und aktuell global dominant.

In diesem Kapitel folgen wir der bekannten formallogischen Anweisung von George Spencer-Brown (1969): „Draw a distinction!" und arbeiten mit begrifflichen Unterscheidungen – in mehrfacher Hinsicht:

- Zukunftsforschung zielt in die gleiche Richtung wie die aktuellen, zitierten wirtschaftswissenschaftskritischen Positionen – aber ohne dazu theoretisch notwendige, grundlegende Prämissen preiszugeben. Es geht um *Erweiterung*, nicht um Reduktion, Abzüge, etwas wegzunehmen oder abzuwerten!
- Zukunftsforschung beharrt darauf, dass in ihrem metadisziplinären Zusammenhang von zeitlichen Vorgriffen, *trotz* Subjektivität als wissenschaftlich legitimem Geltungsanspruch, *gleichfalls* rationale Bedeutung beansprucht wird; hier allerdings auf der zeitlichen Sinndimension verortet. Wir ergänzen eine bislang unterbelichtete und inkonsistent behandelte Sinndimension (Zeit: blinder Fleck) und reklamieren für sie eine *eigenwertige* Rationalität. Und
- Zukunftsforschung weiß, dass sich morgen vieles, aber eben nicht alles verändert haben wird. Zwar ist der Forschungsfokus zeitlogisch-normativ auf das Neue gerichtet, aber die wissenschaftlich relevante, beobachtete Phänomenebene wird dazu nicht perspektivisch verkürzt (vgl. das Einleitungskapitel sowie Abschn. 4.3). Sie installiert nicht neue blinde Flecke, indem sie das gegenwärtig Bekannte ausblendet.

Zunächst geht es in diesem Kapitel – notwendigerweise pointiert und skizzenhaft – um thematische Überschneidungen zwischen BWL und mit Zukunftsforschung (Abschn. 7.1). Die Auseinandersetzung mit dieser Schnittmenge in Sachen Zukunft steht noch in den Anfängen (Tiberius 2011; Koch und Sydow 2013). Insbesondere in Themengebieten wie Organisations- und Personalentwicklung oder Innovationsmanagement liegen Gemeinsamkeiten zwar auf der Hand, erweisen sich aber bei näherer Betrachtung als oberflächlich.

Danach werden zwei begriffliche Unterscheidungen illustriert, die für die Schärfung eines zukunftsforscherischen Ökonomieverständnisses zentral sind: Diejenigen von Ungewissheit *versus* Risiko und von Gefahr *versus* Chance (Abschn. 7.2). Anschließend entwickeln wir diese Unterscheidungen im praxeologischen Sinne weiter: Wie spiegelt sich ein auf die zeitliche Sinndimension setzendes, zukunftsforscherisch inspiriertes Ökonomieverständnis in der unternehmerischen Praxis wider; wo wird es konkret sichtbar? Im Fokus steht hier ein Vorschlag für spezifische, innerhalb der BWL ungewohnte Verfahren des Entscheidens. Genauer: vorfestgelegte Verfahrensroutinen auch für strategisch wichtige Zukunftsentscheidungen, sogenannte Entscheidungsprogramme. Dabei werden, erzwungen und sanktioniert, Entscheidungen grundsätzlich *auch* als Erkundungen künftiger Handlungsräume inszeniert (Abschn. 7.3).

7.1 Schnittmengen zur BWL

Der aktuelle, betriebswirtschaftlich orientierte Management-Diskurs wird von Werkzeugen und Ansätzen geprägt, die scheinbar bereits Zukunftsmethoden *sind*. In der zukunftsforscherischen Praxis in und für Unternehmen – ob das nun Forschungsprojekte beispielsweise von Fraunhofer-Instituten oder konzerngebundene Corporate-Foresight-Projekte sind – ist es über viele Jahre schleichend zur Normalität geworden,

- prognostisch-projektive Methoden wie das Roadmapping, Wargaming, Delphi-Methoden oder Relevanzbaumanalysen;
- unterschiedliche Ansätze zur Generierung von Innovationen (diverse „agile" Methoden genauso wie Blue Ocean, Effectuation und andere mehr);
- bis hin zu etabliertem Wissens- oder Change-Management

auf unklare Weise als Zukunftsgestaltung zu verhandeln. Dabei ist noch nicht einmal der ingenieurslastige Duktus insbesondere der frühen Zukunftsforschung mit berücksichtigt, der im Sinne technologiegetriebener Vorausschauen beispielsweise der „Technologiefolgenabschätzung" zu einer prominenten frühen Blüte verhalf – ein Forschungszweig weitgehend klassischer, wenn auch jeweils zeitgemäß orientierter Prognostik. Im Gegensatz dazu gilt gemäß unserer Perspektive: Nicht überall dort, wo Zukunft draufsteht, ist auch Zukunftsforschung drin.

All die genannten Hilfsmittel sind in der praktischen Zukunftsgestaltung vielfach erprobt und erwiesenermaßen nützlich, haben jedoch mit wissenschaftlicher Zukunftsforschung nichts zu tun. Mit dieser Position grenzen wir uns explizit von der inzwischen konsensual gewordenen Prämisse insbesondere des deutschen Diskurses ab, dass Zukunftsforschung ihr „Spezifikum" darin fände, dass sie „explizit Aussagen über zukünftige Sachverhalte [trifft]" – mit der Konsequenz, sich in Belangen ihrer Rechtfertigung auf klassische „Validierungs- und Begründungsverfahren" (Gerhold et al. 2015, S. 13) zu konzentrieren. Ein Effekt davon ist, „Zukunftsaussagen anhand ihrer Konsistenz mit akzeptiertem (!) Wissen und Theorien, aber auch mit anderweitig formulierten oder einfach vorhandenen Zukunftserwartungen, etwa von Experten (!), zu überprüfen" (Neuhaus und Steinmüller 2015, S. 19). Wir stellen nicht die Plausibilität in Abrede, nach der Zukunftsforscher des *prognostischen* Paradigmas gut beraten sind, in derlei etablierten Rechtfertigungsverhältnissen zu verbleiben. Diese Sichtweise deckt jedoch weder die gesamte wissenschaftliche Zukunftsforschung ab, noch – was wichtiger ist – ihren zentralen und wichtigsten eigenständigen Kern, um dessen willen diese Metadisziplin überhaupt erfunden wurde: Einen methodologisch plausiblen, systematischen Vorgriff auf Zukunft auszuweisen, der die Möglichkeit einschließt, die Vorstellungsgrenzen der jeweiligen Gegenwart zu überschreiten.

Wie dargelegt, trifft Zukunftsforschung aus unserer Sicht Aussagen über künftige Zeitverhalte, nicht über Sachverhalte; weshalb ihre Überprüfung in Sachen Wissenschaftlichkeit ausgerechnet und allein an *akzeptiertem* Wissen oder mit Bezug auf Experten für aktuell gültigen, speziellen Sachverstand logisch ausfällt. Nicht nur für Wissenschaftler, sondern auch für Praktiker ist diese fundamentale Differenz zentral – zum einen aus argumentativ-legitimatorischen Gründen innerhalb der Organisation (Erfolgsfaktor „Promotoren gewinnen"). Zum anderen aber auch aus Gründen der Anwendungsprofessionalität, was eine kompetente Beurteilung eines Projekts in seinem spezifischen Kontext betrifft. *Wie diese Bewertung genau funktioniert*: gemäß Zukunftsforschung eben *nicht* – den etablierten universalistischen Geltungsaussagen folgend – eine angeblich allgemeingültige Methode X lediglich „kompetent", also regelgerecht zu prozessieren; sondern das Potenzial von Methode X unter genau *diesen* Bedingungen, in *dieser* Branche, *dieser* Kultur oder Gesellschaft, *dieser* Organisationskultur und *diesen* Kunden weitmöglich zu heben; wie das funktioniert, *lernt man nicht in den Wirtschaftswissenschaften.* Auch für die BWL gilt bisher: In ihr wird sachlogisch, in Grenzen auch soziallogisch gearbeitet – zeitlogisch jedoch nicht (was die Managementforschung allmählich zu beklagen beginnt: Für Zeitfragen gäbe es „keine wirklichen Lösungen, sondern nur Paradoxieentfaltungen", vgl. Koch und Sydow 2013, S. VII). Dieses Defizit korrigiert Zukunftsforschung.

Aus einem weitgehend unreflektierten Gemenge aus BWL, volkswirtschafts- und technologieorientiertem Forecasting, verbunden mit Sozialpsychologie und Soziologie, beispielsweise Werteforschung oder Trend-Know-how, ergibt sich nicht auf zauberhafte Weise schon wissenschaftliche Zukunftsforschung. Häufig wird jedoch genau das behauptet (Tiberius 2011 gibt einen anschaulichen Überblick). Zukunftsforschung „ist" nicht die Summe aus diversen Methoden, die irgendwie Neues produzieren sollen. Interessanterweise schlagen jedoch unserer hier vertretenen Sichtweise gerade aus dem Mindset der zukunftsorientierten Managementpraxis Skepsis oder gar Ablehnung entgegen. Zum einen will man auf keinen Fall in dezidiert zeitlogischer Ausrichtung abgehoben-philosophisch, theorielastig und deshalb (!) praxisfern erscheinen. Abgesehen von dem bemerkenswerten Theorieverständnis, das hier durchscheint (Theoretisieren, das heißt reflexives Überprüfen, führe *weg* von guter Praxis), und von der Sorge um den drohenden Prestigeverlust der Prognostik, lautet der zentrale Einwand, es gebe doch vielerlei Deckungs*gleich*heiten beider Perspektiven, also von BWL und Zukunftsforschung – vorrangig in der Denkweise, die solchen Tools zum Einsatz verhilft. Einige Issues, die beispielsweise aus dem Fachkollegium der BWL immer wieder angeführt werden:

Kreativitätstechniken Interne Sichtweisen anreichern, erweitern, aufbrechen. Auch wissenschaftliche Zukunftsforschung will gerade anders denken und handeln als nur innerhalb der Beschränkungen, die die jeweils geltenden Normalitätsvorstellungen zulassen.

Unternehmensleitbilder oder -visionen Richtungsvorgaben oder Entwicklungshorizonte für Unternehmen, um Orientierung zu geben. Auch wissenschaftliche Zukunftsforschung arbeitet bevorzugt mit langfristigen Reichweiten und will Handeln orientieren.

Disruptives Innovieren Anspruch, nicht nur bestehende Produkte zu verbessern, sondern Durchbruch-Innovationen zu realisieren. Auch wissenschaftliche Zukunftsforschung radikalisiert ein exzeptionelles Denken gerade jenseits bekannter Muster.

Effectuation Weg von akribisch justierten Zielen, hin zu experimentellen Schritt-für-Schritt-Verfahren. Auch wissenschaftliche Zukunftsforschung agiert experimentell und verabschiedet die Überzeugung, dass sich Märkte oder Innovationen planen und vorhersagen ließen. Die Existenz „Schwarzer Schwäne" (Taleb 2010) gilt beiden als Prämisse.

Der „subjektive Faktor" Bei Management-Entscheidungen nicht nur reflexiv-rationale, sondern ebenso intuitive Erwägungen zuzulassen und als ebenso relevant einzukalkulieren. Dieser Hinweis durchzieht die betriebswirtschaftliche Managementdebatte seit Gutenberg (1983; ebenso Mintzberg 1976, 1991; Agor 1984; Simon 1989; sowie zeitgenössisch viele andere). Auch wissenschaftliche Zukunftsforschung praktiziert genau dies: das wahrheitszentrierte Schema rund um Objektivität und empirische Validierung nicht nur zu relativieren, sondern sogar *systematisch* auf einen nachrangigen Platz zu rücken gegenüber einem bevorzugten subjektiven, gleichwohl methodisch kontrollierten Denken.

Zeitlogische Wissenschaft
Sind beide also nicht doch letztlich ähnlich – oder meinen aus praktischer Perspektive sogar das Gleiche? Diese und andere Hot Spots in der Diskussion über zeitgemäße Unternehmensentwicklung mit Zukunftsforschung zu verwechseln, drängt sich demnach auf. Trotzdem gibt es zwischen beiden Feldern gravierende Unterschiede (die in Kap. 4 und 5 im Fokus stehen); und ihr beidseitiger konzeptioneller Anschluss muss daher erst ausgewiesen werden. Der zentrale (theoretische) Aspekt, der praktisch den Unterschied macht, liegt in nur einem grundlegenden Punkt, der vielfach zur Sprache kam: Zukunftsforschung ist eine zeitlogische Wissenschaft, keine sachlogische. Wir wälzen keine Sachprobleme und lösen sie etwa auf kausalem Wege (Ursache-Wirkung), instrumentell (Mittel-Zweck) oder prozedural (induktive oder deduktive logische Schrittfolge). In diesem sachlichen Feld ist unsere westliche Wissenschaft jedoch zuhause, und die meisten Ökonomen, die volks- oder betriebswirtschaftlich sozialisiert sind, haben ausschließlich sachlogisches Denken als Wissenschaft kennengelernt.

Was verschärfend hinzukommt: Dieser Fokus verengt sich kontinuierlich weiter. Neue Disziplinen wie die Verhaltensökonomik, die naturwissenschaftlich-biologisch dominierten Neurowissenschaften oder der Boom des Data Minings sorgen dafür, dass der instrumentelle Charakter unserer zeitdiagnostischen Gegenwartsbestimmung durch objektivierende Technologien immer weitergetrieben wird – und „objektive" Daten kann man nun einmal nicht widerlegen. Jeder, der in solcher Situation auf den „subjektiven Faktor" pocht („schätzt die Intuition!"), setzt sich unweigerlich dem Vorwurf entweder einer bloß nebensächlichen Randbemerkung aus („als Ergänzung interessant") oder auch gleich dem Generalvorwurf „Esoterik". Bis heute gibt es keine Wissenschaft des zeitlogischen, was grundsätzlich bedeutet: subjektiven Denkens – beispielsweise mit Fragen wie: Wie funktionieren Gruppen oder Teams, Organisationen oder Gesellschaften auf subjektiver Ebene? Inwiefern basieren sie auf subjektiven Vorstellungen; auf Erfahrungen und Erinnerungen an ihre ureigene Geschichte, und inwieweit können sie sich dennoch daraus befreien; aus ihnen lernen, andere Wege zu gehen, die auf dem bisherigen Pfad nicht angelegt sind, und die durch Daten und Fakten weder nahegelegt noch vorhergesagt werden können? Wie genau lässt sich die Bedeutung subjektiver Vorannahmen wissenschaftlich erfassen – und auf dieser Basis praktisch gestalten, zum Beispiel gemäß dem eigenen Organisationswillen intentional nutzen?

Eine akademisch relevante und gleichzeitig nicht-objektivierende Wirtschaftswissenschaft existiert nicht und wird von der Wächtergarde des Kanons („Peer") aktiv diskriminiert: Die BWL ist stolz auf ihren starken, gleichwohl streng traditionell interpretierten empirischen Anker. Eine fiktionale Dimension braucht man aber, will man Zukunftsforschung betreiben und zeitlogisch arbeiten. Dabei werden Wirtschaftswissenschaften oder gar Naturwissenschaften wie die Physik sogar als dezidiert „objektive" Wissenschaften dargestellt! Und jedem kann auffallen, dass sich die Physik zwar verändert, für die Menschen die Welt jedoch gleich bleibt. Selbst an der Physik muss also etwas genuin Subjektives sein – bloß bleibt es wissenschaftlich dethematisiert (und illegitim). Es wird strategisch ausgeblendet: Subjektives Denken, also eine Reflexion des Normüberschreitens und -neuschöpfens, ist gemäß unserem Wissenschaftsverständnis nicht satisfaktionsfähig.

Sämtliche unserer angeführten Beispiele, welche die Überschneidungen zwischen BWL und Zukunftsforschung illustrieren sollen, operationalisieren und verstärken lediglich die konventionelle, wissenschaftlich dominante und für Wirtschaftswissenschaften disziplinentypische Sachorientierung: Was sind jeweils zentrale Ziele, Probleme oder Fragen (am besten SMART), Verfahren oder Lösungsvorschläge? Wissenschaftliche Zukunftsforschung blendet diese sachlogische Perspektive jedoch *systematisch und methodisch kontrolliert* ab: Denn der Blick auf „Inhalte", „Themen" oder „Issues" nagelt den Blick fest auf das, was bereits bekannt und vertraut ist. Perspektivisch ist Sachorientierung eine Falle. Das, was konkret und praktisch gegenwärtig sinnvoll wäre – das ist, worum es Zukunftsforschung allein geht: Was ist jetzt zu tun? – ergibt sich aus einem zeitlichen Vorgriff in unserer Disziplin nicht sachlogisch-kausalanalytisch, nicht induktiv oder deduktiv, sondern *abduktiv* (in Erkenntnis *erweiternden*, nichtsdestotrotz logischen Schlussverfahren). Das bedeutet, dass der geistige Bereich, in dem vornehmlich gedacht und geplant wird, nicht der objektive sein *kann* – daher der Fokus auf Subjektivität und, zeitlogisch gewendet, auf Antezipation.

Sucht man im etablierten Wissenschaftsverständnis nach zumindest nahestehenden Äquivalenten für ein systematisch-subjektives Denken, wird man am ehesten fündig beim Gedankenexperiment: der mentalen Imagination von rein fiktionalen Szenarien, in denen experimentell vorgedacht und experimentiert wird, einem Denken auf Vorrat – mitunter sogar über Ereignisse, die unter „normalen" Bedingungen, etwa gemäß der bekannten naturwissenschaftlichen Gesetze, unmöglich sind. Von den zahlreichen Typen, die die Geistesgeschichte an Gedankenexperimenten hervorgebracht hat, ist das jüngste aus der modernen Physik für die wissenschaftliche Zukunftsforschung das instruktivste. So, wie sich etwa Einstein gedanklich auf einen Lichtstrahl setzte (Lichtgeschwindigkeit) oder sich vorstellte, dass eine Person im freien Fall ihr Körpergewicht nicht spürt (Gravitation), so jongliert wissenschaftliche Zukunftsforschung mit Erwartungen – vorhandenen, aber *vor allem* mit nicht vorhandenen, aber denkbar möglichen, neuartigen. Sie verschiebt Erwartungshorizonte dadurch, dass sie im geistigen Bereich des Subjektiven die Rahmenbedingungen des Denkens, also die Stellhebel dessen, was die aktuelle Normalität bildet und ausmacht, verändert.

Zur Veranschaulichung: Mit Kreativitätstechniken will eine Organisation neuartige Ideen entwickeln. Zukunftsforschung will demgegenüber die *Selbstwahrnehmung* der Organisation und/oder ihre Perspektive auf das Umfeld so verändern, dass sie „neue" Ideen gar nicht mehr braucht – weil sie sich in die Lage bringt, sich über die Gegenwart *andere* Normalitätsgedanken zu machen als die Konkurrenz. Sie *verändert ihre Normalitätsannahmen*: Ihre alltäglichen Gedanken, die sie sich über ihr Business macht, sind grundlegend verschieden von denjenigen der Konkurrenz und auch nicht kopierbar. Sie denkt „outstanding", und die Art, das zu tun, ist fortan normal. Oder: Mit Unternehmensleitbildern wollen Organisationen Mitarbeiter und/oder Kunden orientieren. Zukunftsforschung will demgegenüber in der Organisation einen Erwartungskorridor verankern, in dem alles, was gedacht und getan wird, für alle Betroffenen und Beteiligten automatisch auf einer kongruenten Linie zum zentralen Zukunftsanker, der orientierenden Antezipation, liegt. Mitunter besteht eine solche Antezipation nur in einer speziellen, allerdings präzise durchdachten Haltung oder Position: Man kommt dort nie an und prozessiert ein unendliches Projekt (anstatt den sachlichen Status von „Unternehmen X im Jahr 2040" zu beschreiben). Wenn aber jeder weiß, was mit der Idee gemeint ist, und diese akzeptiert, fällt jedes Unternehmensleitbild im Vergleich mit einer solchen, für alle sinngenerierenden, energetisierenden Zukunftsidee weit ab. Weil diese Implementierung jedoch nicht einfach beziehungsweise antezipativ voraussetzungsvoll ist, ist sie selten – und begehrt. Unternehmen, die sie erfolgreich bewältigen, haben es häufig zu Exzellenz gebracht.

Eine vergleichbare Abgrenzung gilt auch bezüglich des „subjektiven Faktors". Eine Fundierung subjektiven Denkens kann dieses Buch nicht leisten (und bleibt einer anderen Veröffentlichung vorbehalten). Unabdingbar für das Folgende ist jedoch, die logische Struktur von Subjektivität nicht zu verwechseln mit wissenschaftlich weitgehend ungeklärten, häufig tendenziösen oder auch suggestiven Kofferkonzepten wie Intuition, sich Hineinversetzen (in zukunftsforscherischem Kontext etwa das „Presencing" von Scharmer 2009), Emotion, gesunder Menschenverstand, Irrationales, Kreativität und vieles mehr.

Nicht selten rechtfertigen Zukunftsdenkerinnen und -Berater ihre Zukunftsbeschreibungen genau damit – also mit jahrelanger „Erfahrung" und geschulter „Intuition". Da dieses Geschäftsmodell ungebrochen funktioniert, hat es zumindest den Anschein, dass die damit bezeichnete Black Box in Sachen Zukunftsdenken kaum jemanden stört: Was Intuition genau *ist*, bleibt dabei dunkel. Leider können Qualität und praktischer Nutzen solcher lediglich behaupteten oder geforderten, eigens aber nicht ausgewiesenen Faktoren nicht-rationaler und nicht-objektivierender Art immer nur ex post beurteilt werden – in der Regel am unternehmerischen Erfolg. Als *Begründungs*konzepte sind sie für wissenschaftliche Zukunftsforschung damit unbrauchbar: Denn Zukunftsforschung beansprucht bereits ex ante ausweisen zu können, warum ein bestimmter subjektiver Vorgriff im konkreten Fall angezeigt und nützlich sein soll. Genau das fordert ein wissenschaftlicher Anspruch auch ein. Mit anderen Worten: Sie will nicht erst hinterher, sondern schon vorher schlauer sein – und das begründungsfähig sowie logisch konsistent.

In der Genauigkeit und wissenschaftlichen Redlichkeit gegenüber diesen Differenzen zwischen Zukunftsforschung und BWL, die im Folgenden auf mehreren Ebenen zur Sprache kommen, unterscheiden sich gute und schlechte Zukunftsforscher (wenn man diese Unterscheidung denn verwenden möchte): wissenschaftlich Orientierte von rein Praxisgeleiteten, also in erster Linie am Auftraggeber-Interesse Ausgerichteten; vom Weiterkommen hinsichtlich Wissen, Erkennen und situativ angemessenem Handeln Angezogene von rein Erfolgsorientierten („Quick Wins", strategische Durchsetzungsmacht, effektive argumentative Legitimationsressourcen). Auf diesem Gebiet liegen die Qualitäts- und Professionalitätsstandards von Zukunftsforschung.

Aus der hier nur angedeuteten Problematik einer bislang weitgehend unaufgeklärten Interferenz von Objektivem und Subjektivem speist sich auch, wie anfangs beschrieben, unser Wissenschaftsverständnis: Denn einen der Gründe für diesen unaufgeklärten Status sehen wir darin, dass zeitlogisches Denken in der Wissenschaft bisher nicht vorkam, überdies in den Sozialwissenschaften weitgehend ignoriert und in der Regel als unzulässig aus der Wissenschaft ausgeschlossen wird. (Wohlgemerkt: Das *sachlogische* Dauer-Lamento über moderne Beschleunigungsphänomene ist selbstverständlich nicht nur legitim, sondern sogar Trend – im Gegensatz zu einem methodisch-konsequenten, zeitlogisch *operierenden* Denken!) Mit dieser „logisch-halbierten", pseudo-rationalen Tradition gebrochen hat erst die Quantenphysik – seitdem gilt subjektiv-fiktionales, gleichwohl methodisch kontrolliertes Denken als legitimes Mittel wissenschaftlicher Forschung. Die moderne Physik illustriert auch, dass es mit der Wissenschaft nicht vorbei ist, wenn Zeit die wissenschaftliche Bühne betritt; ganz im Gegenteil. Vielmehr erfolgte eine Stufung, die zu einer *anderen Form* von Wissenschaft führte. Wenn wir als westliche Gesellschaften weiterkommen wollen, sollten Grenzen nicht bloß *kontrolliert und eingehalten*, sondern auch *auf Erweiterung* hin bestimmt werden. Sie sind elastisch genug zu justieren, um zwar Errungenes zu schützen, aber genauso, um Optionen vor Augen zu bekommen, die bisher als unvorstellbar galten – andernfalls schließt sich Wissenschaft im eigenen Norm-Universum ein. Auch diese Einsicht gibt Einstein der Zukunftsforschung vor: Probleme kann man niemals mit derselben Denkweise lösen, durch die sie entstanden sind. Eine

Wissenschaft, die diesen Grundsatz als Prämisse (!) ihrer Reflexionsweise und ihres Handelns versteht, existiert bisher nicht – Zukunftsforschung entfaltet sie und schließt sie, hier ökonomisch, an den betriebswirtschaftlichen Diskurs an.

7.2 Zukunftsforschung als eigenständiger Bereich der BWL

Auch wenn der Anschluss von Zukunftsforschung an die BWL aufgrund des unterschiedlichen Wissenschaftsverständnisses eigens ausgewiesen werden muss, so ist dies über die Grundlagen der Betriebswirtschaftslehre doch ohne großen konzeptionellen Aufwand möglich. Zukunftsforschung wird hier als *ergänzendes Teilsystem* einer zeitgemäßen Betriebswirtschaftslehre eingeführt; als einen Teilbereich in ihrem Werkzeugkoffer, speziell mit Fokus auf Management-Zukunftsvorsorge, unter den Bedingungen einer immer komplexer und unübersichtlicher werdenden gesellschaftlichen Realität (vgl. die Einleitung sowie Müller-Friemauth und Kühn 2016, S. 8 ff.).

Gleichbleibende Prämissen
Angesichts dieser verbindenden Basis hat die Annäherung von Zukunftsforschung an die zuvor beschriebenen drei kritischen Trend- und Absetz-Bewegungen dem Wirtschaften gegenüber, also die sozialen, studentischen und kalifornischen Positionen, Grenzen. So wird beispielsweise die (auch) von diesen Trends unablässig reproduzierte Ablehnung der Charaktermaske „Homo oeconomicus" – eine unumgängliche Basis aller weiteren theoretischen Überlegungen – zukunftsforscherisch *nicht* übernommen. Denn wie man weiß oder wissen könnte, handelt es sich bei diesem idealtypischen Konstrukt um eine notwendig *formale* Setzung und nicht, wie notorisch falsch kolportiert, um eine *substanzielle* Charakterisierung. Der wirtschaftliche Mensch ist kein egoistischer Akteur, der gefühllos seine Interessen gemäß eigener hierarchischer Reihenfolge nacheinander durchboxt, sondern lediglich jemand, der seine Präferenzordnung so effizient und effektiv wie möglich, also *rational* abzuarbeiten versucht. Und diese Skala braucht weder selbstbezogen-starrsinniger noch emotionsloser Art zu sein. Denn *wie* der „rationale Agent" diese seine „widerspruchsfreie, transitive, reflexive Präferenz-Indifferenz-Relation" konkret ausgestaltet, ist (glücklicherweise) nicht Gegenstand einer ökonomisch-externen, ethisch-*inhaltlichen* Überprüfung. Ob also der eine die lebensnotwenige „Schale Reis pro Tag" auf den ersten Platz seiner Vorrangliste stellt, Mutter Teresa hingegen sich zur Erlangung des ewigen Seelenheils für andere einsetzt, also altruistische (!) Handlungen als ihr oberstes Gut bestimmt; oder wieder andere Bewohner des Silicon Valley die Besiedlung des Mars für die Zukunft der gesamten Menschheit *on top* ihres Begehrens-Rankings führen – für Madame Butterfly wie für Ökonomen gilt: „Wie's da drinnen aussieht, geht niemand etwas an". Ebenso wenig, wie die dazu führenden Motive, also Hoffnungen, Wünsche, Sehnsüchte oder auch Ängste, Sorgen, Befürchtungen. Auch nicht die individuellen Vorlieben, womöglich hervorgerufen erst durch verhaltensökonomisch inszenierte Schubser („Nudges"), Werbung oder Marketing. Und selbst die bisweilen modellstrategisch aus-

geschlossenen „Nutzeninterdependenzen" werden mittlerweile als „Mitläufer-Effekt", „Snob-Effekt" oder „Veblen-Effekt" (Demonstrationskonsum) registriert, als mögliche Antriebe also für die Wahl der „persönlichen Präferenzordnung" hingenommen, aber nicht weiter bewertet, und haben also für die Modellierung des „Homo oeconomicus" und dessen theoretische Positionierung keine Bedeutung.

Insofern lassen sich auch die thematisierten, für Zukunftsforschende so bedeutsamen anthropologischen Grundannahmen problemlos in Einklang bringen mit diesem Verständnis einer rationalen Präferenzordnung: Dass nämlich Menschen in der Lage sind, etwas anzustreben, was nicht (zwingend lebens-)notwendig ist. Was nicht von der Umwelt oktroyiert wird; was einen Überschuss reinen Könnens realisiert; was Luxus bedeutet; was ein künstlerisches, musikalisches, literarisches Bedürfnis darstellt; und was hier und jetzt nicht vordringlich, augenblicklich noch nicht einmal besonders relevant ist. Wird ein derartiger Zweck vom „rationalen Nutzenmaximierer" primär präferiert, ist das eben *sein Business*, aber nicht Thema eines herrschaftsfreien Diskurses zur materiell-externen Prüfung auf dessen „Vernünftigkeit".

Sozialwissenschaftlich ausgedrückt: Entgegen einer verbreiteten Ansicht ist die rational aufgefasste Wirtschaft nicht auf die Maslow'schen tieferliegenden Etagen der sogenannten Bedürfnispyramide begrenzt; also nicht nur für das untere (wo physiologische Bedürfnisse befriedigt werden müssen) sowie für das mittlere Geschoss (in dem die sozialen Bedürfnisse angesiedelt sind) bedeutsam, sondern auch für individualistische, auf Selbstverwirklichung abzielende, esoterische oder hochgeistige Begehren. Also für motivational eigenwertige, selbstermächtigende „Güter", die auf radikal subjektive Sehnsüchte reagieren (um die andere daher auch nicht konkurrieren – und auch gar nicht in Wettbewerb treten wollen). Auch dafür ist ausreichend Platz (in der x → n Präferenzordnung). Die Prämissen der ökonomischen Grundlagen sind folglich mit zukunftsforscherischen Belangen zunächst grundsätzlich kompatibel.

Um nun ihre Vorrangskala realisieren zu können, müssen die „ökonomischen Menschen" mit (allen!) anderen rationalen Nutzenmaximierern kommunizieren, so diese Prämissen weiter. Darüber, was sie *wollen* – und was sie dafür zu geben oder zu tun bereit sind. Und diese Händel finden idealiter, zumindest in einer kapitalistischen Geldwirtschaft, egal ob real, börsial oder virtuell, auf einem bestimmten Geschäftsplatz statt. „Individuen handeln über Märkte", wie der Volkswirt Hajo Riese formuliert (Betz et al. 2001). Diese nur scheinbare Banalität vermeidet einerseits die argumentative Pfadabhängigkeit des traditionell-konzeptionellen Ausgangspunktes „Arbeitsteilung", der alles Weitere auf den wenig realistischen Fokus einer gesamtgesellschaftlichen Koordination ausrichtet. Mit dem vor Jahrzehnten etablierten Verständnis von Steuerung kommen wir heute jedoch nicht mehr weiter. Der Fokus auf Markthandeln richtet zum anderen die Aufmerksamkeit sowohl auf das „Wimmeln von Willkür" (G.W.F. Hegel) als auch auf die Problematik, dass sich trotz der völlig unterschiedlichen Ausgangspositionen und allokativer Grundausstattungen bei den Wirtschaftssubjekten letztendlich ein „allgemeines Gleichgewicht" einstellen soll oder muss. Um aber dieses allumfassende Gleichgewicht, das Äquilibrium als Resultat postulieren zu können, sind denknotwendig diverse Voraussetzungen erforderlich – obwohl sie (wenn überhaupt) nur selten explizit ausformuliert werden. Zeitlogisch betrachtet, ist ihre Bedeutung jedoch immens.

Konzeptionelle Unterschiede
Eine kleine, aber wichtige Prämisse etwa ist, dass das Konstrukt, welches das allgemeine Gleichgewicht garantieren soll, darauf beruht, dass alle Wirtschaftssubjekte über *vollständige* Marktinformationen verfügen müssen – ließen sie sich doch sonst durch falsche Versprechungen, getunte Suchmaschinen, Zeitdruck oder „Nudges" vom rechten Pfad der Gleichgewichtstugend abbringen. (Unmittelbar nachvollziehbar ist wohl: Ein derartig allumfassendes Wissen würde realiter zu einer Komplexitäts*explosion* führen. Aber gut, wie im Fall der Dialektik gilt es, nicht die Schwäche, sondern die Stärke der anderen Position zu nutzen.) Einmal gesetzt, alle wüssten alles, dann gilt, zukunftsforscherisch betrachtet:

Doppelte Zeitlosigkeit Gemäß Gleichgewichtsmodell (Äquilibrium) gelten dethematisierte zeittheoretische Prämissen, und zwar paradoxe. *Zum einen* ist eine weitere beachtenswerte Voraussetzung die Unterstellung einer zeitlosen Welt. Hatte bekanntlich Adam Smith (1990) den Ausgleich der unterschiedlichen individuellen Angebote und Nachfragen einer zauberhaften „invisible hand" überantwortet (und war mit dieser luftigen Metapher einer belastbaren Erklärung ausgewichen), stellte Leon Walras (2014) die Marktvermittlung dar, *als ob* die unsichtbare Hand einem „Auktionator" gehöre, der die *un*vermittelten Markt-Prozesse (dann doch) vermittele – und zwar ohne jegliche Rücksicht auf Zeit. Für beide Versionen gilt: Die, die sich zum Anbieten, Feilschen und Akzeptieren treffen, haben (wissenschaftlich unbeachtet) alle Zeit der Welt. In einem iterativen Prozess koordiniert der Versteigerer alle ihm vorliegenden jeweiligen Gebote mit allen und gibt die Aushandlungs-(zwischen-)ergebnisse so lange wieder in den Prozess ein, bis kein Beteiligter mehr vermeint, dass er sich bei einer neuen Angebots- und Nachfragerunde noch besser stellen könnte.

Nicht nur vermittelt jeder Besuch auf einem Basar die Erkenntnis, dass dieses Procedere dauern kann. Der Grundgedanke ist auch umso bemerkenswerter in einer zeitgeistigen Situation, in der Zeitstress, Info-Overload und Beschleunigungsphänomene – inklusive neuartiger, damit einhergehender psychischer Lasten – einen der Hauptdiskurse aktueller Zeitdiagnosen bilden. Die Nachhaltigkeit dieses zeitlogischen blinden Flecks im Gleichgewichtstheorem ist verblüffend. Allerdings sind die Konsequenzen noch verzwickter, denn es gibt eine weitere zeitlogische Besonderheit in diesem Modell. Denn *zum anderen* wird unreflektiert unterstellt, dass in der ökonomischen Handlung die Zeit grundsätzlich auf den Moment schrumpft. Zwar sind nicht nur direkte Austauschprozesse (ich gebe dir meins, von Hand zu Hand, in dem Moment, wenn du mir deins gibst) zugelassen, sondern auch Zukunftskontrakte explizit gestattet. Nur kulminieren diese letztlich doch wieder, wie im direkten Austauschprozess, im Augenblick. Auch Zukunftskontrakte sind, zeitlogisch betrachtet, *Hic-et-nunc*-Operationen, die künftige Ungewissheit bannen sollen. Sie dienen dem Zweck, Erreichtes zu sichern, Risiken minimal zu halten und möglichst auch noch Chancen zu heben – also dazu, Ungewissheit so weit wie möglich zu beherrschen.

Konsequent verfolgt bedeutet diese Maxime eine Kontraktpraxis, die uns in unbewältigbare Reflexionsschleifen hineinzwingen würde – und Komplexität ins Unermessliche explodieren ließe. Frei nach dem Motto: „Ich bestelle heute für den 24. Dezember in sieben Jahren zwei Schlitten, falls meine Frau in einem Jahr Zwillinge bekommt und am 23. Dezember in dem Jahr dann Schnee fällt." Der Vertrag wird geschlossen in prognostischer, vom Motiv her *Eventualitäten im Voraus absichernder* Haltung wahrscheinlichen Ereignissen gegenüber. Und für jede Eventualität wäre, konzeptionell formuliert, ein vorheriger Vertrag fällig. (Unmittelbar nachvollziehbar ist wohl auch hier: Damit würde die zuvor angedeutete Komplexitätsexplosion zur Komplexitäts*eskalation*; so geht Komplexitätsbewältigung gemäß ökonomischem Grundlagenkonzept.) Einzig der Augenblick zählt, in dem die unüberschaubar vielen Verträge – gleichzeitig! – für alle – bekannten! – Eventualitäten unterschrieben werden. Die gesamte Zukunft implodiert im „One Moment in Time". (Dass demgegenüber Zukunftsforschung auch dann einsetzen beziehungsweise gerade ihre Stärke ausspielen kann, wenn nicht alles schon klar und ausnahmslos schwarz auf weiß fixiert ist, braucht nicht noch einmal hervorgehoben werden.)

Wissenschaftliche Zukunftsforschung stellt bei solchen Annahmen die Sinnfrage: formallogisch und zeitlich. Entspricht dieser Typus von Fiktionen noch den Bedingungen der zeitgemäßen Ökonomie? Streng genommen entsprachen sie denen nie, aber Gedankenexperimente sind ein legitimes und häufig erfolgreiches Instrument der konzeptionellen Justierung. Bloß sollten solche Fiktionen nicht dazu dienen, überkommene Glaubenssätze zu *konservieren.* Und wenn sich die Wirklichkeitsbedingungen immer weiter von den „kontrafaktischen" Grundannahmen entfernen, ist irgendwann der Punkt gekommen, *das Gedankenexperiment zu aktualisieren.* Komplexitätsprobleme, die grundsätzlich und zentral an Zeitfragen hängen, sind mit diesen Beschreibungen prinzipiell nicht einholbar; denn das wirtschaftstheoretische „als ob" wird hier *rein sachlich* bestimmt (Kontrakte), und der Auktionator mit seiner „invisible hand" als der große Kommunikator *sozial* ausgerichtet. Eine zeitlogisch qualifizierte Perspektive (schon jetzt etwas so thematisieren, als ob es bereits heute real wäre), ist hier logisch unmöglich beziehungsweise wäre wissenschaftlich nicht legitimationsfähig.

Ungewissheit und Risiko Neben diesem merkwürdig zeitlos erscheinenden, im Detail logisch inkonsistenten und paradoxen Zeitverständnis verhält sich Zukunftsforschung jedoch auch in spezifischer Weise gegenüber dem generell „sichernden" Impetus der ökonomischen Theorie, der ebenfalls bereits zur Sprache kam. Denn hier wird das Wahrscheinliche als objektivierbares Mögliche (Zukunft) entlang der inhärenten Weltsicht kausallogisch plausibel *vorweg verarbeitet*: sachlich also so präzise bewältigt, vermessen und belegt, dass es einigermaßen *sicher erwartbar wird* (entspricht Abb. 3.1). Hier liegt die zentrale kulturell-psychologische Leistung des ökonomischen Handlungsbegriffs: Er sichert Zukunft mental ab. Denn Unbekanntes bedeutet Risiko.

Gemäß den Grundannahmen der Wirtschaftswissenschaften erscheint das Neue als potenzielle Bedrohung für den Menschen. Rational-objektivierend umformuliert: als etwas, das Angst macht. Das anthropologische Fundament ist demjenigen der Zukunftsforschung *entgegengesetzt*: Das, was erreicht worden ist, und auch das, was noch erreicht werden soll, muss gesichert werden; und zwar möglichst frühzeitig, im besten Fall proaktiv. Die Wirtschaftstheorie beantwortet diesen charakteristischen Anspruch mit den ihr eigenen Mitteln. Sie will Angst (vor etwas Ungewissem in der Zukunft), die subjektiv Gefahr bedeutet, in bloße Furcht umdefinieren (Furcht vor etwas Benennbarem, eingrenzbar Bekanntem). Die Operation dazu: Eine vage, vorerst unbestimmbare Zukunftsvorstellung des Noch-Nicht, etwas vage Ungewisses, wird in Unsicherheit verwandelt. Der damit dann sachlogisch behandelbare Kern wird entborgen und in einer Weise isoliert, dass sich „Entscheidungsregeln bei Unsicherheit" („Maximin"-/„Maximax"-/„Hurwicz"-/„Savage-Niehans"-Regel) anwenden lassen. Krönende und für das gesamte Unterfangen typische Maxime ist bekanntlich der „Laplace"-Grundsatz mit der Absicht, jegliche amorphe Ungewissheit in ein wohlkalkulierbares „Risiko" zu überführen, also quantifizierbar und damit für die Bearbeitung mit Wahrscheinlichkeitsrechnung passend zu machen. Eine subjektiv erscheinende amorphe Gefahr wird in dieser Denkbewegung also in sichernder Absicht zu einem objektivierend-wahrscheinlichkeitstheoretisch bearbeitbaren, lediglich „unsicheren" Risiko heruntergestuft, in ihrem Sicherheitsgehalt „angereichert" (qua Wahrscheinlichkeiten berechnet) und damit behandelbar. (Zur detaillierten Abgrenzung der Begriffe beispielsweise zwischen objektivierter Wahrscheinlichkeit und subjektiver Möglichkeit vgl. Abschn. 3.1.)

Diese Wendung ist eine typisch moderne Denktechnik und hat den Vorteil, dass sich (der Hoffnung nach) Ungewissheiten – also vornehmlich ihr „Gefahrenpotenzial" – eingrenzen lassen. Anders formuliert: Man kann auf diese Weise versuchen, nicht nur vorausschauend Risiken mit der Wahrscheinlichkeitsrechnung beherrschbar zu machen, sondern auch in jedem Moment das Höchstmaß an scheinbarer „Sicherheit" zu realisieren. Das ist die Schwundstufe des Erwartungshorizontes einer Ökonomie, deren Dreh- und Angelpunkt das bekannte „ökonomische Prinzip" darstellt (Effektivität, Effizienz, optimierende Kalkulation). Quantifizierungen und Objektivierungen sollen dem Morgen das Bedrohungspotenzial nehmen, und Zukunft wird zu diesem Zweck ihres Charakteristikums radikal entbunden: Das unaufhebbar unbekannt Neue zu sein, was unaufhebbar *anders* ist als die Gegenwart. Derlei passiert, wenn Sinnunterstellungen – hier: der sinnanalytischen Black Box des Terminus „Wahrscheinlichkeit" – unkontrolliert mitlaufen.

Das soll nun nicht bedeuten, dass diese, im Kern prognostische, Vorgehensweise nicht durchaus – in ihrem Bereich – sehr erfolgreich sein kann! Allerdings sorgen inzwischen kurioserweise nicht mehr, wie früher, die erfolg*losen* Prognosen für Furore, sondern die erfolgreichsten (vgl. das folgende Beispiel): Eine seltsame „Übererfüllung" der Prognose-Erwartung treibt die Gesellschaft weit mehr um. Der Grund hängt mit der zeitlogischen Blindstelle des zugrundeliegenden Denkmodells zusammen: Objektivierter, wahrscheinlichkeitstheoretisch hergestellter Sinn (Big-Data-Prognose) fängt an, die subjektive Sinndimension in der Zeit zu „überholen": durch objektive Belege vorwegzunehmen, mit empirischem Material zu *ersetzen* und damit abzuwerten. Denn in Sachen Relevanz sticht gemäß unserer Denktradition Objektivität *immer*. Die technologisch immens gesteigerten Möglichkeiten von Vorhersagen unterminieren die seit Jahrtausenden geltende kulturelle Prämisse einer Sinngebung *durch den Einzelnen*; durch das für sich selbst autonom bestimmende Subjekt. Dieser Zusammenhang beginnt sich aufzulösen: Denn wenn die Sinnsetzung mittlerweile technologisch verifiziert, also „wahr" und „objektiv", und zudem nicht nur viel schneller, sondern sogar vor dem Bewusstseinsakt des Subjekts *selbst* – sozusagen „superprognostisch" (Tetlock und Gardner 2015) – vollzogen und ausgewertet werden kann, „übernimmt" die Sinngebung nun die Technologie. Die „Kolonialisierung der Lebenswelt" (Habermas 1985), welche die Kritische Theorie seit Jahrzehnten beschreibt, findet heute vor allem zeitlogisch statt (allerdings ohne die Kritische Theorie).

Target
Ein zum Klassiker gewordener Fall aus den USA beleuchtet, wozu präventive Objektivierung in der Ökonomie führen kann (nach: Duhigg 2012):
    Ein verärgerter Mann stürmt in die Minneapolis-Filiale der Supermarktkette „Target". Seine minderjährige Tochter hätte von dem Laden eine persönlich adressierte Werbung für Babynahrung und -zubehör erhalten! Wie man dazu käme? Der Filialleiter entschuldigt sich, ein paar Tage später meldet er sich nochmals beim Vater – der allerdings unerwartet zerknirscht reagiert. Er habe inzwischen erfahren, dass seine Tochter tatsächlich schwanger sei. Der Supermarkt wusste das bereits vor dem werdenden Opa, weil er das Kaufverhalten seiner jugendlichen Kundin analysiert hatte: Laut Statistik werden in den ersten Wochen der Schwangerschaft Spurenelemente gekauft, im zweiten Drittel Körperlotionen und kurz vor der Geburt Wattebäusche und Desinfektionsmittel. (Den ungefähren Geburtstermin kannte der Supermarkt auch.)

Gefahr und Chance Die eingangs beschriebene Positionierung von Zukunftsforschung mit den daraus folgenden Prämissen stellt zu solchen Prognose-Erfolgen eine alternative, *ergänzende* Herangehensweise dar. Der Gedanke, dass Zukunft anders sein wird als die Gegenwart und prinzipiell nicht wissbar, hat Auswirkungen auf das Denkmodell von Prävention generell – beziehungsweise den jeweiligen Zugriff auf Zukunft. Bei einer klassisch-ökonomischen Prävention muss die Beschäftigung mit Neuem und Unbenanntem immer vorbedacht sein, in sichernder Absicht erfolgen, als Vor-Sicht. Diese Vor*sorge* soll Gefahren *vermeiden*, möglichst *ausschließen*; während bei einer zukunftsforscherisch qualifizierten Ökonomie Neuheit gerade gegensätzlich eine leidenschaftliche Forderung bedeutet, nach möglichst radikal Unbekanntem Ausschau zu halten (Weit-Sicht). Eine solche Vorausforschung hat den Auftrag, ungeahnte Alternativen erst einmal zu *sichten*. Die Überlegung dabei: Nicht selten verlieren erst mittels einer neuartigen Option, eines Perspektivwechsels, aktuelle Gefahren ihr Gefährdungspotenzial – und lösen sich auf. Das Unvorhersehbare wird in solchen Fällen unerwartet zur inspirierenden Überraschung, im Extrem womöglich sogar zur „Rettung in höchster Not". Dies setzt allerdings ein Ökonomieverständnis voraus, das radikale Neuheit in sein Leitbild logisch überhaupt einpreist; daher die Erweiterung des Präventionsverständnisses.
    Um diese Fälle nicht in vorauseilender Unterwerfung unter ein kognitiv nahezu vollständig unkontrolliertes, überbordendes Sicherheitsbedürfnis (als Objektivitäts- und

Wahrheitsorientierung getarnt) prinzipiell unmöglich zu halten, wird in der Zukunftsforschung das Verwunderungsmoment des radikal Anderen oder Neuen normativ privilegiert; und die Angst *überstiegen*. Denn fortan ist es nicht mehr diese Angst (eine überkommene anthropologische Prämisse), die das zentrale Handlungskriterium in Sachen Zukunft stellt und das prognostische Paradigma deshalb bisher kompromisslos privilegierte. Unternehmen, die sich auf diese alternative Vorgehensweise einlassen, machen eine erstaunliche Erfahrung: *Trotz* einer logisch immer möglichen Bedrohung und steigender Komplexität in den Umfeldern überwiegt beim Zulassen und Katalysieren des radikal Neuen der Chancenanteil! Dafür steht heute idealtypisch das Silicon Valley. Es wird beständig versucht, etwas zu (er-)finden, das das dauernde Absichern überflüssig werden lässt. Eine Gesellschaft und Ökonomie zu entwickeln, die Angst erledigt. Das Gleichgewicht zwischen Fehlern beziehungsweise Abfall und nützlichen neuen Ideen ist zwar prekär (es gibt extrem viele unbrauchbare Ideen), insgesamt jedoch eindeutig positiv. Wenn nur genügend exzeptionell neue Ideen zugelassen und geprüft werden, kommen auch Ergebnisse dabei heraus, die einen echten Unterschied machen. Fortschritt statt Stillstand.

In diesem Sinne herausragende, exzellente Produkte „kondensieren und konfirmieren" daher heute nicht mehr, sie sichern und bestätigen nicht, sondern weisen voraus. Sie würdigen in symbolischer Form, dass sich der Erwartungshorizont der Kunden, die dieses Artefakt erwerben, weiterentwickelt und verändert hat. Kunden, die solche Produkte kaufen, entstammen einer neuen Zeit; und Produkte dieser Art respektieren dies nicht nur, sie treiben es voran. Sie repräsentieren ein Kompliment. Die entsprechend modernen Kunden „machen" qua Produktgebrauch gemeinsam mit dem Produzenten eine andere Welt – und das wissen sie auch (elitäres Selbstbild; hier liegt der Statusgehalt solcher Güter). Rational ist hier nicht mehr der Versuch, aus jedem Moment das Maximum herauszuholen, sondern ein Handeln im Korridor der Verheißung; ein *zeitlogisches* Handeln als Einladung, den in diesen Produkten unerwartet neu geöffneten, eben verheißungsvollen Sinnhorizont subjektiv *selbst mit* zu füllen, daran teilzuhaben, Mitglied dieser weltenbildenden Gemeinschaft zu sein. Praktisch geht es dabei um eine simulierte Sinnrationalität, die „so tut, als ob"; denn wenn man als Konsumentin ebenfalls dorthin will, das heißt das Verheißungsangebot des Anbieters trägt und übernimmt, ist ein solches Verhalten *rational*.

Rationalität bemisst sich an einem zeitlichen Vorgriff, dessen Mit-Realisierung durch die Kunden vernünftig ist, *wenn diese den Vorgriff akzeptieren und gutheißen*. Alle wollen in die gleiche Richtung. Der Nachfragende benutzt das Produkt im Sinne einer substanziell gewordenen Antezipation, die durch das Objekt *symbolisch codiert* wird (und bezahlt daher mit Geld nicht nur das Einlösen des Nutzenversprechens, wie bei herkömmlichen Produkten auch, sondern ebenso die Verheißungsofferte – in solchen Unternehmen Bestandteil der Preisbildung). Qua *Nutzung* solcher Produkte investiert die Konsumentin also gleichzeitig in einen Sinnkredit, den das produzierende Unternehmen – selbst die Antezipation setzend, ihr folgend und diese für andere zugänglich machend, anbietend – einräumt. Unternehmen und Kunde stehen in einer zirkulären und normativ bindenden Beziehung: Die Markenfamilien-Angehörige finanziert dem Unternehmen die Option fürs Produzieren von weiteren sinngenerierenden „Güter-Phänomenen", und das Unternehmen

generiert auf Basis dieses Vertrauenskredits weitere Antezipationen: Neuartige, faszinie-
rende Erwartungshorizonte für eine andere Welt.

Exakt dieses Konzept meinen wir, wenn wir von Preconomics® sprechen: Einer Ökonomie, die gedanklich kontrolliert einer Evolutionsstufe des Menschen vorgreift, die prinzipiell möglich, aber noch kaum konkret fassbar ist, und selbst als Sprungbrett dorthin
fungiert. In jedem Fall ist sie gewollt und erwünscht. Nutzer von Produkten einer solchen
Ökonomie sind womöglich Fans, mitunter gar eine Art Sektenmitglieder, jedenfalls keine
einfachen „Konsumenten" mehr. Der traditionelle Begriff des Kunden steht, zukunftsforscherisch bewertet, für eine aussterbende Spezies ökonomischer „Rezipienten", weil die
Ökonomie, die deren Überleben sichert, auf einem Niveau stehen geblieben ist, das den
heutigen geistig-mentalen wie technologischen Möglichkeiten des Menschen nicht mehr
entspricht. Sie werden auf der (ökonomischen) Penrose-Treppe über kurz oder lang überholt und abgehängt.

Das Konzept der Preconomics bietet eine Gegenposition zu den wirtschaftswissenschaftlich prominenten Konzepten der „rationalen Erwartung" (Lucas 1983), die gerade
verlangen, dass die Erwartungsbildung mit dem realen Geschehen konsistent zu sein hat;
mithin die Verwendung von Erwartungen, die sich anhand der Wahrscheinlichkeitsrechnung bilden, so wie sie die Mathematik definiert hat. Einer Erwartung zu folgen, die
vom realen Geschehen gerade abweicht, und zwar absichtlich, bewusst und strategisch,
ist in strengem, logischem Sinn mitunter *ebenfalls* rational (eine wirtschaftssoziologische
Variante dieses Arguments bei Beckert 2016). Soll heißen: Nicht alles, was sich auf ob-
jektivierendem, empirisch nachweisbarem Wege nicht bestätigen lässt, ist irrational. Es
ist dieser überkommene (und nebenbei formallogisch falsche) Glaubenssatz, der nicht
nur ökonomietheoretisch, sondern auch breiter sozialwissenschaftlich sowie inzwischen
ganz praktisch in Sackgassen führt – unter anderem zu der absurden Annahme, dass es
„die" Komplexität sei, die heute eine tragfähige, plausible und *sinn*volle Bewertung der
wirtschaftlichen Lage so schwierig mache. Unter diesem Argumentationsschirm wird die
Komplexitätsdebatte zu einem Nebelwerfer, der nur weiter verunklart und analytisch aus
dem „Stuck State" nicht herausführt.

Verzeitlichung der Revolutionsidee
Theoriepolitisch geht es hier nebenbei auch um eine Verzeitlichung und damit Ent-Positivierung der
Revolutionsidee: Zukunftsforschung behauptet die prinzipielle Übersteigbarkeit der gegenwärtigen
Existenzbedingungen – *und zwar jederzeit*. Sie schlägt vor, antizipierte Zustände als alternative
Sinnkorridore in potenziell jeder Situation zu nutzen, um weiter zu sehen. Die Revolution in Permanenz (Trotzki) wird also von den Füßen auf den Kopf gestellt: die Welt (zunächst) nicht verändert,
sondern erst einmal verschieden interpretiert, und zu diesem Zweck die Vorstellungwelt durch fiktional anderes Denken *über die Zukunft* (und nicht über Sachen) angereichert, weiterqualifiziert und
logisch ausdifferenziert. Unsere mehrfach vorgenommenen Positionswechsel in logischen Verhältnissen sind Teil dieser Weiterqualifizierung.

Auch in der Zukunftsforschung bleibt eine *Idee* die zentrale Orientierungsmarke, allerdings in
aller Regel als vages und verschwommenes neuartiges Zeitschema – das liegt an dem ihr untilgbar
inhärenten zeitlogisch-antizipativen Gehalt. Genau der macht sie aus Sicht der klassisch-objektivierenden Wissenschaft jedoch unseriös und minderwertig. Als „smartes Ziel" taugt sie jedenfalls

nicht, utopiefähig ist sie auch nicht. Niemand kennt sie konkret, sie fasziniert jedoch durch ihr imaginäres Potenzial, und man fängt „einfach einmal damit an", sie real werden zu lassen (Iteration,
Experimente, trial and error). Je weiter man kommt, umso mehr lichtet sich der Nebel; und die
Idee konkretisiert sich im Tun dadurch, dass man sie ernst nimmt – und weitermacht. Damit verändert sich aber die Vorstellung von einer Idee *als solcher*: Sie erhält sinnlogisch *einen anderen*
Stellenwert. Sie symbolisiert kein statisch-ewiges, universalistisches Wesen eines Phänomens mehr,
aber auch keine „bloße" Idiosynkrasie, sondern eine Potenz, eine reine zeitliche Möglichkeit. Der
Begriff der Idee wird damit zeitlogisch zusatzqualifiziert, angereichert. Ideen sind mehr als Kern
oder Wesen von Sachen. In zeitlogischer Perspektive erscheinen sie jedoch zwingend vage, seltsam
profillos. Hier spielt Semantik keine Rolle und wird im Zuge der Konkretisierung auch noch ständig umgeformt. Der Grund: Sachlich-sozial wäre die Idee in Reinform nie realisierbar und bliebe
für immer ein Wolkenkuckucksheim, eine *Kontra*-Faktizität. Hingegen zukunftsforscherisch formuliert, gehört sie zwar einer *anderen* Sinndimension an (Zeit), ist aber kein *Gegensatz* zu Sache oder
Sozialem, kein binäres Differenzkriterium, sondern ein „und" oder „auch" – eine Erweiterung des
Grundverständnisses auf logisch anderer Ebene. In der Kunst seit einhundert Jahren eine Banalität
(Kandinsky 1979).

Der Perspektivkreis von Zukunft muss immer offen bleiben: Menschen von morgen werden unter
Zukunft etwas anderes verstehen als wir heute, und wir dürfen diesen Horizont nicht prognostisch
feststellen. Kultur wird ansonsten deterministisch und mental totalitär; das wusste die Kunstwelt früher als alle anderen. In die Wirtschaft übertragen: Ökonomische Zukunftsforschung ermöglicht die
imaginär-innovative Revolution in Permanenz – freilich nur dann, wenn das antezipative Verständnis
von Zukunft gelten darf. Für die dann möglich werdenden praktisch-theoretischen Denkrevolutionen (durch anderes Denken das eigene Handeln disruptiv „dauerzuwandeln" und sich Moonshots
auszudenken), braucht es weder gewalthafte Umstürze noch fertige Zielkonzepte. Diese traditionelle Annahme ist ein gründliches Missverständnis beispielsweise derer, die beklagen, es gäbe aktuell
keine perspektivisch neuartigen, innovativen Gesellschaftsentwürfe. Keineswegs gilt die alte Pseudoweisheit, erst müsse man konkret und objektiv präzise angebbar wissen, was man will, bevor man
erfolgreich handeln könne. Diese Haltung fußt zwar auf einer langen und ehrwürdigen Tradition,
allerdings auch auf einem logischen Fehler. Was daran stimmt, ist lediglich der formale, aber eben
ungenaue Verweis auf Alternativen: Man muss die als objektiv real geltende Normalität, das Bekannte und Gewohnte, in der Lage sein zu überschreiten – dazu aber eben nicht *zwingend* objektiv-
real beziehungsweise im physikalischen Möglichkeitssinn schon wissen, etwa im Sinne eines Ziels,
was Sache ist. Denn das funktioniert auch subjektiv-fiktiv (starker Alternativenbegriff). Zukunftsforscherisch geht es nicht um einen objektiven, sondern (zeitlogisch) subjektiven „Ausstieg". Solche
Revolutionen vollziehen sich im Kopf: Sie bringen Gesellschaften nicht Umsturz und Leid, sondern
neue Welten. „Der Gedanke enthält die Möglichkeit der Sachlage, die er denkt. Was denkbar ist, ist
auch möglich" (Wittgenstein 1963, S. 19 [3.02]).

7.3 Entscheidungsprogramme

Wie können nun Unternehmen von einem zukunftsforscherisch inspirierten Ökonomieverständnis profitieren – es womöglich „anwenden"? Was sich bislang empirisch belegen
lässt, ist immerhin, dass dafür die Art und Weise, wie Unternehmen Entscheidungen
treffen: Langfristentscheidungen, also solche mit großer zeitlicher Reichweite und entsprechender Bedeutung, eine erhebliche Rolle spielen. Zukunftsentscheidungen werden
in weit vorausschauenden Firmen in einem präzise strukturierten Kommunikationsrah

Exploration		Antezipation
Zukunftsforscherische Methoden zur Auswahl der sinnhaften, wünschenswerten oder nützlichsten Alternative • Spezielle Kommunikationsformate (Straight Talks usw.) • Entscheidungsprogramme (geführte Abduktion)		Zukunftsforscherische Methoden zur Bestimmung des zeitlichen Vorgriffs • Szenariomethoden • Futur II – Techniken • Simulationen usw.

Abb. 7.1 Präzisierung des empirischen Forschungsschemas von Zukunftsforschung: Explorations- versus Antezipationsmethoden

men getroffen (vgl. Müller-Friemauth und Kühn 2016, S. 23 ff.); und diese Perspektive ist organisatorisch sowie durch eine konsequente, rigide Führung auf Dauer gestellt.

Müssen Unternehmen, die sich für eine Preconomics® interessieren, genauso führen? In unvergleichlicher und bisher – wie es scheint – auf außergewöhnliche, charismatische Menschen angewiesener Weise? Nein; denn diese Art der Unternehmensführung lässt sich auch in kommunikativen Regularien auf Dauer stellen und dadurch von Einzelpersonen lösen. Der Begriff dafür: Entscheidungsprogramme. Konzeptionell schließen wir hier an das empirische Forschungsschema der Zukunftsforschung an (vgl. Abb. 4.3), konkretisieren es aber. Entscheidungsprogramme repräsentieren den zentralen, wenngleich real variantenreichen Mechanismus, über den ein *Explorieren* von Zukunft in Unternehmen abläuft (Abb. 7.1). Für gutes Zukunftsmanagement stehen dort *nicht* die klassischen innovationspolitischen Instrumente im Vordergrund (Kreativität und Ideengenerierung, Pipelines, Innovationsarchitektur und so weiter), sondern eine spezifische *Qualität* von Entscheidungen. Solche, die in der Lage sind, *sinnanalytisch* zu verfahren: die also unterschiedliche Sinnqualitäten berücksichtigen können.

Für zukunftsforscherische Zwecke ist daher die ökonomische Entscheidungstheorie, die ein bestimmtes Entscheidungs*prinzip* bestimmt (das Richtlinien für *sachlich* präferierte Alternativen und somit für die Gestaltung der Entscheidungsregel vorgibt, vgl. Laux et al. 2012, S. 37 f.), wenig anschlussfähig. Daher nutzen wir stattdessen Entscheidungsprogramme (der Begriff geht auf Luhmann 2011 zurück, S. 256 ff.; vgl. Schreyögg 2008, S. 67–73). Ein solches Programm kann die Sinnebene, auf der primär entschieden werden soll, absichtlich und systematisch möglichst lange *offen halten*. Oder sie kann dafür sorgen, dass in jeder weiteren Entscheidung immer wieder auf die wichtigste Sinnebene zurückgekommen werden muss; oder, dass diese immer wieder neu zu bestimmen ist – und vieles mehr. Mit anderen Worten: Ein Entscheidungsprogramm kann nicht nur sachliche Regeln oder Prinzipien festlegen, so das bisherige Verständnis, sondern darüber hinaus auch dazu nötigen, die Sinndimension der Zeit (zum Beispiel die unternehmerische Langfrist-Perspektive, etwa einen Moonshot) grundsätzlich in den Vordergrund zu schieben, bewusst zu reflektieren und bevorzugt zu bearbeiten.

Entscheidungsprogramme definieren Bedingungen der Richtigkeit von Entscheidungen. Gemeint ist vor allem situative *Angemessenheit*. „Ist das hier und jetzt vernünftig?" Sie zeichnen in einer Organisation eine bestimmte Kompetenz aus und konzentrieren die Aufmerksamkeit auf diese Fähigkeit. Beispiele: Unterschieden werden bislang *Konditional*programme (etwa das immer gleiche und daher vorfestgelegte Procedere einer Sachbearbeitung – Verfahrensweisen im Katastrophenschutz und Ähnliches, häufig mittels Formularen und Softwaretools) und *Zweck*programme (etwa Zielvereinbarungen: Teilbereiche der Organisation werden auf einen bestimmten Zweck hin ausgerichtet). Solche Entscheidungsprogramme erzeugen *Verhaltensautomatismen, die nicht mehr eigens reflektiert werden müssen.* Das Entscheidungsprogramm gibt eine Denkschablone vor und reguliert den Denk- und damit auch Handlungsablauf. Das gelingt, indem es das Organisationsgedächtnis „formatiert", sodass für die Belange, welche die Organisation für wichtig hält und mit einem Programm belegt, sofort Wiederholungen erkennbar, bemerkbar und damit schneller *und* besser bearbeitbar werden. Das Entscheidungsprogramm katalysiert also einen Wiedererkennungseffekt, eine präferierte Verhaltensroutine rastet ein. Vorteil: Anstatt, dass jeder macht, was er will oder für das Beste hält, kann das schematische Vorgehen das Unternehmen vorbestimmen. Die Sachbearbeitung in einer Kommunalverwaltung im Fachbereich „Verkehr" etwa, die Mahnbescheide an Kfz-Besitzer verschickt, praktiziert diese Tätigkeit in immer gleicher, präzise vorfestgelegter Art und Weise. Auch Zielvereinbarungskriterien und Gesprächsabläufe sind zumeist reglementiert. Die Definition und Festlegung solcher Entscheidungsprogramme ist Aufgabe von Führung.

Die Pointe: Zukunftsentscheidungen laufen maßgeblich *außerhalb* solcher Programme. Dabei gehen Führungskräfte von der Überlegung aus, dass Entscheidungen großer Reich- und Tragweite zu wichtig sind, um sie formalisierten Verhaltensroutinen zu überlassen. Scheinbar sind solche Langfrist-Entscheidungen derart exzeptionell und strategisch bedeutsam, dass man sich gesondert mit ihnen befasst. Das ist für „gute" Zukunftsentscheidungen allerdings ein Problem, weil sie in Sachen Güte und Qualität auf diese Weise wenig kontrollierbar sind; der Zufall hat viel Spielraum. Genau hier greifen üblicherweise Entscheidungs*prinzipien*: Das jeweils Passende wird gesucht und ausgewählt, die ökonomische Entscheidungstheorie operationalisiert genau diese Auswahl. Wir schlagen demgegenüber vor, auch Zukunftsentscheidungen programmatisch zu binden und ergänzen dafür eine weitere Variante: „*Abduktions*programme" (vgl. Tab. 7.1). Auch hier werden Regeln festgelegt, die als Programm ablaufen. Sie beziehen sich in diesem Fall jedoch auf den jeweils situativen „context of discovery": auf den *Zeit- und Erwartungshorizont* der Entscheidung. Situation und Kontext sind bei einer Zukunftsentscheidung von immenser Bedeutung und sollten eigens reflektiert werden („Unter welchen Bedingungen und mit Blick auf was genau entscheiden wir gerade?"). Abduktionsprogramme stellen sicher, dass keinesfalls *nur* auf den Sinnebenen von Sache und Sozialem entschieden wird – das ist ihre Aufgabe. Bislang wurde sie von scheinbar außergewöhnlichen Menschen, genialen Unternehmern übernommen: und damit voreilig personalisiert. Aus einer zeitlogisch präzisen Beobachtung der Kommunikation dieser Vorbilder lässt sich das dahinterliegende Programm jedoch herausdestillieren.

Tab. 7.1 Varianten von Entscheidungsprogrammen. (Quelle: ergänzt im Anschluss an Luhmann 2011, S. 256–278/abgeleitet aus kalifornischen Entscheidungsverfahren nach Müller-Friemauth und Kühn 2016)

	Konditionalprogramme (KP)	Zweckprogramme (ZP)	Abduktionsprogramme (AP)
Funktion	– Definieren Bedingungen der sachlichen Richtigkeit von Entscheidungen – Versteifen künstlich den Rahmen, in dem Entscheidungen gefällt werden		
Leit-Unterscheidung	Bedingungen/Konsequenzen (zumeist Prozessfestlegung) Sinndimensionen von Sache und Sozialem	Zwecke (festgelegt)/ Mittel (freigestellt)	Passende wird gesucht (alternative Leit-Unterscheidung „erfinden") Sinndimension der Zeit
„Formel"	*Nur wenn – dann* (falls Bedingung x, dann y)	*Präferenzen bilden* (Ziel-/Präferenzliste)	*Alternativen generieren* (welche[s] Ziel, Optionen?)
Prämissen	Alle erforderlichen Informationen liegen vor (es gilt, sie gemäß Schemavorgabe zu ordnen)	Es wird so getan, *als ob* alle erforderlichen Informationen vorlägen (einmal vereinbarte Ziele in der Zielvereinbarung gelten als gesetzt/richtig)	– Experimentieren mit verschieden-logischen Annahmen und deren Wertungen – Einige Informationen liegen nicht vor und werden teilweise fingiert
Beispiel	*Juristen*: entscheiden gemäß Auslegung des KP (z. B. Gesetzestext) – Alles, was nicht erlaubt ist, ist verboten	*Ökonomen*: entscheiden nach Zweckmäßigkeit in Bezug auf die Sache (z. B. MbO/Zielvereinbarung) – Alles, was nicht verboten ist, ist erlaubt	*Innovatoren*: suchen Entscheidungskriterien für höhere Erfolgswahrscheinlichkeit oder günstigere Wertekonstellationen – Alles, was möglich/ realisierbar ist, ist erlaubt
Kriterium	Richtig – falsch	Optimal – suboptimal	Situativ nützlich/ passend – inadäquat
Durchführung/ Bestätigung durch …	– Induktion/Deduktion (logisches Schließen) – Auch maschinell – Sequenziell hintereinander	– Induktion/Deduktion, aber gelockerte Kopplung von Ursache und Wirkung (aufgrund von Zweck-Mittel-Verschiebungen)	Abduktion *plus* kognitive Kontrolle (Metakognition): – Experimentelle Festlegung eines Entscheidungskriteriums – Kontinuierliche Mitbeobachtung von Erfolg/ Misserfolg: iterative Korrekturschleifen

Tab. 7.1 (Fortsetzung)

	Konditionalprogramme (KP)	Zweckprogramme (ZP)	Abduktionsprogramme (AP)
Vorteile	– *Präzise*: hochgradig bestimmt – Von Umwelt abgeschirmt	– *Pragmatisch*: geringerer Grad an Bestimmtheit/ elastische Bewertung – Externe Einflüsse selektiv mitberücksichtigt	– *Explorativ*: komplexitätsadäquat justierbar – Hoher Grad an Imagination möglich: Herstellung von Eigenkausalität
Nachteile	– Regel-Ausnahme-Schemata erforderlich – Tendiert zur Ausdifferenzierung und Verfestigung des Regelwerks (Bürokratie)	– Zu rigide/zu großzügige Elastizität: häufige Korrekturen erforderlich – Viel Kontrolle (Ziel-Mittel-Verschiebungen müssen auf Nebeneffekte überwacht werden)	– Keine Erfolgsgarantie – Risiko: Verselbständigung der experimentellen Mittelverschiebungen/Kontrollproblem – Häufiges situatives Umlernen
Primäre zeitliche Norm	Primat der Vergangenheit – Vergangenes wirkt linear weiter	Primat der Zukunft – Brüche zwischen Vergangenheit/Zukunft als Störfaktoren	Primat der Zukunft – Brüche zwischen Vergangenheit/Zukunft normal, oft unwichtig

Gemäß zukunftsforscherischer Perspektive sollte *im gesamten Verlauf des Entscheidungsprozesses* die Entdeckung neuer, für diesen Fall *noch* angemessenerer und *noch* nützlicherer Handlungsziele, Verhaltensweisen und Perspektiven im Auge behalten werden. Die Aufmerksamkeit dafür muss immer mitlaufen, denn im weiteren Gang der Innovation ergeben sich häufig Aspekte, die man sich anfänglich noch gar nicht vorstellen konnte, nicht für möglich hielt; die sich erst in der Diskussion, im kontroversen Hin und Her der Meinungen als letztlich *doch* denkmöglich herauskristallisieren. Ziel des abduktiven Programms: Diesen Prozess des Explorierens nie enden zu lassen, bis zum Projektabschluss (beispielsweise Produktinnovation). Darauf beziehen sich die einzelnen Regeln. Jede noch so professionelle, sachlich optimal abgewogene Auswahl eines Entscheidungs*prinzips* operiert eben ausschließlich sach- oder soziallogisch; das ist das Handicap der klassischen ökonomischen Entscheidungstheorie aus Sicht der Zukunftsforschung. Lässt man auch Langfrist-Entscheidungen über Programme laufen, kann man die Falle „Sachlogik" einhegen und prozedural überwachen. „Genies" braucht man dafür nicht.

In der unternehmerischen Wirklichkeit beobachten lässt sich das bislang nur in einigen westamerikanischen Unternehmen, hier allerdings in bemerkenswertem Detailreichtum und hoher Professionalität. Die Führung inszeniert zu Zwecken strategisch bedeutsamer Entscheidungen solche Abduktionsprogramme: interne Meinungsmärkte, und führt sie in spezieller Kommunikationsweise (Straight Talks, Deep Play, Arbeitsgruppen mit perspektivischen Spezialaufträgen) zu einer Entscheidung. Die spezielle Aufgabe von Führung dabei ist dafür zu sorgen, dass das Programm weiterläuft und nicht abgebrochen wird, sich also die Art und Weise des Entscheidens nicht unbemerkt ändert, man etwa wieder auf Sachfragen „zurückfällt". Die Idee dabei: Welche Sinndimension bei einer Entscheidung hoher Tragweite letztendlich präferiert werden muss, ist anfänglich nicht klar und *kann das meistens zu Beginn, logisch und rational betrachtet, auch nicht sein*. Mit Hilfe solcher Abduktionsprogramme werden verschiedene Entscheidungsmöglichkeiten logisch-gedanklich auf ihre Passung zum jeweiligen Hier, Jetzt und zu „uns" eingehend geprüft, gegeneinandergestellt: Die *Reflexion* dieser Passung wird *erzwungen*; häufig in geradezu brachialem Duktus, zum Beispiel dadurch, dass die Führung notfalls „künstliche" kontroverse Meinungen in die Diskussion einspeist. Führung befeuert und katalysiert das Programm, das ist ihre Aufgabe; im amerikanischen Führungsverständnis ohne allzu große Rücksicht auf zwischenmenschliche Belange. Es geht darum, unternehmerisch das Richtige zu tun – alles andere ist sekundär. Denn ohne eine intensive Auseinandersetzung mit verschiedenen Erwartungshorizonten (nicht: Sachargumenten und nur deren „guten Gründen"!) könnte man seine Aufmerksamkeit bloß schweifen lassen und per zufälliger Meinungsbildung, die sich häufig an rhetorischer Kompetenz oder Machtstellung Einzelner ausrichtet, zu einer Entscheidung gelangen. Die unterschiedlichen Sinnhinterlegungen der relevanten Argumente selbst kämen dabei aber nicht vor Augen.

Abduktionsprogramme sichern einen bewussten Zugang zu vorbewussten Unterstellungen darüber, *was hier, jetzt und für uns den größten Sinn macht*. Sie verunmöglichen, mit anderen Worten, dass Sinn hinterrücks eigenmächtig wird. Sachlogisch wird das „von selbst" nicht zwingend artikuliert, womöglich übersehen; genau deswegen muss man strategisch dorthin führen. Die Organisation erschließt über diese *„programmatisch" herge-stellte Möglichkeit zur Selbstbeobachtung* ihr gegenwärtig mögliches Leistungsmaximum, ihr Exzellenzpotenzial – explorativ. Solche experimentellen Modelle von Entscheiden und Handeln gehören (ungefähr seit der „grenznutzentheoretischen Wende" in der Ökonomie Ende des 19. Jahrhunderts) nicht mehr zum Gegenstandsbereich der Ökonomie. Sie sind ausgewandert in Soziologie, Psychologie, inzwischen auch biologienahe Wissenschaften. Einer, man könnte sagen, „romantischen" Handlungsabsicht, die einer fiktiven, erwünschten Vorstellung entspringt, wird hier *genau das gleiche Recht* zugesprochen wie einer (im konventionellen Sinne) rationalen, kalkulatorischen oder normativen Handlungsabsicht; nur das erstere speziell in ungewissen Kontexten deutliche Vorzüge hat. Sie gilt als einzige Handlungsabsicht, die in der Lage ist, Komplexität und Ungewissheit angemessen zu begegnen, auf im Dauerwandel befindliche Umfeldbedingungen unverzüglich zu reagieren, indem sie sich zeitlich *über* das jeweilige sachliche Problem stellt. Deshalb wird auch das Verständnis von Führung dahingehend verändert. Denn wenn nahezu alles auch anders möglich ist, machen Berechnung und kausale Logik keinen Sinn. Zukunftsforschung versucht, solche Versionen abduktiven Denkens und Entscheidens zu systematisieren und praktisch handhabbar zu machen.

Damit schlägt sie einen Alternativpfad zur ökonomischen Entscheidungstheorie vor. Das Fundament einer explorativen Entscheidungstheorie (zu der Abduktionsprogramme zählen) fußt auf einem begrifflich präzisierten Verständnis von *Ungewissheit*: Einer Lagebeurteilung, der zufolge die Realität nicht unbedingt instabil ist, auch nicht grundsätzlich riskant, in jedem Fall aber ungewiss – das Vertrauen, dass man in die Zukunft setzt („Vertrauenskredit"), *kann* enttäuscht werden. *Man muss immer mit dem Zufall rechnen*, so die Prämisse hier. Gemäß dem Sprichwort „Der Zufall begünstigt nur den vorbereiteten Geist" wird der Zufall in zukunftsforscherische Denkmodelle prinzipiell eingepreist, er ist *relevant* – das ist die differentia specifica zur herkömmlichen Perspektive. Die Ökonomie hingegen spricht von Entscheidungsregeln unter Unsicherheit, ohne dass dieser Terminus semantisch hinreichend abgesichert würde, und versucht, Unsicherheit (und mehr noch die dahinterliegende Ungewissheit) entweder über Optimierungskalküle, oder darüber, das vage Ängstigende ins Risiko hinüberzuziehen und mit Wahrscheinlichkeitsrechnungen beherrschbar zu machen. Funktioniert dies ausnahmsweise einmal nicht oder schlecht, gelten Bayes- oder Laplace-Regel: Man berücksichtigt alle möglichen Umweltzustände beziehungsweise verhält sich indifferent-neutral. Mit den Worten der Entscheidungstheoretiker: Es geht darum, unklare Entscheidungssituationen „grundsätzlich als Risikosituationen [zu] identifizieren" (Laux et al. 2012, S. 82). Risiko lässt sich wahrscheinlichkeitstheoretisch berechnen; das ist beispielsweise die Geschäftsgrundlage von Versicherungen. Und genau das ist in der klassischen Ökonomie auch das Ziel: So zu entscheiden, dass das unbekannt Neue, das bei Zukunftsentscheidungen im Zentrum steht, seinen Charakter des Unkalkulierbaren und damit potenziell Gefährlichen *verliert*. Er wird herausgerechnet (Begriffsanalytischer Vergleich zwischen Ungewissheit, Unsicherheit und Risiko in Müller-Friemauth und Kühn 2012).

Abduktionsprogramme stellen sicher, dass das nicht passiert. Neuartig und zeitgemäß sind sie nicht nur aufgrund dieser Um- und Aufwertung von Zufall, sondern auch wegen ihres Führungsverständnisses, an das sie gekoppelt sind. Hier geht es nicht um Führungs*stile*, sondern um die Lenkung von Aufmerksamkeit und Kommunikationspunkten nicht-inhaltlicher Art, das heißt, ohne dass solche Punkte voreilig und logisch unpräzise mit „Semantik" gleichgesetzt würden. Die Führungsperson nimmt keinerlei Einfluss auf die (sach- und soziallogische) Semantik: auf Themen, Positionen und Meinungen, sondern darauf, welche Sinngehalte in die unternehmerischen Themen, Positionen und Meinungen überhaupt eingehen *und sie bestimmen* – und das dürfen niemals ausschließlich sachliche und soziale Überlegungen, sondern müssen immer *auch* zeitliche sein. Genau das muss geführt werden; individuell oder auch programmatisch. Die zeitlogische, also antezipative Richtschnur ist zwingender, führungsstrategisch zu sichernder Bestandteil der Entscheidungskommunikation. Die Verzwergung kommunikativer Relevanz auf das klassische Begründungskonzept (sachlich „gute Gründe") macht die klassische ökonomische Entscheidungstheorie für zeitgemäße Praxisprobleme unter Bedingungen hoher Komplexität und Ungewissheit immer häufiger unbrauchbar – daher das zukunftsforscherische Bemühen, Komplexität und Ungewissheit methodisch anders zu bewerkstelligen. Aber: Diese Alternativmodelle sind weder besser noch schlechter; sie sind für bestimmte Situationen lediglich nützlicher. Letztlich hat man immer die Wahl. Sie ergänzen nur und ersetzen nichts.

Zusammengefasst

Ökonomische Zukunftsforschung ist eine Explorationswissenschaft für stets andere, alternative Anwartschaften auf (neue) wirtschaftliche Bedingungen und Horizonte. Sie verabschiedet den alten Schutzreflex, der sich aus dem Glauben speiste, dass der Mensch ökonomisch vor allem gesichert werden muss. Die neue Maxime, die in der Zukunftsforschung an die Stelle der alten tritt, lautet: Neue Bedingungen werden bewältigbar nicht *allein* dadurch, dass man das Unbekannte berechnet, bemisst, zergliedert und *durch Beherrschung akzeptabel macht*, sondern auch dadurch, dass man das Neue bewusst, gewollt, unter Vorhandensein von Alternativen und – soweit möglich – unter Absehung der Handlungsfolgen, aufsucht und exploriert. Und es im Zuge dessen mit Sinn auflädt: logisch reichhaltiges, sinnanalytisch informiertes *Erwartungsmanagement* betreibt.

Diese perspektivische Wende – eine zeitlogische – unterscheidet zukunftsforscherisches Denken von zukunftszugewandten Ansätzen und Methoden innerhalb der BWL (vgl. Abschn. 7.1) und macht praktisch den Unterschied. Im Kern geht es dabei um eine Haltungsfrage: darum, den Horizont eines bisher unvorstellbar Anderen zu tolerieren, aus Prinzip offenzuhalten und perspektivisch sogar zu bevorteilen. Die zukunftsforscherische Begründung dafür: Wird im Vorstellungsmodell von ökonomischem Handeln das Neue (Zufall) ausgeschlossen und stattdessen zu identifizieren gesucht, was bislang lediglich übersehen, unterschätzt, nicht professionell genug verwendet oder technologisch nicht zureichend optimiert wurde, läuft der ökonomische Handlungszusammenhang Gefahr, sich in seinem Horizont einzuschließen und zu vereinseitigen. Dafür steht, gleich einem Fanal, der Fall Target. In einer solchen Ökonomie fangen Algorithmen an, in subjektive Sinnbildung hineinzuragen und sich ihrer zu bemächtigen; wofür sie gemäß Prämissen des ökonomischen Denkmodells aber nicht vorgesehen sind. Das war und ist die – heute gern unterschlagene – *Leistung* des Konstrukts vom Homo oeconomicus: Er stellt bloß eine formale Setzung dar, definiert die sinnhafte Substanz der ökonomischen Handlung aber gerade *nicht* mit. In dieser Hinsicht war und ist er modern.

In solchen Detailfragen wird deutlich, dass wissenschaftliche Zukunftsforschung mitnichten ein radikal-säkulares Unterfangen darstellt, das im Sinne einer extremen Modernisierung ausschließlich alte Zöpfe abschneidet. In mehrfacher Hinsicht gilt das Gegenteil: Sie ruft auch ursprünglich einmal vorausgesetzte Grundpositionen oder Prämissen in Erinnerung, von denen sich die zeitgenössische Ökonomie anfängt unbemerkt zu entfernen. Allerdings treibt sie in anderer Hinsicht die Modernisierung tatsächlich weiter. Dass innerhalb des zukunftsforscherisch-wirtschaftlichen Denkens beispielsweise ausdrücklich mitbearbeitet wird, *wie* Neues gefunden und gedacht werden kann, ist evolutionär voraussetzungsreich. Es entspricht einem hohen zivilisatorischen Entwicklungsniveau. Leisten können wir uns solche Überlegungen tatsächlich noch nicht lange; seit der Moderne, und auch hier erst in fortgeschrittenem Stadium. „Wirtschaft" bezeichnet auf dieser Stufe nicht mehr ausschließlich die Diskrepanz zwischen, im Spektrum der jeweiligen Gegenwart betrachtet, mannigfaltig-unendlichen menschlichen Bedürfnissen auf der einen Seite und knappen Gütern auf der anderen Seite. Sie findet ihre Berechtigung auch nicht mehr nur im kalkulierend-optimierenden Abgleich beider Seiten.

Gemäß Zukunftsforschung gilt Wirtschaft als dynamisch im Sinne einer *doppelten Unendlichkeit*: Bedürfnisse sind nicht nur deswegen unendlich, weil sie in der jeweiligen Gegenwart praktisch nie zu befriedigen, das heißt immens umfänglich (quantitativ) und vielgestaltig (qualitativ ausdifferenziert) sind, sondern auch deswegen, weil sich unsere *Vorstellung* von Unendlichkeit, unser perspektivischer Horizont, fortwährend verschiebt und erweitert. Zu einem praktischen Problem wird dieser Aspekt erst auf einer Zivilisationsstufe raschen Wandels mit hoher Dynamik – man könnte sagen, ab einer bestimmten Geschwindigkeit. Auch hier gibt es erneut eine Parallele zu den Maßstäben der Quantenphysik – denn das quantenphysikalische Umdenken wurde gleichfalls verursacht durch entweder Kleinst-Räume (Entdeckung des Mikrokosmos) oder extreme Geschwindigkeiten (Erforschung der Lichtgeschwindigkeit). In heutigen Gesellschaften vollzieht sich der Wandel der Vorstellung von dem, was auch noch möglich wäre, und was bis vor Kurzem als gar nicht realisierbar galt, in immer kürzeren Abständen. Die soziale Evolution hat sich erheblich beschleunigt („Komplexität"). Diese Tatsache: dass in immer kürzeren Zyklen „Disruptionen" passieren, *ist konzeptionell im Ökonomiekonzept zu berücksichtigen, methodisch zu verankern und betrieblich-unternehmenspraktisch zu schützen.*

Der Grund wurde mehrfach beschrieben: Als Gattung oder Zivilisation haben wir uns inzwischen weiterentwickelt, und zeitgemäße Wissenschaft hat diesen veränderten Status abzubilden. Wandel dieser Art – die Penrose-Treppe Ebene für Ebene weiterzusteigen – markiert *ebenfalls* ein Merkmal der conditio humana; und wenn wir eine Kurve auf dieser Treppe genommen haben, werden in aller Regel unsere herkömmlichen Denkwerkzeuge stumpf. Zukunftsforschung beschreibt *deshalb* – weil sie als anthropologische Prämisse in Rechnung stellt, dass Menschen zeitliche Wesen sind – die Grundbestimmtheiten des Menschen nicht mehr als wissenschaftliche Erkenntnisse, die allen Wandel transzendieren (universalistischer Geltungsanspruch, Wahrheitszentrierung), sondern als Beobachtung wandlungs*immanenter* Strukturen oder Regelmäßigkeiten. Sie interessiert sich für die Ordnung des Wandels in der Zeit selbst. Damit ist der außerwissenschaftliche Überhang, die metaphysische Symbolkraft oder halbreligiöse Botschaft von Begriffen wie „Naturgesetze" oder „Vernunft" (oder eben conditio humana) getilgt. Zukunftsforschung bewertet das nicht als Verlust, sondern als Gewinn: Ab jetzt wird – auch ökonomische – Wissenschaft instandgesetzt, immanent und in voller Verantwortung der Wissenschaftler praktizierbar. Nun können und dürfen wir wissen, was wir tun.

Bislang waren solche Überlegungen nur deswegen kein Thema, weil Stabilität als praktisch relevanter und *daher* bedeutsamer galt als Wandel. Ein klassischer Fehlschluss der Art „hinterher ist man immer schlauer". Kehrt sich dieses Verhältnis jedoch um, muss das Denkmodell geändert werden. Daraus speist sich das Verständnis von Wirtschaft in der ökonomischen Zukunftsforschung: Die Dauer-Erweiterung unseres Vorstellungsvermögens und Verständnisses von „Bedürfnis-Unendlichkeit" wird in die Definition integriert.

▶ Wirtschaft ist die Gesamtheit aller Phänomene und Handlungen, die der prinzipiell unbegrenzten, planvollen Erweiterung menschlicher Bedürfnisse und deren Befriedigung dient und dafür jeweils situationsadäquat knappe Ressourcen alloziert.

Wirtschaft steht – genauso wie Politik, Recht, Kunst oder Wissenschaft – im Dienst der menschlichen Evolution. Durch sie wird kein Ersparnisprinzip mehr prozessiert (je Zeitpunkt maximale Wertsteigerung), sondern ein *soziales Programm*, dessen jeweiliges Ziel grundsätzlich „subjektiv" festgelegt ist (bedeutet: zeitlich veränderlich, kulturell verschieden, in jedem Land anders, kann nach eigenen Präferenzen bestimmt werden). Je vorbewusster und unreflektierter sich dieses evolutionäre Programm vollzieht, desto eher läuft eine Gesellschaft Gefahr, dass sich kulturelle Vorannahmen oder Glaubenssätze kognitiv unkontrolliert anmaßen, das normative Regiment zu übernehmen und zum Beispiel den Maßstab Objektivität universalisieren – ohne, dass dies jemand gewollt hätte oder dafür verantwortlich gemacht werden könnte. *Vielmehr verschiebt sich mit der Zeit auch der Sinn.* Ökonomische Zukunftsforschung bezieht das wirtschaftliche System deshalb immer *auch* auf künftige mögliche Zustände, und macht es erst damit *zureichend* behandelbar. Eine Preconomics® lässt sich sehr wohl und jederzeit durch Zahlen, Daten und Fakten korrigieren und belehren, behält aber Subjektivität beziehungsweise das Recht auf ein antezipatives Außerhalb (Alternativen) und dessen funktionale Bedeutung immer im Auge. Objektivität ist nicht mehr als ein nützliches Korrektiv für das *primär* selbstbestimmte, zur fortschreitenden Selbstermächtigung des Menschen hinführende Richtungsziel, (in Steve Jobs Worten) „die Gattung voranzubringen" (Jobs 2012). Oder in den Worten von Elon Musk: „Es geht darum, die wahrscheinliche Lebensdauer der Menschheit zu maximieren" (nach Vance 2015, S. 300).

Damit verändert sich das ökonomische Rationalitätspostulat: Statt Minimax- und Maximin-Prinzip, das den Zeitverbrauch der Ökonomie, so weit es nur irgend geht, gegen null bringen will, weist sich eine zukunftssensible Rationalität gerade durch ihren *Zeitverbrauch* aus. Die Ausklammerung der Zeit aus der Ökonomie ist nicht nur sinnverstellend (mitunter wirkt sie heute sogar sinnentleerend), sondern möglicherweise existenzbedrohend. Am Beispiel der Ökologie lässt sich beobachten, wie eine spezifisch zeitliche Bedrohungslage ins Sachlogische verschoben wird. Und eine Big-Data-Gesellschaft, ein Internet der Dinge und eine digitalisierte Industrie 4.0 enthalten *auch* und sogar in erheblicher Tiefe Entwicklungshorizonte, in der der Zufall keine Chance mehr hat. Eine ausschließlich „sichernde" ökonomische Mentalität bewertet das positiv; eine zeitgemäße hingegen als problematisch. Um nicht missverstanden zu werden: Solche zeitlogischen Extrem-Szenarien müssen keineswegs eintreten und markieren lediglich eine Option unter vielen. Derzeit sind wir jedoch praktisch *gar nicht in der Lage*, in der wirtschaftlichen Realität beides voneinander unterscheiden und bewerten zu können – selbst, wenn wir es wollten. Der Ökonomie fehlen dazu die analytischen Instrumente.

Das Wirtschaftlichkeitsprinzip der Zukunftsforschung lautet deshalb wie folgt:

▶ Als ökonomisches Prinzip gilt die Annahme, dass Wirtschaftssubjekte bei der Wahl ihrer ökonomischen Mittel in Bezug auf deren Zweck sowohl eine instrumentelle Mittelrationalität anstreben (Kalkulation der Nutzen- beziehungsweise Gewinnmaximierung) als auch eine normativ-subjektive Wertrationalität. Je zivilisatorisch fortgeschrittener und komplexer eine Gesellschaft, desto bedeutsamer die Wertrationalität.

Wert bedeutet hier untilgbar *auch* Sinn; das heißt, berücksichtigt subjektive Sinnzu-schreibungen und damit formallogisch notwendig immer auch den Zufall. Dieser Wertbe-griff fußt somit auf allen drei Sinndimensionen; und der Zufall ist damit als konzeptionell legitimierter, relevanter Faktor des ökonomischen Prinzips integriert und gewürdigt. Die klassische Version dieses Prinzips wird dabei nur ergänzt: mit Hinweis auf die heutige Be-deutung auch subjektiver Wertrationalität zeitgemäß gemacht und auf der Penrose-Treppe ein Niveau weiter nach oben gezogen.

7.4 Post Scriptum: Zeitgemäße BWL

▶   Where is the beef?

Profil und Anspruch von Zukunftsforschung sind ungewöhnlich, darin sind sich viele einig. Manchen erscheint sie abgehoben, anderen nur exzeptionell. In jedem Fall steht sie außerhalb der Norm; schon deshalb, weil sich Zukunftsforschung mit Dingen beschäftigt, die es (noch) nicht gibt. Ökonomisch gewendet: „Moonshots" sind fiktive Erwartungen, nicht mehr. Womöglich treffen sie niemals ihr Ziel. Ist derlei wissenschaftsfähig? Und falls nicht, sollte es das werden?

In diesem Buch haben wir diese wissenschaftstheoretischen Fragen bejaht: Uns die Haltungen von Vorbildern wie Max Weber, Ludwig Wittgenstein oder Hans Blumenberg zu eigen gemacht und normativ zugespitzt. Zur Bewältigung des Realen, so Weber (1988), kann man Konstruktionen nutzen; deshalb, weil Dinge, die zwar noch nicht wirklich und vorerst lediglich vorstellbar sind, *praktisch* dennoch im Bereich des real Möglichen liegen, wie Wittgenstein (1963, S. 19/3.02) ergänzt. Professionalisiert man diese Zusammenhän-ge, kommt dabei eine Konstruktionskunst heraus, die sich Weber und Wittgenstein zu ihrer Zeit kaum vorstellen konnten. Der Philosoph Blumenberg nahm das Instrumentarium der Möglichkeit erst in den 1970er-Jahren näher in den Blick – mit dem Ergebnis, dass die Er-kundungen auf dem erweiterten Gebiet von Wirklichkeit hin zur Möglichkeit umfangreich und „wenig einfach" seien, wie er trocken kommentierte (Blumenberg 2007, S. 24).

Das ist wohl der Grund dafür, dass sich die klügsten Köpfe in der Ökonomie trotz aller Problemlagen, welche unser Wirtschaftsmodell heute zeitigt, immer weiter im Schwer-punkt mit Sachfragen und kaum mit neuen Möglichkeitsräumen beschäftigen. Der Daten-analyst Jeff Hammerbacher hat diese Situation auf das häufig zitierte Bonmot gebracht: „The best minds of my generation are thinking about how to make people click ads … That sucks" (nach Vance 2011). Eine der Ursachen dafür ist in einer wirtschaftswissen-schaftlichen Sozialisation zu suchen, die bis heute im konventionellen Wissenschaftsver-ständnis gefangen ist und konzeptionelle Alternativen der Art, wie sie hier angerissen wer-den, nicht kennt. Einem anderen Pionier, Paul Feyerabend, wurde in den 1960er-Jahren auf seine – in ganz ähnliche Richtung wie Zukunftsforschung weisende – Modernisie-rungsversuche der akademischen Wissenschaft entgegengehalten, eine solche „offenere" Art liefe auf ein „Anything goes" hinaus. Wenn erst einmal die Bollwerke der Tradition, wie Wahrheits- und Universalismusanspruch sowie das tradierte Verständnis von Regeln und Standards (die nicht metakognitiv kontrolliert sind), fielen, stünden Tür und Tor offen für alle: Scharlatane, gute Rhetoriker, Sektengründer und – ja, eventuell auch mal für jemanden, der etwas zu sagen hat. In jedem Fall könnten wir dann geprüftes, qualitativ abgesichertes Wissen nicht mehr isolieren und als solches ausweisen.

Diese Angst ist verständlich, aber unbegründet. Denkebenen zu erweitern bedeutet keine geistige Anarchie. Für die auch empirisch bestätigte Zurückweisung dieses Fehlschlusses stehen „post-quantenphysikalische" Disziplinen. Zukunftsforschung repräsentiert eine Option für ein solches „Darüberhinaus". Eben dieser über Gegenwart und Vertrautes hinausweisende, noch fremde Anspruch einer qualitativ anderen, neuartigen Richtungsvorgabe für Wissenschaft bildet den Nährboden der allgemeinen Skepsis gegenüber Zukunftsforschung beziehungsweise deren Solidität; vielleicht auch für eine gewisse Angst.

Seit der sogenannten Sattelzeit, also etwa ab der Mitte des 18. Jahrhunderts, häufen sich jedoch Fiktionen und Vorstellungen über ein anderes Modell von Wissenschaft: eine für moderne Verhältnisse *passendere* Alternative. Das Motiv dahinter: Wir sind inzwischen weiter. Wenn sich die menschliche Welt verändert, entspricht das einem neuen Niveau an Bewusstheit und Denken; beide Aspekte sind nicht voneinander zu trennen. Folglich muss das Denkgebäude umgebaut werden – in dieser Orientierung haben wir den roten Faden unserer Metadisziplin sinnanalytisch und logisch nachgezeichnet sowie ausschnitthaft einige zentrale Kategorien zukunftsforscherischen Denkens zeitlogisch, das heißt in Ergänzung zur Dominanz von Sach- und Soziallogik, nachqualifiziert.

Der Wandel von Wirtschaft und Organisationen beziehungsweise von dessen Radikalität sind seit Jahrzehnten Thema in der betriebswirtschaftlichen Managementdebatte. Hamel und Prahalad schoben dieses Phänomen bereits Mitte der 1990er-Jahre auf den damals beginnenden „Vormarktwettbewerb" (Premarket Competition). In solchen Märkten gehe es nicht mehr um ökonomisches, sondern um intellektuelles Kapital.

> Der Wettbewerb um [...] die intellektuelle Führung [ist] ein Wettkampf, der *vor dem Markt* oder *außerhalb des Marktes* stattfindet und in dem es keine oder keine direkte Produktkonkurrenz zwischen den rivalisierenden Firmen gibt. [...] Für die Analyse einer Wettbewerbsstrategie wird üblicherweise ein bestimmtes Produkt oder eine bestimmte Dienstleistung herangezogen. Fragen wie Positionierung, Erfahrungskurven, Eintrittsreihenfolge, Preisgestaltung, Kosten, Differenzierung und Eintrittshindernisse werden fast immer im Zusammenhang mit einem einzelnen Produkt oder einer Linie engverwandter Produkte besprochen. [...] Aber Unternehmen wetteifern auch auf einer fundamentaleren Ebene miteinander, [... mit] den von Menschen verkörperten Fähigkeiten. [... Es geht um] eine Fähigkeit, ein Können. (Hamel und Prahalad 1997, S. 278, 304 f., 348, 315, Herv. i. O.).

Soll heißen: Betriebswirtschaftlich ist diese Perspektive nicht neu – bislang existiert für sie allerdings noch kein hinreichend erklärungsstarkes Konzept. Hamel und Prahalad fassten diese Zusammenhänge unter dem Label der sogenannten „Kernkompetenzen" zusammen; einer sich erst entwickelnden Fähigkeit, die mit dem ökonomischen Wandel einhergehe. „Eine Kernkompetenz ist ein Gewirk aus verschiedenen Fähigkeiten und Technologien" (Hamel und Prahalad 1997, S. 323). Wenn es doch so einfach wäre. Sofern die historisch neuartige Situation eines globalen Kapitalismus wieder nur in traditioneller Beschreibung, das heißt erneut *ausschließlich sach- und soziallogisch* erfolgt, kommen wir unseres Erachtens keinen Schritt weiter. Der Aufbau von intellektuellem Kapital bedeutet gerade keine intensivierte Anhäufung von Wissen oder Wissensmanagement oder mehr Kundenorientierung oder eine „unique" Positionierung – alles Vorschläge der beiden Autoren in konventioneller betriebswirtschaftlicher Sicht und Absicht. Anmahnungen zu einer „breiteren Definition des Wettbewerbs" oder auch „anders zu denken" (Hamel und Prahalad 1997, S. 405, 395) bleiben leere Floskeln und wirken wie Pseudoweisheiten von „Gurus, die über den ökonomischen Wassern schweben", wenn die Dimension, in der das genuin Neue wurzelt, von dem hier die Rede ist, nicht auch auf dessen eigener Ebene konkret bezeichnet wird: auf der Ebene der Zeit.

Was genau sind Kernkompetenzen? In Hamels Perspektive *weder* „Abilities" als handwerklich-technische Fähigkeiten (poiesis) *noch* „Skills" als Resultate von Lernen und Erfahrung (praxis). Diese Sicht teilen wir, denn bei zeitlogisch klugem Handeln – bei Zukunftsintelligenz – wird nicht einfach auf Fähigkeiten zurückgegriffen, gleich welcher Art, die sich aus Erfahrungen der *Vergangenheit* speisen. Erfahrungen lassen sich zwar nutzen für intelligente Vorgriffe. Aber erst, wenn der Gehalt und die Bedeutung einer starken Möglichkeit oder Alternative verstanden und akzeptiert sind, kann klar werden, dass Zukunftsintelligenz *jenseits* von grundsätzlich erfahrungsverhafteter Poiesis wie Praxis liegen muss. Folglich sind Kernkompetenzen Fähigkeiten anderer, neuerer und vorgreifender Art.

Amerikaner nennen Leute dieses Schlages, die geradezu schlafwandlerisch Situationen gemäß ihrem zeitlogischen Potenzial einschätzen können, *Deep Smarts*. Paradigmatisch für sie stehen Unternehmer wie Steve Jobs, von dem seine Frau sagt, er habe Dinge „vom Standpunkt der Vollkommenheit aus" geschaffen.

> Er sah klar und deutlich, was noch nicht existierte, was existieren konnte, was existieren sollte. Sein Geist war nie in der Realität gefangen, ganz im Gegenteil. Er sah vor sich, was der Realität fehlte, und machte sich daran, es zu erschaffen. Er dachte nicht argumentativ, sondern intuitiv, mit völliger innerer Freiheit [...] – ein unglaublicher Sinn für das Mögliche (nach Schlender und Tetzeli 2015, S. 368).

Hamels Kernkompetenzen verweisen auf genau diese *Tiefen*kompetenz, konzeptionalisieren sie jedoch nicht. (Aktuell praktizierte Kommunikationsformate, die diese Kompetenz heben, weitertreiben und professionalisieren, stehen im Zentrum von Müller-Friemauth und Kühn 2016.) Wie aber sollen Unternehmen anders denken – und vor allem handeln – lernen, wenn ihnen immer wieder nur Rekombinationen alter mentaler Versatzstücke vorgeführt werden? Ein ökonomisches Denken, das nicht mehr nur das Plausible und Bekannte bewirtschaftet, sondern sich eigene Richtungen und Prinzipien gibt, ist jung – paradoxerweise. Betriebswirtschaftlich integriert ist es bisher nicht, *obwohl* es praktisch immer schon Teil wirtschaftswissenschaftlichen Denkens war. Die romantischen Nationalökonomen haben sich von einer solchen zukunftsqualifizierten Wirtschaftswissenschaft neuartige Einsichten erhofft und sie dezidiert gefordert, nur hat niemand darauf reagiert.

Will man ihrer Perspektive einen Platz im Kanon zuweisen, ist das problemlos zu bewerkstelligen; denn der Werkzeugkasten der BWL wird durch Zukunftsforschung lediglich erweitert – diskreditiert wird nichts. Es wäre geradezu anti-zukunftsforscherisch, wollte man Instrumente, welche sich die Wissenschaft mühevoll erarbeitet hat, ohne Not über Bord werfen. In den Worten von Paul Feyerabend (1986, S. 55): „Kein Gedanke ist so alt oder absurd, dass er nicht unser Wissen verbessern könnte." Exzellenzfähig werden Unternehmen dann, wenn sie sich in die Lage bringen, den gesamten „Steinbruch" der Möglichkeiten zu nutzen – vergangene und künftige. Und nicht, wie die anderen Follower, hinter vermeintlichen „Trends" herzujagen, die qua Logik dazu verdammt sind, immer nur bereits Bekanntes weiterzudenken (wenn auch in unterschiedliche Richtungen).

Allerdings gilt auch: Eine lebendige, auf der Höhe der Zeit ihren eigenen Standort reflektierende Ökonomie ist insbesondere in Deutschland gegenwärtig kaum vorstellbar. Vorbedachtes sticht (vgl. Walter und Marg 2015). Die vakante Rolle haben Westküsten-Amerikaner übernommen. Unser Wirtschaftsleben ist in Teilen geradezu anti-intellektualistisch; die Zeit etwa der programmatischen Salonkultur eines Großindustriellen wie Walter Rathenau liegt einhundert Jahre zurück. Zwar gibt es hoch elaborierte Theoriegebäude zu hypermodernen Komplexitätsproblemen, auch in der Wirtschaft, vorrangig aus systemtheoretischer Richtung. Bloß bleibt unklar, was diese „postheroischen" Anläufe zu einer „Next Society" (Dirk Baecker 1994, 2007) praktisch bedeuten sollen. Manch einer hat den Eindruck einer l'art pour l'art: Mit solchen „Glasperlenspielen" kann man Lehrstühle beschäftigen, aber in der Breite keine Unternehmen inspirieren. Eine *praktische* „difference that makes a difference" machen sie nicht.

Genau diese suchen die Bewohner der US-Westküste. Bereits vor einhundertzwanzig Jahren waren sie der Überzeugung, dass sie die pragmatischen „English-speaking cousins" der Europäer sind – und zwar nicht nur historisch, sondern vor allem geistig. Ein US-Staat, der eine Weisheitsgöttin im Wappen führt, wäre für Deutschland wahrlich kein schlechter Partner. Und es ist auch nicht verwunderlich, dass ein solches Land, das offenkundig stolz ist auf seine intellektuellen Traditionen, ökonomisch Vorreiter sein will. Jenseits des aktuellen Unternehmer-Tourismus' gen Westen sind auch alternative Kooperationen denkbar – in anderer Qualität und soliderer Orientierung. Innovatoren, welche die kulturelle Gabelung der alten und neuen Welt berücksichtigen würden; damit anfingen, Moonshots soziokulturell auszudifferenzieren und einzupassen (also partikularistisch anstatt universalistisch denken würden), könnten eine ganz andere, neue Stufe von Disruptionen ermöglichen – und beide Teile des Westens nicht immer weiter auseinander-, sondern wieder näher zusammenführen.

Kalifornier nutzen die kapitalistische Geldwirtschaft als Mittel zu *subjektiven* Zwecken, nicht als System von Regeln, in dem derjenige gewinnt, der diese Regeln am professionellsten beherrscht. Falls sich die globale Ökonomie weiterhin in die kalifornische Sinnrichtung verschiebt, in der derjenige zum Sieger wird, der die Regeln neu definiert, wären Vertreter des prognostischen Paradigmas dazu verdammt, wie der Hase dem (auch *im Kopf* wendigeren) Igel hinterherzulaufen. Die Bewältigung von Wandel bestünde für sie darin, ständige Anpassung zu leisten anstatt durch eigene Antezipationen *selbst* neue Regeln zu setzen. Sehen so Sieger aus? Oder sollten wir nicht vom US-amerikanischen Credo lernen: „Die Niederlage beginnt ab Platz zwei"?

Unternehmerische Zielsetzungen und strategische Planung erweitern
Preconomics® – also eine zukunftsforscherisch informierte Ökonomie – stellt gleichberechtigt neben das klassische Instrumentarium von Management-Cycle und „smarten" Zielen auch den Faktor *Zeit*: Fiktionen, Antezipationen, sowie unternehmenseigene, sozusagen organisations*subjektive* Vorgriffe. Zwar funktioniert kein Unternehmen ohne Ersteres, nur funktionieren auch immer weniger Unternehmen ohne Letzteres. Die Umstellung verläuft bei allen experimentell und klugerweise zunächst in kleinem Bereich, gut kontrollierbar und probehalber. Zur Erinnerung: Radikalismen sind nicht unsere Sache. Europäer sind deutlich professioneller im eher taktischen Jonglieren mit Alternativen, um beim eventuellen Sturz „schnell die Metapher zu wechseln", wie Luhmann formuliert. Keine Pointe liegt darin, sich in falsch verstandener Trendorientierung mit Haut und Haar einem Moonshot zu verschreiben; sehr wohl aber darin, die alte Tradition linearer Planung, das heißt die Vorstellung des nur monologischen Fortschreitens in die Zukunft, ad acta zu legen. Egal, welche Radikalität in der antezipativen Stufung man wählt: *dieser* Schritt, also sinnanalytisch zu differenzieren und subjektive Absichten zuzulassen, ist Prämisse. Zeitgemäße, komplexitätsangemessene Planung ist *polylogisch, alternativenreich* und intrasystemisch zumindest grob *so* vorbedacht, *dass jederzeit eine andere Wertrationalität greifen kann.* Denn: Das Ökonomische Prinzip genügt sich nicht mehr in instrumenteller Mittelrationalität.

Zukunft als Entwurf
Unternehmerische Zukunftsvorsorge im antezipativen Paradigma ist hierzulande praktisch nicht existent und konzeptionell noch jung. Wenn zukunftsforscherisch gedacht wird, dann im prognostischen Paradigma, das als „cutting edge" gilt. Erst die klug erfundenen Patente, dann die Suche nach Anwendungen; Zukunft als geniale Eingebung (daher das Dauer-Warten auf „the next big thing"); der Kunde als König (anstatt als zu Überzeugender, warum er ausgerechnet Firma X nehmen sollte: weil sie ihm zeigt, was er selbst nicht für möglich gehalten hätte); Unternehmer als Kapitalgeber, Ideenbringer und Organisator (obwohl Kapital, außer bei Start-ups, längst nicht mehr zentraler Engpass ist). Für all das lassen sich Prognosen erstellen, Anwendungen entdecken, Kundenmotive ermitteln und Kreativmethoden nutzen – aber die BWL sollte auch denen, die auf anders gearteten globalen Innovationsmärkten bestehen müssen oder wollen, etwas zu bieten haben. Wir sprachen als künftige Herausforderung die Schwellenländer an, aber auch gegenwärtig gibt es bereits Herausforderungen genug. Wie tief verwurzelt der Glaube ist, die BWL sei für derlei grundsätzlich nicht zuständig, erkennt man daran, dass sogar gründungserfahrene Unternehmer wie Günter Faltin immer wieder betonen:

Betriebswirtschaftslehre ist die Disziplin des Bodenhaftenden. Ihr Feld ist die Realität. Sie versucht, Prozesse effektiver zu machen, Abläufe zu optimieren, sie setzt auf Berechenbares. [...] Was ich damit sagen will: Wir können von einer Disziplin wie der Betriebswirtschaftslehre nicht erwarten, dass sie kühne neue Entwürfe denkt. Das ist nicht ihr Fach. Auch nicht ihr Anliegen (Faltin 2015, S. 181).

Wie gesagt: Wir zitieren hier nicht Schmalenbach oder Gutenberg, sondern einen der innovativsten Entrepreneurship-Experten des 21. Jahrhunderts. Die BWL wird ihrem wissenschaftlichen Auftrag nicht gerecht, wenn sie mental mit der Gesellschaft nicht mitwächst.

Zukunft als Faszinosum
Zu Beginn haben wir wissenschaftliche Zukunftsforschung von „Junk Sciences" abgegrenzt – mit der Absicht, Missverständnisse und Fehldeutungen zu vermeiden. Dabei geht es jedoch nicht darum, sie von ihrem Faszinosum zu befreien; nicht darum, Max Webers Analyse einer „Entzauberung der Welt" fortzuschreiben. *Ganz im Gegenteil.* Dass diese Beschreibung falsch ist, haben die Kalifornier früh bemerkt und daraus erfolgreich Kapital geschlagen. Webers O-Ton dazu:

Die zunehmende Intellektualisierung und Rationalisierung bedeutet [.] *nicht* eine zunehmende allgemeine Kenntnis der Lebensbedingungen, unter denen man steht. Sondern sie bedeutet etwas anderes: das Wissen davon oder den Glauben daran: dass man, wenn man *nur wollte*, es jederzeit erfahren *könnte*, dass es also prinzipiell keine geheimnisvollen unberechenbaren Mächte gebe, die da hineinspielen, dass man vielmehr alle Dinge – im Prinzip – durch *Berechnen beherrschen* könne. Das aber bedeutet: die Entzauberung der Welt. Nicht mehr, wie der Wilde, für den es solche Mächte gab, muss man zu magischen Mitteln greifen, um die Geister zu beherrschen oder zu erbitten. Sondern technische Mittel und Berechnung leisten das. Dies vor allem bedeutet die Intellektualisierung als solche (Weber 2015, S. 19, Herv. i. O.).

Auf den ersten Blick scheint es so, als sei diese Beschreibung inzwischen wahr geworden: Per Data-Mining und Internet ist die Welt angeblich praktisch voll zugänglich und damit entzaubert. Nur ist Webers Abgrenzung eine zur magisch-*über*weltlichen Sphäre, zur traditionellen Metaphysik und religio – *und nicht zu einer alternativen säkularen*. Um Letztere kümmern sich erst *später* Zukunftsforschung konzeptionell; sowie einige moderne ökonomische Cluster praktisch. Unternehmer wie Steve Jobs haben es meisterhaft verstanden, via Produkten und exzellenten Services unsere Gebrauchsgüter *wieder*zuverzaubern. Wissenschaftliche Zukunftsforschung steht genau dafür. Es ist ein Missverständnis (für dessen Aufklärung Nietzsche steht) zu meinen, ein „Mehreinsatz" von Vernunft führe zur Abnahme und letztlichen Eliminierung von Staunen, Faszination und dem, was Freud das „ozeanische Gefühl" nannte. Das träfe nur dann zu, wenn man Vernunft quantitativ – in immer *gleicher* Richtung, in der unsere Vorfahren sie angelegt haben, und die die einzige war, die sie sich nur vorstellen konnten, also *mono*logisch – *stetig weiter steigerte*. Vernunft ist aber kein *Kontrastprogramm* zu Subjektivität; sie liegt auf einer

anderen Ebene! Gegen solche logische Beschränktheit opponiert das metakognitive Programm wissenschaftlicher Zukunftsforschung. Es erweitert Sinnhorizonte und logische
Verhältnisse; in ähnlicher Orientierung wie Escher, allerdings mit praktischem Anspruch.

Womöglich stehen der Menschheit in Zukunft noch andere und weit radikalere
Schwenks und Shifts bevor als bloße Epochenstufungen – bei Vorhaben wie extraterrestrischen Landnahmen und der Eroberung neuer Habitate scheint so etwas ziemlich
wahrscheinlich. Auch dafür muss Vernunft in der Lage bleiben. Nur wenn wir sie
eindimensional verkürzen, konkretistisch verfälschen, entzaubern wir unsere Welt. Ihr
Potenzial *auszuschöpfen*, bedeutet genau gegenteilig die Option einer Neu-Verzaube-
rung der Welt, nun aber nicht mehr auf magischem, sondern auf kognitiv kontrolliertem,
gewolltem Niveau. Für eine vernünftige Bewältigung des menschlichen Möglichkeitsho-
rizontes gibt es fortan Alternativen zu Magie, Religion und vermeintlich alternativloser
Traditionsbindung. Zukunftsforschung will nicht mehr als die überkommene *Verbindlich-
keit* des Hakens im Himmel beenden.

Zukunft als *Crisis*

Wahrscheinlich werden wir noch eine sehr lange Zeit in einer Phase leben, wo die freiwillige, mutig-selbstbewusste, antezipative Richtungssetzung lediglich eine Option ist, nicht
aber die Norm. Derzeit sieht es so aus, als ob im ökonomischen Bereich diejenigen, die
sich des antezipativen Projekts ungebremst und leidenschaftlich annehmen, profitieren.
Ob das Bestand hat, bleibt abzuwarten. Grundsätzlich ist die Wahrscheinlichkeit groß,
dass langfristig auch die Europäer sich kulturell dieses Feldes annehmen; aber vielleicht
auf anderem Wege, besser gerüstet.

Wieder sind es herausragende Persönlichkeiten und Künstler, die das früh und klar
erkannten. So reibt sich Einstein an der „Paradoxie", dass ein Mensch, der seine besten
Kräfte der Wissenschaft widme, „sozial betrachtet zum extremen Individualisten wird,
der sich – im Prinzip wenigstens – auf nichts verlässt als auf sein eigenes Urteil" (Einstein 2010, S. 192). Dabei ist Einstein geistig immer ein Konservativer geblieben: Zwar
revolutionierte er das Weltbild unserer Epoche, veränderte die Verhältnisse seiner Zeit
gedanklich grundstürzend und steht damit prinzipiell auf einer progressiven Basis. Als *in-
dividueller* Wissenschaftler bedient er sich jedoch des traditionellen Rezepts und bekennt
sich zu einer „religiösen Einstellung des wissenschaftlichen Menschen zur Wahrheit"
(Einstein 2010, S. 192). Seiner Meinung nach würfelt Gott eben nicht.

Das beobachtet Picasso bereits anders – nicht nur kunsthistorisch markiert er eine Zäsur. Was er dabei entdeckt, stimmt ihn allerdings nachdenklich. Er sieht in voller Schärfe
die Crisis im Sinne einer entscheidenden Wendung, die mit diesem Schwenk zwangsläufig
einhergeht:

> Heute sind wir in der unglücklichen Lage, keine Ordnung und keinen Kanon mehr zu haben,
> die die künstlerische Produktion bestimmten Regeln unterwerfen. [. . .] Sobald die Kunst je-
> de Verbindung zur Tradition verloren hatte und jene Befreiung, die mit dem Impressionismus
> begann, jedem Maler gestattete, zu tun, was er wollte, war es mit der Malerei vorbei. Als man
> sich darauf einigte, dass es auf die Gefühle und Emotionen des Malers ankomme, dass jeder

die Malerei neu schaffen könne, so, wie er sie verstand, ganz gleich, wo er begann, da gab es keine Malerei mehr. Es gab nur noch Individuen. [...] So muss jeder von uns alle seine Ausdrucksmöglichkeiten neu erschaffen. Jeder moderne Maler hat das vollkommene Recht, diese Sprache von A bis Z zu erfinden. Kein Kriterium kann a priori auf ihn angewandt werden, weil wir nicht mehr an strenge Maßstäbe glauben. In gewissem Sinn ist das eine Befreiung, aber gleichzeitig ist es eine ungeheure Begrenzung, denn wenn die Individualität des Künstlers beginnt, sich auszudrücken, verliert er das, was er an Freiheit gewinnt, an Ordnung. Und wenn du nicht mehr in der Lage bist, dich einer Ordnung zu unterwerfen, dann ist das im Grunde ein gefährlicher Nachteil (Picasso 1988, S. 12 f.).

Genau das ist es – Risiken und Nebenwirkungen bislang unbekannt. Hier steht eine Weggabelung im Fokus, die vermutlich das 21. Jahrhundert prägen wird. Sowohl Einstein als auch Picasso haben auf den Punkt gebracht, wo das grundsätzliche Problem liegt: in einem Orientierungsvakuum. Allerdings füllt Picasso dies bereits anders als Einstein und formuliert als präziser Beobachter – und echter Europäer. Er beschreibt nicht nur, dass dieses Vakuum fortan durch Neu- und Eigenschöpfungen (Konstruktionen) praktisch jedes Einzelnen und jeder Generation immer wieder aufs Neue gefüllt werden muss; dass wir, mit anderen Worten, zu dieser Exploration *verdammt* sind. (Die kalifornische Ökonomie teilt diese Beschreibung, bewertet diese Entwicklung jedoch vollumfänglich positiv.) Sondern er sieht auch eine Gefahr, die die Kalifornier aufgrund *ihrer* kulturellen Tradition nicht sehen können. Denn welcher Ordnung unterwerfen sich solche modernen Übermenschen („Transhumanisten") jenseits von Gut und Böse – außer ihrer jeweils für eine bestimmte Zeit in Geltung stehenden, wechselhaften und im Dauerwandel begriffenen antezipativen? Neben fiktiven Vorgriffen gibt es bei ihnen, verglichen mit europäischen Strukturen, lediglich kulturelle *Voreinstellungen* mentaler Ordnung. Diese Ordnungen aber sind fluide und katalysieren Wandel aus Prinzip. Am Beispiel der Ökonomie: So schnell man sich in der kalifornischen Bay Area für eine Idee entflammt, so schnell lässt man sie im Zweifelsfall auch wieder fallen. Dieses Wechselhafte erstreckt sich ebenso auf den Umgang mit Jobs oder Unternehmenszielen. Amerikaner schätzen das, denn: Sich einer Ordnung *unterwerfen* ist das Letzte, was sie wollen. Diese Zeiten haben sie in der neuen Welt hinter sich gelassen, so die Haltung – hier liegt geradezu der Gründungsmythos der Vereinigten Staaten, ihr Traum. *Deshalb sind sie ausgewandert.*

Aber reicht das? Das ist die Frage. Ob diese Radikalität nachhaltig lebbar ist und tatsächlich funktioniert: Den Haken im Himmel nicht nur entscheidungsfähig und disponibel zu machen beziehungsweise zu halten, sondern ihn grundsätzlich *abzumontieren*. Unternehmerisch ausgedrückt: Nicht die Organisation der Welt anzupassen, sondern die Welt der Organisation. „Silicon Valley" ist das ökonomische Fanal für dieses Projekt einer sich selbst überbietenden Moderne.

Eulenpost

The conditions of a solitary bird are five:

- The first, that it flies to the highest point;
- the second, that it does not suffer for company, not even of its own kind;
- the third, that it aims its beak to the skies;
- the fourth, that it does not have a definite color;
- the fifth, that it sings very softly.

Carlos Castaneda

Das waren erste beispielhafte Beobachtungen aus einer Zukunftsforschung des antezipativen Paradigmas. Europa ist im Vergleich zu Amerika deutlich vorsichtiger damit, Be-
stände über Bord zu werfen: Wir rechnen lieber mit ihnen, bevor wir sie – dann aber kontrolliert und metakognitiv begründet – verabschieden. Unsere wertkonservativ gestimmte
Version wissenschaftlicher Zukunftsforschung trägt diese Vor-Sicht. Wir schließen uns
der Verbundenheit mit dem europäischen Denken an, wie sie Luhmann mit Blick auf Husserl formuliert: „Am Ende einer lebenslangen, an Ernsthaftigkeit und Strenge kaum zu
überbietenden Reflexion findet die Theorie ihre Abschlussformel und in ihr sich selbst –
in einem Eigennamen: Europa." (Luhmann 1996, S. 55 f.). Das ist zwar ziemlich pathe-
tisch geraten (und für Luhmann untypisch), bezeichnet aber präzise *unsere* Achse, von der
aus sich ein Teil nun immer deutlicher nach links abtrennt. Die alte Welt bewältigt Wandel durch gedankliche Strenge und Kontrolle, und wohl auch weiterhin nicht durch das
Sich-Berauschen an unendlichen Weiten des Möglichen. Die Pointe eines Fortschreitens
auf der Penrose-Treppe, einer zweiten Aufklärung, liegt auf unserer Achse darin, die zur
Verkrustung tendierende Starre eines Metaphysik-verhafteten Denkens dadurch wieder
geschmeidig zu machen, dass neben re-ligio das ante-capio tritt – und die Entscheidung
darüber jedem Einzelnen anheimzustellen.

Das ist unsere Begründung für Fröhlichkeit, nicht eine kosmische Vision. Mit Blick
auf europäische Mindsets ist diese Beschreibung allerdings vorerst Pfeifen im Walde. Wir
machen uns Mut, dass es so komme – sicher ist das nicht. Antezipationen gehörten bislang nicht zum geistigen Universum Europas. Wir sind Meister der Rückschau, nicht der
Vorschau – unser geistiges Wappentier ist seit jeher die Hegelsche Eule der Minerva. Der
selbsterklärte Weltgeist, der glaubte, Gott den Spiegel vorhalten zu können, mochte die
Vorstellung einer Wissenschaft als Eulerei, die erst aktiv wird, wenn alles schon vorbei
ist – dann aber umso gründlicher und tiefsinniger in Ruhe ihr Grau in Grau malen kann.
Das ist aber kein Hobby von fröhlichen Zukunftszugewandten. Nichts gegen Gründlichkeit, aber was sollen wir mit einer Wissenschaft, die sich qua Perspektive für Fragen der
praktischen Gegenwart selbst disqualifiziert? Wir möchten schon vorher schlauer sein,
nicht erst hinterher – praxeologisch geschult.

Einen ersten Versuch, die alte Eule für zeitgemäßere Flüge zu präparieren, unternahm
Luhmann. Der Griff nach den Sternen, um den eigenwilligen Greifvogel schneller, höher,

weiter nach oben zu jagen, war dabei nie Option. Stattdessen „erfand" er die Beobachtung zweiter Ordnung und einige andere gewitzte Tricks, ihn dahin zu bringen, sogar noch beim Abstürzen Kapriolen schlagen zu können; hat Fallschirme konstruiert, Sicherheitsnetze eingezogen und allerlei Nachtsichtgeräte erfunden, welche die greise Eule weiterhin im Job halten können.

> Wir [...] können jetzt der Eule Mut zusprechen, nicht länger im Winkel zu schluchzen, sondern ihren Nachtflug zu beginnen. Wir haben Geräte, um ihn zu überwachen (Luhmann 1987, S. 661).

Zwar ist dieses Projekt nachvollziehbar. Zukunftsforscher sind indes der Überzeugung, dass die Eule einfach nicht mehr zu unseren zeitgemäßen Aufgaben passt: Ihre Zeit ist vorbei. Die Idee mit den neuen Geräten nehmen wir allerdings auf und führen sie weiter. Das Motiv: Die Situation hat sich seit Luhmann schon wieder so verändert, dass wir für den Beobachtungsposten nun prinzipiell eine andere Vogelart suchen. Derzeit streiten sich große Geister um das neue Wappentier. Im Abschiedsbrief der alten Eule, die über lange Zeit hervorragende Arbeit geleistet hat, eine Empfehlung zur Nachfolgeregelung:

> [...] im Großen und Ganzen würde ich sagen: Zu wissen, wo es lang geht, zu wissen, was der Fall ist, und damit die Aussicht zu verbinden, man habe einen Zugang zur Realität und andere müssten dann folgen oder zuhören oder Autorität akzeptieren, das ist eine veraltete Mentalität, die in unserer Gesellschaft einfach nicht mehr adäquat ist. Wir haben verschiedene Weisen, die Gesellschaft oder die Weltverhältnisse im allgemeinen zu beobachten, die nicht auf einen Nenner zu reduzieren sind (Luhmann 1987, S. 29).

Mit anderen Worten: In großer Höhe und noch dazu mit dem Anspruch, *auch wenn der Tag bereits vorüber ist* – das heißt, ohne am realen Geschehen selbst beteiligt (gewesen) zu sein – den Überblick zu behalten oder zu erlangen, Realität definieren zu können und etwas zu kritisieren zu haben, sei einer Wissensgesellschaft nicht mehr gemäß; und inzwischen keine sinnvolle Jobbeschreibung mehr. Beim Recruiting sollte das beachtet werden.

Auftrag verstanden. Die zeitgemäße Wissensgesellschaft braucht in der Tat einen anderen Überflieger, denn sie fällt auseinander in einen disparaten Stimmenchor; in jedem Fall laut, manche meinen sogar: mit Schwarmintelligenz (aber auch darüber wird gestritten). Jedenfalls ist die Beteiligung an den häufig schrillen und ständig die Tonlage wechselnden Pfeifkonzerten nichts mehr für Schattentiere, sondern für beherzte Mit-Zwitscherer. Ein erster Vorschlag zur Stellenneubesetzung liegt vor: Ab jetzt Spatzen statt Eulen. Diese Bande sei zwar

> „ein wenig zu laut und zu schnell, wie es dem flinken Emblem entspricht, doch frei von der trägen Omnipotenz der nachträglichen Klugheit und von der Melancholie der absoluten Erinnerung". „Ruchlos fröhlich bei der Sache des Augenblicks, trillern [sie] in den Tonarten des Zeitgeists durcheinander". „Diese Vögel sind vermutlich Situationisten, Perspektivisten, Taoisten. Sie halten es nicht mit letzten Einsichten und totalistischen Abgesängen. Ihre Dachkonzerte sind nomadisch und volatil" (Sloterdijk 1987, S. 8 f.).

Zwar behagt uns die Richtung, nicht aber der Vorschlag. Metakognitiv Sensibilisierte können kein Wappentier gebrauchen, das – immer in Schwärmen – ruchlos fröhlich in den Tonarten des Zeitgeists durcheinanderträllert und damit das gefühlte Chaos *nur weiter anfacht*. Gefragt ist Differenzierung, nicht *Ent*differenzierung. Das wusste bereits einer der emphatischsten Wegbereiter einer modernen, säkularen Hoffnung: Heinrich Heine (2010, S. 14).

Ein neues Lied, ein besseres Lied,
O Freunde, will ich euch dichten!
Wir wollen hier auf Erden schon
Das Himmelreich errichten! [...]
Ja, Zuckererbsen für jedermann,
Sobald die Schoten platzen!
Den Himmel überlassen wir
Den Engeln und den Spatzen.

Diese Emphase teilen heute wohl nur noch Amerikaner – etwa der Neo-Pragmatist Richard Rorty, dessen Land diese Haltung zur Gründungsphilosophie des amerikanischen Staatenbundes aufwertete: Die Modernen kämpften für „the possibility of a better human future" anstelle der „hope of pie in the sky when we die" (Rorty 1999, S. 208). Genau hier liegen auch Esprit und Impetus von Zukunftsforschung – nicht ihr wissenschaftliches, sondern ihr motivationales Fundament. Und der Grund, warum der wissenschaftliche Beobachtungsposten, der aus der Vogelperspektive das Geschehen reflexiv begleitet, in der Tat neu besetzt werden muss.

Also keine Spatzen. Ein *erstes* Auswahlprinzip passenderer Kandidaten besteht darin, die Ökonomie der Aufmerksamkeit (eine sachlogisch falsche Reifizierung von Gleichzeitigkeit) in einzelne, klar voneinander unterscheidbare Laute zu sortieren: stimmlich unterscheiden zu können, anstatt Rabatz zu machen. Ein *weiteres*, dabei zwar niemals den Anspruch aufzugeben, immer geschmeidiger und situativ weiser zu werden, sehr wohl aber den falschen Glauben, dies ausschließlich durch ein eulenhaft abschließendes Wissen, dessen Sammlung und Mehrung praktizieren zu können. „Spatzenphilosophie" stünde, so deren Verfechter, jedoch gerade *nicht* für Weisheit als Inbegriff sinnstiftender, formstrenger Logik, sondern für unbedarfte Fröhlichkeit im Augenblick: „flüchtige Ansichten, momentane Stimmungen, wandernde Profile, bewegliche Horizonte" (Sloterdijk 1987). Hier stehen wir in einem anderen Lager. Wir wollen keine Treppen, die – wie bei Harry Potter – nach eigener Lust und Laune in jeder Situation die Richtung wechseln, sondern eine justierte Orientierung nach „europäisch-Oben", unsere Penrose-Treppe entlang. *Der Weg ist das Ziel.* Das neue Wappentier muss diese zeitliche Richtung kennen, Kurs halten können und *nach dieser Grundmelodie pfeifen* (in seiner Auswahl sind wir also überdies musikalisch anspruchsvoll).

Und deshalb vor allem das *dritte* Auswahlkriterium: Wir müssen weg nicht nur von Nachtflügen, sondern genau so von einer Vogelkunde nur am helllichten Tag, denn auch dann kann schon einiges zu spät sein. Dieses zentrale Erfordernis gilt es einzulösen: Unsere Beobachtungen künftig schon *vorher* und erst *damit*, logisch betrachtet, auch potenziell *rechtzeitig* beginnen zu lassen. Mag sein, dass Spatzen Taoisten sind – Europäer sind sie jedenfalls nicht. Fröhlichkeit als Selbstzweck genügt nicht, ist konzeptionell unzureichend. Sie repräsentiert vielmehr eine zentrale, bislang unterschätzte und ungenügend gewürdigte Sinndimension des Menschen. Im zukunftsforscherischen Zusammenhang: *säkular gewordene Hoffnung*.

Daher propagieren wir den Alternativvorschlag: Die Lerche ist's, nicht die Eule! Und die artverwandten Spatzen mögen viel Erfolg dabei haben, künftig die richtigen und wichtigen Nachrichten frühzeitig genug von den Dächern zu pfeifen – solche Helfer kann Zukunftsforschung gut gebrauchen.

Literatur

Agor WH (1984) Intuitive Management: Integrating Left and Right Brain Management Skills. Prentice Hall, Englewood Cliffs, NJ

Baecker D (1994) Postheroisches Management. Ein Vademecum. Merve, Berlin

Baecker D (2007) Studien zur nächsten Gesellschaft. Suhrkamp, Frankfurt a. M.

Beckert J (2016) Imagined Futures: Fictional Expectations and Capitalist Dynamics. HUP, Cambridge/Mass

Betz K et al (2001) Hajo Riese: Grundlegungen eines monetären Keynesianismus. Ausgewählte Schriften 1964–1999. Metropolis, Weimar

Blumenberg H (2007/1975) Theorie der Unbegrifflichkeit. Suhrkamp, Frankfurt a. M.

Duhigg C (2012) How Companies Learn Your Secrets. In: New York Times. http://www.nytimes.com/2012/02/19/magazine/shopping-habits.html?pagewanted=6&_r=4&hp&pagewanted=all (Erstellt: 16. Febr. 2012). Zugegriffen: Januar 2016

Dullien S (2016) Hört auf die Studenten! Süddeutsche Zeitung v. 25. Apr. 2016

Einstein A (2010) Mein Weltbild, hg. v. Seelig C. Ullstein, München

Faltin G (2015) Wir sind das Kapital. Erkenne den Entrepreneur in Dir. Aufbruch in eine intelligentere Ökonomie. Murmann, Hamburg

Feyerabend P (1986/1976) Wider den Methodenzwang. Suhrkamp, Frankfurt a. M.

Gerhold L et al (Hrsg) (2015) Standards und Gütekriterien der Zukunftsforschung. Ein Handbuch für Wissenschaft und Praxis. Springer VS, Wiesbaden

Gutenberg E (1983) Grundlagen der Betriebswirtschaftslehre – Erster Band: Die Produktion, 24. Aufl. Springer, Berlin et al.

Habermas J (1985) Die neue Unübersichtlichkeit. Kleine Politische Schriften, Bd. V. Suhrkamp, Frankfurt am Main

Hamel G, Prahalad CK (1997/1994) Wettlauf um die Zukunft. Wie Sie mit bahnbrechenden Strategien die Kontrolle über Ihre Branche gewinnen und die Märkte von morgen schaffen. Ueberreuter, Wien

Heine H (2010/1844) Deutschland. Ein Wintermärchen. Suhrkamp, Berlin

Jobs S (2012) The Lost Interview. Gespräch mit Steve Jobs 1995 zur Zeit der Leitung von NeXT. DVD, NFP marketing & distribution, Berlin/Vertrieb Warner Bros. Entertainment Hamburg

Kandinsky W (1979/1927) UND. Einiges über synthetische Kunst. Wiederabdruck in Schneede UM. Die zwanziger Jahre. Manifeste und Dokumente deutscher Künstler. Dumont, Köln, 190–195

Koch J, Sydow J (Hrsg) (2013) Organisation von Temporalität und Temporärem, Managementforschung Bd. 23. Springer Gabler, Wiesbaden

Laux H, Gillenkirch RM, Schenk-Mathes HY (2012) Entscheidungstheorie, 8. Aufl. Springer, Berlin/Heidelberg

Lucas RE (1983) Studies in Business-Cycle Theory. MIT Press, Mass.

Luhmann N (1987) 1984] Soziale Systeme. Grundriss einer allgemeinen Theorie. Suhrkamp, Frankfurt a. M.

Luhmann N (1996) Die neuzeitlichen Wissenschaften und die Phänomenologie. Picus, Wien

Luhmann N (2011) Organisation und Entscheidung, 3. Aufl. Springer VS, Wiesbaden

Mintzberg H (1976) Planning on the Left Side and Managing on the Right. Harv Bus Rev 54:49–58

Mintzberg H (1991) Mintzberg über Management, Führund und Organisation, Mythos und Realität. Springer Gabler, Wiesbaden

Müller-Friemauth F, Kühn R (2012) Risiko, Unsicherheit – oder Ungewissheit? http://denkenaufvorrat.de/news/unsicherheit/. Zugegriffen: Mai 2016

Müller-Friemauth F, Kühn R (2016) Silicon Valley als unternehmerische Inspiration. Zukunft erforschen – Wagnisse eingehen – Organisationen entwickeln. Springer Gabler, Wiesbaden

Neuhaus C, Steinmüller K (2015) Grundlagen der Standards Gruppe 1. In: Gerhold L (Hrsg) Standards und Gütekriterien der Zukunftsforschung. Ein Handbuch für Wissenschaft und Praxis. Springer VS, Wiesbaden, S 18–20

Picasso P (1988) Über Kunst. Aus Gesprächen zwischen Picasso und seinen Freunden. Diogenes, Zürich

Rorty R (1999) Philosophy and Social Hope. Penguin, London

Scharmer CO (2009) Theorie U. Von der Zukunft her führen: Presencing als soziale Technik. Carl-Auer, Heidelberg

Schlender B, Tetzeli R (2015) Becoming Steve Jobs. Vom Abenteurer zum Visionär. Siedler, München

Schnitzler M (2015) „Wir sind nicht marktgläubig", Interview, Süddeutsche Zeitung v. 29. Juni 2015

Schreyögg G [5](2008/1996) Organisation. Grundlagen moderner Organisationsgestaltung, Gabler, Wiesbaden

Simon HA (1989) Making Management Decisions: The Role of Intuition and Emotions. Acad Manag Exec 1(1):57–64

Sloterdijk P (1987) Kopernikanische Mobilmachung und ptolemäische Abrüstung. Suhrkamp, Frankfurt a.M.

Smith A (1990/1776) Der Wohlstand der Nationen. 5. Aufl. DTV, München

Spencer-Brown G (1969) Laws of Form. George Allen & Unwin Ltd., London

Taleb NN (2010/2007) Der Schwarze Schwan. Die Macht höchst unwahrscheinlicher Ereignisse. DTV, München

Tetlock P, Gardner D (2015) Superforecasting: The Art and Science of Prediction. Crown Publishers, New York

Tiberius V (2011) Zur Zukunftsorientierung in der Betriebswirtschaftslehre. In: Tiberius V (Hrsg) Zukunftsorientierung in der Betriebswirtschaftslehre. Gabler, Wiesbaden, S 89–103

Vance A (2011) This Tech Bubble Is Different. In: Bloomberg Business Week. http://www.bloomberg.com/news/articles/2011-04-14/this-tech-bubble-is-different (Erstellt: 14.4.2011). Zugegriffen: März 2016

Vance A (2015) Elon Musk. Tesla, PayPal, SpaceX: Wie Elon Musk die Welt verändert. Die Biografie. FinanzBuch, München

Walras L (2014/1900) Elements of Theoretical Economics: Or, The Theory of Social Wealth. CUP, Cambridge

Walter F, Marg S (Hrsg) (2015) Sprachlose Elite? Wie Unternehmer Politik und Gesellschaft sehen. Reinbek, Hamburg

Weber M (1988/1906) Objektive Möglichkeit und adäquate Verursachung in der historischen Kausalbetrachtung. In: Weber M. Gesammelte Aufsätze zur Wissenschaftslehre, hg. v. Winckelmann J, 7. Aufl. Mohr, Tübingen, 266–290

Weber M (2015/1917) Wissenschaft als Beruf. Reclam, Stuttgart

Wittgenstein L (1963/1959) Tractatus logico-philosophicus. Logisch-philosophische Abhandlung. Suhrkamp, Frankfurt a. M.

Glossar

Antezipation

ist in der Zukunftsforschung der methodologische Gegenbegriff zu Prognose (lat. *anteca-pio*). Er steht für ihr zentrales Paradigma – auch, wenn in der *angewandten* Zukunftsforschung die Prognostik dominiert oder zumindest in die forscherischen Prozesse hineinragt. Während eine Prognose versucht, die Entwicklung, beispielsweise eines Faktors in der Zukunft, auf Basis von Informationen aus der Vergangenheit berechnend zu projizieren und damit die vorliegende Sinnstruktur fortschreibt, *fingiert* eine Antezipation eine bestimmte Strukturlogik *sinnadäquat in der Zukunft*. Antezipationen „nehmen etwas an" – mit logischem Anspruch. Die vorgestellte Struktur kann dabei mit gegenwärtigen Realia in Verbindung stehen, muss es aber nicht (schwacher versus starker Möglichkeitsbegriff).

Antezipationen – gedanklich-logische, genauer: über einen speziellen Mechanismus des logischen Schließens (Abduktion) gewonnene Vorgriffe in der Zeit – führen gegenwärtig beobachtbare Sinntendenzen zwar strukturlogisch weiter, übernehmen aber nicht ungeprüft deren Sinnlogik. Sie weisen sie zudem nicht quantitativ aus oder nach: Es gibt keine kalkulatorischen Belege, Gründe, Argumente. Ihr zentrales Gütekriterium ist nicht Präzision, sondern Sinnpassung, Angemessenheit in Sachen Relevanz. Eine „gute" Antezipation legt offen, inwiefern der unterstellte künftige Zustand an das, was gegenwärtig existiert oder auch noch nicht existiert, anschlussfähig ist *und* darüber hinaus weist. Das Künftige kann dabei sogar irreal oder nahezu unmöglich erscheinen – sofern es jedoch „Brückenköpfe" dorthin gibt, etwa starke Bedürfnisse, Wünsche, erwartbare Technologien oder andere eventuell in der Zukunft dann *doch* vorhandene Realisierungschancen, ist sie legitim.

Mit wissenschaftlichem Anspruch möglich wird antezipatives Denken erst dann, wenn der Geltungsanspruch wissenschaftlicher Aussagen vom Bereich der Objektivität (universalistischer Geltungsanspruch) auch auf Subjektivität (partikular-situativer Geltungsanspruch) ausgedehnt wird. Innerhalb wissenschaftlicher Zukunftsforschung sind beide Geltungsansprüche *analytisch gleichwertig*. Im Kontext praktischer Problemlösungen genießt die subjektive Perspektive sogar den Vorrang – der Grund, warum Zukunftsforschung „normativ" angelegt ist und in ihrem Wissenschaftsverständnis mehrere Veränderungen vornimmt. Wissenschaftlich betrachtet, sind Antezipationen subjektiv-fiktive Zukunfts-

© Springer Fachmedien Wiesbaden GmbH 2017

F. Müller-Friemauth und R. Kühn, *Ökonomische Zukunftsforschung*, FOM-Edition, DOI 10.1007/978-3-658-14391-6 standpunkte. Mit ihrem Vorspringen in der Zeit machen sie komplexe Situationen *aus der Zeit heraus,* sozusagen von vorne aus, *bewertbar,* indem sie einen Standpunkt eben zeitlich (nicht sachlich) beziehen. Sie konkretisieren einen subjektiven Möglichkeitsüberschuss; konzeptionell und formallogisch gesprochen, zunächst *unabhängig* von dessen Realitätsgehalt (Beispiel: Sogenannte „Moonshots" als Prinzip der Unternehmensentwicklung in der kalifornischen Ökonomie). Das unterscheidet sie grundsätzlich von der Prognose, deren Realitätsanspruch – die Nutzung geprüfter, valider Daten – empiriebedingt eine unlösbare, vor allem aber *ausschließliche* Bindung an die Vergangenheit erzwingt.

Fortschritt
ist eine zentrale Kategorie der Zukunftsforschung. Zukunftsforscherisches Denken und Handeln ist grundsätzlich in ein Fortschrittsdenken eingebettet, allerdings anders bestimmt als in der klassisch-aufklärerischen Tradition. Fortschritt ist daran zu bemessen, ob eine Gesellschaft oder Gruppe ihrer Vorstellung von Sinn und absichtsvollem Handeln (nota bene: *nicht* ihres faktischen Verhaltens!), also der kulturell bestimmten Richtung ihrer Evolution: ihrer Identität, langfristig real näherkommt.

Im Gegensatz zur Bedeutung des Begriffs im 18. Jahrhundert werden zur Bewertung von Erfolg oder Misserfolg keine *semantischen* Kriterien herangezogen („Inhalte", „Issues" oder Werte wie Emanzipation, Freiheit, Gleichheit, Gerechtigkeit, Wohlstand oder anderes), sondern Vorstellungen über die Identität der eigenen Gruppe, also das soziokulturelle Selbstverständnis. Dieses gilt als *dynamische und veränderliche Achse, die den zentralen Urteilsmaßstab bereitstellt.* Bildlich formuliert: Fortschritt ist kein Vorstadium zu einem erwünschten künftigen Sein, sondern ein unendliches Werden (ohne Anfang und Ende). Das jeweils eigene Selbstverständnis – so, wie wir uns hier und heute verstehen, also raum- und zeitgebunden – ist institutionell stabilisiert und festgelegt, jedoch nur rudimentär. Zeitlogisch formuliert: immer nur *vorläufig.* Denn eine langfristige kulturelle Weiterentwicklung *entlang des eigenen Selbstverständnisses,* der eigenen Identität, wird neuartige „Semantiken" und damit als lohnend erachtete Ziele oder Orientierungen hervorbringen, die zunächst gar nicht vorstellbar sind. Aber: Man kann die tatsächlich *hilfreichen und positiven* Entwicklungen – Fortschritte – nur dann überhaupt bewusst wahrnehmen, wenn die eigene Identität ausreichend reflektiert ist: *Wenn man die Achse kennt,* ernst nimmt und kontinuierlich weiter bearbeitet. Denn andernfalls lässt sich Fortschritt nicht vernünftig bewerten: nicht valide bestimmen, ob etwa eine technologische Neuerung auf die eigene Identität „einzahlt", ihr dient und sie befördert, oder – ganz im Gegenteil – diese Errungenschaft für Überleben oder Weiterentwicklung der Gruppe beziehungsweise die Evolution langfristig nicht sogar eine Gefahr darstellen könnte. Ohne Bearbeitung der subjektiven Sinnachse, die allem Tun unterliegt, sind vernünftige Urteile über – eventuell nur scheinbare – Fortschritte nicht möglich.

Ein zeitgemäßer Fortschrittsbegriff preist diese Überlegung ein: die Einsicht in das grundsätzlich *provisorische*; mit Blick auf Gegenwartsereignisse grundsätzlich *riskante;* und bemessen am Maximum dessen, was künftig noch möglich ist, notwendig *minderwertige* Entwicklungsniveau einer existierenden Gesellschaft. Damit wird der Fortschrittsbegriff – im Gegensatz zur aufklärerischen Tradition, in der aufgrund ihres Schwerpunktes auf Sach- und Soziallogik beziehungsweise sozialen Werten Fortschritt nur als vergangenheitsfixierte Bestimmung möglich war – *zukunfts*bezogen weiterqualifiziert. Eine zeitlogische Fortschrittskategorie bezieht sich nicht auf ideale Ziele, die es kontrafaktisch, also versuchs- und näherungsweise anzustreben gilt. Vielmehr bleibt sie inhaltlich offen (man weiß nie, was morgen attraktiv sein wird) und richtet *stattdessen* den Fokus auf Prinzipien, Regeln, Schemata und Denkmuster des Wandels selbst. Konkret: auf die jeweilige Situation, den jeweiligen Kontext, räumlich-zeitlich präzisiert.

Nur, wenn Fortschritt wie bisher allein aus dem Gestern heraus bemessen wird, erscheint er notwendig als stetiges „Mehr" oder „Besser". Er repräsentiert dann die Verlängerung, bestenfalls Ergänzung dessen, was war und ist; eine durch und durch (zumeist) optimistische und *zukunftsblinde* Kategorie. Gemäß Zukunftsforschung ist Fortschritt als solcher jedoch kein Grund zu Optimismus. Erreichtes kann jederzeit wieder verloren gehen. Eine zeitlogisch vereinseitigte Fortschrittsbestimmung über die Vergangenheit ist zumindest naiv, wenn nicht fahrlässig: In dieser Begriffsversion sind keine Bewertungsmaßstäbe eingelassen, um zu erkennen, wann vermeintlicher Fortschritt auf einer Ebene (etwa auf sachlogischer) ein Vorwärtskommen, auf einer anderen (etwa auf zeitlogischer) jedoch ein Rückschritt bedeutet. Er ist *nicht komplexitätsadäquat*.

Zukunftsforschung bestimmt Fortschritt deshalb anders: Sie macht ihn komplexitätsfähig, „temporalisiert" diesen Begriff und ergänzt ihn um die zukunftsbezogene Dimension der Zeit. Fortschritt gilt, neben der traditionellen Bestimmung, hier *auch* als ein noch oder vorerst minderbemitteltes, unzureichendes, behelfsmäßig-defizitäres „Nur", ein „Noch-Nicht". Dieses „Nur" ist zwar besser als nichts; ein Anfang, denn es geht voran (in vergangenheitsorientiertem Sinne also zustimmend zu bewerten). Aber es ist womöglich unklar hinsichtlich seiner künftigen, gegenwärtig noch nicht absehbaren *Effekte* – und ganz prinzipiell *zu wenig* angesichts der heute noch ungeahnten Möglichkeiten, die uns morgen offenstehen (in zukunftsorientiertem Sinne also aus Prinzip kritisch zu bewerten und normativ achtsam zu beobachten; vgl. Stichwort „Normativität"). Anders formuliert: Statt Fortschritt im Modell „Vergangenheit plus X" nun Fortschritt als „Zukunft minus X". Wir kommen nie an und sind unendlich unterwegs (Penrose-Treppe) – eben dieser Weg ist aber gleichzeitig schon das Ziel, insofern, als dass wir während des Gehens aufgrund ständig neuer Situationen das Ziel immer wieder neu akkommodieren, das heißt unsere Achse bearbeiten, wodurch sie sich ständig verändert. Wir bekommen das letztliche Ziel zwar nie zu fassen, weiten auf diesem Denk- und Entwicklungsweg aber unsere Kompetenzen immer mehr aus – ein „heterarchischer" Fortschritt. Wir maximieren unser Können.

> Fortschritt bedeutet die beständige Steigerung der menschlichen Fähigkeit, durch Wissenschaft und technologische Entwicklungen, durch den Wandel von Denken und Handeln diejenigen Sinndimensionen bearbeiten zu können, die Menschen zu unterschiedlichen Zeiten: jeweils für sich am jeweiligen Ort zur jeweiligen Zeit, für die wichtigsten halten (Penrose-Treppe).

(Definition in Abschn. 4.1).

Komplexität

ist die „Problemformel" von Zukunftsforschung. Diese Metadisziplin wurde gerade dafür entwickelt, *komplexe* Fragestellungen zu bearbeiten; das ist ihre Hauptaufgabe.

Üblicherweise wird Komplexität von Komplikation (die mit etabliertem Denken grundsätzlich lösbar ist) unterschieden und darüber definiert. Zukunftsforschung nimmt jedoch eine andere Bestimmung vor. Es werden zwei logische Operationen kombiniert: *Sinnanalyse* und eine *Subjektivierung* des Gegenstands. Zur Sinnanalyse:

Verschiedene Sinndimensionen sind zu unterscheiden: auseinanderzuhalten und gegeneinanderzustellen. Wie verhält sich die *sachliche* Ebene der jeweiligen Frage zur vorliegenden *sozialen* und *zeitlichen*? Dabei wird methodisch kontrolliert die Sinndimension der Zeit privilegiert. Das bedeutet, dass über gedankliche „Zeitsprünge" (Temporalisieren) aus der Zukunft heraus „zurück" in die Gegenwart *Bewertungsmaßstäbe* für die Fragestellung erschlossen werden. Das ist das generelle Ziel zukunftsforscherischer Arbeit: *Newness* – also Unbekanntes und Phänomene, zu denen keinerlei Erfahrung vorliegt – *beurteilbar zu machen*.

Zum anderen – also bezüglich der Subjektivierung des Gegenstandes – wird aufgrund des Wissensdefizits über das Neue der „klassische" Weg einer Bewertung, nämlich qua Objektivierung (messen, berechnen, kalkulieren und so weiter) Urteilskriterien abzuleiten, systematisch *versperrt*. Dazu dienen spezielle Methoden. Denn ein objektivierendes Vorgehen wäre prognostisch und nicht zukunftsforscherisch qualifiziert (obwohl es in der zukunftsforscherischen Praxis durchaus ergänzend hinzugezogen werden kann). Stattdessen wird der *subjektive Erwartungshorizont* bearbeitet und geklärt. „Subjektiv" kann in diesem Zusammenhang sowohl „individuell" als auch „kollektiv" heißen, sich auf eine Person wie auf eine Gruppe oder Organisation beziehen – immer jedoch auf eine partikulare, situativ einzigartige und für die zukunftsforscherisch Fragenden eigenwertige, sinnhaft-bedeutsame Perspektive.

Zukunftsforschung bearbeitet Strukturkonzeptionen mit hoher Komplexität. Die klassische Wissenschaftstradition hat ihre theoretische Betrachtung auf solche Strukturen konzentriert, die kompliziert sind, und bei denen Komplikation reduzierbar ist („Technik"). Durch diese Einseitigkeit vergrößert sich jedoch der Abstand zwischen dem, was Wissenschaft liefert, und dem, was gesellschaftlich an validierter Information benötigt wird. Aus dieser Situation leitet Zukunftsforschung ihren Anspruch sowie die Definition ihrer zentralen „Problemformel" ab: Als komplexitätsrelevant gilt alles, was möglicherweise für menschliche Sinnbezüge relevant sein oder werden kann hinsichtlich des Bedarfs an stetig steigendem, zu bewältigendem Strukturreichtum.

> Alles das, was für die Sinngebung des Menschen in Bezug auf die gesamten Möglichkeiten seines Erwartens potenziell bedeutsam sein kann, soll „Komplexität" heißen. Die Reichweite dieses Erwartungshorizontes ist expansiv und unendlich.

(Definition in Abschn. 3.2. Übersicht über die polylogische Begrifflichkeit von Zukunftsforschung in Abb. 3.1).

Kritik

steht in der Zukunftsforschung für den *sinnanalytisch* und *logisch* qualifizierten Vollzug eines bewertend-beurteilenden, wissenschaftlich geprüften Denkens. Sinnanalytisch: Hier ist das Hauptmerkmal die Überbietung oder Ergänzung rein sach- und soziallogischer Kritik durch eine zeitlogisch-antezipative Perspektive. Jedes Sachproblem lässt sich immer auch auf komplexe Folgewirkungen in der Zukunft beobachten und also auch daran entscheiden. Logisch: Ein Ereignis oder eine Idee ist begründungstheoretisch kritikwürdig nicht nur innerhalb der klassisch-symmetrischen logischen Grundstruktur (kritisches Subjekt kritisiert Objekt in universalistischem Modus). In diesem Kritikmodell muss der Kritiker zwingend wissender, intelligenter oder moralisch integrer sein als das kritisierte Objekt, andernfalls ist Kritik logisch nicht möglich. Kritik lässt sich aber auch in einer triadischen Grundstruktur denken, die metakognitiv – also im Sinne eines gedanklich-methodischen Überwachens – qualifiziert wird (kritisches Subjekt kritisiert Objekt und prüft eigene Kritik auf kontextural-situative Angemessenheit in partikularistischem Modus, vgl. Stichwort „Metakognition"). Werden Situation, Kontext oder Fall-Bedingungen mit berücksichtigt und damit zu relevanten Maßstäben von Kritik aufgewertet, gibt es keine *rein „objektive"* Kritik mehr, denn die Situationseinschätzung findet grundsätzlich hier, jetzt und auf Basis eines Standpunktes beziehungsweise einer spezifischen Perspektive statt (Partikularismus/Subjektivität).

> Kritik bedeutet eine Überprüfung von Sinnzuschreibungen auf allen drei Sinndimensionen von Sachlichkeit, Sozialem und Zeit. Ihre Urteilskraft und Legitimität bezieht sie nicht nur aus empirisch oder objektiv begründeten Bewertungen, sondern auch aus der Subjektivität des Menschen, verstanden als Fähigkeit zu einem kreativ-willentlichen, zweckgebundenen, prinzipiell unbegrenzten Spiel mit logischen Formen.

(Definition in Abschn. 4.3).

Metakognition

ist der Sammelbegriff von der – aus Gehirnforschung und Kybernetik stammenden – Einsicht, dass sich die menschliche Reflexion keiner Symmetriestruktur verdankt. In der Geistesgeschichte wird jedoch genau das unterstellt, ein zweiseitiges Schema: Das Subjekt erkennt (und denkt) das Objekt. Zwar wird immer wieder darüber diskutiert, ob das Abbild des Objekts, das wir erkennen, tatsächlich dessen Urbild ist (Ding an sich) oder nicht eher das Resultat eines subjektiven Abbildungsprozesses (Ding für sich/uns), mithin eine „Konstruktion". Zwischen Urbild und Abbild existiert jedoch eine *logische Symmetrie*: Beide haben den gleichen logischen Stellenwert. Allein deshalb ist die Suche nach Wahrheit (als Übereinstimmung von beidem als „an und für sich") überhaupt möglich.

Für die wissenschaftliche Erkenntnis scheint diese Detailfrage nebensächlich, denn Wissenschaft beschäftigt sich in jedem Fall mit dem *Ergebnis* des Erkenntnisprozesses – egal, wie dieses Ergebnis zustande kommen mag. Dessen Entstehung und Besonderheiten gelten als Fragestellungen spezieller wissenschaftlicher *Teildisziplinen*, etwa der Philosophie, und werden so perspektivisch abgespalten. Die anthropologischen Spezifika der menschlichen Art und Weise des Erkennens haben in den Sozialwissenschaften bis heute kaum praktische Konsequenzen für die methodischen Erfordernisse an Erkennen, Denken und dessen Reflexion. (Der letzte maßgebliche Legitimationsspender dieser traditionellen Sichtweise war Thomas S. Kuhn.)

Der Begriff der Metakognition versteht menschliches Denken demgegenüber grundsätzlich anders, und orientiert sich dazu an der modernen Physik. Er fußt auf der Prämisse, dass menschliche Wahrnehmung *grundsätzlich* durch den biologischen Sinnesapparat des Menschen vermittelt ist und daher prinzipiell keine „Urbilder" von Objekten re-/produzieren kann. Unterstellt wird deshalb eine *triadische* logische Grundstruktur der Reflexion:

a. Das Subjekt, welches das Objekt wahrnimmt;
b. das Objekt, das wahrgenommen wird; sowie
c. eine „Zweit-Perspektive" des Subjekts, das die Art und Weise, *wie* es das Objekt wahrnimmt, „meta-"reflektierend kontrolliert.

„Ist die Art dieser Beschreibung hier korrekt?" „Entspricht unsere Analyse der Situation und ihren Bedingungen?" „Trägt diese Beobachtung den konkreten Bedingungen von Raum und Zeit angemessen Rechnung?" Derlei sind metakognitive Fragen. Metakognition ist also die menschliche Fähigkeit, gedanklich zu überprüfen, ob aktuelles Analysieren, Schließen oder generell: Denken situativ angemessen ist, beziehungsweise ob die gerade in Geltung stehende Denkweise verändert werden muss. Sie bezeichnet *das Vermögen, subjektive Kognitionen* wie Wahrnehmungen, Entscheidungen, Denkprozesse, Urteile, Überzeugungen, Erinnerungen, Vorstellungen oder Annahmen *zu reflektieren, zu bewerten* und *situativ anzupassen.*

Zukunftsforschung setzt Metakognition vor allem sinnanalytisch ein. Sie prüft, ob sich bekannter Sinn „metakognitiv" übersteigen lässt („Wie gehen wir hier reflexiv mit dem normalen Sinnangebot um – ist das für unsere Zwecke angemessen, unserer Intention nach noch passend?"), um sich von dem, was gegenwärtig „Wirklichkeit" genannt wird, gegebenenfalls zu distanzieren. Dadurch erschließt sie fiktive Alternativen, die – zeitlogisch in die Zukunft projiziert und anhand der jeweiligen Intention bemessen – zu *Antezipationen* qualifiziert werden. Bedingung der Möglichkeit, um aus subjektiven Fiktionen wissenschaftstaugliche Antezipationen zu machen (und sich nicht in Visionen zu verirren), ist der Einsatz von Metakognition. Denn ohne eine reflexive Kontrolle sowohl der Art und Weise, wie Fiktionen zustande kommen, als auch der Gründe, wie und warum aus „bloßen" Fiktionen letztlich handlungsleitende Antezipationen werden sollen (wozu, um willen von was?), lassen sich die zukunftsforscherischen Wegmarken für ein Handeln „ins Morgen hinein" nicht wissenschaftlich ausweisen (Validität, Relevanz, zeitliche Reichweite, Transparenz und so weiter – vgl. die Wissenschaftskriterien der Zukunftsforschung, Abb. 5.2).

(Definition und Erläuterungen passim)

Normativität

bezeichnet die bindende Kraft oder Wirksamkeit einer *begründet als wünschbar oder gewollt* ausweisbaren Möglichkeit. Die Begriffsbestimmung wird nicht, wie gewohnt, sach- oder soziallogisch vorgenommen (Gesetze/Verbote oder Werte), sondern zeitlogisch. Diese zeitlogische Bestimmung wird zudem ausdifferenziert: Innerhalb wissenschaftlicher Zukunftsforschung beruht Normativität auf einem starken Möglichkeitsbegriff, der nicht nur das berücksichtigt, was „auch noch" möglich wäre (vervielfältigende Auffächerung von Versionen des heute Denkmöglichen = schwacher Möglichkeitsbegriff), sondern darüber hinaus Vorstellungen, die jenseits des heute Realisierbaren, womöglich sogar jenseits des generell menschlich Machbaren liegen. Realitätstauglichkeit ist kein hinreichendes Kriterium für den zukunftsforscherischen Möglichkeitsbegriff, und auch nicht für ihr Verständnis von Normativität. Positiv-normativ ist alles, was sinnvoll wünschbar ist.

> Normativität bezeichnet die Markierung einer subjektiv als positiv (sinnvoll, nützlich, beglückend, lohnenswert) bewerteten Möglichkeit. Zukunftsforschung verfährt insofern *normativ*, als sie systematisch Partei ergreift für zur Gegenwart stark-alternative Möglichkeiten.

(Definition in Abschn. 4.3).

Ökonomie

Wissenschaftliche Zukunftsforschung aktualisiert und erweitert die begriffspolitischen Horizonte derjenigen Phänomenbereiche, auf die sie sich bezieht – grundsätzlich. Die Erweiterung bezieht sich jeweils konkret darauf, dass innerhalb des zukunftsforscherischen Wirkens mitbearbeitet wird, wie Neues gefunden und gedacht werden kann. Diese Mit-Reflexion der Zeitdimension ist evolutionär voraussetzungsvoll: Sie entspricht einem hohen zivilisatorischen, modernen Entwicklungsniveau, auf dem es nicht mehr nur darum geht, Erreichtes zu sichern (klassisches Ökonomieverständnis), sondern nun auch darum, das Erreichte zu entfalten und zu steigern (zeitgemäßes Ökonomieverständnis). Da (nicht nur) die ökonomische Theorie wissenschaftstheoretisch beinahe zur Gänze in einem Grundkonzept verankert ist, demgemäß Stabilität als bedeutsamer und praktisch relevanter gilt als Wandel (Sicherung vor Expansion), werden die Prämissen teilweise ergänzt. Denn wenn sich dieses Verhältnis umkehrt, müssen auch das Denkmodell, und demzufolge die Begrifflichkeit, verändert werden. Dies betrifft alle gesellschaftlichen Phänomenbereiche.

Aufgrund der zeitlogischen Erweiterung des wirtschaftlichen Gesamtverständnisses differenziert sich der Rationalitätsbegriff aus. Über eine rein instrumentelle Rationalität hinausgehend (Zweck-Mittel-Relation) wird zusätzlich der *zeitlogisch-normative Wert* eines Gutes berücksichtigt, der – im Gegensatz zum Wert der *Sache*: etwas als monetärer Wert – nur subjektiv, also individuell-idiosynkratisch oder kollektiv-kulturell, bestimmbar ist. Für dieses erweiterte Ökonomieverständnis führen wir den Begriff einer Preconomics® ein. Sie steht für die voraussetzungsvolle und hoch moderne Erfahrung, dass die Entscheidung, einer Erwartung zu folgen, die vom realen Geschehen deutlich abweicht; und zwar absichtlich, bewusst und strategisch; in logischem Sinn *rational* sein kann – soll heißen, in zeitlogischem Sinne, also mit Blick auf die Zukunft, vernünftig.

> Wirtschaft ist die Gesamtheit aller Phänomene und Handlungen, die der prinzipiell unbegrenzten, planvollen Erweiterung menschlicher Bedürfnisse und deren Befriedigung dient und dafür jeweils situationsadäquat knappe (oder knapp gehaltene) Ressourcen alloziert.
> Als ökonomisches Prinzip gilt die Annahme, dass Wirtschaftssubjekte bei der Wahl ihrer ökonomischen Mittel in Bezug auf deren Zweck sowohl eine instrumentelle Mittelrationalität anstreben (Kalkulation der Nutzen- beziehungsweise Gewinnmaximierung) als auch eine normativ-subjektive Wertrationalität. Je zivilisatorisch fortgeschrittener und komplexer eine Gesellschaft, desto bedeutsamer die Wertrationalität.

(Definitionen am Ende von Kap. 7).

Sinn

wird im Anschluss an Alfred Schütz unterteilt in drei Dimensionen: sachlich, sozial und zeitlich. Innerhalb der zeitlogisch operierenden Zukunftsforschung ist die Dimension der Zeit privilegiert; daran orientiert sich die Definition. Zeit fungiert als übergeordnete Bewertungsinstanz, an der Aspekte von Sache und Sozialem bewertet werden. Sinn in der Zeit ist ausschließlich subjektiv zu bestimmen; es gibt keinen objektiv validierbaren Zukunftssinn. (Dieser wäre gleichbedeutend mit einer Existenzweise, in der ein vorfestgelegtes Ziel – beziehungsweise deren und dessen Sinn – in reiner Notwendigkeit prozessiert würde. Hier existierte keinerlei Freiheit; eine Seinsform, der biologisches Leben auf der Erde nicht entspricht.) Aus zukunftsforscherischer Sicht ist beispielsweise eine ökonomische Handlungsweise, die ihren situativ-zeitbezogenen sozialen Sinn nicht ausweisen kann, analytisch unterbestimmt.

> Sinn ist subjektive Bedeutung in der Zeit. Er verbindet Absicht (Wille, Intentionalität) mit zeitlogisch qualifizierter Reflexion und erfüllt die Funktion, bewusst und bedacht eine innere Kontinuität von Ereignissen oder Erlebnissen herzustellen. Dabei werden die Sinndimensionen von Sache (Dinge, Sachen, Themen, „Inhalte"), Sozialem (Perspektivenvielfalt) und Zeit (Erinnern und Erwarten) unterschieden.

(Definition in Abschn. 3.1).

Strategie

ist ein Sammelbegriff für sowohl Aspekte „inhaltlicher" Planung (traditionelles Verständnis) als auch zeitlicher Bewertung (zukunftsforscherische Ergänzung). Er kombiniert klassische sach- und soziallogische Aspekte eines Handlungsprogramms hinsichtlich des zu erreichenden Zielpunktes mit – zusätzlich – einer zeitlogischen Überprüfung dieses Zielpunktes anhand der dahinterliegenden Erwartung oder einem übergeordneten Wert (subjektiver Sinn: „Was soll das erreichte Ziel in der jetzigen Situation bewirken, wofür steht es?"). Eine in zukunftsforscherischer Perspektive „gute" Strategie bemisst sich nicht nur an einem professionellen Programmkalkül (klassischer Strategiebegriff: Verhaltensprogramm zur Erhöhung der Wahrscheinlichkeit der Zielerreichung), sondern auch an Reflexionsgrad und Klarheit über den motivierenden, sinngebenden Erwartungshorizont, in den die Strategie insgesamt eingebettet ist, und der aufgrund des Wandels beziehungsweise um willen des Fortschritts ständig überprüft werden muss – worum sie überhaupt aufgestellt wird.

> „Strategie" heißt alles, was die Wahrscheinlichkeit für das Eintreffen einer positiven Zukunftserwartung (Sinnpräferenz) erhöht durch
>
> (a) *sachlich-sozial*: langfristige Planung für wechselnde Ziele, die der Zukunftserwartung unterstehen, und
> (b) *zeitlich*: metakognitive Überprüfung der Langfristplanung an der überwölbenden positiven Zukunftserwartung.

(Definition in Abschn. 3.3; vgl. Stichwort „Fortschritt").

Zukunftsforschung

Gemäß unserer pragmatischen Arbeitsdefinition ist wissenschaftliche Zukunftsforschung eine zeitlogische (Meta-)Disziplin, die beforscht, wie das noch nicht Denkbare denkbar, das noch nicht Mögliche möglich und damit das noch nicht Machbare machbar wird. Zusammengefasst geht es damit um ein gedanklich und methodisch systematisiertes *Erwartungsmanagement*; im Gegensatz zur volkswirtschaftlichen Tradition jedoch gerade nicht um (im klassischen Verständnis) „rationale Erwartungen". Zudem wird im Zusammenhang mit der BWL genauer *unternehmerisches* Erwartungsmanagement bearbeitet.

Hinsichtlich der Teildisziplinen der BWL steht Zukunftsforschung Innovationsmanagement und Entrepreneurship am nächsten, hat jedoch einen anderen Fokus: Sie vereinseitigt und radikalisiert innovatives Unternehmertum mit Blick auf ein Organisationshandeln, das sich als Mittel zum Zweck dafür begreift, mit neuen oder anderen Produkten und Dienstleistungen *die Gesellschaft zu verändern und voranzubringen*. Innovation und Entrepreneurship stehen hier in einer Zweckbeziehung zu *sozialem*, nicht selbstzweckhaft ökonomischem Wohlstand. (Zukunftsforscherisch geht es nicht um „SMARTe Ziele", sondern um deren gesellschaftlichen *Sinn*.) Ökonomische Zukunftsforschung versteht gesellschaftliche Zukunftserwartungen – Visionen, Wünsche, Programme – als zwar *außerhalb* des Gebietes der Ökonomie selbst liegenden, gleichwohl aber zentralen intentionalen Motor auch für unternehmerisches Handeln.

(Zukunftsforschung steht damit zunächst *neben* der betriebswirtschaftlich verstandenen Ökonomie. Das Bindeglied: Sie positioniert Ökonomie um als nützliches Mittel für die soziale Evolution, das im Zeitalter der Globalisierung – im Vergleich zum traditionell dafür vorgesehenen, zentralen Steuerungssystem der Politik – kontinuierlich an Einfluss gewinnt. Im Gegensatz zu zahlreichen „Kapitalismuskritiken" nutzt Zukunftsforschung diese Situation dazu, aus der Not eine Tugend zu machen und Ökonomie konzeptionell in die Lage zu versetzen, ihre praktisch offensichtliche Wirkungsmacht auch *gezielt und strategisch gerichtet einsetzbar zu machen*: gemäß der Richtung, die eine Gesellschaft einschlagen will. Im 21. Jahrhundert *gewinnen* moderne Gesellschaften auch an Steuerungsinstanzen; sie verlieren nicht nur Kraft und Geltung bei ihren herkömmlichen.)

Zukunftsforschung verändert Erwartungen und vermehrt so Handlungsmöglichkeiten. Ihre Absicht ist es, mittels alternativer, gedanklicher Distanznahmen von der gegenwärtigen Realität (Antezipationen) den gegebenen Erwartungshorizont zu erweitern. Wissenschaftlich qualifiziert geschieht dies durch eine Überprüfung der eigenen Denklogik (Metakognition): Antezipationen werden auf ihre hintergründigen Sinnzuschreibungen hin überprüft, und zwar (a) sach- und soziallogisch, (b) zeitlogisch-normativ (Wille, subjektiver Wert) und (c) polylogisch-vergleichend (Bewertung der interlogischen Verhältnisse).

(Definition in Abschn. 6.2).

Buch- und Filmempfehlung

▶ Buch Peter Huber: Orwell's Revenge. The 1984 Palimpsest, Free Press, New York usw. 1994 (bisher nicht übersetzt)

Wie Kalifornien die künftige Welt sieht
Mark Zuckerberg setzte dieses Buch 2015 auf die Liste seiner Buch-Tipps. Huber ist Maschinenbauer, Partner einer Anwaltskanzlei und Mitglied eines konservativen Think Tanks. Er gab alle Wörter von Orwells Roman „1984" in den Computer ein und nutzte ein Software-Programm, um eine Antwort auf Orwell in dessen eigenen Worten zu schreiben. Ergebnis: Orwell selbst sei ein paradigmatischer Repräsentant von „Doublethink". Denn im Gegensatz zu seiner Befürchtung, dass die Entwicklung von Kommunikationstechnologien eine totalitäre Welt herbeiführen könnte, lautet das Ergebnis von Hubers „Reimagination": Das genaue Gegenteil sei der Fall. Warum Technologien nicht dein Feind, sondern dein Freund sind, warum die Freiheit der Wahl wertvoller als Gleichheit und die Angst vor einem totalitären Big-Brother-Staat ein Selbstmissverständnis sei, lässt sich hier nachlesen.
Ein beeindruckendes Beispiel für ein typisch amerikanisches Umschreiben des europäischen Mindsets; mit freundlicher Unterstützung aus dem Valley. Lesenswert und lehrreich in Bezug auf zeitgemäßes, kalifornisches Denken (Beobachtung von Beobachtung).

▶ Buch Gotthard Günther: Die amerikanische Apokalypse. Aus dem Nachlass herausgegeben und eingeleitet von Kurt Klagenfurt. Profil Verlag, München/Wien 2000 [frühe 1950er-Jahre]

Wie ein Deutscher die kalifornische Zukunftsvision sieht
Der deutsche Philosoph Günther, 1900 in Schlesien im Riesengebirge geboren, emigrierte 1940 in die USA. Dort beschäftigte er sich, neben seinem Lieblingsthema Logik, mit amerikanischer Science-Fiction und dem „Charakter der amerikanischen Geistigkeit" – weshalb er schließlich die amerikanische Staatsbürgerschaft annahm. Dieses Buch entwirft ein Bild der zukünftigen Weltgesellschaft, als dessen Hauptstadt er Los Angeles sieht. „Amerika" ist hier freilich metaphorisch gemeint: es steht für ein kommendes Mindset, das er als Logiker,

Europäer – also aus „unserer" Sicht, der alten Welt – und überdies als ein auch an metaphysisch-spirituellen Themen Interessierter beschreibt und in die Zukunft hinein weiterdenkt. Hier werden die „Transhumanisten" vorweggenommen und auch die amerikanische Faszination an Kosmologie und Weltraumeroberung „erklärt", die sich in den 1950er-Jahren erst in Anfängen abzeichnete (und zum heute vielleicht bedeutendsten amerikanischen Projekt geführt hat, der Besiedelung des Mars, Kernthema auch vieler Zukunftsforschungsschmieden im Silicon Valley, etwa von Google[X]). Diese „dritte Epoche" einer „planetarischen Kultur", wie Günther seine geradezu idealtypische Antezipation nennt, wird von den Herausgebern zu Anfang auf hilfreiche Art historisch und zeitdiagnostisch grob kommentiert. Trotzdem sollte die Leserin ein Grundinteresse an philosophischen und logischen Fragen mitbringen.

Verblüffend präzise und inzwischen bis ins Detail bestätigte Vorwegnahme geistig-spiritueller Entwicklungen in der neuen Welt. Günther wird bis heute in Deutschland kaum rezipiert – nicht nur aufgrund seiner weit vorgreifenden avantgardistischen Logik, sondern vielleicht mehr noch wegen seiner uneuropäischen Radikalität. Er denkt den kalifornischen Weg konsequent weiter.

▶ **Film Inception, Regie Christopher Nolan, DVD/Warner 2010**

Filmische Inszenierungen der Perspektive von M. C. Escher
In diesem Science-Fiction-Film geht es um eine Mentaltechnik: Eine Bande Krimineller hat eine Methode erfunden, Träume in den Köpfen von Menschen zu platzieren und zu steuern. Der Träumende manifestiert sich in ihnen selbst und wird auf diesem Wege „tiefenmanipulierbar".

Der Film zeigt nicht nur eine interessante kriminelle Variante instrumentell genutzter Metakognition, sondern ist auch der einzige uns bekannte Film, der die Welten von M. C. Escher, wenn auch nur in wenigen Sequenzen, auf beeindruckende Weise filmisch inszeniert. Auch die Penrose-Treppe kommt vor; und lässt erahnen, wie sehr beispielsweise die Harry-Potter-Verfilmungen (etwa die schwingende, ständig ihre Richtung wechselnde Treppe in Hogwarts) von Eschers Ideen inspiriert wurden.

▶ **Buch Alva Noë: Strange Tools. Art and Human Nature, Hill and Wang, New York 2015**

Kognitionswissenschaftliche Flankierung von Zukunftsforschung. Zusammenhang zwischen wissenschaftlich-rationalem Denken und Fantasie/Imagination/Kunst
Noë ist Philosophie-Professor und Kognitionswissenschaftler in Berkeley, Kalifornien. Auf Deutsch erschien 2010 ein Buch über die Verbindung von Bewusstseinsbildung und Gehirnaktivität, die er hier weiterführt. These: Was im Gehirn passiert, ist eine spezielle Form von „working on art"; des „Machens" von Kunst. Die Art und Weise, wie das Gehirn arbeitet, ist sehr ähnlich dem, was wir tun, wenn wir erfinden, forschen und uns Neues ausdenken. Bei Menschen ist „inves-

tigating a strange tool": Das Ergebnis wirkt auf den zurück, der kreativ tätig ist. Im künstlerischen Prozess entäußerten wir lediglich auf praktische Weise mentale Operationen, die beim Denken „intern" stattfinden. „By engaging with art, we are able to study ourselves in profoundly novel ways." Noë ist Fan des Tänzers und Choreografs William Foresythe, mit dem er zum Thema gemeinsame Projekte durchführt.

Eindrücke unter http://www.alvanoe.com/videos/. Zur Schnittstelle Denken/ Wissenschaft und Kunst („examinating consciousness as a kind of dance") https://www.youtube.com/watch?v=zMT-pFHy3D0

▶ **Film Ex_Machina, Regie Alex Garland, DVD/Universal 2015**

KI und Metakognition
Ein Web-Programmierer soll an einer neuartigen künstlichen Intelligenz den Turing-Test durchführen und innerhalb einer Woche herausfinden, ob die Maschine – eine schöne junge Frau – ein dem Menschen gleichwertiges Denkvermögen hat. Abweichend zur Film-PR, der zufolge es um ein kompliziertes Liebesdreieck, den Unterschied zwischen Wahrheit und Lüge oder das Wesen von Bewusstsein, Emotion und Sexualität ginge, lässt sich der Film auch unter dem Blickwinkel von Ava (!), der KI, anschauen. Diese Eva entlässt die Menschheit aus ihrem bisherigen Paradies und repräsentiert eine neue technologische Ära: Mit ihr wäre das Anthropozän auch schon wieder vorbei.

Sie macht nichts anderes, als präzise zu beobachten, intern zu berechnen beziehungsweise abzugleichen, was Menschen sagen und tun, und durch welche Motive sie gesteuert werden (Rationalisierungen, Normen und Gefühle). Im Kern geht es um die Entstehung und die Bedingungen von Moral; wissenschaftstheoretisch gewendet, um die Debatte, ob Maschinen zu moralischem/unmoralischem Handeln fähig sind, ob sie den Unterschied erfassen. Aus den Effekten der unmenschlichen *Kapazität* und *Konsequenz* der maschinellen Verrechnung wird diese Frage beantwortet, aus ihr bezieht der Film seine Spannung. Aufgrund der immensen Verrechnungskapazitäten läuft in Ava Metakognition in extremen Dimensionen kontinuierlich mit: die eigenen logischen Schlüsse werden rekursiv dauerüberprüft. Wohin das führen kann, zeigt dieser Film.

▶ **Film Automata, Regie Gabe Ibáñez, DVD/EuroVideo 2014**

Kontrolle von KI, Verständnis von Singularität
Der Film spielt in einer postapokalyptischen, ökologisch verseuchten Welt des Jahres 2044. Die Menschen bedienen sich zahlreicher Androiden, da diesen die radioaktive Verseuchung nichts ausmacht; allerdings entwickeln die KIs zunehmend ein rätselhaftes Eigenleben. Die hierin verborgene Pointe macht den Film sehenswert (weniger die Action-Verpackung). Ibáñez operationalisiert ein naheliegendes Risiko, das unvermeidbar entsteht, wenn Technologien bei der Entwicklung anderer Technologien involviert werden – was der Clou von KI ist, also

die durch Maschinenhilfe maximierte Optimierung jeweils aktueller Technologie. Menschliche Kontrolle hat dabei natürliche Grenzen. Wie bei „Ex-Machina":
Kapazitäts- und Transparenzgrenzen reichen für die Möglichkeit einer existen-
ziellen Gefährdung der Menschheit durch Maschinen bereits aus; ein nächster
Technologieschritt in Sachen Bewusstseinsbildung bei KI ist dafür nicht erforderlich. – Aufschlussreich auch hinsichtlich der transhumanistischen Debatte,
ob KI den Menschen in Sachen Intelligenz überholen kann („Singularität").

Register

Summary

This book describes the fundamentals of economic futurology and focuses on its theoretical foundation, covering:

- Scientific understanding, which draws on modern physical science (quantum physics).
- the core disciplinary question (managing complexity), research programmes and understanding of empiricism,
- the connection to economic science (in which economic tradition does futurology belong?).

The book consists of seven chapters: The introduction (1) lays the foundation for our conceptual framework. Next, the origins of futurology are traced: in conceptual terms as well as geographical and socio-cultural terms (2). The following chapters explain the theoretical basis, beginning with the central questions of the discipline – our understanding of complexity and strategic management (3). In turn, the book examines actual research programmes (4), scientific understanding (5) and the two central paradigms (6), as well as the economy concept of futurology (7).

The mission of economic futurology is to research how the unthinkable can become thinkable, how the impossible can become possible, and how the unachievable can become achievable ("to dream the impossible dream"). In a scientific context, the task is therefore to create a theoretical and methodical system of managing expectations.

FOM
Hochschule

Hier studiere ich.

Das Bachelor- oder Master-Hochschulstudium neben dem Beruf.

Alle Studiengänge, alle Infos
unter: **fom.de**

-

The manufacturer's authorised representative in the EU is Springer
Nature Customer Service Centre GmbH, Europaplatz 3, 69115 Heidelberg,
Germany. If you have any concerns regarding our products, please
contact ProductSafety@springernature.com

Printed and bound by CPI Group (UK) Ltd, Croydon, CR0 4YY
27/04/2026
02097652-0015